职业技能培训教材　职业活动导向一体化教材

汽车维修工（中级）强化训练教程

主　编　刘孝恩　张法智
副主编　陈怀理　王　军　王宇航
参　编　赵长海　向智华　胡　广　姜　化　吕志超
主　审　郑志忠

汽车维修工

汽车检测
汽车机械维修
汽车电器维修

★ 应试宝典 ★

中国劳动社会保障出版社

图书在版编目(CIP)数据

汽车维修工（中级）强化训练教程/刘孝恩，张法智主编. -- 北京：中国劳动社会保障出版社，2019

ISBN 978-7-5167-4054-5

Ⅰ.①汽… Ⅱ.①刘…②张… Ⅲ.①汽车–车辆修理–技术培训–教材 Ⅳ.①U472.4

中国版本图书馆CIP数据核字（2019）第156665号

中国劳动社会保障出版社出版发行

（北京市惠新东街1号 邮政编码：100029）

*

三河市华骏印务包装有限公司印刷装订 新华书店经销

880毫米×1230毫米 16开本 22.5印张 506千字
2019年8月第1版 2022年1月第5次印刷
定价：48.00元

读者服务部电话：（010）64929211/84209101/64921644
营销中心电话：（010）64962347
出版社网址：http://www.class.com.cn

版权专有 侵权必究

如有印装差错，请与本社联系调换：（010）81211666
**我社将与版权执法机关配合，大力打击盗印、销售和使用盗版
图书活动，敬请广大读者协助举报，经查实将给予举报者奖励。**
举报电话：（010）64954652

前　言

2017年9月，人力资源社会保障部印发了《关于公布国家职业资格目录的通知》（以下简称《通知》），《通知》仅保留140项国家职业资格，"汽车维修工"位列《国家职业资格目录》中技能人员职业资格目录第60项。职业资格目录明确了国家职业资格范围、实施机构和设定依据，有利于从源头上解决职业资格过多过滥的问题。目录之外一律不得许可和认定职业资格，目录之内除准入类职业资格外一律不得与就业创业挂钩。目录接受社会监督，保持相对稳定，实行动态调整。新版目录对于提高职业资格设置管理的科学化、规范化水平，持续激发市场主体创造活力，推进供给侧结构性改革具有重要意义。水平评价类技能人员职业资格"汽车维修工"职业主要包含汽车维修检测工、汽车机械维修工、汽车电器维修工、汽车车身整形修复工、汽车车身涂装修复工、汽车美容装潢工、汽车玻璃修复工7个工种，据此，人力资源社会保障部、交通运输部联合组织行业专家制定了《国家职业技能标准——汽车维修工（2019年版）》，重新修订了职业定义、职业能力特征、申报条件、基本要求（理论知识）、工作要求（操作技能），具有汽车维修工技能鉴定考核大纲的实际作用。新标准的工作要求（操作技能）部分强调与生产实践紧密结合，基本要求（理论知识）部分突出实用性、安全性相关知识的要求，增加了新能源汽车的相关内容。汽车维修工鉴定考核采用纸质试卷或计算机网络的智能化考核方式，增加了考试的公平性和公正性，提高了考试的难度。

编者长期专注于解决汽车维修工培训考试相关问题，先后出版多本汽车维修工考证强化训练的教材，按新标准进行汽车维修工职业技能鉴定后，原有的相关教材已经不能有效帮助考生通过考试，各学校、培训机构对依据新标准编写的汽车维修工考证强化训练教材的需求非常强烈，编者经过一年的努力，终于完成本书的编写。我们紧密结合新版汽车维修工国家职业技能标准的要求，在收集样题的基础上，根据大纲要求组织内容，形成包括理论知识强化训练、实操技能强化训练、理论知识模拟试题、实操技能模拟试卷四大部分的教材结构。

第一部分——理论知识强化训练：为本书的重点内容，请学员认真复习。理论基础知识涉及面广、难度大、题量多，为了便于考生复习，对各知识点进行分类，重新排序，并创造性采用"文—题"对照的形式，将正文分为两栏，右侧为考试的样题，左侧为考题相关知识点的解释，在做题的同时，加强对相关知识点的巩固学习。该部分包括职业基础知识、机械基础知识、电工电子基础知识、汽车维修基础知识、汽车发动机检修、汽车底盘检修、汽车电气系统检修、发动机电控系统检修、汽车维护9个项目。

第二部分——实操技能强化训练：根据新版国家职业标准对汽车维修工中级操作技能的要求，结合近一年来历次考试，以及对相关资料的收集整理得到20个汽车维修操作的典型案例，包括汽车发动机检修、汽车底盘检修、汽车电气设备故障检修、汽车综合故障排除、新能源汽车技术5个项目。

第三部分——理论知识模拟试题：共有8套模拟试题，旨在让学员掌握考试形式的同时，通过理论知识题库检验对理论知识的掌握程度，该部分附有模拟试题的参考答案。

第四部分——实操技能模拟试卷：仅列举1套试题，目的是让考生了解操作技能部分的考试形式和评分规则。

由于受时间、专业水平所限，书中难免有疏漏之处，衷心希望广大读者提出宝贵的意见和建议。

编者
2019年8月

目 录

第一部分 理论知识强化训练

项目 1 职业基础知识

 1.1 职业道德 ………………………………………………………………… 2
 1.2 职业操守 ………………………………………………………………… 4
 1.3 企业管理 ………………………………………………………………… 6
 1.4 法律常识 ………………………………………………………………… 7
 1.5 安全消防 ………………………………………………………………… 10
 1.6 全面质量管理 …………………………………………………………… 12

项目 2 机械基础知识

 2.1 机械识图 ………………………………………………………………… 14
 2.2 汽车常用材料 …………………………………………………………… 15
 2.3 机械测量 ………………………………………………………………… 17
 2.4 钳工基础 ………………………………………………………………… 18

项目 3 电工电子基础知识

 3.1 电学基础原理 …………………………………………………………… 21
 3.2 电磁感应原理 …………………………………………………………… 24
 3.3 交流电知识 ……………………………………………………………… 27
 3.4 半导体电子元件 ………………………………………………………… 29
 3.5 计算机基础 ……………………………………………………………… 32

项目 4 汽车维修基础知识

 4.1 汽车维修常用工具 ……………………………………………………… 36
 4.2 汽车维修常用设备 ……………………………………………………… 38
 4.3 汽车基本概念 …………………………………………………………… 40
 4.4 发动机基本概念 ………………………………………………………… 42

项目 5 汽车发动机检修

 5.1 曲柄连杆机构的检修 …………………………………………………… 46

5.2 配气机构的检修 … 54
5.3 发动机冷却系统的检修 … 63
5.4 发动机润滑系统的检修 … 67
5.5 柴油机的检修 … 72

项目 6 汽车底盘检修
6.1 离合器的检修 … 76
6.2 变速器的检修 … 79
6.3 万向传动装置的检修 … 85
6.4 驱动桥的检修 … 87
6.5 转向系统的检修 … 91
6.6 行驶系统的检修 … 95
6.7 制动系统的检修 … 99

项目 7 汽车电气系统检修
7.1 汽车电源系统的检修 … 111
7.2 汽车启动系统的检修 … 120
7.3 汽车照明、信号电路的检修 … 124
7.4 辅助电器的检修 … 131
7.5 汽车空调的检修 … 136

项目 8 发动机电控系统检修
8.1 空气供给系统的检修 … 147
8.2 电控燃油供给系统的检修 … 155
8.3 点火控制系统的检修 … 163
8.4 排放控制及检测 … 172

项目 9 汽车维护
9.1 汽车一级维护 … 179
9.2 汽车二级维护 … 183
理论知识样题答案 … 189

第二部分　实操技能强化训练

项目 1　汽车发动机检修
训练任务 1　曲轴的检验（轴颈） … 196
训练任务 2　气缸的检验 … 198
训练任务 3　检测调整气门间隙（垫片调整式） … 201

项目 2　汽车底盘检修
　　训练任务 1　手动变速器挡位动力传递路线 ……………………………………………… 205
　　训练任务 2　自动变速器超速行星齿轮机构装配 ………………………………………… 207
　　训练任务 3　球笼式万向传动装置装配 …………………………………………………… 210
　　训练任务 4　循环球式转向器装配与调整 ………………………………………………… 212
　　训练任务 5　液压制动系统制动蹄装配与调整 …………………………………………… 215

项目 3　汽车电气设备故障检修
　　训练任务 1　汽车常用传感器的检测 ……………………………………………………… 218
　　训练任务 2　电子节气门的检测 …………………………………………………………… 225
　　训练任务 3　搭接前照灯电路 ……………………………………………………………… 228
　　训练任务 4　搭接风机电路 ………………………………………………………………… 231
　　训练任务 5　汽车空调制冷系统压力的检查 ……………………………………………… 235

项目 4　汽车综合故障排除
　　训练任务 1　发动机无法启动的油路故障诊断与排除 …………………………………… 239
　　训练任务 2　电控发动机点火系统故障诊断与排除 ……………………………………… 240
　　训练任务 3　汽车启动系统线路故障诊断与排除 ………………………………………… 244
　　训练任务 4　液压操纵式离合器分离不彻底故障诊断与排除 …………………………… 247

项目 5　新能源汽车技术
　　训练任务 1　简述新能源汽车的类型 ……………………………………………………… 251
　　训练任务 2　简述新能源汽车动力传递方式 ……………………………………………… 252
　　训练任务 3　简述纯电动汽车的结构 ……………………………………………………… 254

第三部分　理论知识模拟试题

汽车维修工中级理论知识模拟试题 1 ……………………………………………………………… 258
汽车维修工中级理论知识模拟试题 2 ……………………………………………………………… 268
汽车维修工中级理论知识模拟试题 3 ……………………………………………………………… 278
汽车维修工中级理论知识模拟试题 4 ……………………………………………………………… 288
汽车维修工中级理论知识模拟试题 5 ……………………………………………………………… 298
汽车维修工中级理论知识模拟试题 6 ……………………………………………………………… 308
汽车维修工中级理论知识模拟试题 7 ……………………………………………………………… 318
汽车维修工中级理论知识模拟试题 8 ……………………………………………………………… 327
理论知识模拟试题答案 ……………………………………………………………………………… 336

第四部分　实操技能模拟试卷

项目 1　汽车维修工（中级）操作技能考核准备通知单 …………………………… 342

项目 2　汽车维修工（中级）操作技能试卷 …………………………………………… 344

项目 3　汽车维修工（中级）操作技能考核评分记录表 ……………………………… 345

附录：《汽车维修工国家职业标准》考核大纲（中级部分摘录）…………………… 348

第一部分

理论知识强化训练

项目1 职业基础知识

理论知识	样题
## 1.1 职业道德 **1. 道德** 道德是一定社会阶级向人们提出的处理人与人、人与社会、人与自然之间关系的行为规范，分社会公德、个体道德、职业道德及科研道德等。 **2. 职业道德的含义** 职业道德是指人们在职业生活中应遵循的基本行为规范，即一般社会公德在职业生活中的具体体现，属于自律范畴，它通过公约、守则等对职业生活中的某些方面加以规范。 职业道德既是本行业人员在职业活动中的行为规范，又是行业对社会所负的道德责任和义务。 职业道德的含义包括以下八个方面： （1）职业道德是一种职业规范，受社会普遍地认可。 （2）职业道德是长期以来自然形成的。 （3）职业道德没有确定形式，通常体现为观念、习惯、信念等。 （4）职业道德依靠文化、内心信念和习惯，通过员工的自律实现。 （5）职业道德大多没有实质的约束力和强制力。 （6）职业道德的主要内容是对员工义务的要求。 （7）职业道德标准多元化，代表了不同企业可能具有不同的价值观。 （8）职业道德承载着企业文化和凝聚力，影响深远。 **3. 职业道德的特征** （1）**稳定性和连续性**：任何一种职业道德都是本职业特殊利益和要求的反映，是在长期的反复的特定职业社会实践中形成的，在继承某一职业特有的道德传统和道德习惯的基础上发展起来的。 在社会不断发展过程中，尤其是科学技术的快速发展，职业道	1. 道德是（　　）。 A. 人和市场都具有的行为规范 B. 规定人们的权利和义务的行为规范 C. 一定社会阶级向人们提出的处理人与人、人与社会、人与自然之间关系的行为规范 D. 随阶级、国家的消亡而消亡的特殊行为规范 2. 职业道德是一种（　　）。 A. 处事方法　　B. 行为规范 C. 思维习惯　　D. 办事态度 3. 职业道德是一种（　　）的约束机制。 A. 强制性 B. 非强制性 C. 自愿的 D. 随意的 4. 属于职业道德范畴的是（　　）。 A. 人们的内心信念 B. 人们的文化水平 C. 人们的思维习惯 D. 员工的技术水平 5. 职业道德的特征有（　　）。 A. 多样性和适用性 B. 专业性和具体性 C. 稳定性和连续性 D. 以上选项均正确 6. 职业道德的稳定性和连续性是（　　）。 A. 绝对的 B. 相对的 C. 不受当时社会经济关系的制约 D. 不受其他道德原则的影响 7. 对职业道德具体性理解正确的是（　　）。 A. 反映了较强的专业特点 B. 不能用以规范约束其他行业人员的

理论知识	样题
德也随之而发展变化，又体现为这种稳定性和连续性不是绝对的，而是相对的。 （2）**多样性和适用性**：各行各业都有自己的职业道德规范，有多少种职业，就有多少种职业道德。各种职业往往采取简洁明了的形式，对本职业人员提出具体的道德要求，以保证职业活动的顺利开展。 （3）**专业性和具体性**：不同的职业有不同的道德要求，任何一种职业道德都只是针对本行业起作用，对不属于本行业的人或本行业人员在该行业之外的行为活动往往起不到调节和约束作用。 （4）**职业化与成熟化**：职业道德主要表现在实际从事一定职业的人们中间，即表现在成人的意识和行为中，是家庭教育、学校教育、社会教育初步形成的道德品质的进一步发展，标志着个体的道德品质已走向成熟阶段。 **4. 职业道德的作用** （1）有助于调节职业交往中从业人员内部以及从业人员与服务对象间的关系。 （2）有助于增强企业的内部凝聚力和市场竞争力。 （3）有助于维护和提高本企业的信誉，促进本企业的发展。 （4）有助于提高全社会的道德水平。 **5. 职业道德与一个人事业的关系** 职业道德是一个人事业能否成功的必要条件。换句话说，一个人是否具备职业道德，决定了他的事业能否成功；但不等于说，只要他具备职业道德，就保证能事业成功。 人的事业成功，必须要遵守职业道德。如： （1）忠于职守，乐于奉献。 （2）实事求是，弄虚作假一票否决。 （3）依法行事，严守秘密。 （4）公正透明，服务社会。 所以，在个人事业上要严格遵守职业道德，如： （1）对待工作 1）不利用工作之便谋取私利。2）不索要小费，不接受客人赠送物品。3）自觉抵制各种精神污染。4）不议论客人和同事的私事。5）不带个人情绪上班。	职业行为 C. 对其他行业人员有较强的约束性 D. 反映了职业教育道德观念代代相传的特点 8. 各种职业道德往往采取简洁明了的形式，对本职业人员提出具体的道德要求，以保证职业活动的顺利开展，这体现了职业道德的（　　）。 A. 稳定性　　B. 专业性 C. 具体性　　D. 适用性 9. 职业道德通过（　　），起着增强企业凝聚力的作用。 A. 协调员工之间的关系 B. 增加职工福利 C. 为员工创造发展空间 D. 调节企业与社会的关系 10. 职业道德对企业的作用包括（　　）。 A. 决定经济效益 B. 促进决策科学化 C. 增强竞争力 D. 树立员工守业意识 11. 职业道德是人的事业成功的（　　）。 A. 重要保证　　B. 最终结果 C. 必要条件　　D. 显著标志 12. 职业道德与一个人的事业的关系是（　　）。 A. 职业道德是一个人成功的充分条件 B. 没有职业道德的人不会获得成功 C. 事业成功的人往往具有较高的职业道德 D. 缺乏职业道德的人往往也有可能获得成功 13. 正确阐述职业道德与一个人的事业的关系的选项是（　　）。 A. 具备职业道德的人一定会获得成功 B. 要取得事业的成功，前提条件是要有职业道德 C. 事业成功的人往往并不需要较高的职业道德 D. 职业道德是人获得成功的必要条件

理论知识	样题
（2）对待集体 1）要坚持集体利益高于一切。2）坚持组织纪律观。3）要团结协作，友爱互助。 **（3）对待客人** 1）要全心全意为客人服务。2）谨记顾客就是上帝。3）虚心接受客户投诉。 **6. 职业纪律** 纪律也是一种行为规范，但它是介于法律和道德之间的一种特殊的规范。它既要求人们能自觉遵守，又带有一定的强制性。 职业纪律是以制度、章程、条例的形式表达，让从业人员认识到职业道德又具有纪律的规范性，如工人必须执行操作规程和安全规定，军人要有严明的纪律等。	14. 职业纪律是从事这一职业的员工应该共同遵纪的行为准则，它包括的内容有（　　）。 A. 交往规则 B. 操作程序 C. 群众观念 D. 外事纪律

1.2 职业操守

职业操守是指人们在从事职业活动中必须遵从的最低道德底线和行业规范。它具有"基础性""制约性"的特点，凡从业者必须做到。具体要求是：

爱岗敬业
勤劳节俭
诚实守信
办事公道
待人热情
遵纪守法

1. 爱岗敬业

爱岗就是热爱自己的工作岗位，热爱本职工作；敬业就是要用一种负责的、严肃的态度对待自己的工作。爱岗敬业作为最基本的职业道德规范，旨在强化员工的职业责任，是对人们工作态度的一种普遍要求。

干一行，爱一行，认真对待自己的岗位，无论在任何时候，都尊重自己的岗位职责，对自己的岗位职责负责到底，对自己岗位工作勤奋有加，通过提高自己的职业技能，更出色地完成所在岗位的工作。

爱岗敬业要求员工在对待自己的职业和岗位时做到：树立符合

1. 爱岗敬业的具体要求是（　　）。
A. 看效益决定是否爱岗
B. 转变择业观念
C. 提高职业技能
D. 增强把握择业的机遇意识
2. 爱岗敬业作为职业道德的重要内容，是指员工（　　）。
A. 强化职业责任
B. 热爱有钱的岗位
C. 热爱自己喜欢的岗位
D. 不应多转行
3. 对待职业和岗位，（　　）并不是爱岗敬业所要求的。
A. 树立职业理想
B. 干一行、爱一行、专一行
C. 遵守企业的规章制度
D. 一职定终身，不改行
4. 市场经济条件下，不符合爱岗敬业要求的是（　　）的观念。
A. 树立职业理想
B. 强化职业责任
C. 干一行爱一行
D. 多转行多受锻炼
5. 关于勤劳节俭的论述中，不正确的

理论知识	样题
实际的职业理想和规划，干一行、爱一行、专一行，遵守企业规章制度，强化个体职业责任，不断提高职业能力。 **2. 勤劳节俭** 勤劳节俭是中华民族的传统美德，是在市场竞争激烈的大环境下，企业生存和发展的必然选择。 勤劳的人总是受人尊敬的，生活本就是一种劳动，要想过充实的生活就需要辛勤的劳动，只有通过辛勤的劳动，才能取得劳动成果、创造财富。 成由勤俭败由奢，由俭入奢易，由奢入俭难。企业经营既需要员工勤劳工作，更需要处处节俭，节俭不等于偷工减料、以次充好，而是在保质保量的前提下，做到不浪费物料、资金、时间等宝贵资源，以高质量、高效率、高效益完成工作任务。 **3. 诚实守信** 诚实守信是中华民族传统美德的一个重要组成部分，也是革命传统道德的一个重要内容。所谓诚实，就是说老实话，办老实事，不弄虚作假，不隐瞒欺骗，不自欺欺人，表里如一。所谓守信，就是要"讲信用""守诺言"，也就是要"言而有信""诚实不欺"。 职工对企业应该做到忠诚所属企业，维护企业信誉，树立质量意识和服务意识。 市场经济条件下，企业或个体必须通过诚实合法的劳动，实现利益最大化，不违反职业道德规范中关于实诚守信的要求。 **4. 办事公道** 办事公道就是指从业人员在办事情、处理问题时，要站在公正的立场上，对当事双方公平合理、不偏不倚，个人与单位之间要公私分明、实事求是，不论对谁都是按照一个标准办事。公道与公平、公正含义大致相同，意指坚持原则，按照一定的社会标准实事求是地待人处事。 **5. 待人热情** 在商业活动中待人热情才能使商家人气兴旺、生意兴隆。俗话说得好：举手不打笑脸人。具体来说，热情待人要做到：主动服务、细致周到、微笑大方、不厌其烦、亲切友好、宾至如归。	选项是（　　）。 A. 企业可提倡勤劳，但不宜提倡节俭 B. "一分钟应看成八分钟" C. 1997年亚洲金融危机是"饱暖思淫欲"的结果 D. "节省一块钱，就等于净赚一块钱" 6. 市场经济条件下，（　　），不违反职业道德规范中关于诚实守信的要求。 A. 通过诚实合法劳动，实现利益最大化 B. 打进对手内部，增强竞争优势 C. 根据服务对象来决定是否遵守承诺 D. 凡有利于增大企业利益的行为就做 7. 职工对企业诚实守信应该做到的是（　　）。 A. 忠诚所属企业，无论何种情况都始终把企业利益放在第一位 B. 维护企业信誉，树立质量意识和服务意识 C. 保守企业秘密，不对外谈论企业之事 D. 完成本职工作即可，谋划企业发展由有见识的人来做 8. 属于办事公道的是（　　）。 A. 顾全大局，一切听从上级安排 B. 大公无私，拒绝亲戚求助 C. 知人善任，努力培养知己 D. 原则至上，不计个人得失 9. 办事公道是指从业人员在进行职业活动时要做到（　　）。 A. 追求真理，坚持原则 B. 奉献社会，助人为乐 C. 公私分开，实事求是 D. 有求必应，服务热情 10. 商业活动中，不符合待人热情要求的是（　　）。 A. 严肃待客，不卑不亢 B. 主动服务，细致周到 C. 微笑大方，不厌其烦 D. 亲切友好，宾至如归

理论知识	样题

6. 遵纪守法

遵纪守法是指从业人员要遵守纪律和法律，尤其要遵守职业纪律和与职业活动相关的法律法规。

1.3　企业管理

1. 企业文化

企业文化是企业在经营活动中形成的经营理念、经营目的、经营方针、价值观念、经营行为、社会责任、经营形象等的总和。是企业个性化的根本体现，它是企业生存、竞争、发展的灵魂。

（1）构成

1）表面层次的物质文化，包括厂容，厂貌，机械设备，产品造型、外观、质量等。

2）中间层次的制度文化，包括领导体制、人际关系以及各项规章制度和纪律等。

3）核心层次的精神文化，也称为"企业软文化"。包括各种行为规范、价值观念、企业的群体意识、职工素质和优良传统等，是企业文化的核心，被称为企业精神。

（2）功能

1）导向功能：导向功能具体包括经营哲学和价值观念的指导、企业目标的指引两个方面。

2）自律功能：自律功能主要是通过完善管理制度和道德规范来实现。

3）整合功能：整合功能形成了团结友爱、相互信任的和睦气氛，强化了团体意识，使企业职工之间形成强大的凝聚力和向心力。

4）激励功能：自我价值的实现是人的最高精神需求的一种满足，必将形成强大的激励。

5）调适功能：随着科学技术和社会环境的发展变化而不断调整策略以适应新的竞争环境。

6）辐射功能：企业文化关系到企业的公众形象、公众态度、公众舆论和品牌美誉度。

样题：

1. 企业文化的功能不包括（　　）。
A. 激励功能
B. 导向功能
C. 整合功能
D. 娱乐功能

2. 属于企业文化功能的是（　　）。
A. 整合功能
B. 技术培训功能
C. 科学研究功能
D. 社交功能

3. 为了促进企业的规范化发展，需要发挥企业文化的（　　）功能。
A. 娱乐
B. 主导
C. 决策
D. 自律

4. 关于创新的论述不正确的说法是（　　）。
A. 创新需要"标新立异"
B. 服务也需要创新
C. 创新是企业进步的灵魂
D. 引进别人的新技术不算创新

5. 企业创新要求员工努力做到（　　）。
A. 不能墨守成规，但也不能标新立异
B. 大胆地破除现有的结论，自创理论体系
C. 大胆地试、大胆地闯，敢于提出新问题
D. 激发人的灵感，遏制冲动和情感

理论知识	样题
2. 企业创新管理 企业创新是企业管理的一项重要内容，是企业进步的灵魂。 **（1）创新的方法** 1）好奇——创新意识的萌芽。 2）兴趣——创新思维的营养。 3）质疑——创新行为的举措。 4）探索——创新学习的方法。 **（2）企业创新的特点** 1）多维性。企业创新涉及组织创新、技术创新、管理创新、战略创新等方面。 2）时效性。面对市场环境的迅速变化，企业创新有很强的时效性。 3）层次性。现代企业的组织结构呈多层次性，所以企业创新也呈现出与企业组织结构相对应的多层次性。 4）战略性。企业高层决策往往是战略性的决策。 **3. 平等尊重原则** （1）**平等**：人和人之间的平等，不是指消除人与人之间差异的"相等"或"平均"，而是互相理解，互相尊重的精神。平等具体表现为：1）人权平等原则，主要指生命健康权平等、人格权平等、劳动权平等。2）法律平等原则，主要指适用法律平等。 （2）**尊重**：尊重的基本含义是尊敬、重视，在此主要论述尊重他人。尊重他人是一种高尚的美德，是个人内在修养的外在表现。具体表现如下：1）对待他人要有礼貌。2）尊重他人的劳动。3）尊重他人的人格，不做有损他人人格的事情。4）善于站在他人的角度感同身受，推己及人。5）要善于欣赏他人，接纳他人，不嘲笑他人的缺点与不足。6）要遵守对他人的诺言。	6.企业管理部门生产经营活动中，促进员工之间平等尊重的措施是（　　）。 A.互利互惠，加强协作 B.加强交流，平等对话 C.只要合作，不要竞争 D.人心叵测，谨慎行事 7.企业生产经营活动中，要求员工遵纪守法是（　　）。 A.约束人的体现 B.由经济活动决定的 C.人为的规定 D.追求利益的体现 8.企业员工在生产经营活动中，不符合平等尊重原则的是（　　）。 A.真诚相待，一视同仁 B.互相借鉴，取长补短 C.长幼有序，尊卑有别 D.男女平等，友爱亲善 9.（　　）或服务质量是企业生产经营活动的结果。 A.劳动 B.工作 C.产品 D.商品
# 1.4　法律常识 **1. 劳动法** **（1）概念** 1）狭义的劳动法：国家最高权力机关颁布的关于调整劳动关	1.（　　）是指调整劳动关系及与劳动关系密切联系的其他社会关系的法律范围的总称。 A.狭义的劳动法 B.广义的劳动法 C.职业道德 D.道德规范

理论知识	样题
系以及与劳动关系有密切联系的其他关系的、全国性的、综合性的法律，即《中华人民共和国劳动法》。 2）广义的劳动法：调整劳动关系以及与劳动关系有密切联系的法律规范的总和。 **（2）劳动者的权利和义务** 1）权利：①劳动者有平等就业和选择职业的权利。②劳动者有获得劳动报酬的权利。③劳动者有休息休假的权利。④劳动者有在劳动中获得劳动安全和劳动卫生保护的权利。⑤劳动者有接受职业技能培训的权利。⑥劳动者享有社会保险和福利的权利。⑦劳动者有提请劳动争议处理的权利。⑧劳动者还享有法律、法规规定的其他劳动权利。 2）义务：①完成劳动任务。②提高职业技能。③遵守劳动纪律，执行劳动安全卫生规程。④遵守职业道德。 3）权利和义务的关系：法律关系主体所拥有的全部权利，一部分以他人履行义务而获得，一部分以自己履行义务而获得，权利和义务之间的关系是相辅相成的，互为条件的，相互统一的。 **（3）职业纪律**：职业纪律是劳动者在从业过程中必须遵守的从业规则和程序，它是保证劳动者执行职务、履行职责、完成自己承担的工作任务的行为规则。合同员工违反职业纪律，视情节轻重，可以做出警告、罚款、撤职等处分。 **（4）未成年工及童工**：未成年工是指年满十六周岁未满十八周岁的劳动者。未成年工是合法劳动者，其合法权益法律有明确规定，受到法律的确实保护。 童工是指未满十六周岁，与单位或个人发生劳动关系从事有经济收入的劳动或从事个体劳动的少年、儿童。国家法律坚决禁止使用童工。 ## 2. 合同法 **（1）定义**：合同是平等主体的当事人或当事双方（自然人、法人、其他组织）之间设立、变更、终止民事关系的协议。 广义合同指所有法律部门中确定权利、义务关系的协议。如民法上的民事合同、行政法上的行政合同、劳动法上的劳动合同、国际法上的国际合同等。 狭义合同指一切民事合同。作为狭义概念的民事合同包括财产合同和身份合同。最狭义合同仅指民事合同中的债权合同。	2.《中华人民共和国劳动法》规定劳动者可以享受的权利是（　　）。 A. 平等就业的权利 B. 选择职业的权利 C. 提出劳动争议处理的权利 D. 以上选项均正确 3.《中华人民共和国劳动法》中权利和义务的关系是（　　）。 A. 相辅相成的 B. 互为条件的 C. 相互统一的 D. 以上选项均正确 4. 合同员工违反职业纪律，在给其处分时应把握的原则是（　　）。 A. 企业不能做罚款处罚 B. 严重不遵守企业纪律，即可解除合同 C. 视情节轻重，可以作出撤职处分 D. 警告往往效果不大 5. 未成年工是指（　　）的劳动者。 A. 小于16周岁 B. 已满16周岁未满18周岁 C. 小于18周岁 D. 等于18周岁 6. 合同内容由（　　）约定。 A. 代理人 B. 当事人 C. 合同建议的提出者 D. 旁观者 7. 合同是由当事人在（　　）基础上意思表达一致而成立的。 A. 有领导关系 B. 有亲属关系 C. 平等 D. 对立 8.（　　）是合同内容的载体。 A. 合同的主体 B. 合同的形式 C. 合同的订立 D. 合同的解除 9.（　　）是确定合同双方当事人权

理论知识	样题
（2）**合同形式**：合同形式是合同内容的载体，有书面形式、口头形式和其他形式。法律，行政法规规定采用书面形式的，应该采用书面形式。当事人约定采用书面形式的，应当采用书面形式。 （3）**合同的内容**：合同的内容是合同当事人的权利与义务，具体体现为合同的各项条款。 （4）**合同法的基本原则**：合同法的基本原则是制定和执行合同法的指导思想，是合同法的灵魂。《中华人民共和国合同法》规定，合同当事人应遵守的原则有： 1）平等、自愿原则；2）公平、诚实信用原则；3）遵守法律、不得损害社会公共利益原则；4）合同具有法律约束力的原则。 （5）**合同关系的主体**：合同关系的主体又称为合同当事人，包括债权人和债务人。 （6）**可变更、可撤销合同的法定情形** 1）因重大误解订立的合同：当事人双方均享有撤销请求权。 2）在订立合同时显失公平的合同：当事人双方均享有撤销请求权。 3）一方以欺诈、胁迫的手段或者乘人之危，使对方在违背真实意思的情况下订立的合同：仅受损害方享有撤销请求权。 4）当事人协商一致，可以变更合同。 （7）**合同转让** 合同的转让，是指在合同依法成立后，改变合同主体的法律行为。即合同当事人一方依法将其合同债权和债务全部或部分转让给第三方的行为。 分为： 1）合同权利的转让（通知义务）。 2）合同义务的转让（须经债权人同意）。 3）合同权利和义务的全部转让（须经对方同意）。 **3. 消费者保护法** （1）**概要**：《中华人民共和国消费者权益保护法》是维护全体公民消费权益的法律规范的总称，是为了保护消费者的合法权益，维护社会经济秩序稳定，促进社会主义市场经济健康发展而制定的一部法律。 （2）**消费者的权利**：1）安全权；2）知情权；3）自主选择权；4）公平交易权；5）求偿权；6）结社权；7）获知权；8）人格尊	利义务关系的根本依据，也是判断合同是否有效的客观依据。 A. 合同的形式 B. 合同的主体 C. 合同的内容 D. 合同订立 10.《中华人民共和国合同法》规定：合同当事人应遵守的原则有（　　）。 A. 平等原则 B. 自愿原则 C. 公平原则 D. 以上选项均正确 11. 民事法律中（　　）是合同的主体。 A. 自然人　　B. 法人 C. 其他组织　D. 以上所有 12. 不属于可撤销合同的是（　　）。 A. 依法订立的合同 B. 显失公平的合同 C. 乘人之危订立的合同 D. 因重大误解订立的合同 13. 对被撤销的合同理解正确的是（　　）。 A. 刚订立时有法律效力 B. 撤销前有法律效力 C. 从开始时就无法律效力 D. 撤销后不再有法律效力 14. 对合同的转让理解不正确的是（　　）。 A. 合同权利的转让应有通知债务人的义务 B. 合同义务的转让须经债权人同意 C. 合同权利和义务可以一并转让 D. 合同转让只是对合同内容的变更 15.（　　）是国家对消费者进行保护的前提和基础。 A. 消费者的义务 B. 消费者的权利 C. 消费者的生产资料 D. 消费者的生活资料 16.《消费者权益保护法》不包括保护

理论知识	样题
严受尊重权；9）监督权。 （3）**经营者的义务**：1）履行法定义务和约定义务；2）听取意见、接受监督的义务；3）保证商品和服务安全的义务；4）提供真实信息的义务；5）表明真实名称和标记的义务；6）出具购货凭证和服务单据的义务；7）保证质量的义务；8）履行"三包"或其他责任的义务；9）不得以格式合同、通知、声明、店堂告示等方式单方做出对消费者不利规定的义务；10）不得侵犯消费者人格权的义务。 **4. 产品质量法** 为了加强对产品质量的监督管理，提高产品质量水平，明确产品质量责任，保护消费者的合法权益，维护社会经济秩序，制定了《中华人民共和国产品质量法》。1993年2月22日第七届全国人民代表大会常务委员会第三十次会议通过，自1993年9月1日起施行。 第八条：国务院产品质量监督部门主管全国产品质量监督工作。国务院有关部门在各自的职责范围内负责产品质量监督工作。 第十四条：国家根据国际通用的质量管理标准，推行企业质量体系认证制度。 国家参照国际先进的产品标准和技术要求，推行产品质量认证制度。 第四十九条：生产、销售不符合保障人体健康和人身、财产安全的国家标准、行业标准产品的，责令停止生产、销售，没收违法生产、销售的产品，并处违法生产、销售产品（包括已售出和未售出的产品，下同）货值金额等值以上三倍以下的罚款；有违法所得的，并处没收违法所得；情节严重的，吊销营业执照；构成犯罪的，依法追究刑事责任。	消费者的（　　）权。 A. 劳动　　B. 安全 C. 知情　　D. 自主选择 17.《消费者权益保护法》规定的经营者的义务不包括（　　）的义务。 A. 接受监督 B. 接受教育 C. 提供商品和服务真实信息 D. 出具购货凭证 18.（　　）负责全国产品监督管理工作。 A. 地方政府 B. 各省产品质量监督管理部门 C. 地方技术监督局 D. 国务院产品质量监督管理部门 19. 不属于《中华人民共和国产品质量法》对产品质量管理标准的是（　　）。 A. 国家及行政标准 B. 作坊自定标准 C. 产品质量认证制度 D. 企业质量体系认证制度 20. 我国对违反《中华人民共和国产品质量法》的行为规定（　　）。 A. 只要违法就予以惩罚 B. 未对消费者造成损失的违法行为，也要予以惩罚 C. 采取追究民事责任、行政责任和刑事责任相结合的制裁方式 D. 以上选项均正确

1.5　安全消防

1. 火灾的种类

依据国家标准《火灾分类》（GB/T 4968—2008）的规定，将火灾分为六类。

（1）**固体物质火灾（A类）**：由木材、纸张、棉布、塑胶等固体

1. A类火灾发生时可用（　　）灭火法。
A. 冷却
B. 二氧化碳
C. 绝缘灭火剂
D. 特殊灭火剂盖熄

2. C类火灾发生时可用（　　）灭火法。
A. 冷却

理论知识	样题
物质引起的火灾。常用水冷却或泡沫灭火器隔离法灭火。 （2）**液体或可熔化的固体物质火灾（B类）**：由可燃性液体及固体油脂物体所引起的火灾，如汽油、石油、煤油等。不可用水冷却，可用沙子或泡沫、二氧化碳、干粉灭火器灭火。 （3）**气体火灾（C类）**：由气体燃烧、爆炸引起的火灾都称为气体火灾，如天然气、煤气等。可用特殊灭火剂盖熄。 （4）**金属火灾（D类）**。 （5）**电器火灾（E类）**。 （6）**烹饪器具内的烹饪物（如动植物油脂）火灾（F类）**。 **2. 火灾急救** （1）**基本要点** 1）及时报警；2）集中力量；3）消灭飞火；4）疏散物质；5）积极抢救被困人员。 （2）**基本方法** 1）正确使用灭火器材，灭火器要专物专用，定期保养。 2）当衣服着火时，应采用各种方法尽快灭火，如水浸、水淋、就地卧倒翻滚等，千万不可直立奔跑或站立呼喊，以免助长燃烧，引起或加重呼吸道烧伤。灭火后伤员应立即将衣服脱去，如衣服和皮肤粘在一起，可在救护人员的帮助下把未粘的部分剪去，并对创面进行包扎。 3）在火场的浓烟区被困时，要冷静自救。穿过浓烟时，要尽量使身体贴近地面低姿势行走，短呼吸，用湿毛巾捂住口鼻防窒息。可用湿棉被、衣物裹在身上防热。 **3. 汽车维修消防安全** （1）放泄废油时，应用容器接放，不准随地流淌。 （2）搬运或拆卸汽油箱（罐）时，不得翻转，以免汽油泄漏引起火灾。 （3）使用电动设备时，必须遵守安全操作规程，并预先检查其技术状况，确认良好方可使用。 （4）作业完毕，应及时打扫卫生，做到工完料净，场地清。	B. 二氧化碳 C. 绝缘灭火剂 D. 特殊灭火剂盖熄 3.关于灭火器的使用正确的是（　　）。 A. 应将灭火器放在离可能发生火灾最近的地方 B. 不要把灭火器放在靠近门口的地方 C. 拉开灭火器开关前应使自己尽可能远离火源 D. 灭火器要专物专用，定期保养 4.若在火场时衣服着火了，不正确的选项是（　　）。 A. 尽快脱掉衣帽 B. 就地倒下打滚 C. 迅速奔跑 D. 将衣服撕碎扔掉 5.在火场的浓烟区被围困时，正确的做法是（　　）。 A. 低姿势行走 B. 短呼吸法 C. 用湿毛巾捂住嘴 D. 以上选项均正确 6.属于正常使用汽油罐的选项是（　　）。 A. 油液一定要灌到顶 B. 将汽油最好放在车间内 C. 搬运时不得翻转油罐 D. 为了便于通风不用油时要打开加油口

理论知识	样题

1.6 全面质量管理

1. 概念

全面质量管理（TQM）就是指一个组织以质量为中心，以全员参与为基础，目的在于通过顾客满意和本组织所有成员及社会受益而达到长期成功的管理途径。

全面质量管理于20世纪50年代末由美国质量管理专家提出，后来在西欧与日本逐渐得到推广与发展。

在全面质量管理中，质量这个概念和全部管理目标的实现有关，实质上是把质量和效益统一起来的质量管理。

全面质量管理，主要突出一个"全"字，就是进行全过程的管理、全企业的管理和全员的管理。

2. 特点（三全一多样）

全过程：是指全面质量管理的对象，是企业生产经营的全过程。

全企业：全企业的质量管理，要保证和提高产品质量必须使企业的研制、维持和质量改进的所有活动构成一个有效的整体。

全员性：是指全面质量管理要依靠全体职工。

多样性：即多种方法的质量管理。

3. 全面质量管理的常用工具

（1）**统计分析表法和措施计划表法**。

（2）**排列图法**。把包括在累计频率0～80%的因素称为A类因素，即为影响产品质量的主要因素；把属于累计频率80%～90%的因素称为B类因素，即为次要因素；其余在累计频率90%～100%的因素称为C类因素，是一般因素。

4. PDCA 循环

质量控制一般分为四个阶段：计划（Plan），执行（Do），检查（Check）和处理（Action）。然后实施，并进行检查，对检查出的质量问题提出改进措施。

（1）计划阶段——P阶段（Plan）。即首先制订工作计划。

（2）执行阶段——D阶段（Do）。**即按照预定的计划、标准**，

样题

1. 全面质量管理这一概念最早在（　　）由美国质量管理专家提出。
A. 19世纪50年代
B. 20世纪30年代
C. 20世纪40年代
D. 20世纪50年代

2. 全面质量管理是把（　　）和效益统一起来的质量管理。
A. 产品质量
B. 工作质量
C. 质量成本
D. 使用成本

3. 全面质量管理的主要特点是突出"（　　）"字。
A. 新
B. 全
C. 质
D. 管

4. 对全面质量管理方法的特点描述恰当的是（　　）。
A. 单一性
B. 机械性
C. 多样性
D. 专一性

5. 用排列图法所确定的影响因素中，（　　）表示主要因素。
A. A
B. B
C. C
D. 以上选项均不正确

6. 全面质量管理的基本工作方法中，（　　）阶段指的是处理阶段。
A. A
B. C
C. D
D. P

理论知识	样题
根据已知的内外信息，设计出具体行动方法、方案，进行布局。再根据设计方案和布局进行具体操作，实现预期目标的过程。 （3）检查阶段——C阶段（Check）。即确认实施方案是否达到了目标。 （4）处理阶段——A阶段（Action）。主要是根据检查结果采取相应的措施。 PDCA是一种在实践中发现问题并解决问题的方法。这四个阶段有先后、有联系、头尾相接，每执行一次为一个循环，称为PDCA循环，每个循环相对上一循环都有一个提高。	7.全面质量管理的基本工作方法中，（　　）阶段指的是计划阶段。 A. A B. C C. D D. P

项目 2　机械基础知识

理论知识	样题

2.1　机械识图

1. 视图

用正投影法绘制的物体多面正投影图形，称为视图。视图包括基本视图、向视图、局部视图、斜视图等。

三视图的投影规律是：主、俯视图长对正（等长）；主、左视图高平齐（等高）；俯、左视图宽相等（等宽）。

2. 图纸幅面

图纸幅面是指图纸宽度与长度组成的图面。绘制图样时，应采用表 1-2-1 中规定的图纸基本幅面尺寸，尺寸单位为 mm。基本幅面代号有 A0、A1、A2、A3、A4 五种。

表 1-2-1　图纸幅面（mm）

代号	尺寸
A0	841 × 1 189
A1	594 × 841
A2	420 × 594
A3	297 × 420
A4	210 × 297

3. 主要线型规定

（1）**细实线**：用于过渡线、尺寸线、尺寸界线、指引线和基准线等。

（2）**粗实线**：用于可见轮廓线、可见棱边线、相贯线等。

（3）**虚线**：用于不可见轮廓线。

（4）**点画线**：用于对称图形的中心线。

4. 形位公差

形位公差包括形状公差与位置公差。形状公差是指零件的实际形状相对于零件的理想形状所允许的变动量。位置公差是指关联实际要素的方向或位置对基准所允许的变动全量。形位公差的种类及符号如表 1-2-2 所示。

样题

1. 向不平行于零件任何基本投影面的平面投影所得到的视图称为（　　）。
A. 旋转视图
B. 局部视图
C. 斜视图
D. 剖视图

2. A4 图纸幅面的宽度和长度是（　　）。
A. 594 × 841
B. 420 × 594
C. 297 × 420
D. 210 × 297

3. 绘图时，尺寸线与尺寸界线所用的线型是（　　）。
A. 细实线
B. 粗实线
C. 细点画线
D. 虚线

4. 形状公差是指零件的实际形状相对于零件的（　　）所允许的变动量。
A. 理想位置
B. 理想形状
C. 极限形状
D. 极限位置

理论知识								样题

表1-2-2　　形位公差的种类及符号

公差类型	几何特征	符号	有无基准	公差类型	几何特征	符号	有无基准
形状公差	直线度	—	无	位置公差	位置度	⊕	有或无
	平面度	▱	无		同心度（用于中心点）	◎	有
	圆度	○	无		同轴度（用于轴线）	◎	有
	圆柱度	⌀	无		对称度	=	有
	线轮廓度	⌒	无		线轮廓度	⌒	有
	面轮廓度	⌓	无		面轮廓度	⌓	有
方向公差	平行度	//	有	跳动公差	圆跳动	↗	有
	垂直度	⊥	有		全跳动	⌰	有
	倾斜度	∠	有				
	线轮廓度	⌒	有				
	面轮廓度	⌓	有				

5. 表面粗糙度

表面粗糙度指加工表面具有的较小间距和微小峰谷的不平度。其两波峰或两波谷之间距离（波距）很小（在 1 mm 以下），属于微观几何形状误差。表面粗糙度越小，说明表面越光滑，加工成本越高。所以，在满足工件表面功能要求的情况下，应尽量选用较大的表面粗糙度数值。

5. 直线度属于（　　）公差。
A. 尺寸
B. 形状
C. 位置
D. 形位

6. 符号"//"代表（　　）。
A. 平行度
B. 垂直度
C. 倾斜度
D. 位置度

7. 符号"⊕"代表（　　）。
A. 平行度
B. 垂直度
C. 倾斜度
D. 位置度

8. 在满足工件表面功能要求的情况下，应尽量选用（　　）表面粗糙度数值。
A. 较大的
B. 较小的
C. 不同的
D. 相同的

2.2　汽车常用材料

1. 金属材料力学性能

（1）**脆性**：在外力作用下仅产生很小变形即断裂的特性。
（2）**强度**：在外力作用下抵抗永久变形或断裂的力学性能。
（3）**塑性**：在外力作用下产生永久变形而不破坏的力学性能。
（4）**硬度**：表面抵抗比其更硬的物体压入的能力。
（5）**韧性**：金属材料抵抗冲击载荷而不被破坏的能力。

1. 不属于金属材料的力学性能的是（　　）。
A. 塑性
B. 韧性
C. 渗透性
D. 强度

2. 不属于金属材料的工艺性能的是（　　）。
A. 可焊性
B. 可锻性
C. 耐磨性
D. 韧性

理论知识	样题
2. 金属材料的工艺性能 （1）**铸造性**——浇注时，液体能充满铸型并得到优质铸件的能力（可铸性）。 （2）**可锻性**——材料进行压力加工的性能。 （3）**可焊性**——材料进行焊接及保证焊缝质量的能力。 （4）**切削加工性**——可进行机械切削加工的能力。 **3. 金属分类** （1）**有色金属**：有色金属通常指除去铁（有时也除去锰和铬）和铁基合金以外的所有金属。如铜、铝、金、银、钾、钙、钠、镁、锂等。 （2）**黑色金属**：黑色金属是以铁为基本成分的金属及合金，目前我们常说的黑色金属主要是指铁、铬、锰及合金。如钢铁、生铁、不锈钢等都属于黑色金属。 **4. 合金钢** 合金钢在普通碳素钢基础上添加适量的一种或多种合金元素而构成的铁碳合金。主要有以下几种： （1）**合金结构钢**：合金结构钢主要用于建筑工程或机械零件制造，具有较高的强度和良好的韧性。 （2）**合金工具钢**：合金工具钢又名量具钢，属于高碳型合金钢，合金元素含量较低；具有高的硬度和耐磨性，机加工性能好，稳定性好；常用于量具材料。 （3）**特殊性能钢**：特殊性能钢包括低温钢、耐热钢及耐腐蚀钢。 **5. 磁性材料** 磁性材料按性质分为金属和非金属两类，前者主要有电工钢、镍基合金和稀土合金等，后者主要是铁氧体材料。 常见材料磁导率：非铁磁性物质的 μ 近似等于 μ_0。 铁磁性材料的相对磁导率 $\mu_r=\mu/\mu_0$ 很高，如铸铁为 200~400；硅钢片为 7 000~10 000。 汞、银、铜、碳（金刚石）、铅等均为抗磁性物质，其相对磁导率都小于 1，分别为 0.999 971、0.999 974、0.999 90、0.999 979、0.999 98。	3.（　　）是指金属材料是否容易被切削工具进行加工的性能。 A. 可焊性 B. 延展性 C. 切削加工性 D. 渗透性 4. 属于有色金属的是（　　）。 A. 碳素钢 B. 合金钢 C. 铸铁 D. 轴承合金 5.（　　）具有较高的强度和良好的韧性，在汽车上主要用于制造受热、受磨损和冲击载荷较强烈的零件。 A. 合金结构钢 B. 合金工具钢 C. 特殊性能钢 D. 碳素钢 6. 银的相对磁导率（　　）。 A. <0 B. <1 C. >1 D. 为 ∞

理论知识	样题

2.3 机械测量

1. 游标卡尺

（1）作用：游标卡尺是一种测量长度、内外径、深度的量具。游标卡尺由主尺和附在主尺上能滑动的游标两部分构成。若从背面来看，游标是一个整体。主尺一般以毫米为单位，而游标上则有10个、20个或50个分格，对应的分度值分别为0.1 mm、0.05 mm和0.02 mm。

（2）测量方法：用软布将量爪擦干净，使其并拢，查看游标和主尺身的零刻度线是否对齐。把卡尺的活动量爪张开，使量爪能自由地卡进工件，把零件贴靠在固定量爪上，卡尺两测量面的连线应垂直于被测量表面。

2. 千分尺

（1）简介：千分尺是比游标卡尺更精密的长度测量仪器，它的量程为0~25 mm、25~50 mm、50~75 mm等，分度值是0.01 mm。由固定的尺架、测砧、测微螺杆、固定套管、微分筒、测力装置、锁紧装置等组成。

（2）测量方法

1）将被测物擦干净。

2）松开千分尺锁紧装置，校准零位，转动旋钮，使测砧与测微螺杆之间的距离略大于被测物体。注意：使用千分尺时要轻拿轻放。

3）一只手拿千分尺的尺架，将待测物置于测砧与测微螺杆的端面之间，另一只手转动旋钮，当螺杆将要接近物体时，改旋测力装置直至听到"咔咔"声后再轻轻转动0.5~1圈。

4）旋紧锁紧装置（防止移动千分尺时螺杆转动），即可读数。

3. 百分表

（1）简介：百分表是利用精密齿条齿轮机构制成的表式通用长度测量工具。通常由测量头、测量杆、套筒、挡帽、表圈、表盘及指针等组成，如图1-2-1所示。

1. 游标卡尺常用的分度值是（   ）。
A. 0.10 mm、0.02 mm、0.05 mm
B. 0.01 mm、0.02 mm、0.05 mm
C. 0.10 mm、0.20 mm、0.50 mm
D. 0.10 mm、0.20 mm、0.05 mm

2. 游标卡尺上游标的刻线数越多，则游标的（   ）。
A. 结构越小
B. 长度越短
C. 分度值越大
D. 读数精准度越高

3. 精度为0.05 mm的游标卡尺其游标的刻线格数为（   ）。
A. 10格
B. 20格
C. 30格
D. 40格

4. 用（   ）测量工件时，读完数后需倒转微分套筒后再取出工件。
A. 游标卡尺
B. 百分表
C. 千分尺
D. 千分表

5. 用千分尺测量工件时，先旋转微分套筒，当（   ）时改用旋转测力装置，直到测力装置发出"咔咔"声时，开始读数。
A. 测砧与工件测量表面接近
B. 测砧远离工件表面
C. 测砧与测微螺杆接近
D. 测砧远离测微螺杆

| 理论知识 | 样题 |

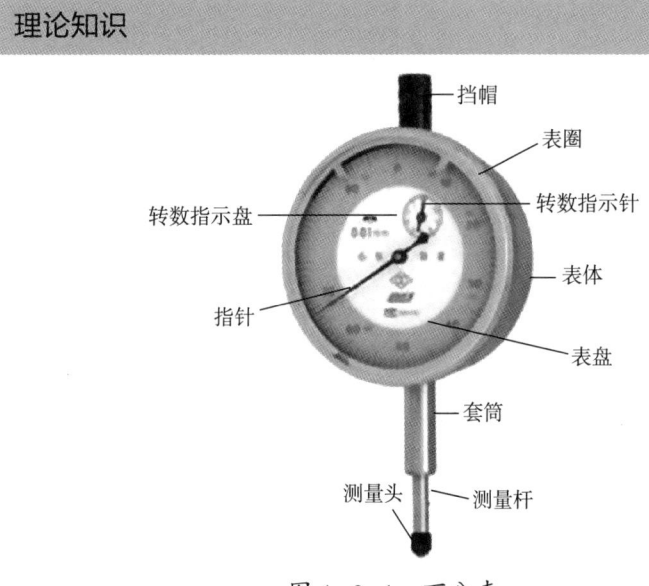

图 1-2-1 百分表

（2）**测量方法**：百分表是一种比较性测量仪器，主要用于检测工件的形状和位置误差（如圆度、平面度、垂直度、跳动等之类的偏差值），也可用于校正零件的安装位置以及测量零件的内径等。

（3）**读数方法**：1）读短指针转过的刻度线（每格 1 mm）；2）读长指针转过的刻度线并估读一位（每格 0.01 mm），并乘以 0.01；3）两者相加，即得到所测量的数值。

6.百分表是一种比较性测量仪器，主要用于测量工件的（　　）。
A. 公差值
B. 偏差值
C. 实际值
D. 极值

7.百分表中的短指针转动一格为（　　）mm。
A. 0.1
B. 0.2
C. 1
D. 2

8.百分表的分度值为（　　）。
A. 0.01
B. 0.02
C. 0.001
D. 0.002

2.4 钳工基础

1. 锯削

（1）**锯条**

锯条是开有齿刃的钢片条，齿刃是锯条的主要部分。

锯条的规格用其两端的安装孔距表示，常用的是 300 mm 的锯条。手用钢锯条型号数字代表每 25.4 mm（1 in）长度内的齿数。

（2）**基本操作**

1）锯条安装：根据工件材料及厚度选择合适的锯条，安装在锯弓上，锯齿应向前，松紧应适当。2）工件安装：工件伸出钳口不应过长，防止锯削时产生振动。工件要夹紧，并应防止工件变形和夹坏已加工表面。3）锯削姿势与握锯要正确。

2. 台虎钳

台虎钳又称虎钳，是用来夹持工件的通用夹具。

1.锯条锯齿的大小用（　　）mm 长度包含的锯齿数表示，此长度内包含的齿数越多锯齿越细。
A. 15
B. 15.4
C. 25
D. 25.4

2.安装锯条时，锯齿的齿尖要（　　）。
A. 朝前
B. 朝后
C. 倾斜
D. 无要求

理论知识	样题
（1）**规格**：台虎钳的规格以钳口的宽度表示，有 100 mm、125 mm、150 mm 等。 （2）**注意事项**：1）夹紧工件时要松紧适当，只能用手扳紧手柄，不得借助其他工具加力。2）强力作业时，应尽量使力朝向固定钳身。3）不许在活动钳身和光滑平面上敲击作业。4）对丝杆、螺母等活动表面应经常清洗、润滑，以防生锈。 **3. 划线工具** （1）**划线平台**：划线平台又称划线平板，是由铸铁毛坯精刨和刮削制成。其作用是安放工件和划线工具的基准。 （2）**划针**：划针是直接在毛坯或工件上划线的工具。 （3）**划规**：划规是用来画圆和圆弧、等分线段、等分角度及量取尺寸的工具。 **4. 錾削** 錾削是用锤子打击錾子对金属工件进行切削加工的方法。 （1）**分类**：钳工常用的錾子有扁錾、尖錾和油槽錾。 （2）**注意事项**：1）佩戴防护眼镜作业；2）不得錾削淬火的工件；3）在台虎钳上錾切时，錾子的后面部分要与钳口平面贴平，刃口略向上翘以防錾坏钳口表面。 **5. 刮削** 刮削是指用刮刀在加工过的工件表面上刮去微量金属，以提高表面形状精度、改善配合表面间接触状况的钳工作业。 （1）**粗刮**：当工件表面还留有较深的加工刀痕，工件表面严重生锈时，都要进行粗刮。 （2）**细刮**：使刮削面进一步改善其不平现象，比粗刮刀痕更窄、行程更短。 （3）**轴瓦刮削**：先粗、细刮下瓦，再粗、细刮上瓦，之后精刮整瓦，最后刮侧隙及存油点。技术要求：瓦背与瓦座的接触面积应大于70%，修刮后的轴承内部接触面积应不小于75%。 **6. 液压传动** 液压传动是指以液体的压力进行能量传递和控制的一种动力传动方式。	3.台虎钳的丝杆、螺母及其他活动表面（　　），并保持清洁。 A. 要随用随加润滑油 B. 要经常加润滑油 C. 不用加润滑油 D. 不准加润滑油 4.划线时放置工件的工具称为（　　）。 A. 划线工具 B. 基准工具 C. 辅助工具 D. 测量工具 5.有关錾削叙述正确的是（　　）。 A. 不需佩戴防护眼镜 B. 不得錾削淬火的工件 C. 錾子头部需要淬火 D. 一般情况使用高速钢材做錾子 6.细刮比粗刮时（　　）。 A. 刀痕要窄，行程要长 B. 刀痕要宽，行程要长 C. 刀痕要窄，行程要短 D. 刀痕要宽，行程要短 7.用手工刮削的轴承要求接触面积不小于轴承内部面积的（　　）。 A. 45% B. 60% C. 75% D. 90%

理论知识	样题
（1）**液压传动的原理**：密闭环境下液体各处的压强是一致的，这样，在平衡的系统中，比较小的活塞上面施加的压力就比较小，而大的活塞上施加的压力就比较大，比较典型的如液压千斤顶，操纵手柄按压小活塞后，可获得较大的压强，如果大液压缸的直径越大，则能顶起的重物就越重。 （2）**液压传动的缺点** 1）由于在传动过程中能量需经过两次转换，存在压力损失、容积损失和机械摩擦损失，所以效率较低。 2）由于工作性能易受到温度变化的影响，因此不宜在很高或很低的温度条件下工作。 3）液压元件的制造精度要求较高，因而成本较高。 4）由于液体介质的泄露及可压缩性影响，不能得到严格的传动比。 5）液压传动出故障时不易找出原因；使用和维修要求有较高的技术水平。 （3）**典型液压控制阀** 1）平衡阀：是一种单向阀和顺序阀组成的复合阀。在液压回路中，当管道或容器的各个部分存在较大的压力差或流量差时，为减小或平衡该差值，在相应的管道或容器之间装设用以调节两侧压力的相对平衡，或通过分流的方法达到流量平衡的阀门就叫平衡阀。 2）换向阀：是具有两种以上流动方向和两个以上进出油口，能实现液压油流的沟通、切断和换向，以及压力卸载和顺序动作控制的阀门。按阀芯在阀体内停留的工作位置数可分为二位、三位、四位等；按与阀体相连的油路数分为二通、三通、四通和六通等。 3）溢流阀：是一种稳定液压传动系统压力的控制阀，一般用于主油路的油压调节，在旁油路节流调速回路中，溢流阀在正常工作时不抬起。	8.液压传动靠（ ）来传递动力。 A.油液的容积 B.油液的黏度 C.油液的压力 D.油液的压缩性 9.重物应置于油压千斤顶（ ）。 A.大液压缸上 B.小液压缸上 C.单向阀的一侧 D.以上选项均不正确 10.属于液压传动缺点的是（ ）。 A.不便于过载保护 B.传动效率低 C.不易实现无级调速 D.润滑条件差 11.液压传动的基本回路中，平衡阀是由（ ）组成的复合阀。 A.减压阀和溢流阀 B.单向阀和溢流阀 C.单向阀和顺序阀 D.节流阀和顺序阀 12.液压传动过程中，换向阀的"位"是根据（ ）来划分的。 A.对外接的油口数 B.阀芯的控制方式 C.阀芯的运动形式 D.阀芯在阀体内的工作位置 13.液压传动系统中的下列节流调速回路中溢流阀在正常工作时不抬起的是（ ）。 A.进油路节流调速 B.回油路节流调速 C.旁油路节流调速 D.容积调速回路

项目3 电工电子基础知识

理论知识	样题
## 3.1 电学基础原理 **1. 电荷** （1）**简介**：物体或构成物体的质点所带的正电或负电称为电荷。 物体由原子组成，而原子由带正电的原子核和带负电的电子组成。当原子由于某种原因（如摩擦、化学变化等）而失去一部分电子时，就带正电；额外获得电子时就带负电。 （2）**电荷量**：电荷的量称为"电荷量"。在国际单位制里，电荷量用字母 Q 表示，单位是库仑（C）。 **2. 电流** 导体中的自由电荷在电场力的作用下做有规则的定向运动就形成了电流。单位时间里通过导体任一横截面的电量叫作电流强度，简称电流。通常用字母 I 表示，它的单位是安培（A）。分为交流电（大小和方向都发生周期性变化）和直流电（方向不随时间发生改变）。 **3. 电压** 电压是衡量单位电荷在静电场中由于电势不同所产生的能量差的物理量，是电路中自由电荷定向移动形成电流的原因。通常用字母 U 表示，单位是伏特（V）。 **4. 电阻** （1）**简介**：在物理学中，用电阻表示导体对电流阻碍作用的大小。导体的电阻越大，表示导体对电流的阻碍作用越大。 导体的电阻通常用字母 R 表示，电阻的单位是欧姆（Ω）。$1\ \Omega=1\ \text{V/A}$。常用单位还有千欧（kΩ）、兆欧（MΩ）。 （2）**串联电阻**：串联电路中，总电阻等于串联电阻之和，总电阻大于任一串联电阻，即：$R=R_1+R_2+\cdots+R_n$。	1. 电荷有规律的定向移动形成（　　）。 A. 电压 B. 电流 C. 导体 D. 半导体 2. 在一定的温度下，导体的电阻与导体的长度成（　　），与导体的截面积成（　　）。 A. 反比　正比 B. 无关　反比 C. 正比　反比 D. 正比　无关

（3）**并联电阻**：并联电路中，总电阻的倒数等于并联电阻的倒数之和，总电阻小于任一并联电阻，即：$1/R=1/R_1+1/R_2+\cdots+1/R_n$。

5. 欧姆定律

（1）**简述**：在同一电路中，通过某一导体的电流跟这段导体两端的电压成正比，跟这段导体的电阻成反比，这就是欧姆定律。

（2）**公式**

1）标准式：$I=U/R$

2）变形公式：$U=IR$、$R=U/I$

3）全电路欧姆定律公式：$I=E/(R+r)$

式中　I——电路中的电流，A；

　　　E——电源电动势，V；

　　　R——外电路负载电阻，Ω；

　　　r——电源内阻，Ω。

6. 电桥

（1）**概念**：电桥是由电阻、电容、电感等元件组成的四边形比较法测量电路。

（2）**种类**：惠斯通电桥（见图1-3-1）、麦克斯韦电桥、文氏电桥。

（3）**原理**：主要用于测量电阻器 R_x 的电阻值，电桥平衡方程式为：$R_1R_3=R_2R_4$

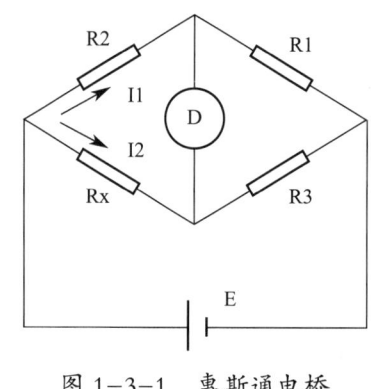

图1-3-1　惠斯通电桥

利用已知的 R1、R2、R3 这3个电阻值，通过计算即可得到 R_x 的阻值。

7. 电容

（1）**定义**：电容是电容器容纳电荷的能力，用符号 C 表示，单位为法拉（F）。

（2）**电容器**：由两块金属电极之间夹一层绝缘电介质构成，当在两金属电极间加上电压时，电极上就会存储电荷。任何两个彼此绝缘又相距很近的导体都可组成一个电容器。

（3）**充、放电**：在充电和放电过程中，两极板上的电荷有积累

3.不含电源的部分电路欧姆定律的表达式是（　　）。

A. $I=U/R$

B. $I=E_y/(R+r)$

C. $I=U^2/R$

D. $I=E^2/(R+r)$

4.由电阻 R_1、R_2 组成的串联电路具有（　　）的特点。

A. $U_1=U_2$

B. $1/R_1+1/R_2=R$

C. $I=I_1+I_2$

D. $I_1=I_2$

5.下列测量电阻的方法中属于比较测量法的是（　　）。

A. 万用表测电阻

B. 电桥测电阻

C. 欧姆表测电阻

D. 伏安法测电阻

6.电容器充电时（　　）。

A. 两个极板都带正电

B. 两个极板都带负电

C. 两个极板带相反电荷

D. 两个极板都不带电

7.任何两个彼此绝缘而又相互靠近的导体，可以看成（　　）。

A. 电阻器

B. 电容器

C. 继电器

D. 开关

理论知识	样题
过程，即电压有建立过程，因此，电容器上的电压不能突变。 1）电容器的充电：两板分别带等量异种电荷，每个极板带电量的绝对值称为电容器的带电量。如图1-3-2所示。 2）电容器的放电：电容器两极正负电荷通过导线中和。在放电过程中，导线上有短暂的电流产生。 （4）**电容器的作用** 1）耦合——起隔直流、通交流的作用。 2）滤波——将一定频段内的信号从总信号中去除。 3）谐振——用在 LC 谐振电路中。 4）定时——通过电容充电、放电进行时间控制。 ## 8. 电功 （1）**概念**：电能可以转化成多种其他形式的能量。转化的过程就可以说是电流做功的过程，有多少电能发生了转化就说明电流做了多少功，即**电功**是多少。 （2）**公式**：电流做功的多少跟电流的大小、电压的高低、通电时间长短都有关系。加在用电器上的电压越高、通过的电流越大、通电时间越长，电流做功就越多。研究表明，当电路两端电压为 U，电路中的电流为 I，通电时间为 t 时，电功 W（或者说消耗的电能）为：$W=UIt$。 （3）**单位** 1）法定计量单位为焦耳（J）。 2）日常生活中用电的计量单位为"度"，即 kW·h（千瓦时）。 （4）**电功率**：电功率是电流在单位时间内所做的功，电功率用 P 来表示，$P=W/t=UI$。单位为瓦（W）或千瓦（kW）。 （5）**电功计算公式** 1）$W=UQ$，电荷量 Q 在电压 U 推动下做的电功。 2）$W=UIt$，电荷量 Q 等于电流 I 乘以时间 t。 3）$W=Pt$，电功 W 等于电功率 P 乘以时间 t。 4）$W=I^2Rt$，纯电阻电路的电功与电流平方、电阻和通过电流的时间成正比。	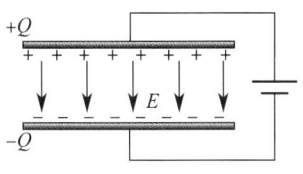 图1-3-2 电容器充电 8.下列式子中不能用来计算电功的是（　　）。 A. $W=UIt$ B. $W=I^2Rt$ C. $W=U^2t/R$ D. $W=UI$ 9.已知两个分别为40 W和20 W的灯，所加的电压均为220 V，则下列叙述不正确的是（　　）。 A. 40 W的灯比20 W的灯亮 B. 40 W的灯比20 W的灯的电阻要小 C. 40 W的灯要比20 W的灯消耗的功率大 D. 40 W的灯要比20 W的灯消耗的功率小

理论知识

9. 基尔霍夫定律

（1）基本概念

1）**支路**：①每个元件就是一条支路。②串联的元件视它为一条支路。③在一条支路中电流处处相等。

2）**节点**：①支路与支路的连接点。②两条以上支路的连接点。③广义节点（任意闭合面）。

3）**回路**：①闭合的支路。②闭合节点的集合。

4）**网孔**：①其内部不包含任何支路的回路。②网孔一定是回路，但回路不一定是网孔。

（2）基尔霍夫第一定律：基尔霍夫第一定律又称基尔霍夫电流定律，简记为 KCL：假设进入某节点的电流为正值，离开这节点的电流为负值，则所有涉及这节点的电流的代数和等于零。

如图 1-3-3：$I_1+I_2+I_3+I_4=0$

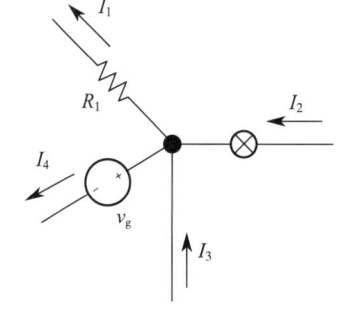

图 1-3-3 基尔霍夫第一定律

（3）基尔霍夫第二定律：基尔霍夫第二定律又称基尔霍夫电压定律，简记为 KVL：沿着闭合回路所有元件两端的电势差（电压）的代数和等于零。

3.2 电磁感应原理

1. 电磁感应现象

（1）定义：电磁感应现象是指因为磁通量变化产生感应电动势的现象。

（2）条件：电磁感应现象的产生条件有两点（缺一不可）。

1）闭合电路。

2）穿过闭合电路的磁通量发生变化。

（3）磁感应强度：描述磁场强弱和方向的物理量，是矢量，常用符号 B 表示，国际通用单位为特斯拉（符号为 T）。磁感应强度也被称为磁通密度。

样题

10. 电路中三个或三个以上元件的连接点叫（　　）。
A. 网孔
B. 节点
C. 原点
D. PN 结

11. 由基尔霍夫第一定律可知：对于任何节点，流入的净电流为（　　）。
A. 正数
B. 负数
C. 零
D. 不确定的数

1. 磁感应强度的单位是（　　）。
A. Wb
B. T
C. A/m
D. Wb/m²

2. 当穿过线圈的磁通量发生变化时，线圈就会产生感应电动势，其大小与（　　）成正比。
A. 磁通量
B. 磁通量变化量
C. 磁感应强度
D. 磁通量变化率

2. 感应电动势

（1）**定义**：在电磁感应现象中产生的电动势，叫作感应电动势。其方向由低电势指向高电势，其大小与磁通量变化率成正比。

（2）**产生感应电动势的条件**：穿过回路的磁通量发生变化。

（3）**物理意义**：感应电动势是反映电磁感应现象本质的物理量。

（4）**方向规定**：内电路中的感应电流方向，为感应电动势方向。

（5）**反电动势**：在电动机转动时，线圈中也会产生感应电动势，这个感应电动势总要削弱电源电动势的作用，这个电动势称为反电动势。

3. 电磁感应的应用

（1）**发电机**：发电机是指将机械运动的能量转变成电能的机械设备。当永久性磁铁相对于一导电体运动时（反之亦然），就会产生电动势。如果导线这时连着电负载的话，电流就会流动，并因此产生电能，把机械运动的能量转变成电能。

（2）**电动机**：发电机可以"反过来"运作，成为电动机。

（3）**变压器**：当线圈中的电流转变时，转变中的电流生成一转变中的磁场。在磁场作用范围中的第二个线圈内会有电动势，这电动势被称为感应电动势或变压器电动势。如果线圈的两端连接着一个电负载的话，电流就会流动。

（4）**电磁炉**：利用交变电流通过线圈产生方向不断改变的交变磁场，处于交变磁场中的导体的内部将会出现涡旋电流，这是涡旋电场推动导体中载流子（是电子而绝非铁原子）运动所致；涡旋电流的焦耳热效应使导体升温，从而实现加热。

4. 安培定则（右手螺旋定则）

（1）**定义**：安培定则也叫右手螺旋定则，是表示电流和电流激发磁场的磁感线方向间关系的定则，如图1-3-4所示。

（2）**安培定则一**：假设用右手握住通电导线，大拇指指向电流方向，那么弯曲的四指就表示导线周围的磁场方向。

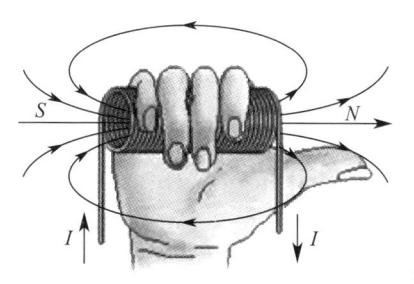

图1-3-4 安培定则（右手螺旋定则）

样题

3. 当用一段导体切割磁力线时，下列说法正确的是（　　）。
A. 一定有感应电流
B. 有感应磁场阻碍导线运动
C. 会产生感应电动势
D. 有感应磁场

4. 通电线圈插入铁芯后，其磁感应强度将（　　）。
A. 减弱
B. 增强
C. 不变
D. 不确定

5. 在均匀磁场中，原来通电导体所受磁场力为F，如果电流强度增加到原来的2倍，而导线长度减少一半，则通电导体所受磁场力为（　　）。
A. $2F$
B. F
C. $F/2$
D. $4F$

6. 用安培定则（即右手螺旋定则）来判断通电螺线管中直流电的磁场方向，正确的说法是（　　）。
A. 大拇指的指向为磁场方向
B. 弯曲四指的指向为磁场方向
C. 与大拇指指向相反的方向为磁场方向
D. 与弯曲四指指向相反的方向为磁场方向

（3）**安培定则二**：假设用右手握住通电螺线管，弯曲的四指指向电流方向，那么大拇指的指向就是通电螺线管内部的磁场方向。

5. 左手定则

（1）**定义**：左手定则又称为电动机定则，用于判断磁场中的受力方向。

1）判断安培力：伸开左手，使拇指与其余四个手指垂直，并且都与手掌在同一平面内；让磁感线从掌心进入，并使四指指向电流的方向，这时拇指所指的方向就是通电导线在磁场中所受安培力的方向，如图1-3-5所示。

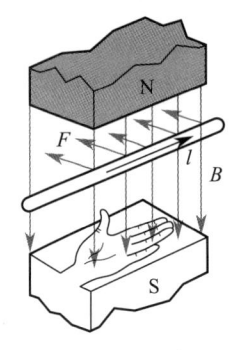

图1-3-5　左手定则

2）判断洛伦兹力：将左手掌摊平，让磁感线穿过掌心，四指表示正电荷运动方向，则与四指垂直的拇指所指方向即为洛伦兹力的方向。

（2）**安培力**：带电导体在磁场中受到的作用力。在匀强磁场中，电磁力F的大小与磁感应强度B，导体中的电流I，导体在磁场中的有效长度L及导体与磁感线之间的夹角的正弦量成正比，即：

$$F=BIL\sin\alpha$$

式中　F——导体受到的电磁力，N；

B——均匀磁场的磁感应强度，T；

I——导体中的电流，A；

L——导体在磁场中的有效长度，m；

α——电流方向与磁感线的夹角。

（3）**洛伦兹力**：运动电荷在磁场中所受的力。其性质是：1）洛伦兹力方向总与运动方向垂直。2）洛伦兹力永远不做功。3）洛伦兹力不改变运动电荷的速率和动能，只能改变电荷的运动方向使之偏转。

6. 继电器

（1）**定义**：继电器（英文名称：relay）是一种电控制器件，是用小电流去控制大电流运作的一种"自动开关"。

（2）**电磁继电器**：一般由铁芯、线圈、衔铁、触点簧片等组成。如图1-3-6所示。当线圈通电后，线圈中的电流产生磁场，使铁芯磁化产生足够大的电磁吸力，衔铁克服弹簧的反作用力，带

样题

7.当电磁继电器的线圈电流被切断时，衔铁在弹簧的作用下迅速复位，从而使活动触点与固定（　　）触点断开。

A. 常开触点

B. 常闭触点

C. 铁芯

D. 以上选项均不正确

8.当线圈中通电时，电磁继电器上的衔铁带动活动触点与固定（　　）接通。

A. 常开触点

B. 常闭触点

C. 铁芯

D. 以上选项均正确

理论知识	样题

动动触点与静触点（常开触点）吸合。当线圈断电后，电磁吸力消失，衔铁就会在弹簧的反作用力下复位，使各触点恢复到原始状态。从而达到了接通或分断小电流电路的目的。对于继电器的"常开""常闭"触点，可以这样来区分：继电器线圈未通电时处于断开状态的静触点，称为常开触点；处于接通状态的静触点称为常闭触点。继电器一般有两路电路，分别为低压控制电路和高压工作电路。

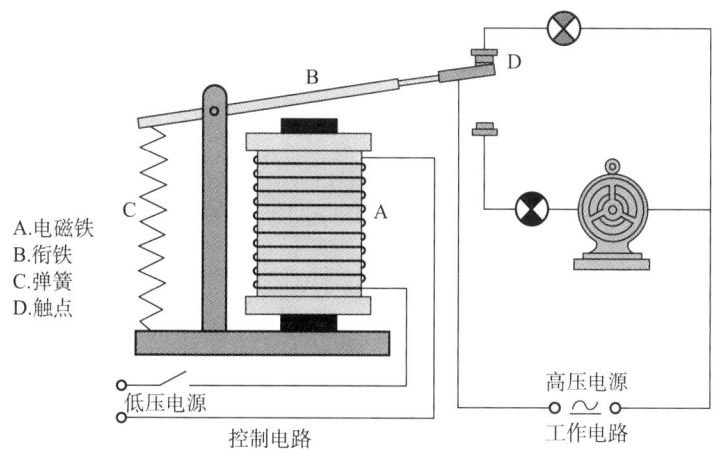

图 1-3-6　继电器

（3）继电器的作用

1）扩大控制范围：例如，多触点继电器控制信号达到某一定值时，可以按触点组的不同形式，同时换接、开断、接通多路电路。

2）放大：例如，灵敏型继电器、中间继电器等，用一个很微小的控制量，可以控制很大功率的电路。

3）综合信号：例如，当多个控制信号按规定的形式输入多绕组继电器时，可以经过比较综合，达到预定的控制效果。

4）自动、遥控、监测：例如，自动装置上的继电器与其他电器一起，可以组成程序控制线路，从而实现自动化运行。

3.3　交流电知识

1. 交流电

（1）**定义**：交流电简称为 AC，一般指大小和方向随时间作周期性变化的电压或电流。在实际应用中，交流电用符号"～"表示。

理论知识	样题
（2）**形式**：交流电最基本的形式是正弦电流。如图1-3-7所示，当闭合线圈在匀强磁场中绕垂直于磁场的轴匀速转动时，线圈里就产生大小和方向作周期性改变的正弦交流电。 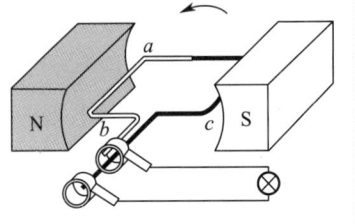 图1-3-7 交流电 **2. 正弦交流电的三要素** （1）**最大值**——U_{max}，发电机线圈与磁力线平行瞬间的电动势。 （2）**角频率**——ω，与发电机转速成正比，$\omega=2\pi n$。 （3）**初相位（初相）**——φ，瞬间电压为0时与坐标0点之间的夹角。 常见的电灯、电动机等用的电都是交流电。 我国使用的交流电频率是50 Hz。 **3. 交流电压** 交流电的电压大小和方向都随时间改变。正弦交流电的电压变化规律如图1-3-8所示。 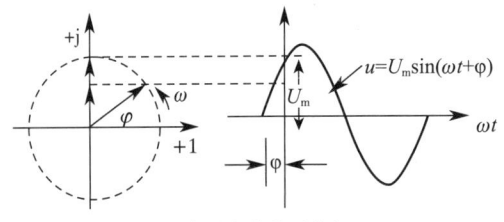 ①角频率：ω（每秒变化的弧度） 单位：rad/s ②频率：f（每秒变化的次数） 单位：Hz（赫兹）、kHz（千赫） 图1-3-8 交流电压波形 （1）**瞬时电压**——u，交流电压瞬时值的计算公式是： $$u=U_m\sin(\omega t+\varphi)$$ 式中 u——瞬时电压，V； U_m——峰值电压，V； ω——角频率，rad/s； t——时间，s； φ——初相位。 （2）**交流电压有效值** 交流电压的有效值大小由相同时间内产生相当焦耳热的直流电的电压大小来等效。 理论和实验都证明，正弦交流电的有效值等于最大值除以$\sqrt{2}$。即： $$U_{有效}=U_m/\sqrt{2}$$ 例如，城市生活用电220 V表示的是有效值，而其峰值约为	1. 交流电的有效值是根据（　　）来确定的。 A. 电流 B. 电压 C. 最大值 D. 热效应 2. 目前我国低压配电系统中，相电压的有效值是（　　）V。 A. 55 B. 110 C. 220 D. 330 3. 若正弦波形与坐标原点重合，则有（　　）。 A. $t=0$，$\varphi>0$ B. $t=0$，$\varphi=0$ C. $t=0$，$\varphi<0$ D. $t=0$，$\varphi=180°$ 4. 下列选项不属于正弦交流电三要素的是（　　）。 A. 周期 B. 最大值 C. 角频率 D. 初相位 5. 在220 V、40 W的灯泡中，220 V表示交流电的（　　）。 A. 有效值 B. 瞬间值 C. 最大值 D. 平均值

311 V。

3.4 半导体电子元件

1. 半导体

（1）**简介**：半导体是指导电性能介于金属和绝缘体之间的材料。

（2）**分类**：按化学成分可分为元素半导体和化合物半导体两大类。

元素半导体根据极片材料不同，可分为锗元素半导体和硅元素半导体。

化合物半导体包括第Ⅲ和第Ⅴ族化合物（砷化镓、磷化镓等）、第Ⅱ和第Ⅵ族化合物（硫化镉、硫化锌等）、氧化物（锰、铬、铁、铜的氧化物），以及由Ⅲ-Ⅴ族化合物和Ⅱ-Ⅵ族化合物组成的固溶体（镓铝砷、镓砷磷等）。除上述晶态半导体外，还有非晶态的玻璃半导体、有机半导体等。

（3）**典型半导体**

1）P型半导体：在纯净的硅晶体中掺入三价元素（如硼），使之取代晶格中硅原子的位置，就形成了P型半导体。它的导电特性是靠空穴导电，掺入的杂质越多，多子（空穴）的浓度就越高，导电性能也就越强。

2）N型半导体：在纯净的硅晶体中掺入五价元素（如磷），使之取代晶格中硅原子的位置形成N型半导体。它的导电特性是靠多子（自由电子）导电，掺入的杂质越多，多子（自由电子）的浓度就越高，导电性能也就越强。

（4）**PN结**

采用不同的掺杂工艺，通过扩散作用，将P型半导体与N型半导体制作在同一块半导体（通常是硅或锗）基片上，在它们的交界面就形成空间电荷区称为PN结。如图1-3-9所示。

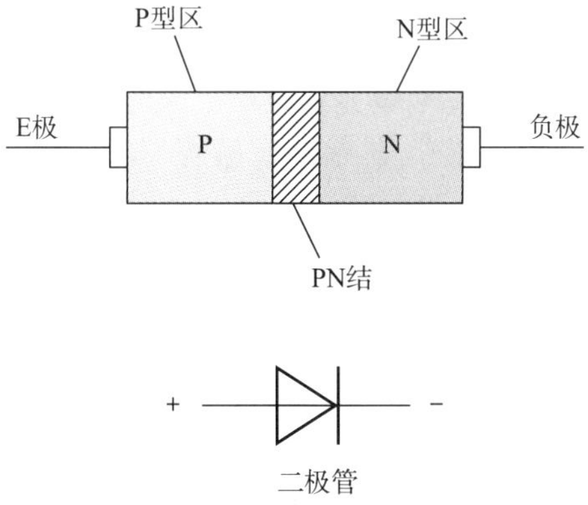

PN结的特性：

图1-3-9 PN结

样题

1.二极管按（　　）可分为硅二极管和锗二极管两类。

A. 用途

B. 结构

C. 尺寸

D. 极片材料

理论知识	样题
1）单向导电性——PN结加正向电压时导通，PN结加反向电压时截止。 2）反向击穿性——反向电压增大到一定程度时，反向电流将突然增大，此时电压称为击穿电压，此时如果对电流没有限制将烧穿PN结。二极管的最高反向工作电压一般取其反向击穿电压的1/2左右。 **2. 二极管** 二极管是一种具有两个电极、只允许电流由单一方向流过的装置。二极管最普遍的功能就是只允许电流由单一方向通过，反向时阻断，因此，二极管就起到单向阀的作用。根据使用功能的不同，二极管可分为以下几种： （1）**整流二极管**：因为二极管具有单向导通特性，所以常用于将交流电变为直流电的整流电路中，用于整流的二极管一般为平面型硅二极管。整流二极管的主要参数如下。 1）最大平均整流电流：指二极管长期工作时允许通过的最大正向平均电流。 2）最高反向工作电压：指二极管两端允许施加的最大反向电压。若大于此值，则反向电流剧增，二极管的单向导电性被破坏，从而引起反向击穿。通常取反向击穿电压的一半作为最高反向工作电压。 汽车发电机整流器的二极管只有一个中心引脚，与普通二极管有P、N极两个引脚不同。如果中心引线为正，通常称该整流二极管为正极二极管，否则为负极二极管。 （2）**发光二极管**：发光二极管简称LED（Light Emitting Diode）。由含镓、砷、磷、碳、硅、氮等的化合物制成。 当电子与空穴复合时能辐射出可见光，因而可以用来制成发光二极管。在电路及仪器中作为指示灯，或者组成文字或数字显示。砷化镓二极管发红光，磷化镓二极管发绿光，碳化硅二极管发黄光，氮化镓二极管发蓝光。 （3）**稳压二极管**：稳压二极管是指利用PN结反向击穿状态时，其电流可在很大范围内变化而电压基本不变的现象，制成起稳压作用的二极管。稳压二极管在电路中的符号为 ▷⊢ ，只有一个PN结。在汽车发电机的电压调节器中，必须借助稳压二极管对发电电压进行控制。	2.二极管的最高反向工作电压一般取其反向击穿电压的（　　）。 A. 2倍 B. 1倍 C. 1/2左右 D. 1/4左右 3.整流二极管主要参数有最大整流电流和（　　）。 A. 最高反向工作电压 B. 最低反向工作电压 C. 最高反向工作电流 D. 最低反向工作电流 4.发光二极管的英文缩写是（　　）。 A. LBD B. LCD C. LDD D. LED 5.稳压二极管PN结的个数是（　　）个。 A. 1 B. 2 C. 3 D. 4 6.下列选项具有单向导电性的是（　　）。 A. 二极管 B. 三极管 C. 稳压器 D. 电容器 7.中心引线为负极，管壳为正极的二极管是（　　）。 A. 负极二极管 B. 励磁二极管 C. 正极二极管 D. 稳压二极管

理论知识	样题

3. 三极管

（1）**简介**：三极管全称为半导体三极管，也称为双极型晶体管、晶体三极管，是通过一定的制作工艺，将两个 PN 结结合在一起的一种半导体器件。可以用来放大微弱的信号，也可用作无触点开关。

（2）**分类**

1）按构成材料：硅管、锗管。

2）按结构：PNP 型、NPN 型。

3）按工作频率高低：低频管（3 MHz 以下）、高频管（3 MHz 以上）。

4）按功率：小功率管、中功率管、大功率管。

（3）**结构和符号**：由两个 PN 结、三个杂质半导体区域和三个电极组成，杂质半导体有 P 型、N 型两种。如图 1-3-10 所示。

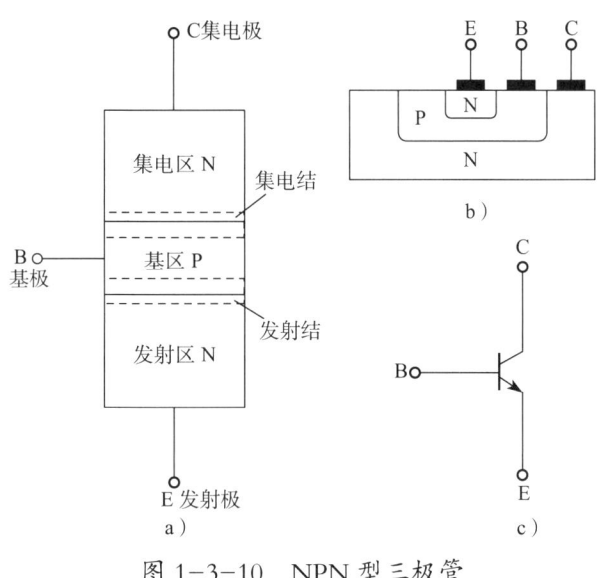

图 1-3-10 NPN 型三极管

a）结构示意图 b）管芯结构 c）符号

（4）**主要参数**

1）电流放大系数：

共发射极电流放大系数 $\beta=I_C/I_B$。

共基极电流放大系数：$\alpha=\beta/(1+\beta)$，$\alpha<1$，一般在 0.98 以上。

2）极间反向饱和电流：C、B 之间，C、E 之间反向饱和电流 I_{CEO}、I_{CBO} 均随温度的升高而增大。

3）极限参数：I_{CM}——集电极最大允许电流，超过极限值时，β 值

8. 下列选项中不是半导体使用性能主要影响因素的是（　　）。

A. 温度

B. 杂质

C. 光照、电压及磁场

D. 导电性介于导体和绝缘体之间

9. 锗管 PN 结的导通电压为（　　）V 左右。

A. 0.1

B. 0.2

C. 0.3

D. 0.4

10. 凡是向放大器提供输入信号的零件或设备称为（　　）。

A. 负载

B. 电源

C. 信号源

D. 负载、电源、信号源均不对

11. 放大电路中放大器有（　　）个端子。

A. 2

B. 3

C. 4

D. 5

12. 三极管的电流放大系数一般为（　　）。

A. 10～20

B. 20～200

C. 200～400

D. 400～600

明显降低。

4) P_{CM}：集电极最大允许耗散功率。

（5）晶体三极管检测方法

1）基极判别：将万用表置于 $R \times 1k$ 挡，用红、黑表笔搭接三极管的任意两管脚，如测得阻值大于几百千欧，将红、黑表笔对调，如果测得阻值仍然很大，则剩下的管脚必是基极。如图 1-3-11 所示。

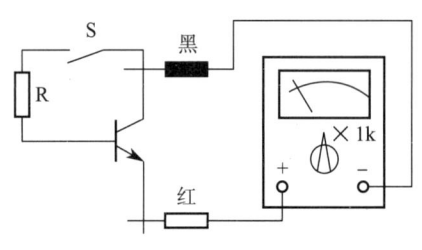

图 1-3-11 三极管检测

2）类型判别：红表笔接基极，黑表笔接另外任一管脚，如果阻值大于几百千欧，为 PNP 管；如果阻值小于几千欧，为 NPN 管。

3）集电极判别：基极连接一大电阻，红、黑表笔分别连接基极以外的两极，如果万用表指针偏转较大，则与黑表笔相连的极为集电极；如果万用表指针偏转较小，则与红表笔相连的极为集电极。

（6）晶闸管：晶闸管是晶体闸流管的简称，是 PNPN 四层半导体结构，它有三个极：阳极、阴极和门极。晶闸管具有硅整流器件的特性，能在高电压、大电流条件下工作，且其工作过程可以控制、被广泛应用于可控整流、交流调压、无触点电子开关、逆变及变频等电子电路中。

其特点是：用小电流控制大电流，可通过小功率信号控制大功率系统，有效率高、控制特性好、寿命长、体积小、功能强等优点，其能承受的电压和电流容量是目前电力电子器件中较高的，而且工作可靠。

13. 晶闸管的特点是（　　）。
A. 通过大功率信号控制小功率系统
B. 通过小功率信号控制大功率系统
C. 通过大功率信号控制大功率系统
D. 通过小功率信号控制小功率系统

3.5 计算机基础

1. 逻辑电路

（1）简介：逻辑电路是指完成逻辑运算的电路。这种电路，一般有若干个输入端和一个或几个输出端，当输入信号之间满足某一特定逻辑关系时，电路就开通，有输出；否则，电路就关闭，无输出。所以，这种电路又叫逻辑门电路，简称门电路。逻辑：假设 A 为输入信号、B 为输出信号，玩芝麻开门游戏。逻辑电路有三种基本逻辑关系，即与逻辑、或逻辑和非逻辑，实现这三种逻辑的电路

1. 逻辑电路最基本的逻辑关系除了"与""非"，还有（　　）。
A. 是
B. 否
C. 或
D. 以上选项均不正确

理论知识	样题
分别称为与门电路、或门电路和非门电路，称称与门、或门和非门。 （2）**与门**：利用内部结构，使输入两个高电平（1），则输出高电平（1），不满足有两个高电平（1）输出低电平（0）。逻辑：A1、A2同时喊"开门"，B才"开"，否则都不开。 （3）**或门**：利用内部结构，使输入至少一个高电平（1），则输出高电平（1），不满足有两个低电平（0）输出高电平（1）。逻辑：A1、A2任一或同时喊"开门"，B都"开"。 （4）**非门**：利用内部结构，使输入的电平变成相反的电平，高电平（1）变低电平（0），低电平（0）变高电平（1）。逻辑：A喊"开门"，B"不开"；A喊"不开"，B"开"。非门是反逻辑。 **2. 传感器** （1）**简介**：能感受规定的被测量件并按照一定的规律（数学函数法则）转换成电信号或其他所需形式的信息输出，以满足信息的传输、处理、存储、显示、记录和控制等要求信号的器件或装置，通常由敏感元件和转换元件组成。 （2）**特点**：传感器的特点包括：微型化、数字化、智能化、多功能化、系统化、网络化，它不仅促进了传统产业的改造和更新换代，而且还可能建立新型工业，从而成为21世纪新的经济增长点。微型化是建立在微电子机械系统（MEMS）技术基础上的，已成功应用在硅器件上做成硅压力传感器。 （3）**组成**：传感器一般由敏感元件、转换元件、变换电路和辅助电源四部分组成。 （4）**汽车发动机传感器种类** 1）空气流量计、2）进气压力传感器、3）节气门位置传感器、4）水温传感器、5）爆燃传感器、6）氧传感器、7）车速传感器、8）凸轮轴位置传感器、9）曲轴位置传感器、10）燃油位置传感器。 **3. A/D 转换器** （1）**简介**：将模拟信号转换成数字信号的电路，称为模数转换器（简称 A/D 转换器）。它能将时间连续、幅值也连续的模拟量转换为时间离散、幅值也离散的数字信号。 （2）**A/D（模数）转换的步骤**：模数转换一般要经过采样、保持和量化、编码这几个步骤。采样定理：当采样频率大于模拟信号	2. 在实际工作中，常采用模拟信号发生器的（　　）来断定模拟信号发生器的好坏。 A. 电流 B. 电压 C. 电阻 D. 动作 3. 将非电信号转换为可测电信号的电子器件是（　　）。 A. 放大器 B. 整流器 C. 继电器 D. 传感器 4.（　　）的作用是将传感器输入的信号去除杂波，把正弦波转变为矩形波后再转换为输入电平。 A. A/D 转换器 B. 输入回路 C. 微型计算机 D. 执行器

中最高频率成分的两倍时，采样值才能不失真地反映原模拟信号。

（3）A/D 转换器的工作原理：主要有以下三种方法：逐次逼近法、双积分法、电压频率转换法。

4. ECU

ECU（Electronic Control Unit，电子控制单元）的基本组成如图 1-3-12 所示。它一般由微型计算机（由 CPU、扩展内存、扩展 I/O 口、CAN/LIN 总线收发控制器组成），A/D、D/A 转换口（有时集成在 CPU 中），脉宽调制器（PWM），PID 控制器，散热片和其他一些电子元器件组成，特定功能的 ECU 还带有诸如红外线收发器、传感器、DSP 数字信号处理器，脉冲发生器，脉冲分配器，电机驱动单元，放大单元，强弱电隔离等元器件。

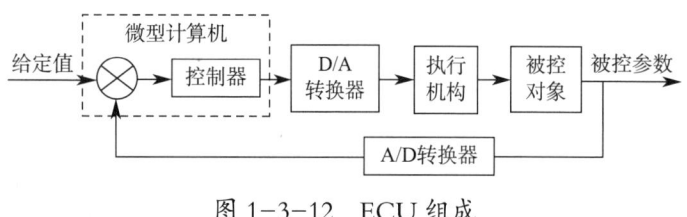

图 1-3-12　ECU 组成

5. ROM

ROM（Read-Only Memory）是只读存储器的简称，是一种只能读出事先所存数据的固态半导体存储器。其特性是一旦储存资料就无法再将之改变或删除。通常用在不需经常变更资料的计算机系统中，并且资料不会因为电源关闭而消失。

6. 显示器的种类

（1）CRT（Cathode Ray Tube）显示器：是一种使用阴极射线管的显示器，目前已经在民用市场上被淘汰。

（2）LCD（Liquid Crystal Display）显示器：即液晶显示器，其优点是机身薄，占空间小，辐射小。

（3）LED（Light Emitting Diode）显示器：是通过控制半导体发光二极管来显示文字、图形、图像、动画、视频、录像信号等各种信息的显示屏幕。

（4）VFD（Vacuum Fluorescent Display）显示屏：VFD 意为真空荧光显示屏，由发射电子的阴极（直热式，统称灯丝）、加速控制电子流的栅极、玻璃基板上印上电极和荧光粉的阳极以及栅网

样题

5. 微型计算机的组成不包括（　　）。
A. CPU
B. I/O
C. A/D 转换器
D. 存储器

6. ROM 表示（　　）。
A. 随机存储器
B. 只读存储器
C. 中央处理器
D. 转换器

7. 液晶显示器的英文缩写是（　　）。
A. LBD
B. LCD
C. LDD
D. LED

8. 发光二极管的英文缩写是（　　）。
A. LBD
B. LCD
C. LDD
D. LED

9. 真空荧光管的英文缩写是（　　）。
A. VCD
B. VDD
C. VED
D. VFD

理论知识	样题
和玻盖构成。它利用电子撞击荧光粉，使荧光粉发光，是一种自身发光显示器件。由于它可以做多色彩显示，亮度高，又可以用低电压来驱动，易与集成电路配套，因此被广泛应用在家用电器、办公自动化设备、工业仪器仪表及汽车等各种领域中。 按驱动方式的不同，VFD 可以分为静态驱动（直流）和动态驱动（脉冲）。 1）静态驱动：阴极接地，栅极连在一起加上正电压，阳极全部分别引出，按数据输入，通过译码驱动电路，有选择地对阳极加上正电压。驱动电压为 10～15 V，此方式适于位数较少的荧光显示管，经常用于车载时钟显示。 2）动态驱动：动态驱动用于位数较多的荧光显示管。各个位的相同位置上的阳极段电极在管内连在一起，因此段电极的引线数与位数无关。各位中的栅极分别按位引出。在栅极上按顺序施加选择信号，与其同步，在被选定栅极位上，对应显示的段加阳极信号。	10.真空荧光管的栅极接至电源（　　）极，阴极与电源（　　）极相接时，便获得了一定的电压，从而显示出所要看到的内容。 A. +　－ B. －　+ C. +　+ D. －　－

项目4　汽车维修基础知识

理论知识	样题
## 4.1　汽车维修常用工具	1.主要对汽车进行局部举升的装置是（　　）。 A.举升器 B.千斤顶 C.木块 D.金属块 2.拆卸螺栓时，最好选用（　　）。 A.钳子 B.活扳手 C.梅花扳手 D.管子扳手

1.千斤顶

（1）简介：千斤顶是一种用刚性顶举件作为工作装置，通过顶部托座或底部托爪在行程内顶升重物的局部起重设备。千斤顶的起重高度小（小于1 m），是一种最常用、最简单的起重设备，如图1-4-1所示。

图1-4-1　千斤顶

（2）**汽车千斤顶的种类**：汽车千斤顶可以分为齿条千斤顶、液压千斤顶、螺旋千斤顶和充气式千斤顶四种。

1）齿条千斤顶指通过杠杆和齿轮带动齿条顶举重物的千斤顶。分别由齿条、齿轮、手柄三部分组成，它依靠摇动手柄从而使齿条上升下降；这也是常见的一种汽车千斤顶。

2）液压千斤顶指采用柱塞或液压缸作为刚性顶举件的千斤顶。又分为通用液压千斤顶和专用液压千斤顶。其升降速度快，承重能力较齿条千斤顶大。

3）螺旋千斤顶指以螺杆或螺母套筒为顶举件，依靠螺纹自锁来撑住重物的千斤顶。其结构并不复杂，但其支撑重量较大。常用于随车工具。

4）充气式千斤顶又称气动千斤顶，一般由三层、两层或者单层气囊组成，主要工作原理是利用5~8 kg压力空压机充气将车顶起。

2.扳手

扳手是一种常用的安装与拆卸工具，其作用是紧固或拆卸带有棱边的螺栓或螺母。

（1）**分类**：根据不同的用途，汽车维修用的扳手种类如图

理论知识	样题
1-4-2 所示。 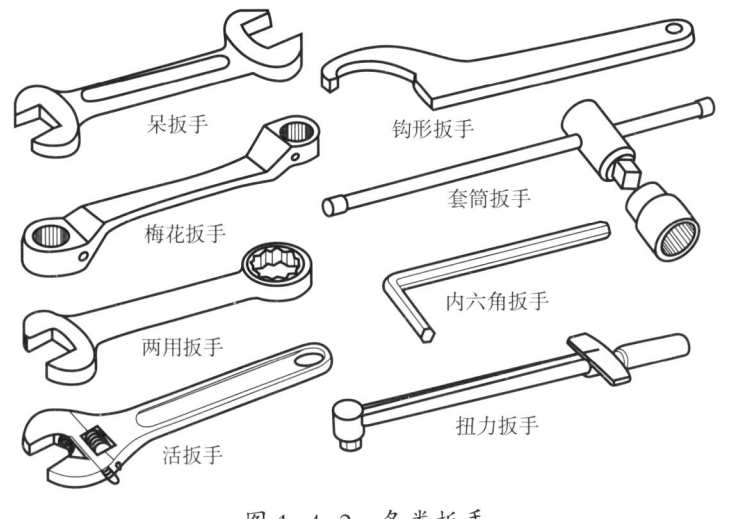 图 1-4-2　各类扳手 　　1）呆扳手：又称开口扳手，它的一端或两端制有固定尺寸的开口，用于拧转一定尺寸的螺母或螺栓。 　　2）梅花扳手：两端具有带六角孔或十二角孔的工作端，适用于工作空间狭小，不能使用普通扳手的场合。 　　3）两用扳手：一端与呆扳手相同，另一端与梅花扳手相同，两端拧转相同规格的螺栓或螺母。 　　4）活扳手：开口宽度可在一定尺寸范围内进行调节，能拧转不同规格的螺栓或螺母。 　　5）钩形扳手：又称月牙形扳手，用于拧转厚度受限制的扁螺母等。 　　6）套筒扳手：它是由多个带六角孔或十二角孔的套筒并配有手柄、接杆等多种附件组成，特别适用于拧转位置十分狭小或凹陷很深的螺栓或螺母。 　　7）内六角扳手：成 L 形的六角棒状扳手，专用于拧转内六角螺钉。 　　8）扭力扳手：它在拧转螺栓或螺母时，能显示出所施加的扭矩；或者当施加的扭矩到达规定值后，会发出光或声响信号。扭力扳手适用于对扭矩大小有明确规定的安装。 　　9）火花塞套筒：是一种用于手工拆装火花塞的专用工具，使用时，根据火花塞的装配位置和火花塞六角的尺寸，选用不同高度和径向尺寸的火花塞套筒。使用要点：拆装火花塞时，应套正火花塞套筒再扳转，以免套筒滑脱。 　　（2）**扳手选用优先顺序**：在活扳手、呆扳手、梅花扳手、套筒扳手四种工具都能拆装的情况下，为了保证螺钉不打滑，选用的优	3.拆装发动机火花塞应用（　　）。 A.火花塞套筒 B.套筒 C.开口扳手 D.梅花扳手 4.（　　）扳手能显示扭矩的大小。 A.开口 B.梅花 C.扭力 D.活动 5.球轴承的拆卸选用（　　）拉器。 A.四爪 B.球轴承 C.通用 D.半轴套筒 6.拆装油底壳变速器等的放油螺栓通常选用（　　）。 A.内六角扳手 B.方扳手 C.钩形扳手 D.圆螺母扳手 7.轮毂轴承螺栓、螺母的拆装适宜选用（　　）。 A.内六角扳手 B.方扳手 C.钩形扳手 D.专用套筒扳手 8.下列扳手在使用中能显示扭转力矩大小的是（　　）。 A.梅花扳手 B.扭力扳手 C.套筒扳手 D.活扳手

理论知识	样题
先次序是套筒扳手→梅花扳手→呆扳手→活扳手。 **3. 球轴承拉器** 　　球轴承拉器用于球轴承的拆装。进行转向横拉杆及转向节上的球头轴承拆装时，应先将锁紧螺母上的锁销拆除，再拧下螺母，最后用球轴承拉器将球头轴承从锥形孔内拔出。	
## 4.2　汽车维修常用设备 **1. 举升机** 　　（1）**举升机分类** 　　1）按驱动类型可分为气动、液压、机械式三大类。其中以液压式居多，机械式次之，气动最少。 　　2）按照结构可分为单柱、双柱、四柱和剪式。 　　3）按照功能可分为四轮定位型和平板式。 　　4）按照占用的空间不同可分为地上式和地藏式。 　　（2）**双柱举升机**：一般为电动液压式，将汽车举升在空中的同时可以节省大量的地面空间，方便地面作业。但是双柱式汽车举升机为了最大地节省材料，一般都去掉了底板。由于没有底板，使立柱的扭力需要靠地面来抵消，所以对地基要求很高。 　　（3）**四柱举升机**：具有保险装置安全可靠，举升机上升到最大举升高度时限位开关会自动断电、自动切断液压泵里的油压回路；功率大，举升能力达到3.5 t；四柱支承，受力更加均衡，运行更平稳可靠，举升保险系数大、经久耐用等优点。不足之处一是成本较高，二是地面作业空间受限。 　　（4）**剪式举升机**：剪式举升机执行部分采用剪式叠杆形式，电力驱动机械传动结构，目前广泛用于大型车辆维修。 **2. 汽车清洗设备** 　　（1）**汽车外部清洗设备** 　　1）固定式：主要用于快速集中清洗大客车、卡车、水泥罐车等大型车辆外部的泥沙等污物。根据结构不同，又有底座式、龙门式、有刷或无刷式等。 　　2）可移式：主要用于汽车美容店进行小型汽车外部清洗作业，	1. 柱式举升机多为（　　）。 A. 气动式举升机 B. 电动式举升机 C. 电动液压式举升机 D. 移动式举升机 2. 剪式举升机为（　　）。 A. 气动式举升机 B. 电动式举升机 C. 液压式举升机 D. 移动式举升机 3. 举升2.5 t以下的各种小轿车、面包车适宜选用（　　）举升。 A. 气动式举升机 B. 电动式举升机 C. 液压式举升机 D. 移动式举升机 4. 大型运输企业集中使用的汽车外部清洗设备多采用（　　）。 A. 固定式 B. 可移式 C. 手动式 D. 其他形式

理论知识	样题
包括高压洗车机、泡沫机等。 **（2）汽车零件清洗** 1）浸入式清洗：用于清洗的零部件为多腔体，要求清洗剂具有较强的清洗能力，对于清洗剂消泡性能要求不高。 2）转盘式喷淋清洗：汽车零部件清洗大多采用转盘式旋转喷淋清洗机，一般分为清洗、漂洗、烘干三个过程。 3）高压喷淋清洗：对零件采用定位、定点喷淋方式进行清洗，多用于去除零部件表面污物的同时去除金属表面毛刺。 4）超声波清洗：清洗范围广，可用于金属、非金属等物品清洗，清洗彻底。先用压力水冲洗物体的表面物质，然后利用旋流清洗的摩擦力清洗顽固性物质，最后再利用超声波高密度的细小爆炸式精洗物体表面，使其能够出现旧件翻新的效果。 汽车清洗剂一般为中性化学溶液，可采用中性肥皂与热水的混合溶液。 **3. 无负荷测功表** 无负荷测功表又称为动态测功表，是指发动机在节气门开度和转速等参数均处于变动的状态下，测定发动机功率的一种仪表。 这种仪表测功率的基本方法是：当发动机在怠速或空转某一转速下，突然全开节气门，使发动机克服自身惯性和内部各种运转阻力而加速运转时，其加速性能的好坏能直接反映出发动机功率的大小。因此，汽车无负荷测功表只要测出发动机在加速过程中的某一相关参数，就得出相应的最大加速功率。 **4. 车轮平衡机** **（1）车轮不平衡** 1）静不平衡：当轮胎静止不动圆周上存在一个不平衡质量时，会使轮胎在转动过程中始终有一个离心力作用在车轮上，引起车轮周期性的上下跳动和绕转向轮主销来回摆动的力矩。 2）动不平衡：车轮在转动过程中，由于车轮上不均匀质量的分布，导致产生不同的离心力，这个离心力产生一个力偶，力偶方向变化，使车轮绕主销摆动，此为动不平衡。 3）危害：如果车轮不平衡，导致车辆在高速行驶时产生振动、摆动和方向盘抖动，不仅影响汽车的行驶平顺性和乘坐舒适性，同时使汽车附着力减小，车辆难以控制，影响汽车行驶的安全性，还	5.主要用于汽车零件清洗的清洗机是（　　）。 A.刷子式 B.转盘式 C.门式 D.喷射式 6.一般清洗用的化学溶液可采用（　　）与热水的混合溶液。 A.中性肥皂 B.碱面 C.稀酸 D.酒精 7.（　　）用于测量发动机无负荷功率及转速。 A.汽车无负荷测功表 B.气缸压力表 C.发动机转速 D.发动机分析仪 8.就车式平衡机按（　　）原理工作。 A.静平衡 B.动平衡 C.平衡块 D.以上选项均不正确 9.离车式平衡机按（　　）原理工作。 A.静平衡 B.动平衡 C.平衡块 D.A和B 10.轮胎应当定期做动平衡检查，用（　　）检查。 A.静平衡检测仪 B.动平衡检测仪 C.扒胎机 D.测功机

理论知识	样题
会加速轮胎及有关机件的磨损。 （2）**离车式车轮平衡机**：需要从车上拆下车轮才能检测不平衡量。一般由车轮驱动系统、测量系统、车轮定位系统和控制显示系统组成。用于车轮动不平衡的检测。 （3）**就车式车轮平衡机**：就车式车轮平衡机，无须从车上拆下车轮，就车即可测得车轮的平衡状况。就车式车轮动平衡机一般由驱动装置、测量装置、指示与控制装置、制动装置和小车等组成。主要用于车轮静不平衡的测量。	
## 4.3 汽车基本概念 **1. 汽车型号编制规则** 汽车型号编制是指为识别车辆而对一类车辆指定的由拼音字母和阿拉伯数字组成的编号。按照国家标准《汽车产品型号编制规则》（GB 9417—1988）[①]，国产汽车型号应能表明汽车的厂牌、类型和主要特征参数等，由汉语拼音字母和阿拉伯数字组成，包括首部、中部、尾部三部分，如图1-4-3所示。 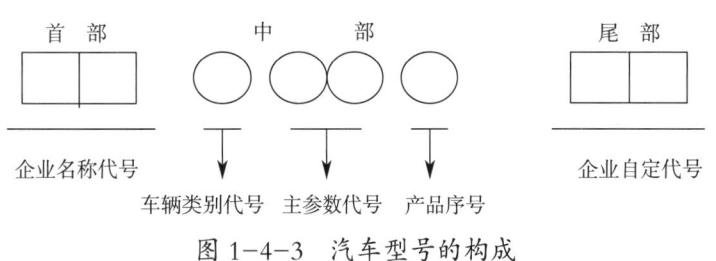 图1-4-3 汽车型号的构成 车辆类别代号： 1——货车：主要作用是运载货物。 2——越野车：主要行驶在路况较差或无路地区的汽车，通常采用全轮驱动，并配用越野轮胎。越野汽车按其总质量的不同可分为轻型越野汽车、中型越野汽车和重型越野汽车。 3——自卸汽车：可以利用自身的液压装置将其货箱倾斜的汽车。 4——牵引汽车：专门或主要用来牵引挂车或其他车辆的汽车。 5——专用汽车：为完成特定的运输任务或作业而设计的汽车。 6——客车：座位数超过9座，主要用来运送人员及行李物资。	1. 1988年颁布的国家标准汽车型号由（　　）部分构成。 A. 2 B. 3 C. 4 D. 5 2. 乘用车的座位数不超过（　　）座。 A. 9 B. 5 C. 16 D. 20 3. 座位在9座以上（包括驾驶员座位在内）的载客汽车称为（　　）。 A. 小型乘用车 B. 普通乘用车 C. 高级乘用车 D. 客车 4. 客车类别代号是（　　）。 A. 4 B. 5 C. 6 D. 7 5. 轿车类别代号是（　　）。 A. 4 B. 5 C. 6 D. 7 6. 货车类别代号是（　　）。 A. 1 B. 2

①该标准已作废，因在题库中作为知识点出现，故书中沿用。

理论知识	样题

7——轿车：又称为乘用车，通常座位数不超过9座。主要用来运载人员和少量的行李。

2. 汽车使用技术状况

汽车使用技术状况包括汽车的动力性、安全性、燃料经济性、润滑油消耗性。

（1）**汽车的动力性**：主要用最高车速、汽车的加速时间、汽车所能爬上的最大坡度三个方面的指标来评定。1）最高车速：是指汽车在平坦良好的路面上行驶时所能达到的最高速度。数值越大，动力性就越好。2）加速性能：表示汽车的加速能力，常用原地起步加速时间以及超车加速时间来表示。3）汽车的爬坡能力：用满载时的汽车在良好路面上所能爬上的最大坡度来表示。

（2）**安全性**：主要包括主动安全性（制动）和被动安全性（安全带、安全气囊等）。

（3）**燃料经济性**：通常用百公里油耗来表示。

3. 汽车驱动方式

（1）**简介**：汽车驱动方式最基本的分类标准是按照驱动轮的数量，可分为两轮驱动和四轮驱动两大类。根据特殊需要有些六轮或八轮汽车的车轮全是驱动轮。

（2）**两轮驱动**：一般用4×2表示，是指四轮汽车的四个车轮当中，只有两个是驱动轮，另外两个为支持轮。在两轮驱动形式中，可根据发动机在车辆的位置以及驱动轮的位置进而细分为前置后驱（FR）、前置前驱（FF）、后置后驱（RR）、中置后驱（MR）等形式。

前置后驱（FR）形式最常用于两驱越野车和高级轿车。

前置前驱（FF）形式通常用于普通小轿车。

后置后驱（RR）形式常用于大型客车。

中置后驱（MR）形式用于运动型轿车和方程式赛车。

（3）**四轮驱动**：一般用4×4或4WD来表示。是指汽车前后轮都有动力，可按行驶路面状态不同而将发动机输出扭矩按不同比例分布在前后所有的轮子上，以提高汽车的行驶能力。四轮驱动又分为分时四驱、全时四驱、适时四驱。

C. 3
D. 4

7.汽车使用技术状况包括汽车的动力性、（　　）、燃料经济性、润滑油消耗性。

A. 启动性能
B. 加速性能
C. 工作可靠性
D. 爬坡性能

8.最大爬坡度是车轮（　　）时的最大爬坡能力。

A. 满载
B. 空载
C. <5 t
D. >5 t

9.运动型轿车和方程式赛车多采用的布置形式是（　　）。

A. 发动机后置后轮驱动
B. 发动机中置后轮驱动
C. 发动机前置前轮驱动
D. 发动机前置后轮驱动

10.符号4×4表示汽车共有（　　）个驱动轮。

A. 1
B. 2
C. 3
D. 4

理论知识	样题
4. 汽车组成 （1）**简介**：汽车一般由发动机、底盘、车身、电气系统四部分组成。 （2）**发动机**：是汽车的动力装置。其作用是使燃料燃烧产生动力，然后通过底盘的传动系统驱动车轮使汽车行驶。 （3）**底盘**：支承、安装汽车发动机及其各部件、总成，形成汽车的整体造型，并接受发动机的动力，使汽车产生运动，保证正常行驶。 （4）**车身**：容纳驾驶员、乘客和货物，并构成汽车的外壳。轿车车身一般是整体式承载结构，没有车架。 （5）**电气系统**：由电源和用电设备两大部分组成。	11.（　　）是汽车装配与行驶的主体。 A. 发动机 B. 底盘 C. 车身 D. 电气系统

4.4　发动机基本概念

1. 四冲程发动机

四冲程发动机是汽车发动机的主流形式。四冲程汽油机和柴油机的工作循环均由进气行程、压缩行程、做功行程和排气行程 4 个活塞行程组成。四冲程发动机工作原理如图 1-4-4 所示。

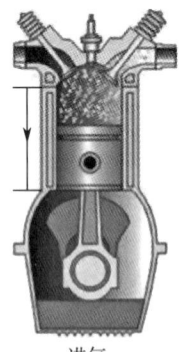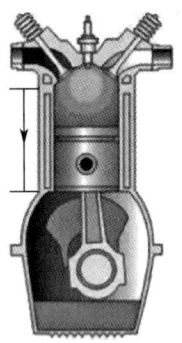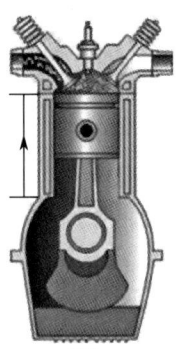
进气　　压缩　　做功　　排气

图 1-4-4　四冲程发动机

（1）**进气行程**：进气门开启，排气门关闭，活塞由上止点向下止点移动，活塞上方的气缸容积增大。

（2）**压缩行程**：进排气门全部关闭，活塞向上运动压缩缸内可燃混合气，混合气温度升高，压力上升。活塞临近上止点前，可燃混合气压力上升到 0.6～1.2 MPa，温度可达 330～430℃。

1. 在发动机的四个工作行程中，只有（　　）行程是有效行程。
A. 进气
B. 压缩
C. 做功
D. 排气

理论知识	样题
（3）**做功行程**：在压缩行程接近上止点时，装在气缸盖上方的火花塞发出电火花，点燃所压缩的可燃混合气。做功行程开始时，进、排气门均关闭。 （4）**排气行程**：做功行程接近终了时，排气门开启，由于这时缸内压力高于大气压力，高温废气迅速排出气缸。 （5）**特点**：四冲程发动机的每个工作循环曲轴转两圈、凸轮轴转一圈，凸轮轴正时轮与曲轴正时轮的齿数比为 2∶1。 四冲程柴油机工作原理与四冲程汽油机大致相同，不同的是柴油机在做功行程开始阶段将柴油喷入气缸，在气缸内进行油气混合，不通过火花塞而是靠压缩自行发火燃烧。 **2. 汽油机与柴油机** （1）**汽油发动机**：以汽油作为燃料，将化学能转化成动能的发动机。由于汽油黏性小，蒸发快，可以用汽油喷射系统将汽油喷入气缸，经过压缩达到一定的温度和压力后，用火花塞点燃，使气体膨胀做功。汽油机的特点是转速高、结构简单、质量轻、造价低廉、运转平稳、使用维修方便。汽油机在汽车上，特别是小型汽车上大量使用。 （2）**柴油发动机**：是燃烧柴油来获取能量释放的发动机。由于柴油机的燃料是柴油，黏度比汽油大，不易蒸发，自燃温度较低，因此可燃混合气的形成及点火方式都与汽油机不同。柴油机的特点是热效率高、经济性好、扭矩大。一般用于大、中型载重货车。它是由德国发明家鲁道夫·狄塞尔（Rudolf Diesel）于 1892 年发明的，为了纪念这位发明家，柴油就是用他的姓 Diesel 来表示，而柴油发动机也称为狄塞尔发动机（Diesel engine）。 **3. 发动机排量** 发动机排量（V_L）是指发动机各缸工作容积的总和，等于单缸工作容积（V_h）和缸数（i）的乘积，即 $V_L=V_h \times i$。 单缸工作容积（见图 1-4-5）是指活塞从上止点到下止点所扫过的气体容积，又称为单缸排量，它取决于缸径（D）和活塞行程。即：$V_h = h \cdot \pi \cdot D^2/4$。	2. 四冲程柴油机在进气行程时进入气缸内的是（　　）。 A. 空气 B. 柴油 C. 汽油 D. 可燃混合气 3. 四冲程汽油机和柴油机具有相同的（　　）。 A. 混合气形成方式 B. 压缩比 C. 着火方式 D. 工作行程 4. 发动机气缸排量是指（　　）。 A. 气缸总容积 B. 气缸工作容积 C. 气缸燃烧室容积 D. 气缸行程 5. 当排量一定时，短行程发动机具有（　　）的结构特点。 A. 缸径较大 B. 缸径较小 C. 活塞较小 D. 以上选项均不正确

理论知识

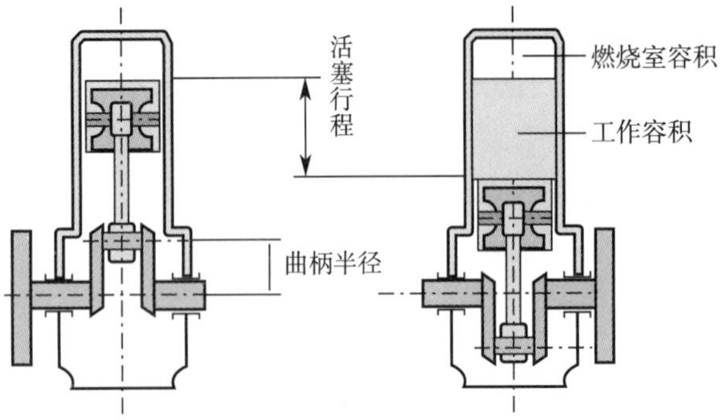

图 1-4-5　气缸容积

4. 发动机工作顺序

四冲程发动机一个工作循环曲轴转两圈，即720°。为了保持工作平衡，各缸点火间隔角要求都相等，4缸各缸点火间隔角为180°，6缸为120°。多缸发动机各缸做功都有一个顺序，称为发动机的工作顺序或点火顺序。各种典型多缸发动机的工作顺序是：

（1）L型（直列）4缸：1—3—4—2或1—2—4—3。
（2）L型5缸：1—2—4—5—3。
（3）L型6缸：1—5—3—6—2—4或1—4—2—6—3—5。
（4）V型6缸：1—4—5—2—3—6或1—6—5—4—3—2。
（5）V型8缸：L1—R1—L3—R3—L4—R4—L2—R2或L1—R1—L2—R2—L4—R4—L3—R3。（注：L——左列，R——右列）

5. 燃烧室

（1）柴油机燃烧室

柴油机燃烧室按结构形式可分为统一式燃烧室和分开式燃烧室。

1）统一式燃烧室——由凹顶活塞顶与气缸盖底面组成，几乎全部燃烧室容积都集中在活塞顶的凹下部分，其特点是结构紧凑，热损失少，热效率较高。根据活塞顶凹下部分的形状不同，统一式燃烧室有ω形、球形、U形、微涡流形、日野HMMS-Ⅲ形、花瓣形。

2）分开式燃烧室——由主、副燃烧室两部分组成，主燃烧室位于活塞顶与气缸盖底面之间，副燃烧室位于气缸盖中，主、副燃烧室之间由一个或几个孔道相连。其特点是工作柔和，空气利用率较高，喷射压力也较低。但热损失大，经济性差，启动困难。

样题

6. 直列6缸四冲程发动机曲拐布置形式按工作顺序分为1—5—3—6—2—4和（　　）两种。
A. 1—2—3—4—5—6
B. 1—6—2—4—3—5
C. 1—4—2—6—3—5
D. 1—5—3—6—4—2

7. 直列4缸四冲程发动机曲拐布置形式按工作顺序分为1—3—4—2和（　　）两种。
A. 1—3—2—4
B. 1—2—4—3
C. 1—4—2—3
D. 1—2—3—4

8. （　　）燃烧室结构紧凑，热损失少，热效率较高。
A. 统一式
B. 分开式
C. 涡流室式
D. 预燃室式

9. 柴油机燃烧室按结构形式可分为（　　）燃烧室和统一式燃烧室。
A. 球形式
B. 分开式
C. U形式
D. W形式

理论知识	样题
（2）汽油机燃烧室 常见的三种形式： 1）半球形燃烧室——结构紧凑，火花塞布置在燃烧室中央，火焰行程短，故燃烧速率高，散热少，热效率高。这种燃烧室结构上也允许气门双行排列，进气口直径较大，故充气效率较高，虽然使配气机构变得较复杂，但有利于排气净化，在轿车发动机上被广泛地应用。 2）楔形燃烧室——结构简单、紧凑，散热面积小，热损失也小，能保证混合气在压缩行程中形成良好的涡流运动，有利于提高混合气的混合质量，进气阻力小，提高了充气效率。气门排成一列，使配气机构简单，但火花塞置于楔形燃烧室高处，火焰传播距离长些，切诺基轿车发动机采用这种形式的燃烧室。 3）盆形燃烧室——气缸盖工艺性好，制造成本低，但因气门直径易受限制，进、排气效果要比半球形燃烧室差。捷达轿车发动机、奥迪轿车发动机采用盆形燃烧室。	10.汽油机燃烧室的类型有半球形、（　　）、盆形。 A.统一式 B.楔形 C.方形 D.锥形

项目5　汽车发动机检修

理论知识	样题
## 5.1　曲柄连杆机构的检修 **1. 曲柄连杆机构的功用** 　　曲柄连杆机构的作用是提供燃烧场所，把燃料燃烧后施加在活塞顶上的膨胀压力（直线运动）转变为曲轴旋转的转矩（旋转运动），从而向外输出动力。 **2. 曲柄连杆机构的组成** 　　曲柄连杆机构由机体组、活塞连杆组、曲轴飞轮组三部分组成。 　　（1）**机体组** 　　机体组构成发动机的骨架，是发动机各机构和各系统的安装基础，由气缸体、气缸盖、气缸垫、油底壳等组成。 　　1）气缸体：发动机各个机构和系统的装配基体，是发动机中最重要的一个部件，根据与油底壳安装平面位置的不同可分为龙门式、隧道式和一般式。根据气缸排列方式的不同可分为直列式（L型）、V型、W型和水平对置式。 　　2）气缸盖：用于封闭气缸上部，与活塞顶部和气缸壁一起构成燃烧室。 　　3）气缸垫：气缸盖与气缸体之间装有气缸垫，其作用是保证气缸盖与气缸体间的密封，防止燃烧室漏气、水套漏水。 　　4）油底壳：油底壳的主要作用是储存机油并封闭曲轴箱。油底壳受力很小，一般采用薄钢板冲压而成。 　　（2）**活塞连杆组** 　　活塞连杆组由活塞、活塞环、活塞销、连杆、连杆轴瓦等组成，如图1-5-1所示。 　　1）活塞：与气缸盖、气缸壁等共同组成燃烧室，并承受气缸中气体的压力，通过活塞销将作用力传给连杆，以推动曲轴旋转。 　　2）活塞环：活塞环安装在活塞环槽内，用来密封活塞与气缸壁之间的间隙，防止窜气，并起到刮油、布油的作用。活塞环分为	1.（　　）的作用是将活塞的直线往复运动转变为曲轴的旋转运动并输出动力。 A. 配气机构 B. 曲柄连杆机构 C. 启动系统 D. 点火系统 2. 曲柄连杆机构由机体组、（　　）、曲轴飞轮组三部分组成。 A. 活塞组 B. 活塞连杆组 C. 连杆组 D. 活塞销组 3. 曲柄连杆机构的（　　）由活塞、活塞环、活塞销、连杆等机件组成。 A. 曲轴箱组 B. 活塞连杆组 C. 曲轴飞轮组 D. 以上选项均不正确 4. 根据气缸体与油底壳安装平面位置的不同可分为龙门式、（　　）和一般式。 A. 风冷式 B. 水平对置式 C. 直列式 D. 隧道式 5. 气缸的主要排列形式有直列和（　　）排列。 A. V型 B. L型 C. 双列式 D. 直列式 6. 根据气缸排列方式的不同，缸体可分成直列式、（　　）、W型和水平对置。 A. V型

理论知识

气环和油环两种。

3）活塞销：用于连接活塞和连杆小头，并将活塞所受的气体作用力传给连杆。

4）连杆：将活塞承受的力传给曲轴，并将活塞的往复运动转变为曲轴的旋转运动。

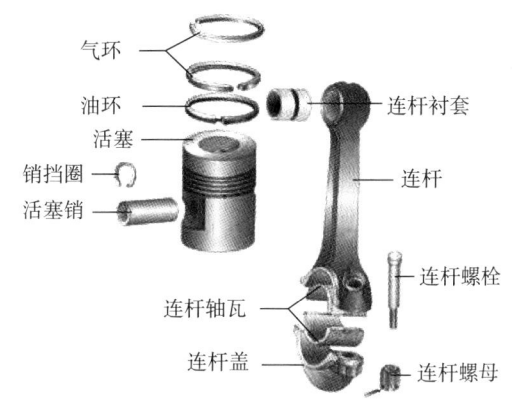

图 1-5-1　活塞连杆组

（3）曲轴飞轮组

主要由曲轴、飞轮和一些附件组成。

1）曲轴：是发动机最重要的机件之一。其作用是将活塞连杆组传来的气体作用力转变成曲轴的旋转力矩对外输出，并驱动发动机的配气机构及其他辅助装置工作。曲轴最重要的部位是主轴颈和连杆轴颈，全支承的曲轴主轴颈总数比连杆轴颈多一个，如图 1-5-2 所示。

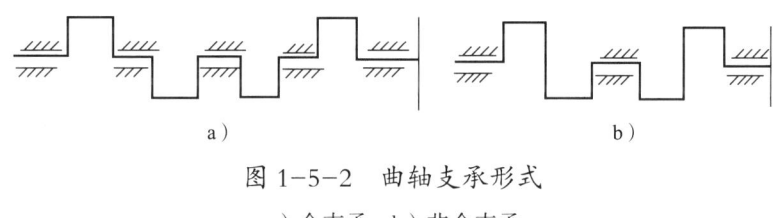

图 1-5-2　曲轴支承形式

a）全支承　b）非全支承

2）飞轮：一个转动惯量很大的圆盘，其作用是储存做功行程的能量，为非做功行程提供动力；其外缘上压有一个齿圈，与起动机的驱动齿轮啮合，供起动机驱动发动机时使用。飞轮上通常还刻有第一缸点火正时记号，以便校准点火时刻。

3. 活塞环间隙的检测

活塞环间隙有端隙、侧隙、背隙三种，活塞环间隙参考标准值见表 1-5-1。

（1）**端隙**：活塞环压入气缸后开口端部的间隙，就像水泥路面的切缝一样，用于防止因活塞环热胀冷缩而卡死在气缸内。测量方法：将活塞环推入气缸内，并用倒置的活塞顶部将活塞环推入气缸内相应的上止点，然后用塞尺测量开口间隙。

（2）**侧隙**：又称边隙，指活塞环侧面与环槽之间的间隙。测量

样题

B. X 型

C. Y 型

D. 龙门式

7. 曲轴飞轮组主要由曲轴、（　　）和附件等组成。

A. 齿轮

B. 链轮

C. 带轮

D. 飞轮

8. 全支承式曲轴的主轴径总数比连杆轴径（　　）。

A. 少一个

B. 少两个

C. 多一个

D. 多两个

9. 发动机活塞环的安装间隙包括端隙、侧隙和（　　）。

A. 边隙

B. 背隙

C. 间隙

D. 缝隙

理论知识

方法：将活塞环嵌入相应的环槽内，用塞尺测量活塞环与环槽之间的间隙。

（3）**背隙**：首先用游标卡尺测出活塞环的径向厚度值，然后用深度游标卡尺测出相应环槽的深度值，将两者相减得出的差值，即为该活塞环的背隙。

表 1-5-1　　　活塞环间隙参考标准值　　　mm

部位	端隙	侧隙	背隙
一道气环	0.25～0.50	0.04～0.10	0.5～1.0

4. 活塞环漏光度的检验

（1）**简介**：活塞环漏光度的检验旨在检测活塞环的外圆表面与缸壁的接触和密封程度，其目的是避免漏光度过大，使活塞环与气缸的接触面积减小，减少漏气和窜机油的隐患。活塞环漏光度的检验有仪器检验和简易检查两种方法。

（2）**仪器检验法**：将被检验的活塞环套入活塞环漏光度检验仪以三组滚轮支承并能自由转动的环规中，将挡盘、心轴、灯泡等固定在仪器底座上，在套筒内的灯光便可透过活塞环与气缸壁的缝隙，将环规转动一圈，便可从上面观察到活塞环的漏光程度，如图 1-5-3 所示。

（3）**简易检查法**：把被检验的活塞环平装进气缸上部，然后用活塞头部将其推至气缸内该环相应的上止点位置。用一比缸径略小的遮光板盖在环的上侧，在气缸下部放置灯光，从上面看环与缸壁间是否漏光。用塞尺和量角器测量其漏光度，如图 1-5-4 所示。

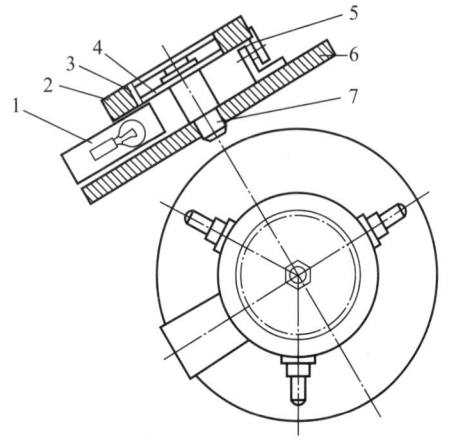
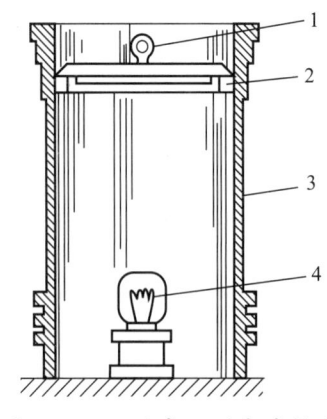

图 1-5-3　活塞环漏光度检验仪　　图 1-5-4　活塞环漏光度检查
1—灯泡　2—环规　3—活塞环　4—挡盘　　1—遮光板　2—活塞环
5—滚轮　6—底座　7—心轴　　　　　　　3—气缸　4—灯泡

样题

10. 发动机活塞环侧隙检查可用（　　）。
A. 百分表
B. 卡尺
C. 塞尺
D. 千分尺

11. 侧隙又称边隙，是指活塞环装入活塞后，其侧面与活塞环槽之间的间隙。第一环因工作温度高，间隙较大，一般为（　　）mm，其他环一般为 0.03～0.07 mm。
A. 0.15～0.50
B. 0.35～0.05
C. 0.25～0.50
D. 0.04～0.10

12. 端隙又称开口间隙，是指活塞环装入活塞后，该环在上止点时环的两端头间隙，一般为（　　）mm。
A. 0.15～0.50
B. 0.35～0.50
C. 0.25～0.50
D. 0.05～0.50

13. 活塞环漏光处的缝隙应不大于（　　）mm。
A. 0.01
B. 0.03
C. 0.05
D. 0.07

理论知识	样题
（4）技术要求：在活塞环端口左右30°范围内不允许漏光；同一活塞环漏光不多于两处；每处漏光弧长所对应的圆心角不得超过25°；同一活塞环上漏光弧长所对应的圆心角之和不得超过45°；漏光缝隙不大于0.03 mm；当缝隙小于0.015 mm时，其弧长所对应的圆心角之和可放宽至120°。	14.活塞环外围开口处之外部位每处的漏光弧长所对应的圆心角不得超过（　　）。 A. 15° B. 25° C. 45° D. 60°

5. 气缸磨损的检修

（1）**气缸正常磨损的特征如图1-5-5所示**

1）纵截面（轴向）：气缸孔沿高度磨损成上大下小的倒锥形，最大磨损部位是活塞在上止点时第一道活塞环对应的位置，该位置以上几乎无磨损，磨损到一定程度有明显的"缸肩"；在气缸孔横截面上四周磨损也不均匀，形成不规则的椭圆形，一般在磨损量最大处磨损最不均匀，有时相差3~5倍。

2）横截面（径向）：发动机工作时，在连杆回转截面上分别受到气缸工作行程的动力和压缩行程的压力，所以磨损较大，呈椭圆形。

（2）**气缸磨损量的检验**

1）准备：对气缸检验时，首先观察被检查气缸的表面是否有裂纹、拉伤和腐蚀等损伤，然后用量缸表（内径百分表）测量气缸的磨损量。

2）测量位置：气缸上、中、下三个测量截面的位置和两个方向如图1-5-6所示。

①气缸上部测量截面（S_1-S_1）位于第一道活塞环上止点顶边稍下处，此截面一般是气缸的最大磨损截面。

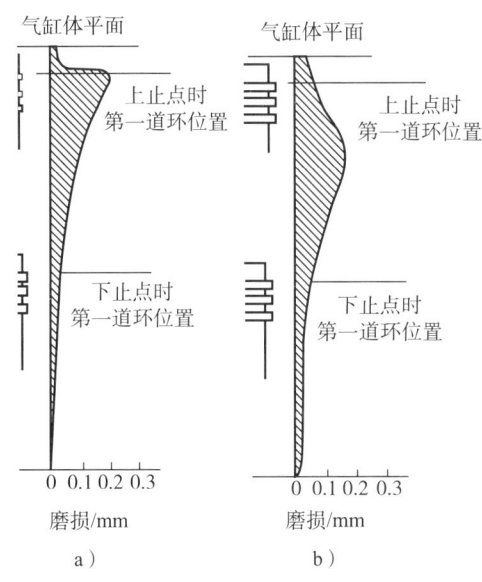

图1-5-5 气缸磨损特征
a）倒锥形　b）腰鼓形

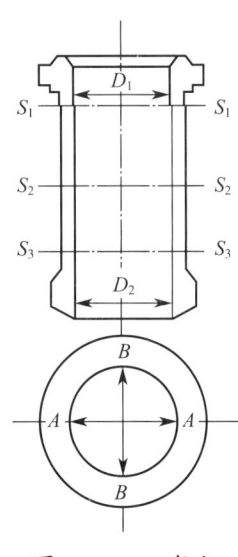

图1-5-6 气缸磨损量测量

15.同一活塞环上漏光弧长所对应的圆心角总和不超过（　　）。
A. 15°
B. 25°
C. 45°
D. 60°

16.发动机气缸径向磨损呈不规则的（　　）。
A. 圆形
B. 圆柱形
C. 圆锥形
D. 椭圆形

17.发动机气缸沿轴线方向磨损呈（　　）的特点。
A. 上大下小
B. 上小下大
C. 上下相同
D. 中间大

18.测量发动机气缸磨损程度时，为准确起见，应在不同的位置和方向共测出至少（　　）个值。
A. 2
B. 4
C. 6
D. 8

理论知识

②气缸中部测量截面（S_2-S_2）位于活塞上下止点中间的位置。

③气缸下部测量截面（S_3-S_3）取活塞到下止点时最下一道活塞环对应的位置，约在气缸下边缘以上 10 mm 处。

④在气缸上（S_1-S_1）、中（S_2-S_2）、下（S_3-S_3）三个截面的 A-A 和 B-B 两个方向共测出 6 个数值。

3）气缸的圆度误差：在同一截面上测量到的最大与最小直径差值的一半，即为该截面的圆度误差。把在三个测量截面上测量到的最大圆度误差作为气缸的圆度误差。

4）气缸的圆柱度误差：在三个截面内所测得的所有读数中最大与最小直径差值的一半即为气缸的圆柱度误差。

5）标准：当发动机中磨损量最大气缸的圆柱度或圆度超过规定标准时（如一般汽油机的圆柱度超过 0.175 mm，或圆度超过 0.05 mm），则应进行镗缸或更换缸套。镗缸后的气缸圆度和圆柱度误差应小于 0.005 mm。

6. 曲轴轴径的检查

（1）**磨损检验**：如图 1-5-7 所示：用外径千分尺先在各轴颈的 A-B 截面测量，然后旋转 90°，再测量 C-D 截面，同一截面最大直径与最小直径之差的 1/2 即为圆度误差；轴颈各部位测得的最大与最小

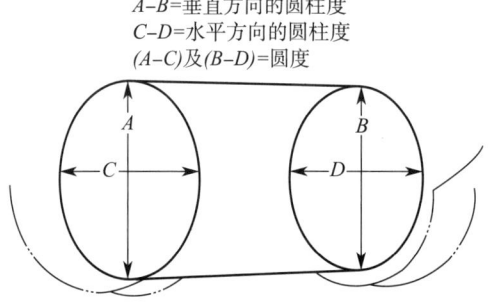

图 1-5-7 曲轴轴径检查部位

直径差的 1/2 为圆柱度误差。圆度、圆柱度误差大于 0.020 mm 时，应按修理尺寸级别磨修。轴颈磨损达到其使用极限时，应更换曲轴。

（2）**变形检验**：曲轴的变形有弯曲和扭曲两种，常用百分表来检测。确定发动机曲轴修理尺寸时，除根据测量的圆柱度、圆度进行计算外，还应考虑曲轴弯曲对修理尺寸的影响。

曲轴变形的主要原因有爆燃对曲轴造成的冲击、未按规定拧紧曲轴固定螺栓、材料缺陷等。

（3）**裂纹检验**：曲轴承受交变载荷的作用，因而有裂纹的曲轴会很快断裂。一般采用磁力探伤方法来检查裂纹，通常裂纹易发生

样题

19. 当气缸拉缸后，确定了某级修理尺寸，以下相应的零件可不报废的是：（　　）。
A. 活塞
B. 连杆
C. 活塞销
D. 活塞环

20. 发动机镗缸后的气缸圆度和圆柱度误差应小于（　　）mm。
A. 0.000 5
B. 0.005
C. 0.05
D. 0.5

21. 发动机曲轴各轴颈的圆度和圆柱度误差一般用（　　）来测量。
A. 游标卡尺
B. 百分表
C. 外径千分尺
D. 内径千分尺

22. 确定发动机曲轴修理尺寸时，除根据测量的圆柱度、圆度进行计算外，还应考虑（　　）对修理尺寸的影响。
A. 裂纹
B. 弯曲
C. 连杆
D. 轴瓦

23. 不属于曲轴变形的主要原因的是（　　）。
A. 曲轴受到冲击
B. 按规定力矩拧紧螺栓
C. 未按规定力矩拧紧螺栓
D. 材料缺陷

24. 发动机曲轴裂纹易发生在轴颈与曲柄的连接处及（　　）周围。
A. 曲拐
B. 配重
C. 润滑油眼
D. 主油道

| 理论知识 | 样题 |

在轴颈与曲柄的连接处及油眼周围。

7. 曲轴轴向间隙的检查与调整

在发动机工作中，曲轴的轴向间隙过小会因机件受热膨胀而卡死；间隙过大，将使曲轴发生轴向窜动，加速气缸的磨损，影响配气相位和离合器的正常工作。

（1）检查方法：方法1：在轴向上来回撬动曲轴，用千分表触头抵在曲轴或飞轮端面，测量曲轴的轴向移动量；方法2：将曲轴沿轴向撬另一端，然后用塞尺直接在止推面间测量，如图1-5-8所示。

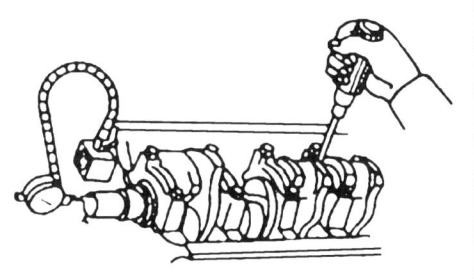

图 1-5-8　曲轴轴向间隙检查

（2）调整的方法及步骤

1）将飞轮和主轴承盖拆下后，取出全部调整垫片。

2）在不装垫片的情况下，把主轴承盖孔座穿过曲轴轴端装入机体，按对角逐步旋入固定螺钉直至曲轴转动较紧时（即轴向间隙刚刚消除）。

3）用塞尺测量缸体平面与主轴承盖（垫片端面）之间的间隙，此间隙再加上正常的轴向间隙 0.17～0.35 mm 即是应装的垫片厚度。

4）把主轴承盖拆下，配上测得的合适厚度垫片，按规定安装并拧紧主轴承盖固定螺钉。

5）检查曲轴旋转情况，应能灵活转动，又无明显的轴向窜动。

8. 连杆轴承间隙的检查

（1）径向间隙的检查

1）清洁连杆轴颈，在轴颈中间放上一条塑性间隙规（或软金属丝）。

2）装上清洁过的连杆大端轴承座（轴承已配装好）与盖，按规定扭矩用扭力扳手拧紧轴承盖螺母，但不得进一步拧紧，不得转动曲轴。

3）拆卸连杆盖，用测量尺与被压扁的塑性间隙规比较，测量其最宽点的宽度。从压扁后的宽度间接测量并换算成径向间隙值

25. 对发动机曲轴轴向间隙进行检查时，应先将曲轴用撬棍撬至一端，再用塞尺测量第（　　）道曲柄与止推轴承之间的间隙。

A. 1
B. 2
C. 3
D. 4

26. 对于曲轴前端装止推垫片的发动机，曲轴轴向间隙因磨损而增大时，应在保证前止推片为标准厚度的情况下，加厚（　　）止推垫片的厚度，以满足车辆曲轴轴向间隙的要求。

A. 前
B. 后
C. 第一道
D. 第二道

27. 用质量为 0.25 kg 的锤子沿曲轴（　　）向轻轻敲击连杆，连杆能沿轴向移动，且连杆大头两端与曲柄的间隙为 0.17～0.35 mm。

A. 轴
B. 径
C. 侧
D. 前后

理论知识

（或测金属丝的厚度，即为其间隙），并与规定值进行对照。塑胶间隙量规的测量范围如表 1-5-2 所示。

表 1-5-2　　　　塑胶间隙量规的测量范围

塑胶间隙规颜色	型号代码	测量范围（mm）
绿色	PG-1	0.025～0.076
红色	PR-1	0.050～0.150
蓝色	PB-1	0.100～0.230

（2）轴向间隙的检查

1）活塞连杆总成与曲轴连杆轴颈装配并经检查径向间隙均已合格后，尚需检查其轴向间隙，即连杆大端的端隙。

2）在轴承表面涂以清洁的机油，将轴承装在连杆轴颈上，按规定拧紧螺母，将连杆放平，以杆身的重量徐徐下垂，用手握住连杆小端，沿轴向扳动时应无松旷感。

3）用塞尺在连杆大端的侧面与曲轴臂之间检查，其值应符合规定，如超过极限值时，应换用新品。

9. 缸体和气缸盖的技术要求

（1）平面度：气缸体上平面的平面度检验一般采用塞尺和检验尺。将检验尺分别在气缸体上平面的两个长度、宽度、对角线的方向贴靠被检平面，用塞尺在每间隔 50 mm 处测出被检平面与检验尺的间隙，所有方向间隙的最大值即为平面全长的平面度，各方向上相邻两点间隙差的最大值为任一 50 mm × 50 mm 平面范围内的平面度误差。缸体上平面与缸盖下平面的平面度公差要求见表 1-5-3。平面度变形量超差时，一般采用磨削的方法修整。

表 1-5-3　缸体上平面与缸盖下平面的平面度公差要求（mm）

测量范围	缸体长度	铸铁			铝合金		
		缸体上平面	缸盖下平面		缸体上平面	缸盖下平面	
			侧置式	顶置式		侧置式	顶置式
任一 50 mm × 50 mm		0.05	0.05	0.035	0.05	0.05	0.05
整个平面	≤600	0.15	0.25	0.10	0.15	0.35	0.15
	>600	0.25	0.35		0.35	0.50	

① 该标准已作废，因在题库中作为知识点出现，故书中沿用。

样题

28. 检查连杆轴承轴向间隙时，在轴承表面涂以清洁的机油，将轴承装在连杆轴颈上，按规定拧紧螺母，将连杆放平，以杆身的重量徐徐下垂，用手握住连杆小端，沿（　　）向扳动时应无松旷感。

A. 轴
B. 径
C. 前后
D. 水平

29. 进行连杆轴承径向间隙检查时，用手（　　）向推动连杆，应无间隙感觉。

A. 轴
B. 径
C. 侧
D. 前后

30. 气缸体翘曲变形多用（　　）进行检测。

A. 百分表和塞尺
B. 塞尺和直尺
C. 游标卡尺和直尺
D. 千分尺和塞尺

31. 根据《汽车发动机缸体与气缸盖修理技术条件》（GB 3801—1983）[①]的技术要求，气缸体上平面 50×50（mm）测量范围内平面度误差不大于（　　）mm。

A. 0.01
B. 0.04
C. 0.05
D. 0.1

理论知识	样题
（2）**气缸套**：镶装干式气缸套的承孔内径应为原设计尺寸或同一级修理尺寸。承孔表面粗糙度值为 Ra 1.6 μm，圆柱度公差为 0.01 mm。气缸套与承孔的配合过盈应符合原设计规定；无规定者，一般为 0.05~0.10 mm。有凸缘的气缸套配合过盈可采用 0.05~0.07 mm；无凸缘的气缸套可采用 0.07~0.10 mm。气缸套上端面应不低于气缸体上平面，也不得高出 0.10 mm。 （3）**密封性**：水冷式气缸体与气缸盖用 3.5~4.5 kgf/cm² 的压力作持续 5 min 水压试验，不得渗漏；或者用 3~4 kgf/cm² 的压缩空气作持续 5 min 气压试验，不得渗漏。 **10. 活塞销异响** （1）**故障现象**：怠速或略高于怠速时有较清晰并有节奏的"嗒嗒"声响，好像两个钢球相碰的声音；转速变化，响声也周期性变化，加速时响声明显，温度升高，响声不减，甚至更明显，点火过早响声明显。 （2）**故障原因** 1）活塞销与连杆铜套磨损过甚而松旷。 2）机油压力过低，机油飞溅不足，润滑变差。 3）活塞销锁环脱落，使活塞自由窜动。 4）活塞销与活塞销座配合松旷。 （3）**故障诊断方法** 1）发动机怠速运转，然后由怠速向低速急抖节气门，响声能随转速的变化而变化。每抖一次节气门，如能听到清脆而连贯的"嗒、嗒、嗒"响声，则有可能是活塞销响。 2）将发动机稳定在响声较强的转速上，逐缸进行断火试验。当某缸断火后响声明显减弱或消失，在复火的瞬间又能立即出现或连续出现两个响声，则可断定为此缸活塞销响。如果响声严重，并且转速越高，响声越大，此时在较大的转速下进行断火试验，往往响声不消失且变得杂乱，这一般是由于配合间隙增大的缘故。 以上两种方法如能配合使用，即在抖动节气门的同时，反复进行断火试验，响声会听得更清楚。 3）在微抖节气门使发动机转速不断变化的情况下，用听诊器接触发响气缸的上部，可听到清脆的响声。打开加机油口，也能清楚地听到这一响声。	32. 根据《汽车发动机缸体与气缸盖修理技术条件》（GB 3801—1983）的技术要求，气缸套上端面应不低于气缸体上平面，也不高出（　　）mm。 A. 0.1 B. 0.075 C. 0.05 D. 0.25 33. 检验发动机气缸盖和气缸体裂纹，可用压缩空气。空气压力为（　　）kPa，保持 5 min，若无泄漏则检验合格。 A. 294~392 B. 192~294 C. 392~490 D. 353~441 34. （　　）不是活塞销松旷造成异响的特征。 A. 发出尖脆的"嗒嗒"声 B. 温度升高，声音减弱或消失 C. 怠速或低速较明显 D. 单缸断（油）时，声音减弱或消失，恢复工作时，声音明显或发出连续两声清晰异响 35. （　　）导致活塞销产生异响。 A. 活塞销松旷 B. 活塞磨损过大 C. 气缸磨损过大 D. 发动机压缩比过大 36. （　　）是活塞销松旷造成异响的特征。 A. 单缸断（油）时，声音减弱或消失，恢复工作时，声音明显或发出连续两声清晰异响 B. 温度升高，声音减弱或消失 C. 较沉闷连续的"当当"金属敲击声 D. 随发动机转速增加，声音加大

理论知识	样题
11. 连杆轴承异响 （1）**故障现象**：当转速突然变化时，有明显、连续的"当、当、当"敲击声（比主轴承响要轻、清、短），急速时敲击声较小，中速时较明显，转速越高声响越大，有负荷时声响明显。 （2）**故障原因** 1) 连杆轴承盖的固定螺栓松动或折断。 2) 连杆轴承合金烧毁或脱落。 3) 连杆轴承与轴颈磨损甚而使径向间隙过大。 4) 轴颈失圆，使轴与轴承间接触不良而造成的早期损坏。 5) 轴承接触面积太小，单位面积上压力过大。 （3）**故障诊断方法** 1) 变换转速试验，使发动机急速运转，然后由急速向低速，由低速向中速，再由中速向高速加大节气门进行试验，同时结合逐缸断火试验和在加油口处听诊等方法反复进行。响声随着转速的升高而增大，抖动节气门，在加油的瞬间异响突出。响声严重时，在任何转速下均可听到，甚至在急速时也可听到清晰、明显的敲击声。 2) 在急速、中速和高速情况下，逐缸反复进行断火试验。如某缸断火后响声明显减弱或消失，在复火的瞬间又会立即出现，则可断定该缸连杆轴承响。 3) 用听诊器或简易听诊杆触在机体上听诊往往不易听清楚，但在加油口处倾听，可清楚地听到连杆轴承敲击声。 4) 诊断中，要注意检查机油压力。如果响声严重并出现了机油压力低的现象，说明轴承与轴颈间隙过大。这往往成为区别连杆轴承响声与活塞销、活塞敲缸响声的重要依据。	37.（　　）会导致连杆轴承产生异响。 A. 连杆轴承间隙过小 B. 连杆材质不符合要求 C. 润滑系统压力过大 D. 连杆轴承间隙过大 38.（　　）是连杆轴承异响的特征。 A. 较沉闷连续的"当当"金属敲击声 B. 发出较大清脆的"当当"金属敲击声 C. 尖脆的"嗒嗒"声 D. 发出散乱撞击声

5.2 配气机构的检修

1. 配气机构的组成

（1）**气门组**：由气门、气门导管、气门座及气门弹簧等零件组成，如图1-5-9所示。

	1. 气门组主要包括气门、气门导管、（　　）及气门弹簧。 A. 挺柱 B. 气门传动组 C. 气门锁片 D. 摇臂

理论知识	样题

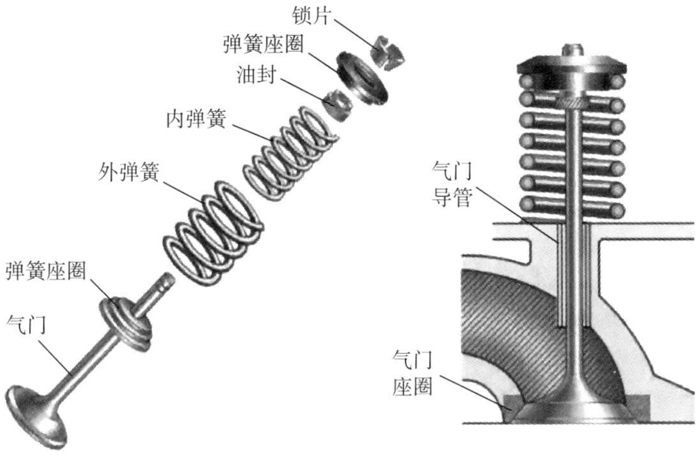

图 1-5-9 气门组

1）气门：气门的作用是用来打开或封闭气道，是气体进、出燃烧室通道的开关。

气门由头部和杆身两部分组成，气门头部的形状有平顶、凸顶和凹顶三种，如图 1-5-10b 所示。

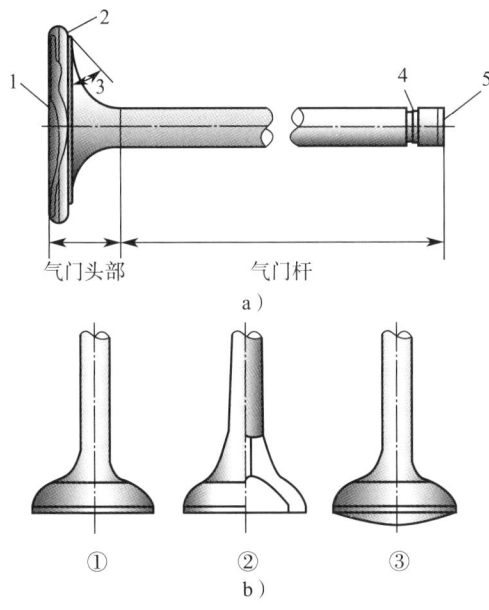

图 1-5-10 气门的结构

a) 气门结构及各部名称　b) 气门顶面的形状
1—顶面　2—锥面　3—锥角　4—锁槽　5—尾剖面
①平顶　②凹顶　③凸顶

按气门作用的不同，发动机气门可分为进气门和排气门。一般情况下，进气门头部较大、排气门头部较小。

按每缸气门数的不同，可分为双气门、三气门、四气门、五气门四种。

2.（　　）是燃烧室的组成部分，是气体进、出燃烧室通道的开关。
A. 进气门
B. 排气门
C. 气门
D. 缸盖

3.（　　）是用来打开或封闭气道的。
A. 气门
B. 气门导管
C. 气门座
D. 气门弹簧

4. 气门由头部和（　　）两部分组成。
A. 锁片
B. 杆身
C. 导管
D. 弹簧

5. 气门头部的形状有（　　）、凸顶和凹顶三种结构形式。
A. 尖顶
B. 圆顶
C. 平顶
D. 以上选项均不正确

6. 按每缸气门数分，可分为（　　）、三气门、四气门、五气门。
A. 单气门
B. 双气门
C. 单个气门
D. 多个气门

理论知识

2）气门导管：起导向作用，保证气门做往复直线运动，使气门与气门座正确闭合。气门杆与气门导管之间有 0.05～0.12 mm 间隙，使气门杆能在导管中自由运动。

3）气门座：与气门的头部共同对气缸起密封作用，并接受气门出来的热量。

4）气门弹簧：是克服在气门关闭过程中气门及传动件的惯性力，防止各传动件之间的惯性作用产生间隙。保证气门做往复运动时，使气门与气门座正确闭合，防止气门在发动机振动时发生跳动，破坏其密封性。

（2）气门传动组：主要包括凸轮轴、正时齿轮、挺柱等，其作用是使进排气门按配气相位规定的时刻进行开闭，并保证有足够的开度。如图 1-5-11 所示。

1）凸轮轴：是配气机构的关建部件，由它控制各气缸的进、排气门开闭时刻，使之符合发动机工作次序和配气相位的要求，同时控制气门开度的变化规律，有些发动机还用其驱动机油泵、汽油泵和分电器。

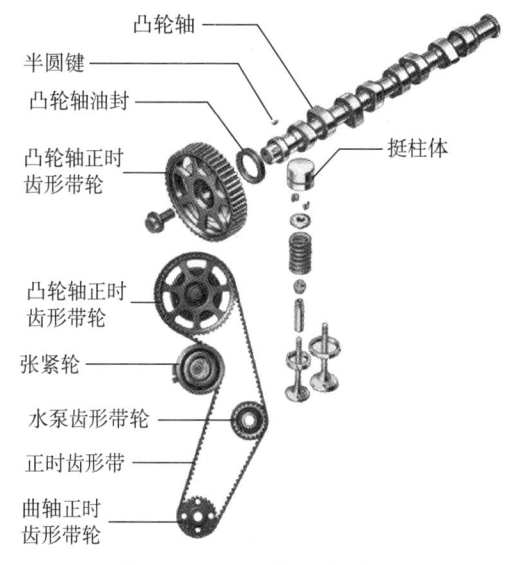

图 1-5-11　气门传动组

凸轮轴布置型式有下置式（曲轴箱内）、中置式（缸体内）、上置式（缸盖上）三种。

2）气门挺柱：将凸轮的推力传给推杆（或气门杆），并承受凸轮轴旋转时所施加的侧向力。

3）推杆：将从凸轮轴经过挺柱传来的推力传给摇臂，它是气门机构中最易弯曲的零件。

4）摇臂与摇臂轴：实际上是一个双臂杠杆，用来将推杆传来的力改变方向，作用到气门杆端以推开气门。

5）正时轮：曲轴与凸轮轴之间 2∶1 转速的传动装置，根据不同的传动方式分为三种类型，分别是正时齿形带轮、正时链轮、正时齿轮。

样题

7.（　　）的作用是保证气门做往复运动时，使气门与气门座正确闭合。
A. 气门弹簧
B. 气门座
C. 气门导管
D. 气门

8.（　　）的作用是用来控制各气缸的进、排气门开闭时刻，使之符合发动机工作次序和配气相位的要求，同时控制气门开度的变化规律。
A. 推杆
B. 凸轮轴
C. 正时齿轮
D. 气门导管

9. 按凸轮轴的布置形式分类，可分为上置凸轮轴式、（　　）式和下置凸轮轴式。
A. 侧置凸轮轴
B. 中置气门
C. 中置凸轮轴
D. 顶置凸轮轴

10.（　　）的作用是将从凸轮轴经过挺柱传来的推力传给摇臂。
A. 推杆
B. 凸轮轴
C. 正时齿轮
D. 气门导管

11. 按照曲轴与凸轮轴的传动方式分类，可分为（　　）、正时链轮式和正时齿形带轮式。
A. 正时齿轮式
B. 正时齿条式
C. 正时绳索式
D. 正时铰链式

理论知识	样题

2. 配气相位

配气相位是用曲轴转角表示的进、排气门的开闭时刻和开启持续时间，通常用环形图表示。

（1）**配气相位图**：如图1-5-12所示，由于一个行程需要180°的曲轴转角，因此一个四行程循环就是720°曲轴转角。发动机的换气控制是通过气门来实现的，气门开启和关闭时间根据曲轴转角以度（°）为单位说明。为了使发动机进气充分、排气彻底，改善发动机的换气过程，提高发动机的动力性能，实际上发动机的气门开启和关闭并不恰好在上、下止点，而是适当地提前开启和延后关闭，以延长进、排气时间。也就是说，进、排气门开启行程的曲轴转角都大于180°。

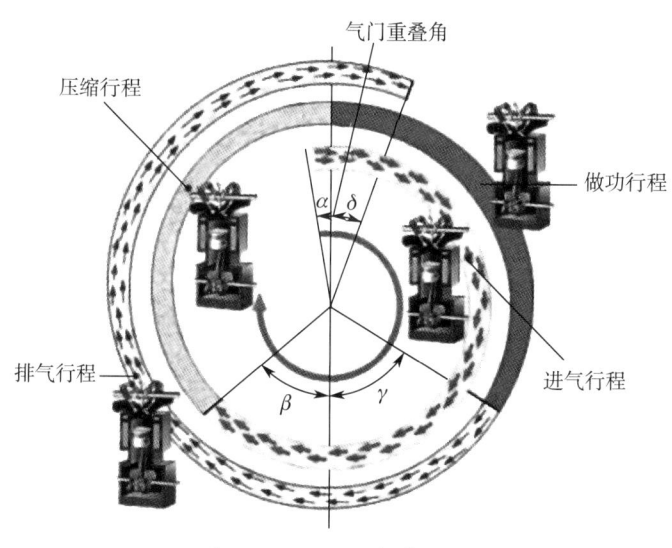

图1-5-12　配气相位图

（2）**进气相位**：在排气终了，活塞到达上止点前，进气门就预先开启，从进气门开启到上止点间所对应的曲轴转角 α 称为进气提前角，α 一般为10°～30°。进气门提前开启可以保证进气行程开始时，气门已经有较大的开度，有利于提高充气量。

活塞越过进气下止点，掉头上行（压缩行程开始）一段后，关闭进气门。从下止点延迟至进气门关闭所对应的曲轴转角 β 称为进气滞后角。β 一般为30°～60°。延迟进气门关闭时刻，能够充分地利用进气行程结束前气缸内存在的压力差和较大的气流惯性继续进气。下止点过后，随着活塞的上行，气缸内压力逐渐增大，进气气流速度逐渐减小，当气缸内外的压力差消失，流速接近0时，应关

12. 配气相位是指用发动机曲轴的（　　）表示进、排气门实际关闭的时刻和开启的持续时间。
A. 转速
B. 转角
C. 圈数
D. 位置

13. 用曲轴转角表示的进、排气门开闭时刻和开启持续时间，称为（　　）。
A. 气门重叠角
B. 气门锥角
C. 配气相位
D. 气门迟闭角

14. 配气相位通常用环形来表示，我们把这种图称为（　　）。
A. 气门重叠角
B. 气门锥角
C. 配气相位
D. 配气相位图

理论知识

闭进气门。若 β 过大会引起进气倒流现象，这样进气门开启时间用曲轴转角来表示为（$180°+\alpha+\beta$）。

（3）**排气相位**：在做功行程后期，活塞到达下止点前，排气门提前打开，从排气门打开到下止点所对应的曲轴转角称为排气提前角，一般为 30°～60°。排气门适当提前打开，虽然消耗了一定的做功行程的功率，但可以利用较高的缸内压力将大部分燃烧废气迅速排出，待活塞上行时缸内压力已大大下降，可以使排气行程所消耗的功率减少。另外，高温废气提前排出也可防止发动机过热。

（4）**气门叠开现象**：当活塞处于排气上止点时，此时由于进行门提前打开（见图 1-5-12 中的 α），而排气门又延迟关闭（见图 1-5-12 中的 δ），气门叠开角为 $\alpha+\delta$。

3. 调整正时

（1）**对曲轴标记**：转动曲轴，使正时带轮上的标记与缸体上的正时标记对正，此时第 1 缸的活塞应处在上止点位置。

（2）**对凸轮轴标记**：安装凸轮轴正时带前，使带轮上的标记与缸盖上的正时标记对正，双凸轮轴的标记分别对好两个凸轮轴带轮的位置，此时第 1 缸进、排气门完全关闭，活塞处于压缩上止点位置。

（3）**安装正时带/链条**：装上正时带/链条，调整张紧装置，使正时带/链条的张紧度达到规定的程度。

注意：如果调整正时带或正时链条张紧装置到规定程度后，正时标记不再对正，应重新调整正时。如图 1-5-13 所示。

图 1-5-13 调整正时

样题

15. 为了保证发动机气缸的进气充分、排气彻底，要求气门具有尽可能大的通过能力，因此发动机的进、排气门实际开启或关闭的时刻并不是恰好在活塞的上、下止点，而是适当（　　）。
A. 提前
B. 迟后
C. 增大
D. 提前和迟后

16. 进气门提前开启的目的是保证新鲜气体或可燃混合气能顺利、充分地进入（　　）。
A. 燃烧室
B. 配气机构
C. 气缸
D. 进气管

17. 排气门迟关的目的是：由于活塞到达上止点时，气缸内的压力仍（　　）大气压，利用排气流的惯性可使废气继续排出。
A. 低于
B. 小于
C. 大于
D. 高于

18. 由于进气门（　　）和排气门（　　），就会出现有一段时间进、排气门同时开启的气门叠开现象。
A. 早开　早开
B. 早开　晚关
C. 晚开　早关
D. 晚关　早开

19. 检查所装配的正时配气机构的安装标记是否（　　），若正时带或正时链条张紧后标记有误，应重新调整。
A. 对正
B. 对齐
C. 正确
D. 对准

| 理论知识 | 样题 |

4. 气门间隙的检查与调整

为保证气门密封、一定的气门升程及准确的配气相位，发动机使用一段时间或发动机拆装后，均应对气门间隙进行检查调整。检查调整气门间隙时，必须在气门完全关闭、气门挺柱落至最终位置的条件下进行。气门间隙调整方法很多，常用逐缸调整法和二次调整法。

（1）逐缸调整法

1）摇转曲轴，找准第1缸压缩上止点位置（通过飞轮记号、带轮记号或观察气门摇臂来确定）。

2）用塞尺检查进、排气门杆与摇臂间隙。若不符合技术要求，应予以调整。

如图1-5-14所示，调整时，先松开锁紧螺母，旋出调整螺钉；在排气门杆与摇臂之间插入厚度与气门间隙相等的塞尺，锁紧螺母，最后再复查一次。

3）按工作顺序，一边拧进调整螺钉，一边不停地来回抽动塞

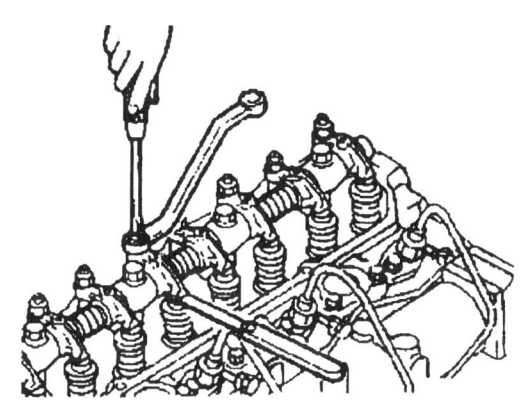

图1-5-14 调整气门间隙

尺，直到抽动塞尺有阻力又能抽出时为止。最后，再复查一次。摇转曲轴180°（四缸机）或120°（六缸机），调整该缸进、排气门的间隙。依次使下一缸处于压缩上止点位置。

（2）二次调整法

1）摇转曲轴至第1缸压缩上止点，根据工作顺序及配气相位判断出完全关闭的气门，然后调整这些气门间隙。简单易记的方法是："双排不进"法。其中的"双"是指气缸的进、排气门间隙均可调，"排"是指气缸仅排气门间隙可调，"不"指进、排气门的间隙均不可调，"进"指气缸的进气门间隙可调。例如，工作顺序为1—5—3—6—2—4的六缸发动机，则第1缸处于压缩上止点时，第1缸进、排气门可调，第5缸、第3缸排气门可调，第6缸进、排气门均不可调，第2缸、第4缸进气门可调，即"1—双，3，5—排，6—不，2，4—进"可调。

2）摇转曲轴360°，使第1缸处于排气上止点位置，调整剩下

20.安装正时带或正时链条及导链板，调整（　　）张紧轮或正时链条导链板张紧器到规定的程度。
A. 正时齿轮
B. 发电机传动带
C. 正时带
D. 水泵带

21.调整发动机气门间隙应在（　　）、气门挺杆落至最终位置的情况下进行。
A. 进气门完全关闭
B. 排气门完全关闭
C. 进、排气门完全关闭
D. 进、排气门不需关闭

22.气门间隙的调整方法分别为逐缸调整法和（　　）。
A. 双缸调整法
B. 双排不进法
C. 二次调整法
D. 以上选项均不正确

23.通常进气门的气门间隙是（　　）mm。
A. 0.10~0.20
B. 0.25~0.30
C. 0.30~0.35
D. 0.40~0.45

24.通常排气门的气门间隙是（　　）mm。
A. 0.10~0.20
B. 0.25~0.30
C. 0.30~0.35
D. 0.40~0.45

的气门间隙。最后复查一次。

（3）**气门间隙**：通常进气门的间隙为 0.25~0.30 mm，排气门的间隙为 0.30~0.35 mm。

5. 凸轮轴的检修

（1）**凸轮表面的检修**：凸轮高度可用千分尺进行测量，测量方法如图 1-5-15 所示。也可用标准样板检测发动机凸轮轴凸轮的轮廓变化来判断凸轮的磨损情况。当凸轮表面仅有轻微烧灼或凹槽时，可用砂条修磨；当凸轮表面磨损严重或最大升程小于规定值时，应予以更换。

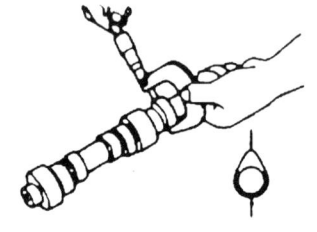

图 1-5-15　检测凸轮高度

（2）**凸轮轴弯曲的检测**：如图 1-5-16 所示，将凸轮轴放到检验平台的 V 形铁上，同时把装有百分表的磁性表座安装到检验平台上，让百分表垂直安放在凸轮轴中间主轴颈，百分表短指针压缩 1~2 mm，锁紧磁性表座，固定百分表。

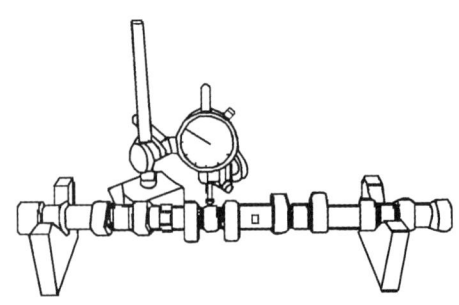

图 1-5-16　检测凸轮轴弯曲度

转动凸轮轴一周，观察百分表长指针摆动的角度，此百分表摆动的一半即为凸轮轴弯曲的形变量。此值不应超过 0.03 mm。

6. 气门密封的检查

发动机气门座圈与座圈孔应为过盈配合。

气门和气门座经过修磨后，还应检查其密封性，方法有划线法、拍击法、渗油法、气压法等，具体操作方法如下。

（1）**划线法**：洗净气门及气门座，用软铅笔沿气门锥面间隔均匀地划若干条线。然后与相匹配的气门座接触，略施力压紧并转动气门 45°~90°，取出气门检查，若线条均被切断，则表示密封良好；否则，应重新研磨。

25. 用（　　）检测发动机凸轮轴凸轮的轮廓变化，从而判断凸轮的磨损情况。
A. 游标卡尺
B. 百分表
C. 外径千分尺
D. 标准样板

26. 将凸轮轴放置在 V 形铁上，V 形铁和百分表放置在平板上，使百分表触头与凸轮轴中间轴颈垂直接触，转动凸轮观察百分表表针的摆差即为凸轮轴的（　　）。
A. 弯曲度
B. 扭曲度
C. 磨损
D. 液压挺柱磨损

27. 凸轮轴的弯曲变形是以凸轮轴中间轴颈对两端轴颈的（　　）误差来衡量。
A. 轴向圆跳动
B. 径向圆跳动
C. 端面圆跳动
D. 以上选项均不正确

28. 发动机气门座圈与座圈孔应为（　　）。
A. 过渡配合
B. 过盈配合
C. 间隙配合
D. 过渡配合、过盈配合、间隙配合均可

29. 气门密封的检查方法有（　　）、拍击法、渗油法。
A. 进光法
B. 水压法
C. 划线法
D. 目测法

理论知识	样题
（2）**拍击法**：将气门与相配气门座轻轻敲击几次，查看接触带，如有明亮的连续光环，即为气门与座圈的密封带，其宽度应符合原设计规定，一般为 1.2~2.5 mm。 （3）**渗油法**：用煤油或汽油浇在气门顶面上，观察气门与气门座接触面内有无渗漏。 （4）**气压法**：用气门密封检测器检测气门的密封性，如图 1-5-17 所示。试验时，先将空气容筒紧密贴在气门头部周围，再压缩橡皮球，使空气容筒内具有一定压力（68.6 kPa 左右），如果在半分钟内，气压表的示数不下降，则表示气门与气门座的密封性良好。	30.气门与座圈的密封带宽度应符合原设计规定，一般为（　　）mm。 A. 1.2~2.0 B. 1.5~2.0 C. 1.5~2.5 D. 1.2~2.5 31.气门杆磨损用（　　）测量。 A. 外径千分尺 B. 内径千分尺 C. 直尺 D. 刀尺 32.气门座圈承孔的表面粗糙度应小于（　　）μm。 A. 1.25 B. 1.5 C. 1.75 D. 2

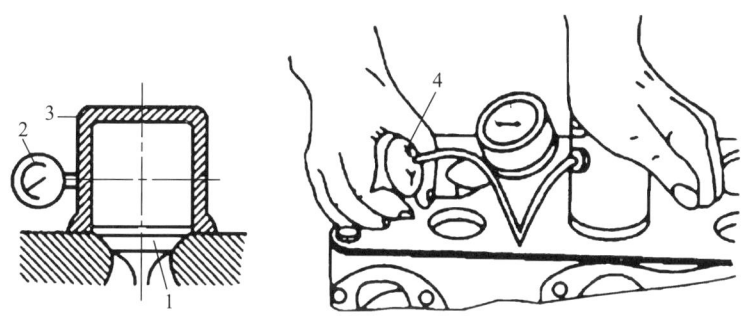

图 1-5-17　气门密封性检测
1—气门头部　2—压力表　3—空气容筒　4—橡皮球

7. 气门和气门座的检修

（1）**气门的技术要求检查**：气门损耗达到下列情形之一时，应予以修校或换新：1）轿车气门杆磨损量大于 0.05 mm，载货汽车气门杆磨损量大于 0.10 mm，或有明显的台阶形磨损。2）气门头圆柱面的厚度小于 1.0 mm。3）气门尾端的磨损量大于 0.5 mm。

（2）**气门座的技术要求**：1）气门座表面不得有任何损伤，气门座固定可靠。2）工作锥面正确，表面粗糙度 Ra 为 6.3 μm。3）气门座圈工作面宽度为 1.2~2.5 mm。4）气门下陷量符合要求。

（3）**工艺要点**

1）检查气门座。如气门座损伤严重，下限量超限，应更换气门座圈。

2）铰削座孔。若原有气门座圈，只需用专用拉具将旧座圈拉出即可；若为整体式，对应在原气门座的位置铰削座孔。铰孔的加工可在钻床或立式钻床上用专用刀杆进行，刀杆的导杆尺寸应与气

理论知识	样题
门杆一致。铰削后的气门座圈承孔应符合粗糙度小于 1.25 μm、圆度误差小于 0.02 mm、圆柱度误差小于 0.05 mm 的技术要求。 3）配置气门座圈。现购的座圈应与原机型一致。自制座圈的材料应为细晶灰口铸铁或球墨铸铁，毛坯要经时效处理，座圈尺寸依座孔尺寸而定，外径与座孔过盈量在一定范围内（汽油机进气门过盈量为 –0.10～–0.05 mm，排气门过盈量为 –0.10～–0.05 mm）；内径等于气门工作锥面的最小直径，高度比座孔低 2.5～3 mm，座圈外圆的圆度和圆柱度误差＜0.10 mm；外圆表面对端面的垂直度误差≤0.02 mm，内外圆径向跳动≤0.03 mm。 4）镶入座圈。冷镶时直接用带台阶的铣头在压床上（或用锤子）将座圈压入座孔内。座圈与孔过盈量较大时，先将缸盖加热至 250～350℃，然后将座圈压入。 ## 8. 正时齿轮异响 （1）现象 1）正时齿轮的响声比较复杂，有的有节奏，有的无节奏；有的间歇响，有的连续响。 2）发动机急速或转速变化时，在正时齿轮盖处会发出杂乱而轻微的噪声，转速提高则噪声消失。 3）发动机急减速时，噪声随即出现；响声不受温度和单缸断火试验的影响。 （2）原因 1）正时齿轮啮合间隙过大或过小；曲轴和凸轮轴中心线不平行，造成齿轮啮合失常。 2）更换曲轴和凸轮轴轴承后，改变了齿轮啮合位置；凸轮轴正时齿轮固定螺母松动。 3）凸轮轴正时齿轮轮齿折损。 （3）诊断与排除 1）发动机在急速运转时，发出有节奏的轻微的"嘎啦、嘎啦"响声，中速时显得突出，高速时声音变得杂乱，严重时正时齿轮盖有振动，说明齿轮啮合间隙过大。 2）新车大修或更换正时齿轮后，如果发动机发出一种连续不断的"嗡嗡"声，发动机转速越高响声越大，说明齿轮啮合间隙过小。 3）齿轮啮合不良引起的响声类似"呼啸"声，响声的大小	33. 气门座圈承孔的圆度误差应小于（　　）mm。 A. 0.02 B. 0.04 C. 0.06 D. 0.08 34. 气门座圈承孔的圆柱度误差应小于（　　）mm。 A. 0.05 B. 0.1 C. 0.15 D. 0.2 35.（　　）不是正时齿轮异响的特征。 A. 间隙小，发出"嗡嗡"声，间隙大，发出散乱撞击声 B. 发动机转速升高，声音随之升高 C. 声音与发动机温度无关 D. 发动机转速升高，声音随之变小 36.（　　）是正时齿轮异响的特征。 A. 发动机转速升高，声音随之变小 B. 声音与发动机温度有关 C. 发动机转速升高，声音随之加大 D. 清脆的"嗒嗒"声 37.（　　）不是正时齿轮异响的原因。 A. 正时齿轮间隙过小 B. 正时齿轮间隙过大 C. 正时齿轮磨损 D. 正时齿轮断齿

理论知识	样题
随发动机转速的变化而变化；发动机怠速运转时，发出有节奏的"哽、哽"响声，发动机转速提高，响声加大，此种响声为齿轮啮合不均引起的响声；随发动机运转而产生有节奏的清晰撞击声，则为正时齿轮个别齿损坏引起的声音。	

5.3 发动机冷却系统的检修

1. 冷却系统的作用及分类

汽车冷却系统的功用是将受热零件吸收的部分热量及时散发出去，保证发动机在最适宜的温度状态下工作。

发动机的冷却系统有风冷和水冷之分。

以空气为冷却介质的冷却系统称为风冷系统，风冷系统为了更有效地利用空气流，加强冷却，一般都装有分流板。

以冷却液为冷却介质的称水冷系统，是汽车常用的冷却系统。

2. 水冷式冷却系统的组成

目前汽车发动机上采用的水冷系统，大多是利用水泵强制水在冷却系统中进行循环流动的，这种系统称为强制循环式水冷系统。强制循环式水冷系统主要由散热器、风扇、水泵等组成。

（1）**散热器**：又称水箱，它的功用是储存冷却水、增大散热面积、加速水的冷却，将冷却水携带的热量散入大气，以保证发动机的正常工作温度。一般置于车辆前端横梁上。

（2）**风扇**：在散热器后面，既可以利用车辆行驶时迎面来风气流对散热器进行冷却，又可以通过风扇的强力抽吸使气流由前向后高速通过散热器，受热后的冷却水在流过散热器的过程中将热量不断地散发到大气中。

（3）**水泵**：将散热器内的冷却水加压后压送到气缸体、气缸盖水套内，吸收机体的热量后，经气缸盖出水孔流回散热器。

（4）**节温器**：用来控制冷却水的大、小循环，改变冷却水的大、小循环路线及流量。所谓大循环是水温较高时，水经过散热器而进行的循环流动；而小循环就是水温较低时，水不经过散热器而进行的循环流动，从而使水温很快升高。

（5）**硅油风扇离合器**：一种以硅油为扭矩传递介质的，利用散热器后面的气流温度自动控制硅油液力的传动离合器，它结构简

1. ( ) 的功用是使转动中的发动机保持在最适宜的工作温度范围。
A. 润滑系统
B. 冷却系统
C. 燃料供给系统
D. 传动系统

2. 根据冷却方式的不同，气缸体可分为水冷式和（ ）。
A. 油冷式
B. 风冷式
C. 隧道式
D. 龙门式

3. 风冷却系统为了更有效地利用空气流，加强冷却，一般都装有（ ）。
A. 导流罩
B. 散热片
C. 分流板
D. 鼓风机

4. 发动机冷却系统组成中，能将冷却水携带的热量散入大气，以保证发动机的正常工作温度的是（ ）。
A. 节温器
B. 散热器
C. 水泵
D. 水套

5. 发动机冷却系统的部件中能对冷却水加压使其循环流动的是（ ）。
A. 节温器
B. 散热器
C. 水泵
D. 风扇

6. 发动机冷却系统的组成部件中用来改变冷却水的大、小循环路线及流量的是（ ）。
A. 节温器

单、工作效果好，并具有明显节省燃油的优点。

3. 水泵的原理与检修

（1）水泵的功用和结构原理

1）功用：对冷却水加压，加速冷却水的循环流动，保证冷却可靠。

2）结构：汽车发动机上多采用离心式水泵。它具有结构简单、尺寸小、排水量大、维修方便等优点，离心式水泵主要由水泵壳体、叶轮和水泵轴等组成，叶轮叶片一般采用径向叶片或后弯叶片两种结构，其数目一般为6～8片，如图1-5-18所示。

图1-5-18 冷却水泵结构

3）工作原理：来自曲轴的动力通过带轮驱动水泵的叶轮旋转。当叶轮旋转时，水泵中的水被叶轮带动一起旋转，在离心力作用下，水被甩向叶轮边缘，然后经外壳上与叶轮成切线方向的出水管压送到发动机水套内。与此同时，在叶轮中心形成局部真空，散热器中的水便经进水管被吸进叶轮中心部分。水泵连续运转，冷却水在水路中不断地循环，如图1-5-19所示。

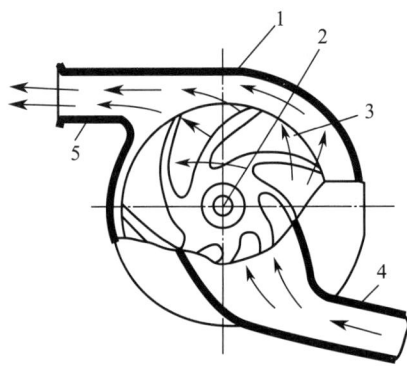

图1-5-19 离心式水泵工作原理
1—水泵壳体 2—水泵轴 3—叶轮
4—进水管 5—出水管

（2）水泵的检修

1）检查水泵体有无裂缝和破裂，螺孔螺纹有无损坏，前后轴承孔是否磨损过限，与止推垫圈的接触面有无擦痕和磨损不平，分离平面有无挠曲变形。水泵体破裂可以用生铁焊条氧焊修理；螺孔螺纹损坏可以扩大孔径，再攻螺纹，也可焊补后再钻孔攻丝；轴承松旷超过规定（轴向间隙不超过0.30 mm，径向间隙不超过0.15 mm）时应该更换；轴承孔磨损超过0.03 mm时可用镶套法修

B. 散热器
C. 水泵
D. 风扇

7. 水泵的动力源自（　　）。
A. 曲轴
B. 凸轮轴
C. 平衡轴
D. 传动轴

8. 曲轴通过（　　）使水泵的叶轮旋转。
A. 齿条
B. 齿轮
C. 链轮
D. 带轮

9.（　　）的作用是密封冷却液以免泄漏，同时将冷却液与水泵轴承隔离，以保护轴承。
A. 水封
B. 叶轮
C. 泵轴
D. 轴承

10. 更换水泵的水封总成后应进行（　　）试验，检查各处应无漏水。
A. 水压
B. 水流速
C. 漏水
D. 水质

11. 水泵在泵轴处设有（　　），其作用是确定水封是否漏水和排出水泵漏出的水。
A. 溢水孔
B. 传感器
C. 加油孔
D. 检测孔

12. 水泵在更换水封总成时，将水泵风扇轮毂装在台钳上夹紧，拆下（　　），拧下叶轮紧固螺栓，拆下叶轮后，取出水封总成，进行更换。
A. 水泵壳
B. 水泵轴
C. 水泵盖

理论知识	样题
复，套和孔配合过盈量为 0.025～0.050 mm；止推垫圈接触平面有擦痕，垫圈座有麻点、沟槽或不平时，可用铰刀修整；壳体与盖连接平面如挠曲变形超过 0.05 mm，应予以修平。 2）检查水泵轴有无弯曲，轴颈磨损是否过限，轴端螺纹有无损伤。水泵轴的弯曲一般应在 0.05 mm 以内，否则应予以冷压校正。轴颈磨损过限，可以磨光后镀铬修复。检查泵轴处的溢水孔是否畅通，其作用是确定水封是否漏水和排出水泵漏出的水。 3）检查水泵叶轮上的叶片有无破碎，装水泵轴的孔径是否磨损过限。叶轮叶片破裂，可堆焊修复，孔径磨损过限可以镶套修复。 4）检查水封、胶木垫圈的磨损程度，如不适用则应换新件。更换水封总成时，先将水泵风扇轮毂装在台虎钳上夹紧。然后依序拆下水泵盖，拧下叶轮紧固螺栓，拆下叶轮，取出水封总成进行更换或维修。在装复时，需将更换或经过维修的水封按相反的顺序装复，水封环要放正。放好水封总成后，将水泵叶轮方孔对准水泵轴装入，装入叶轮密封垫、垫圈，拧紧叶轮固定螺栓，放好衬垫，装上水泵盖，拧紧固定螺栓。 5）检查带轮毂与水泵轴的松旷情况，装水泵轴的孔径若磨损过限，可镶套修理。 6）检查水泵轴及带轮键槽的磨损情况，可以焊补后修整它的表面；也可以在与旧键槽相隔 90°～180° 的位置上铣出新的键槽。键和销子已磨损不适用时应换新件。 **4. 蜡式节温器的原理与检修** （1）结构原理：如图 1-5-20 所示，蜡式节温器推杆的上端固定于支架上端的中心处，另一端插入胶管的中心孔中，胶管与节温器外壳之间形成的腔体内装有精制石蜡。常温时，石蜡呈固态，弹簧将主阀门推向上方，使之压在阀座上，主阀门关闭；而副阀门随着主阀门上移离开阀座，小循环通路打开，来自发动机缸盖出水口的冷却水经水泵流回气缸体水套中进行小循环。 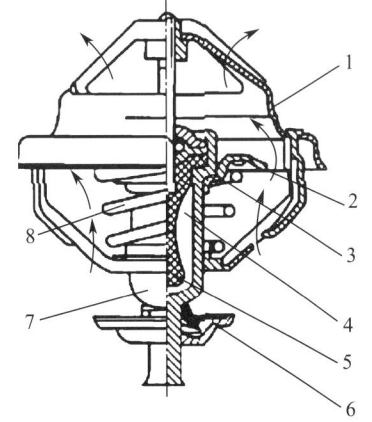 图 1-5-20 蜡式节温器 1—支架 2—主阀门 3—推杆 4—石蜡 5—胶管 6—副阀门 7—外壳 8—弹簧	D. 静环总成 13. 装复水泵时，水封环要放正，放好水封总成后，将水泵叶轮方孔对准（　　）装入水泵。 A. 水泵轴 B. 水泵盖衬垫 C. 水泵盖 D. 水泵壳 14. 冷却液从水泵流出，经分水管→水套→出水口→水泵，进行的是（　　）。 A. 大循环 B. 微循环 C. 小循环 D. 中循环 15. 冷却液从水泵流出，经分水管→水套→出水口→上水管→散热器→下水管→水泵，进行（　　）。 A. 大循环 B. 微循环 C. 小循环 D. 中循环 16. 常温时，蜡式节温器中的石蜡呈固态，弹簧将主阀门推向上方，使之压在阀座上，主阀门（　　）。 A. 全开 B. 开启 1/2 C. 开启 1/3 D. 关闭 17. 蜡式节温器中使阀门开闭的部件是（　　）。 A. 弹簧 B. 石蜡感应体 C. 支架 D. 壳体 18. 蜡式节温器的工作起始温度是（　　）℃。 A. 35 B. 65 C. 85 D. 105

理论知识

当发动机水温升高时，石蜡逐渐变成液态，其体积膨胀，迫使胶管收缩，而对推杆锥状端头施加向上的推力。固定不动的推杆对胶管及节温器外壳产生向下的反推力。当发动机水温为65℃时，推杆对节温器外壳的反推力可以克服弹簧预压力，使主阀门开始打开。当水温超过85℃时，主阀门全开，而副阀门此时正好完全关闭了小循环通路，这时来自气缸盖出水口的冷却水沿出水管全部进入散热器冷却，进行大循环。

（2）**节温器的检查与更换**：当节温器失灵时，主阀门处于关闭状态，则出现过热现象，导致开锅现象的发生；反之，当节温器失灵时，主副阀门同处于开启状态，则冷却液不能进行小循环。蜡式节温器的检查如图1-5-21所示。检查时，将节温器浸入水容器中，并逐步加热提高

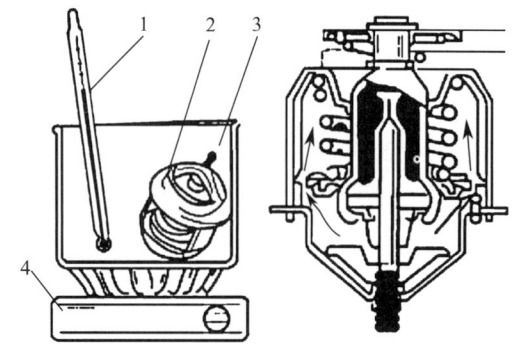

图1-5-21 蜡式节温器的检查
1—温度计 2—节温器 3—水 4—电热炉

水温，检查阀门的开启温度和阀门的提升情况。低温型节温器的温度为65~70℃时，阀门开始开启，在达到85℃时提升应大于9 mm；高温型节温器的温度在86~90℃时，阀门开始开启，在温度达到105℃时阀门的升程应大于9 mm。

若冷却液不经散热器，致使发动机冷却系统节温器阀门升程很快衰减到5 mm以下时就不能继续使用，应予以更换。

5. 硅油式风扇离合器的原理与检修

（1）**结构特征**：硅油式风扇离合器是一种以硅油为扭矩传递介质，利用散热器后面的气流温度，自动控制硅油液力的传动离合器。它结构简单、工作效果好，并具有明显节省燃油的优点。在轿车、中小型及重型汽车发动机上都有所应用。其结构由前盖、壳体和从动板用螺钉组装为一体，通过轴承安装在主动轴上。为了加强对硅油的冷却，在前盖上铸有散热片。主动轴随水泵轴一起转动，风扇安装在壳体上。从动板与前盖之间的空腔为储油腔（油面低于轴中心线），从动板与壳体之间的空腔为工作腔。

（2）**工作原理**：当发动机负荷增加，散热器中冷却液温度升高

样题

19.冷却水温高于（　　）℃时，节温器主阀门全开时，副阀门全关，冷却水在全部流经散热器进行水的大循环，使发动机保持正常温度。
A. 35
B. 55
C. 65
D. 85

20.高温型节温器在冷却液温度达（　　）℃时，节温器全开，冷却液进行大循环。
A. 95
B. 100
C. 105
D. 115

21.工况良好的节温器阀门全开时，要求阀门升起的高度应不少于（　　）mm。
A. 9
B. 10
C. 11
D. 12

22.硅油式风扇离合器以（　　）为介质来传递扭矩。
A. 硅油
B. 汽油
C. 煤油
D. 柴油

理论知识	样题
到 90~95℃时，流经散热器的气流温度也随之升高，当气流温度达到 60~65℃时，感温器受热变形而带动阀片轴和阀片转动，进油孔打开。当吹向感温器的气流温度超过 65℃时，进油孔完全打开，硅油在离心力的作用下，从储油腔进入工作腔，主动板利用硅油的黏性即可带动壳体和风扇转动。此时风扇离合器处于接合状态，风扇转速迅速升高，风扇的风量增大，冷却强度增大。在风扇离合器接合期间，硅油在壳体内不断地循环。由于主动板的转速比从动板高，因此在离心力作用下从主动板甩向工作腔外缘的油压比储油腔外缘的油压高，硅油从工作腔经回油孔流回储油腔，而储油腔又经进油孔及时地向工作腔补充油液。工作腔内的缝隙始终充满硅油使离合器处于接合状态。在从动板的回油孔旁有一个刮油凸起伸入工作腔的缝隙内，其作用是使离合器转动时回油孔一侧的硅油压力增高，使硅油从工作腔流回储油腔的速度加快，从而可以缩短风扇离合器回到分离状态的时间。若发动机负荷下降，流经散热器的冷却水温度降低，当吹向双金属感温器的气流温度低于 35℃时，双金属感温器恢复至原来形状，阀片将进油孔关闭。工作腔内剩余的油液在离心力的作用下继续从回油孔流向储油腔，直至用完为止。这时，风扇离合器又回到分离状态，风扇缓慢转动。为了防止温度过低，双金属感温器使阀片反向转动而打开进油孔，在从动板上加工出一个凸台，对阀片进行反向定位，这个凸台即是定位凸台。 （3）**检修方法**：发动机停止转动一段时间使发动机冷却后，用手拨动风扇叶片较为费力；当发动机启动、冷车中速运转 1~2 min 后，再用手拨动风扇叶片较为轻松，说明硅油风扇离合器工作状况正常。当温度达到 88℃时，将发动机熄火，用手拨动风扇，若拨不动，说明硅油风扇离合器工作正常；反之说明硅油风扇离合器有故障。	23.热状态检查。启动发动机，使发动机温度接近（　　）℃时。用手拨动风扇叶片，感觉较费力为正常。 A. 60~65 B. 70~75 C. 80~85 D. 90~95 24.气流温度超过（　　）℃时，风扇离合器处于啮合状态。 A. 25 B. 45 C. 65 D. 85 25.吹向感温器的气流温度低于（　　）℃时，风扇离合器又恢复到分离状态。 A. 15 B. 25 C. 35 D. 45
## 5.4　发动机润滑系统的检修 **1. 润滑方式** （1）**压力润滑**：利用机油泵将具有一定压力的润滑油源源不断地送往摩擦表面，形成具有一定厚度并能承受一定机械负荷而不破裂的油膜，尽量将两摩擦零件完全隔开，实现可靠的润滑的一种方式。 （2）**飞溅润滑**：利用发动机工作时某些运动零件（主要是曲轴	1.发动机运转时，各运动零件的工作条件不同，所要求的润滑强度也不同，因而要采取不同的润滑方式，常用的润滑方式有（　　）、飞溅润滑、脂润滑。 A. 综合润滑 B. 压力润滑 C. 局部润滑 D. 喷射润滑

理论知识	样题

与凸轮轴）飞溅起的油滴与油雾对摩擦表面进行润滑的一种方式。这种润滑方式形成的油膜强度较低，一般适用于暴露零件表面及相对运动速度较低、机械负荷较轻的零件的润滑，如缸壁、凸轮、活塞销、挺柱等。

（3）**定期润滑**：发动机辅助系统中有些零件只需采用定期加注润滑脂的方式进行润滑，如发动机水泵轴承、发电机、起动机及分电器等总成的润滑，即采用这种方式。

2. 机油泵

（1）**作用**：建立足够的机油压力，保证机油在润滑系统内不断循环。

（2）**分类**：机油泵的结构形式可分为齿轮式、转子式和叶片式。齿轮式机油泵又分为内啮合齿轮泵和外啮合齿轮泵。

（3）**结构**：不同结构形式的机油泵有不同的结构组成，外啮合齿轮泵主要由齿轮、轴承、泵盖及传动轴等组成，内啮合齿轮泵主要由齿轮、齿圈、月牙板、泵盖等组成。

3. 机油滤清器

（1）**作用**：机油滤清器的功用是滤除机油中的金属磨屑、机械杂质和机油氧化物。如果这些杂质随同机油进入润滑系统，将加剧发动机零件的磨损，还可能堵塞油管或油道。

（2）**分类**

1）按过滤能力的不同，机油滤清器可分为集滤器、粗滤器、细滤器。

①集滤器安装在油泵进油口的前端，其作用是过滤油底壳沉淀的油泥或机油中其他比较粗糙的杂质，如图1-5-22a所示。

②粗滤器安装在气缸体的主油道上，是最常见的一种机油滤清器，如图1-5-22b所示。

③细滤器一般用于工作状况比较恶劣的大货车大功率发动机上，因为过滤阻力较大，只对部分润滑油进行过滤，如图1-5-22c所示。

2）按滤清方法的不同，机油滤清器可分为全流式（串联）和分流式（并联）两种。

①全流式机油滤清器串联于机油泵和主油道之间，因此全部机油都经过它滤清，目前在轿车上普遍采用全流式机油滤清器，也称

样题

2. （　　）的作用是建立足够的机油压力。
A. 机油泵
B. 机油滤清器
C. 限压阀
D. 机油压力感应塞

3. 发动机油泵通常用外啮合齿轮泵，其组成主要有齿轮、轴承、泵盖及（　　）组成。
A. 叶片
B. 柱塞
C. 油管
D. 传动轴

4. （　　）的作用是将杂质从机油中清除。
A. 机油集滤器
B. 机油细滤器
C. 机油粗滤器
D. 机油滤清器

5. （　　）安装在发动机机油泵进油口的前端。
A. 机油集滤器
B. 机油细滤器
C. 机油粗滤器
D. 机油散热器

6. 润滑系统中，一般装有几个不同滤清能力的滤清器，即（　　）、粗滤器和细滤器。
A. 集滤器
B. 粗滤器
C. 细滤器
D. 滤清器

理论知识

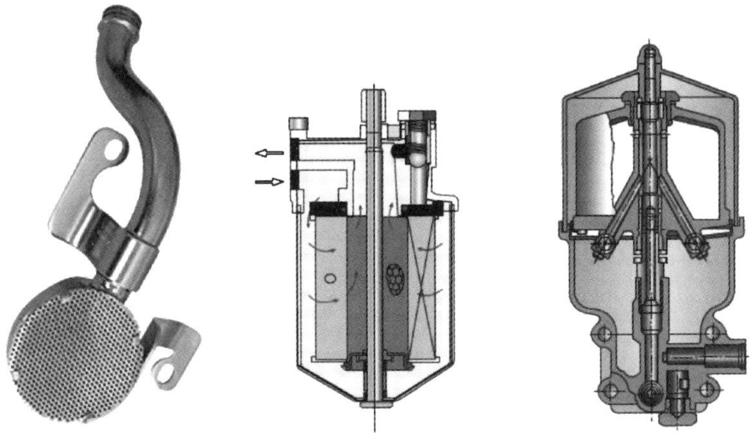

图 1-5-22 机油滤清器
a) 集滤器　b) 粗滤器（全流式）　c) 细滤器（分流式）

为粗滤器。

②分流式机油滤清器并联于机油泵和主油道之间，因此只有部分机油经过它滤清，也称为细滤器。

4. 机油的选用

机油，即发动机润滑油，能对发动机起到润滑减磨、辅助冷却降温、密封防漏、防锈防蚀、减振缓冲等作用。被誉为汽车的"血液"。

（1）机油标号：机油标号包括分级和黏度规格两部分，如图1-5-23所示。第一个字母以S开头表示汽油发动机用油，以C开头代表柴油发动机用油；第二个字母表示分级，从A到N每递增一个字母等级随之递增；5W表示冬天-25℃才会结冰，30表示100℃高温时的黏度规格。该标号机油质量等级为SL级，适用于气温范围在-25～30℃的汽油发动机。

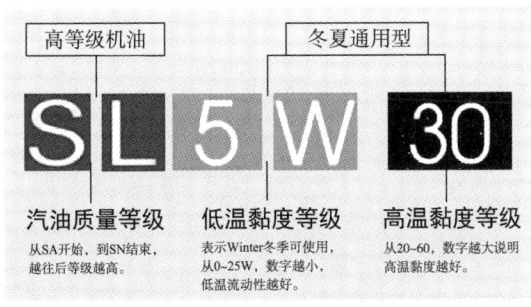

图 1-5-23 机油标号

样题

7. 在发动机润滑系统中并联于润滑系统内，并能滤出润滑油中微小杂质的装置是（　）。
A. 机油集滤器
B. 机油细滤器
C. 机油粗滤器
D. 机油散热器

8. 机油滤清方法分为：滤清器与主油道串联—全流式滤清和（　）两种。
A. 滤清器与主油道串联—分流式滤清
B. 滤清器与主油道并联—全流式滤清
C. 滤清器与主油道串联—合流式滤清
D. 滤清器与主油道并联—分流式滤清

9. 机油牌号为SL 5W/40、10W/40、20W/40的属于（　）。
A. 汽油机油
B. SF汽油机油
C. 柴油机油
D. SD汽油机油

10. 机油牌号中，在数字后面带"W"字母，（　），数字代表黏度等级。
A. 表示夏季使用机油
B. 表示柴油机油
C. 表示汽油机油
D. 表示低温系列，W表示冬用

依次类推，0W/40 的适用气温为 –35～40℃、5W/40 为 –25～40℃、10W/40 为 –20～40℃、15W/40 为 –15～40℃。

（2）**注意区分柴油机油和汽油机油**：根据 API 分级，S 系列属于汽油发动机机油，C 系列属于柴油发动机机油，二者之间不能替代使用。如图 1-5-24 所示，当标号中同时出现 S 和 C 时，表示该标号机油为汽、柴油通用型机油。

5. 机油检查

（1）**油质检查**：一般采用润滑油质量分析仪来检测发动机机油的好坏。也可用油斑检查法进行简易检查，如图 1-5-25 所示。用机油尺取出机油滴于中性滤纸上，检查其扩散的油迹。若中心沉淀圈颜色较深、颗粒较大，说明机油含杂质较多。

图 1-5-24　机油质量检测

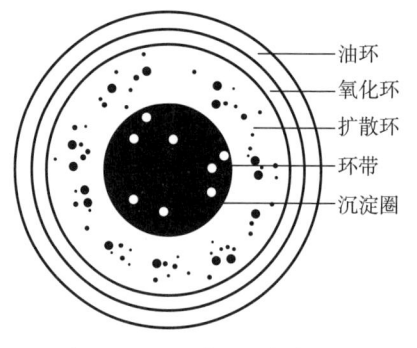

图 1-5-25　机油质量检测

（2）**油量检查**：检查时，汽车要停放在平地上，发动机熄火 3 min 后（待润滑油流回油底壳），抽出机油尺并将其擦净，再插回到底，重新抽出机油尺，在机油尺上就可以观察到润滑油油面位置。若润滑油油面处于机油尺下刻度线的下方，应从加油口加注润滑油。

6. 更换机油

第一步：打开发动机罩，拧下机油加注口盖。

第二步：将车辆举升到一定高度，在油底壳下方放置旧油容器，找到油底壳的放油螺栓，在热率状态下，慢慢拧开放油螺栓，小心不要接触到热油。待机油放净后，装上放油螺栓。

第三步：将盛油容器移到油滤下方，使用机油滤芯扳手将滤芯拧松，再用手将其拧下。如果滤芯依然很热，记住一定要戴上手套。

第四步：参照用户使用手册选择合适的机油滤芯。

---

11. 汽车制造厂有特别说明或标明润滑油是汽油机和柴油机的通用油时，（　　）。
A. 可以任意通用
B. 可在标明的级别内通用
C. 也不能通用
D. 大货车可以通用

12. 更换汽油发动机和柴油发动机机油时，润滑油（　　）。
A. 一般不能通用
B. 牌号相差不大时可以通用
C. 夏季可以通用
D. 冬季可以通用

13. （　　）用于发动机润滑油快速检测。
A. 润滑油质量分析仪
B. 油压表
C. 发动机分析仪
D. 尾气分析仪

14. 检查润滑油时，技术要求润滑油量应位于油标尺（　　）。
A. 上刻线与下刻线之间
B. 下刻线以下
C. 上刻线以上
D. 任何位置即可

15. 更换发动机机油时，应（　　）。
A. 将汽车停在平坦的场地上，在前、后车轮外垫上止滑块
B. 将汽车停放在坡道上
C. 在冷车的状态下
D. 润滑油的黏度越高越好

理论知识

第五步：使用新机油涂抹新滤芯的接口垫圈，用手将滤芯拧入，按照指示的方法将滤芯拧紧（通常是在用手将滤芯拧紧后再拧入 3/4 圈）。

第六步：将新机油倒入油底壳，注意参照用户使用手册的介绍。可以使用漏斗，防止将机油倒在发动机外部。检查发动机下部是否有泄漏。如果没有泄漏，放下车辆，检查机油尺，并启动发动机，启动后仪表上的指示灯应该马上熄灭。最后，关闭发动机重新检查机油量，并根据当地法规处理旧机油和滤芯。

7. 机油压力过低故障及排除方法

发动机工作时，必须保持正常的机油压力。如果机油压力过低，各摩擦表面会因得不到足够的润滑而加快磨损，进而酿成烧瓦、拉缸等严重事故。

（1）故障现象：发动机在工作过程中，机油压力报警灯闪烁，机油压力表显示低于标准压力。如图 1-5-26 所示。

图 1-5-26 机油压力过低指示

机油压力报警灯开关由膜片、弹簧及触点组成，安装在润滑油主油道上，用于检测发动机润滑系统内的机油压力是否在正常范围（0.16~0.40 MPa）。如果机油压力低于规定值，触点在弹簧的作用下闭合，机油压力报警灯点亮。

（2）故障原因及排除方法

1）机油油量不足：若机油油量不足，会使机油泵的泵油量减少或因进空气而泵不上油，致使机油压力下降。应在每次发动机工作前检查油底壳中的油位，保证有足够的油量。

2）机油泵停转：若机油泵的驱动齿轮与驱动轴的固定销剪断

样题

16. 更换发动机润滑油后，应该（　　），检查滤清器处应无润滑油泄漏。
A. 启动发动机
B. 清洁发动机
C. 盖上发动机舱盖
D. 检查冷却液

17. 机油指示灯亮，表示发动机润滑压力为危险界限，润滑油正常压力应为（　　）MPa。
A. 2~3
B. 1~2
C. 0.16~0.40
D. 5.40~27.4

18. 机油压力开关由膜片、（　　）及触点组成。
A. 弹簧
B. 压敏元件
C. 电阻
D. 电容

19. 机油压力报警灯开关装在（　　）。
A. 润滑油主油道上
B. 发动机曲轴箱
C. 气门室罩盖
D. 节气门体

20. 机油压力开关用于检测发动机润滑系统内有无机油（　　）。
A. 温度
B. 压力
C. 黏度
D. 流动

理论知识	样题

或配合键脱落，或机油泵吸入异物而将泵油齿轮卡死都会使机油泵停止运转，机油压力也随之降为零。应更换损坏的销轴或键；机油泵吸油口处应设置滤清器。

3）机油泵出油量不够：当机油泵泵轴与衬套之间的间隙、齿轮端面与泵盖的间隙、齿侧间隙或径向间隙因磨损而超过允许值时，都会导致泵油量减少，造成润滑压力下降的后果。应及时更换超差的机件或研磨泵盖平面，使与齿轮端面的间隙恢复至 0.07～0.27 mm。

4）机油滤清器堵塞：当机油因滤清器堵塞而不能流通时，设在滤清器底座上的安全阀就被顶开，机油便不经过滤而直接进入主油道。如果安全阀的开启压力调得过高，当滤清器被堵塞时就不能及时顶开，于是，机油泵压力升高，内漏增加，对主油道的供油量相应减少，引起油压的下降。应经常保持机油滤清器的清洁；正确地调整安全阀的开启压力（一般为 0.35～0.45 MPa）；及时更换安全阀的弹簧或研磨钢珠与阀座的配合面，恢复其正常的工作性能。

5）回油阀损坏或失灵：为保持主油道有正常油压，此处设有回油阀。若回油阀弹簧疲劳软化或调整不当，阀座与钢珠的配合面磨损或被脏物卡住而关闭不严时，回油量便明显增加，主油道的油压也随之下降。应检修回油阀，将其开启压力调整至 0.28～0.32 MPa。

6）机油散热器或管路漏油会使油压下降。管路若被污物堵塞，也会因阻力增大而使油的流量减少，导致油压下降。应取出散热器，焊补或更换散热器，并经压力试验后方可使用；检查机油管路有无渗漏、破损，并清除管路污物。

21. 发动机机油压力低是由于（　　）。
A. 主油道调压阀内柱塞阀不能打开
B. 曲轴各轴承磨损超限
C. 机油黏度过大
D. 主油道调压阀内弹簧压紧力过大

22. 机油泵泵油压力过低会导致（　　）。
A. 泵油量过大
B. 曲轴轴承间隙过大
C. 凸轮轴轴承间隙过大
D. 曲轴轴承烧熔

5.5 柴油机的检修

1. 柴油

柴油是为柴油机提供能源的燃料，其主要性能指标及分类如下。

（1）**性能指标**：①发火性。指柴油的自燃能力，16烷值越高，发火性越好。②蒸发性。指柴油吸收热量由液态转化为气态的能力。③黏度。是液体流动时内摩擦力的量度，决定柴油的流动性。④凝点。指柴油冷却到开始失去流动性的温度。

（2）**分类**：按其所含重馏分的多少分为重柴油和轻柴油。

（3）**牌号**：根据凝点编定。轻柴油有 5、0、-10、-20、-35、

1. 国产柴油的牌号按（　　）分类。
A. 密度
B. 凝点
C. 熔点
D. 十六辛烷值

2.（　　）轻柴油适合于高寒地区严冬使用。
A. -50#
B. -10#
C. 0#
D. 10#

理论知识	样题

–50 六个牌号。温度在 4℃ 以上时选用 0# 柴油；温度在 –5~4℃ 时选用 –10# 柴油；温度在 –14~–5℃ 时选用 –20# 柴油；温度在 –29~–14℃ 时选用 –35# 柴油；–29℃ 以下的高寒地区严冬选用 –50# 柴油。

2. 柴油机燃烧过程（见图 1-5-27）

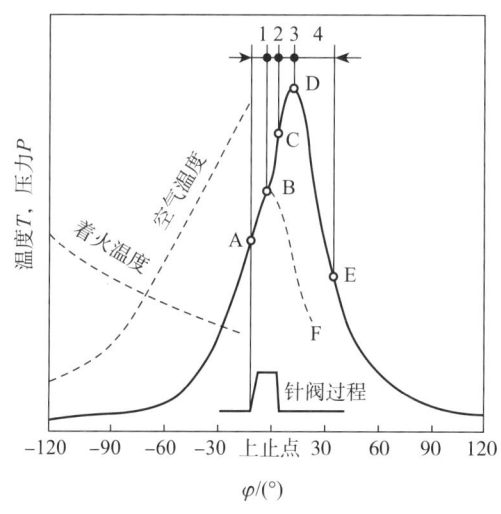

图 1-5-27 柴油机燃烧过程

（1）**备燃期**（AB 段）：从燃料喷入气缸到压力线脱离压缩压力线开始急剧升高这一段燃前准备时间。

（2）**速燃期**（BC 段）：柴油机的预混燃烧期在上止点附近快速进行，压力升高率大。形成第一峰放热。

（3）**缓燃期**（CD 段）：柴油机的扩散燃烧期。

（4）**后燃期**（DE 段）：少量柴油的后续燃烧。

3. 柴油机燃油供给系统概述

与汽油机进入气缸的是一定比例的汽油—空气混合气不同，柴油机进入气缸的是纯净的空气，当曲轴转角接近压缩上止点位置时，通过输油泵从油箱汲取柴油，经喷油泵加压到足够的高压后（通常在 10 MPa 以上），由喷油器向燃烧室内喷射出高压雾状柴油，在燃烧室内形成混合气并被压燃。

（1）**柴油机燃油供给系统的组成**：主要由以下三部分组成，如图 1-5-28 所示。

3.柴油机的燃烧过程包括（　　）、速燃期、缓燃期和后燃期。
A. 备燃期
B. 快燃期
C. 爆燃期
D. 着火落后期

4.四冲程柴油机在进气行程时进入气缸内的是（　　）。
A. 空气
B. 柴油
C. 汽油
D. 可燃混合气

5.柴油机的混合气形成与燃烧是在（　　）。
A. 进气管
B. 输油泵
C. 燃烧室
D. 喷油器

6.柴油机燃烧室按结构形式可分为（　　）燃烧室和统一式燃烧室。
A. 球形
B. 分开式
C. U 形式
D. W 形式

理论知识	样题

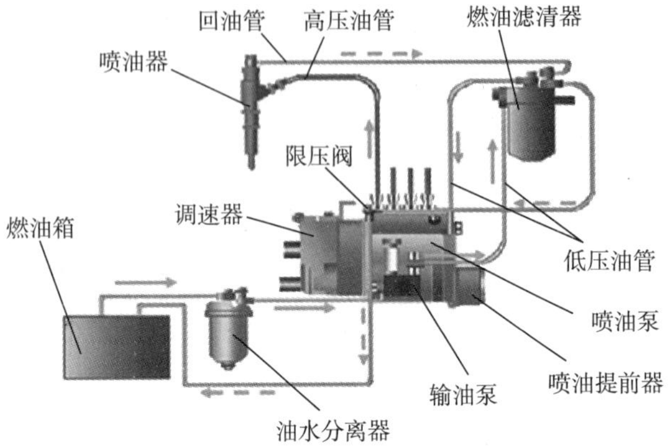

图 1-5-28 柴油机燃油供给系统的组成

1）低压油路：燃油箱→油水分离器→输油泵→低压油管→燃油滤清器→喷油泵入口端（输油泵油压：0.15～0.3 MPa）。

2）高压油路：喷油泵→高压油管→喷油器→气缸（喷油泵油压在 10 MPa 以上）。

四冲程柴油机在接近压缩行程终了（压缩上止点）时，高压柴油被喷入燃烧室。

3）调整装置：喷油提前调整装置、调速器。

（2）喷油过程

1）进油过程——柴油经低压油路进入高压喷油泵。

2）压油过程——喷油泵凸轮推动柱塞对进入泵腔内的柴油进行加压。

3）喷油过程——喷油泵内的柴油增压到一定程度时，克服针阀弹簧的压力，打开针阀，开始喷油。

4）停油过程——喷油凸轮转过顶点后，急剧回落，喷油泵内压力骤降，针阀在弹簧力作用下重新关闭，停止喷油。

4. 喷油压力及密封性试验

喷油器试验用油应为沉淀后的"0"号轻柴油，进行喷油器密封性试验时，应以每秒 3 次的速度均匀地按动泵油手柄，直到开始喷油。具体操作步骤如下：

（1）按正确方法组装喷油器总成。

（2）做好喷油器试验台的准备工作，将喷油器与喷油器试验台按正确方法进行连接，如图 1-5-29 所示。

（3）用旋具拧松喷油器压力调整螺钉，快速摇动喷油器试验台手摇柄，排出油路和喷油器内的空气和油污。

7.四冲程柴油机工作时，柴油在（　　）时进入气缸。
A. 进气行程
B. 接近压缩行程终了
C. 接近做功行程终了
D. 排气行程

8.柴油机的喷油过程包括进油过程、（　　）、喷油过程、停油过程。
A. 输油过程
B. 增压过程
C. 压油过程
D. 保压过程

9.泵喷嘴组成包括驱动部分、压力产生部分、（　　）、喷嘴。
A. 高压油管
B. 控制部分
C. 输油泵
D. 输油管

10.喷油器未调试前，应做好（　　）使用准备工作。
A. 喷油泵试验台
B. 喷油器试验台
C. 喷油器清洗器
D. 压力表

11.柴油机喷油器（　　）试验，以每秒 3 次的速度均匀地按动泵油手柄，直到开始喷油。
A. 倾斜性
B. 压力
C. 密封性
D. 防漏

12.柴油机喷油器密封性试验，以每秒（　　）次的速度均匀地按动泵油手柄，直到开始喷油。
A. 1
B. 2
C. 3
D. 4

理论知识	样题

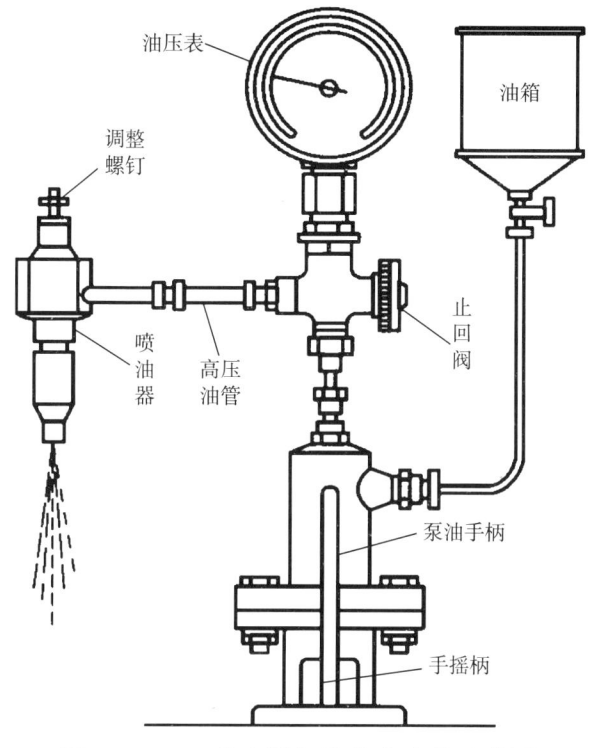

图 1-5-29 喷油器与试验台连接示意图

（4）用旋具慢慢拧紧喷油器压力调整螺钉，并缓慢泵油，当喷油器试验台油压表指针读数等于喷油器规定喷油压力值时，即拧紧喷油器压力调整螺钉锁紧螺母，继续泵油观察喷油压力是否有变化，若无变化则说明喷油压力已调至规定值。

（5）维持略低于规定喷油压力约 5 min，如喷油器喷孔处无明显滴漏，则说明密封性良好。

项目6 汽车底盘检修

理论知识

6.1 离合器的检修

1. 离合器的作用及分类

（1）**作用**：离合器安装在发动机与传动系统之间，用来分离或接合前后两者之间的动力联系。在汽车行驶过程中，驾驶员可根据需要踩下或松开离合器踏板，使发动机与变速器暂时分离和逐渐接合，以切断或传递发动机向变速器输入的动力。

（2）**分类**

1）按从动盘数目可分为单片离合器和双片离合器。轿车、客车等中、小型汽车多采用单片离合器，双片离合器增加了一片从动盘，使得在其他条件不变的情况下，将比单片离合器所能传动的转矩增大了一倍，多用于重型车辆上。

2）按压紧弹簧的形式可分为周布弹簧离合器、中央弹簧离合器和膜片弹簧离合器。目前，膜片弹簧离合器应用最广泛。膜片弹簧离合器的结构特点是膜片弹簧既是压紧机构又起分离杆杠的作用，机构简单紧凑，零件少，质量轻；高速时压紧力稳定；由于压盘较厚，热容量大，不会产生过热。

2. 膜片弹簧离合器的组成

膜片弹簧离合器由主动部分、从动部分、压紧机构、操纵机构四部分组成，如图1-6-1所示。

（1）**主动部分**：由飞轮、离合器盖、压盘、传动钢片等组成，如图1-6-2所示。离合器盖与飞轮靠螺栓连接，压盘与离合器盖之间是靠3~4个传动钢片传递转矩的。压盘的作用是压住从动盘使从动盘跟着飞轮一起转动。传动钢片的主要作用是将离合器盖的动力传给压盘。

（2）**从动部分**：由从动盘、从动轴（又是变速器输入轴）组成。

（3）**压紧机构**：主要由压紧弹簧组成。

样题

1.（　　）可使发动机与传动系统逐渐接合，保证汽车平稳起步。
A. 离合器
B. 变速器
C. 主减速器
D. 差速器

2. 单片离合器多应用于（　　）上。
A. 大型货车
B. 大型工程机械车
C. 中、小型汽车
D. 摩托车

3. 膜片弹簧离合器的压盘（　　），热容量大，不易产生过热。
A. 较大
B. 较小
C. 较薄
D. 较厚

4. 离合器传动钢片的主要作用是（　　）。
A. 将离合器盖的动力传给压盘
B. 将压盘的动力传给离合器盖
C. 固定离合器盖和压盘
D. 减小振动

5. 离合器的从动部分不包括（　　）。
A. 从动盘
B. 变速器输入轴
C. 离合器输出轴
D. 飞轮

理论知识	样题
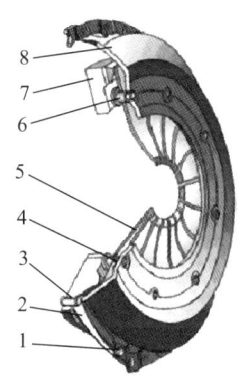 图1-6-1 膜片弹簧离合器的结构 图1-6-2 离合器盖和压盘分解图 1、3—平头铆钉 2—传动钢片 4—支承环 5—膜片弹簧 6—支承铆钉 7—压盘 8—离合器盖	6.离合器踏板的自由行程,是( )之间等处间隙的体现。 A.分离轴承与分离杠杆 B.踏板与地板高度 C.压盘与从动盘 D.变速器与离合器 7.膜片弹簧式离合器的分离杠杆的平面度误差不得大于( )mm。 A.0.1 B.0.3 C.0.5 D.0.7 8.从动盘摩擦片上的铆钉头至其外平面距离不得小于( )mm。 A.0.1 B.0.2 C.0.3 D.0.4 9.用游标卡尺测量,衬片铆钉头距摩擦衬片表面应不小于( )mm,衬片厚度应不小于9 mm。 A.0.2 B.0.3 C.0.4 D.0.8

（4）**操纵机构**：包括分离杠杆、分离轴承、离合器分离叉、拉杆、离合器踏板、回位弹簧等。离合器分离轴承和分离杠杆之间留有间隙,这个间隙反映在离合器踏板上就是一个自由行程。

3.膜片弹簧离合器零部件的检修

（1）离合器从动盘摩擦片磨损、烧蚀、表面龟裂、油污、铆钉外露或松动、减振弹簧折断,均应更换新件。

（2）用游标卡尺测量从动盘铆钉头至其外平面距离不得小于0.3 mm,否则应更换新膜片。

理论知识

（3）用游标卡尺测量从动盘铆钉头与摩擦衬片表面距离，该距离应不小于0.8 mm，衬片厚度应不小于9 mm，如图1-6-3所示。

（4）分离杠杆的平面度误差不得大于0.5 mm。

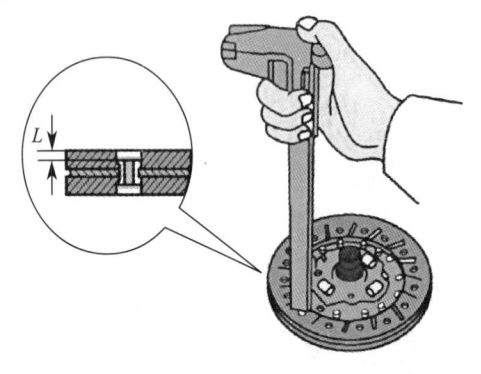

图1-6-3 测量铆钉头部深度

4. 离合器分离不彻底的故障现象及原因

（1）**故障现象**：发动机怠速运转时，踩下离合器踏板，挂挡有齿轮撞击声，且难以挂入；如果勉强挂上挡，则在离合器踏板尚未完全放松时，发动机熄火。

（2）**故障原因**

1）离合器踏板自由行程过大。
2）离合器间隙过大。
3）从动盘钢片翘曲、摩擦片破裂或铆钉松动。
4）新换的摩擦片太厚或从动盘正反装错。
5）从动盘花键孔与变速器第一轴花键轴卡滞。
6）离合器液压操纵机构漏油、有空气或油量不足。
7）膜片弹簧弹力减弱或指端磨损。
8）发动机支承磨损或损坏，发动机与变速器不同心。

5. 离合器打滑的故障现象及原因

（1）**故障现象**：汽车用低速挡起步时，放松离合器踏板后，汽车不能灵敏起步或起步困难；汽车加速行驶时，车速不能随发动机转速的提高而提高，驾驶员感到行驶无力，严重时产生焦臭味或冒烟等现象。

（2）**故障原因**

1）离合器踏板没有自由行程，使分离轴承压在分离杠杆上。
2）压盘或飞轮工作面烧蚀或磨损严重。
3）离合器盖与飞轮的连接松动，使压紧力减弱。
4）从动盘摩擦片有油污、烧蚀、表面硬化、铆钉外露、表面不平，使摩擦系数下降。
5）从动盘摩擦片磨损严重，压盘前移，膜片弹簧对压盘的压

样题

10. 离合器间隙过大，离合器将出现（　　）故障。
A. 打滑
B. 分离不开
C. 发抖
D. 异响

11. 离合器踏板自由行程过大，会造成离合器（　　）。
A. 打滑
B. 分离不彻底
C. 起步发抖
D. 半接合状态

12. 汽车离合器液压操纵系统漏油或有空气，会引起（　　）。
A. 离合器打滑
B. 离合器分离不彻底
C. 离合器异响
D. 离合器接合不柔和

13. 汽车离合器压盘及飞轮表面烧蚀的主要原因是离合器（　　）。
A. 打滑
B. 分离不彻底
C. 动平衡破坏
D. 踏板自由行程过大

14. 膜片弹簧离合器的从动盘磨损，压盘前移，膜片弹簧对压盘的压力将（　　）。
A. 减小
B. 增大
C. 不变
D. 消失

15. 为分析离合器打滑故障存在的原因，应最先进行检查的项目是（　　）。
A. 检查离合器踏板自由行程
B. 检查离合器盖、飞轮连接螺钉是否松动
C. 检查离合器分离杠杆内端面高低
D. 检查离合器摩擦片

理论知识	样题

力将减小,导致离合器打滑。

6. 离合器发抖的故障现象及原因

(1) **故障现象**:汽车起步或行驶换挡后,离合器按正常操作平缓接合时,汽车不是逐渐平滑、柔和地增加速度,而是全车轻微抖动,直至离合器完全接合。

(2) **故障原因**

1) 从动盘摩擦片有油污、破裂、凹凸不平或铆钉外露。

2) 离合器分离杆杠内端面不在同一平面内。

3) 压盘、从动盘磨损不均或翘曲不平。

4) 从动盘摩擦片扭振弹簧失效。

5) 离合器从动盘花键磨损过大。

16. 离合器发抖的故障原因是( )。
A. 离合器分离杠杆内端面不在同一平面内
B. 压紧弹簧弹力均匀
C. 摩擦片表面清洁
D. 从动盘表面平整

6.2 变速器的检修

1. 手动变速器的组成

汽车手动变速器的作用包括:改变传动比,扩大驱动轮转矩和转速的变化范围,以适应经常变化的行驶条件,同时使发动机在有利的工况下工作;在发动机旋转方向不变的前提下使汽车能倒退行驶;在离合器接合状态时可中断发动机与驱动轮之间的动力传递,以满足汽车短暂停车和润滑等情况的需要。

手动变速器由箱体与箱体盖、变速传动机构、变速操纵机构组成,如图1-6-4所示。

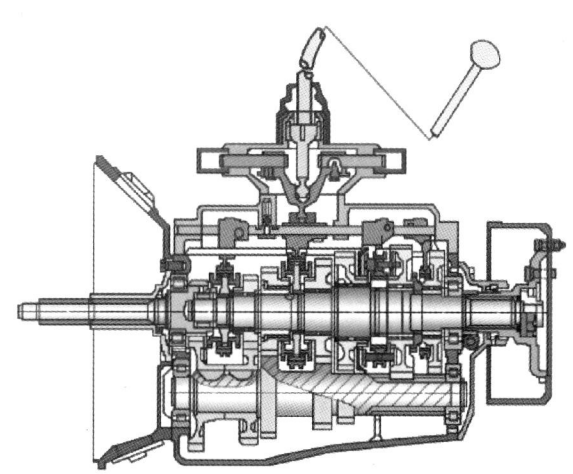

图1-6-4 变速器的组成

1.( )在离合器接合状态时,可中断发动机与驱动轮之间的动力传递,以满足汽车短暂停车和润滑等情况的需要。
A. 变速器
B. 离合器
C. 差速器
D. 主减速器

2. 变速器的组成部分中用于传递转矩并改变转矩方向的是( )。
A. 壳体
B. 同步器
C. 齿轮传动机构
D. 操纵机构

3. 变速器操纵机构有( )、拨叉、拨叉轴、锁止装置和变速器盖等组成。
A. 变速器操纵杆
B. 输入轴
C. 变速器壳体
D. 控制系统

4.( )不属于汽车普通变速器的组成。
A. 液力变矩器
B. 拨叉
C. 拨叉轴
D. 变速器盖

理论知识	样题
（1）**变速传动机构**：由齿轮与同步器、轴承、密封件、调整垫圈、输入轴、输出轴等组成。其作用是传递转矩并改变转矩大小或方向。 （2）**变速操纵机构**：由变速器操纵杆、拨叉与拨叉轴、自锁装置、互锁装置、倒挡锁等组成。其作用是保证驾驶人能准确可靠地使变速器挂入所需要的任一挡位工作，并可随时使之退到空挡。 **2. 同步器** 手动变速器在换挡过程中，必须使即将啮合的一对齿轮的圆周速度达到相同，即同步才能顺利地啮合而挂上挡。如果不同步而强行挂挡，其齿端将会发生冲击磨损，影响齿轮的使用寿命，甚至折断齿牙。为了解决这个问题，出现了同步器。目前所用的同步器几乎都采用摩擦惯性式同步器。 （1）**作用**：将两个不同步的齿轮连接起来使之同步及减小换挡所引起的齿轮冲击。 （2）**组成**：摩擦惯性式同步器是利用摩擦原理实现同步的。锁环式惯性同步器是摩擦惯性式同步器中的一种，主要由锁环、接合套、定位滑块等组成。如图1-6-5所示。 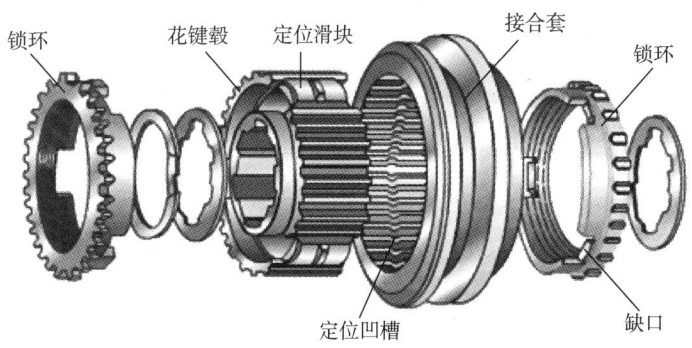 图1-6-5 锁环式惯性同步器 **3. 自锁装置和互锁装置** 在振动等条件影响下，操纵机构应保证变速器不自行挂挡或自行脱挡。为此在操纵机构中设有自锁装置，如图1-6-6所示。换挡拨叉轴上方有三凹坑，上面有被弹簧压紧的钢珠。当拨叉轴位置处于空挡或某一挡位置时，钢珠压在凹坑内。其作用是防止变速器跳挡，起到了自锁作用。	5. 变速器在换挡过程中，必须使即将啮合的一对齿轮的（　　）达到相同，才能顺利地挂上挡。 A. 角速度 B. 线速度 C. 转速 D. 圆周速度 6. 装备手动变速器的汽车，可安装（　　）来减小换挡所引起的齿轮冲击。 A. 同步器 B. 差速器 C. 离合器 D. 制动器 7. （　　）的作用是将两个不同步的齿轮连接起来使之同步。 A. 同步器 B. 差速器 C. 离合器 D. 制动器 8. 同步器依靠（　　）来实现动力的传递。 A. 摩擦 B. 啮合 C. 链条 D. 齿带 9. 变速器自锁装置的主要作用是防止（　　）。 A. 变速器乱挡 B. 变速器跳挡 C. 变速器误挂倒挡 D. 挂挡困难 10. 造成变速器乱挡原因之一是（　　）。 A. 轮齿磨成锥形 B. 自锁装置失效 C. 互锁装置失效 D. 倒挡锁失效

| 理论知识 | 样题 |

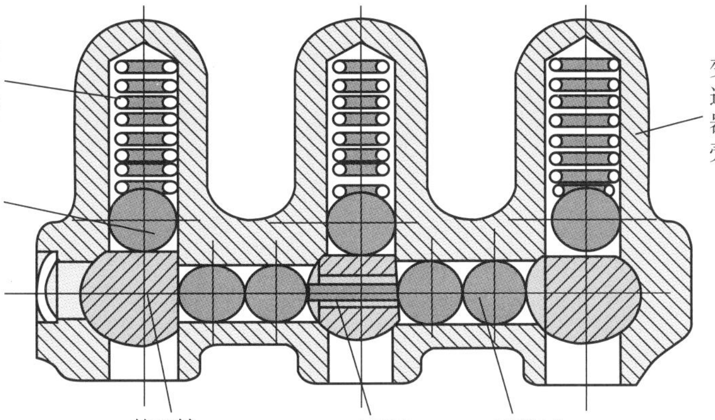

图 1-6-6 自锁装置和互锁装置

当中间换挡拨叉轴移动挂挡时，另外两个拨叉轴被钢球及互锁销锁住。其作用是防止变速器乱挡，起到了互锁作用。

4. 手动变速器的变速变距原理

如图 1-6-7 所示，当以小齿轮为主动齿轮时（即 $z_Ⅰ<z_Ⅱ$），其转速经大齿轮传出时就降低，但扭矩增大，称为减速增扭，此时传动比 $i>1$；当以大齿轮为主动齿轮时（即 $z_Ⅰ>z_Ⅱ$），其转速经小齿轮传出时就升高，但扭矩减小，称为增速减扭，此时传动比 $i<1$。这就是手动变速器的变速变矩原理。

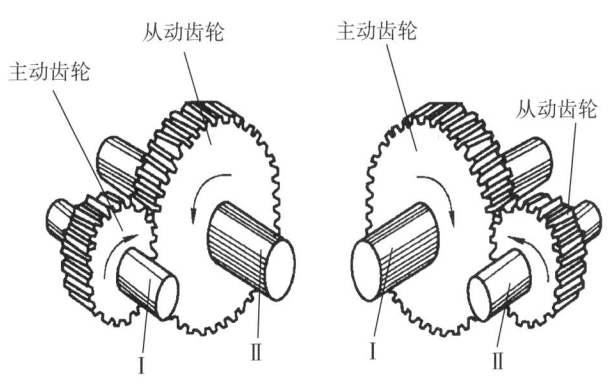

图 1-6-7 变速器的变速变矩原理

5. 汽车变速器修理技术条件

其选取自《汽车变速器修理技术条件》（GB 5372—1985）[①]。本标准适用于国产汽车机械式变速器的修理。修竣的变速器总成应符

---
① 该标准已作废，因在题库中作为知识点出现，故书中沿用。

11. 发动机与离合器处于完全接合时，变速器输入轴（　　）。
A. 不转动
B. 高于发动机转速
C. 低于发动机转速
D. 与发动机转速相同

12. 变速器挂入传动比大于 1 的挡位时，变速器实现（　　）。
A. 减速增扭
B. 增扭升速
C. 增速增扭
D. 减速减扭

13. 变速器通过切换不同的传动比啮合副（换挡）达到改变转速和（　　）的目的，满足不同行驶条件对牵引力的需要。
A. 扭矩
B. 力矩
C. 转速
D. 传动比

14. 乘用车辆变速器齿轮齿长磨损不得超过原齿长的（　　）%。
A. 20
B. 25
C. 30
D. 35

15. 齿轮的工作面腐蚀斑点及剥落面积超过齿面约（　　），或齿轮出现裂纹，应予以更换。
A. 1/8
B. 1/4
C. 3/8
D. 1/2

16. 变速器不常接合齿轮齿厚磨损不得超过（　　）mm。
A. 0.2
B. 0.25
C. 0.3
D. 0.4

17. 变速器常啮合齿轮齿厚磨损不得

理论知识	样题

合本标准规定。

（1）技术要求

汽车变速器修理技术要求见表1-6-1。

表1-6-1　　　汽车变速器修理技术要求

零部件	技术要求
齿轮与花键	齿轮损伤表现为齿面、齿顶、齿轮中心孔、花键齿磨损，齿面疲劳脱落、斑点，严重时会出现轮齿断裂、破碎等现象。齿轮的工作面腐蚀斑点及剥落面积超过齿面的1/4，或齿轮出现裂纹时应予更换
	接合齿轮或相配合的滑动齿轮齿端部位磨损量不得超过齿宽的15%
	商用车辆变速器常啮合齿轮齿厚磨损不超过0.25 mm，啮合间隙一般不大于0.50 mm；接合齿轮齿厚磨损不超过0.40 mm，啮合间隙不超过0.60 mm；乘用车辆变速器齿轮的啮合间隙正常值为0.05～0.15 mm，使用极限为0.25 mm，超过极限应更换相应齿轮。齿轮内花键齿厚磨损不得超过0.20 mm，齿长磨损不得超过原齿长的30%；否则，应予以更换
变速器壳体	壳体上各承孔轴线的平行度公差允许比原设计规定增加0.02 mm
	壳体上平面长度不大于250 mm，其平面度公差为0.15 mm；大于250 mm时，平面度公差为0.20 mm

（2）检验规则

1）磨合与试验。变速器装合后，应在试验台上磨合并进行无负荷、有负荷试验。负荷为传递最大扭矩的30%左右。运转前，选用并按规定容量加注清洁的汽油机润滑油。各挡运转时间的总和一般不少于1 h。

2）运转中，第一轴转速在1 000～2 000 r/min、油温在15～65℃时，不允许有自动脱挡、跳挡现象。操纵机构和同步器换挡应轻便、灵活、迅速、可靠。运转和换挡时均不得有异常响声。变速杆不允许有明显的抖动现象。所有密封装置不得有漏油现象，润滑油温度不得比正常室内气温高出40℃。

（3）变速器最大噪声及测试方法应符合国家有关规定

按QC/T 568.1规定的方法进行变速器的噪声测试，测试持续时间在30 s以上；乘用车变速器前进挡噪声不大于83 dB，倒挡噪声不大于85 dB；商用车变速器前进挡噪声不大于86 dB，倒挡噪声不大于88 dB。

超过（　　）mm。
A. 0.2
B. 0.25
C. 0.3
D. 0.35

18. 根据《汽车变速器修理技术条件》（GB 5372—1985）技术要求，变速器壳上各承孔轴线的平行度公差允许比原设计规定增加（　　）mm。
A. 0.01
B. 0.02
C. 0.03
D. 0.04

19. 根据《汽车变速器修理技术条件》（GB 5372—1985）技术要求，变速器壳上平面长度大于250 mm，平面度公差为（　　）。
A. 0.1
B. 0.15
C. 0.2
D. 0.25

20. 用百分表测量变速器输出轴的径向跳动量要求不大于（　　）mm，使用极限为0.06 mm。
A. 0.02
B. 0.025
C. 0.03
D. 0.035

21. 变速器竣工验收时，应进行（　　）试验。
A. 有负荷
B. 无负荷
C. 热磨合
D. 无负荷和有负荷

22. 变速器验收时各密封部位不得漏油，润滑油温度不得越过室温（　　）℃。
A. 40
B. 50
C. 80

理论知识	样题
6. 手动变速器保养之齿轮油的更换 （1）将车辆停放在举升机的中央位置，拉紧驻车制动装置，并将变速器置于空挡。操纵举升机，将车辆举升到轮胎最低点距离地面约20 cm的高度，并锁止提升臂。 （2）打开点火开关并启动发动机，保持发动机怠速运转。操纵变速手柄，将变速器挂入1挡。2~3 min后，将变速器挂入空挡，并关闭点火开关。 **注意**：车辆带挡短时间空行，目的是提高变速器温度至温热状态，降低油液黏度，有利于彻底放油，减少变速器内残余油量。 （3）举升车辆到一定高度，拆卸放油螺栓，排出油液。油液排完后，安装放油螺栓并拧紧。通过加油口添加新变速器油，直至油位正好低于加油口塞开口为止。安装加油口塞并拧紧。 **7. 自动变速器的组成** 自动变速器主要由液力变矩器、机械变速器、液压控制系统、电子控制系统组成。 （1）**液力变矩器**：由泵轮、涡轮、导轮等组成。 （2）**机械变速器**：机械变速装置由齿轮变速机构和换挡执行机构组成。换挡执行元件包括离合器、制动器和单向离合器。 1）离合器：其作用是连接。将两个运动件连接在一起。 2）制动器：其作用是固定。将一个运动件和固定件连接在一起。 3）单向离合器：其作用是锁止。允许一个运动件单方向旋转。 （3）**液压控制系统**：由滑阀、弹簧、钢球及各种阀体（如单向阀用于控制油路，使自动变速器油只能朝一个方向流动。主调节阀是根据车速和节气门开度的变化自动调节流向各液压系统的油压，保证各系统液压的稳定，使各信号阀工作平稳）组成。 （4）**电子控制系统**：电子控制系统由各种传感器、执行器、控制开关及计算机等组成，传感器及开关检测信息（如节气门位置传感器检测节气门位置信息，ATF油温度传感器检测自动变速器油温度信息）并传给计算机，计算机通过分析运算向各个执行器发出信号，以操纵阀体中各个控制阀的工作，实现对自动变速器的控制，如图1-6-8所示。	D. 90 23.验收变速器时，各挡噪声一般均不得高于（　　）dB。 A. 83 B. 85 C. 88 D. 90 24.手动变速器某常啮合齿轮副只更换一个齿轮，可导致（　　）。 A. 异响 B. 挂不上挡 C. 脱挡 D. 换挡困难 25.更换变速器齿轮油时，应先使变速器齿轮升温，齿轮油处于（　　）状态下，拧下放油孔螺栓，放出齿轮油，再将放油塞拧牢固。 A. 冷 B. 温热 C. 常温 D. 任意温度 26.手动变速器在进行维护检查时，首先应将变速器手柄置于（　　）挡位置。 A. 前进 B. 滑行 C. 倒车 D. 空 27.自动变速器内的离合器的作用是（　　）。 A. 连接 B. 固定 C. 锁止 D. 制动 28.自动变速器单向离合器的作用是（　　）。 A. 连接 B. 固定 C. 锁止 D. 制动

理论知识

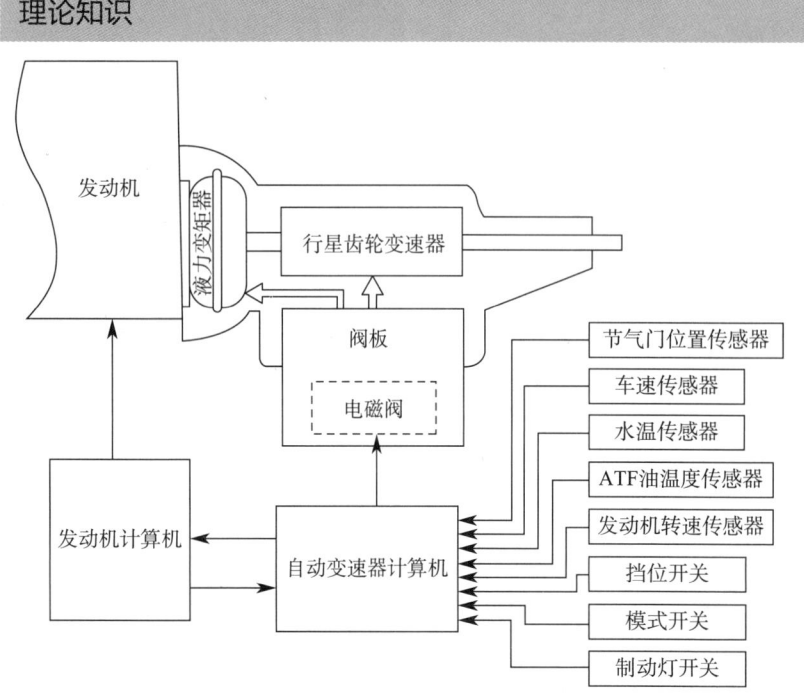

图 1-6-8 自动变速器的电控系统

8. 自动变速器失速试验

失速试验是检查发动机、变矩器及自动变速器中有关换挡执行元件工作是否正常的一种方法。

（1）准备工作

1）让汽车行驶至发动机和自动变速器均达到正常工作温度。

2）检查汽车的脚制动和手制动，确认其性能是否良好。

3）检查自动变速器液压油高度，应正常。

（2）试验步骤

1）将汽车停放到宽阔的水平路面上，车轮前后用木块挡住。

2）无发动机转速显示的，安装发动机转速表。

3）拉紧驻车制动，左脚踩住制动踏板。

4）启动发动机。

5）将选挡杆拨入 D 挡位。

6）在左脚踩紧制动踏板的同时，用右脚将加速踏板踩到底，迅速读取发动机的最高转速。

7）读取转速后立即松开加速踏板。

8）将选挡杆拨入"P""N"位后，使发动机怠速运转 1 s 以上，以防止自动变速器油温过高变质。

9）将选挡杆拨入"R4"挡位，做同样的试验。

样题

29. 自动变速器内制动器的作用是（　　）。

A. 连接

B. 固定

C. 锁止

D. 制动

30.（　　）的作用用于检测自动变速器油温度。

A. 自动变速器油温传感器

B. 空挡开关

C. 车速传感器

D. 输入轴转速传感器

31.（　　）用于控制油路，使自动变速器油只能朝一个方向流动。

A. 主调节阀

B. 手动阀

C. 换向阀

D. 单向阀

32. 自动变速器进行维护作业检查时，首先应将变速器手柄置于（　　）挡位置。

A. P

B. S

C. R

D. N

理论知识	样题

（3）注意事项

1）在前进挡或倒挡同时踩住制动踏板时，发动机处于最大工况，而此时自动变速器壳及泵轮随发动机一起转动，这种工况属于失速工况，此时发动机的转速称为失速转速。由于在失速工况下，发动机的动力全部消耗在液力变矩器内自动变速器油的内部磨损上，自动变速器的油温将急剧上升，因此在失速试验中，加速踏板从踩下到松开的整个过程的时间不得超过5 s，否则会使自动变速器因油温过高而变质，甚至损坏密封等部件。在一个挡位试验后，不要立即进行另一个挡位试验，试验结束后不要立即熄火，应将选挡杆拨到空挡或停车挡，要发动机怠速60 s左右，以使发动机变速器油温恢复正常。如果在试验的过程中发现驱动轮因制动力不足而转动，应立即松开加速踏板，停止试验。

2）另外，在试验中，当踩下加速踏板时，发动机和变矩器应有很大的轰鸣声，但不应听到任何金属撞击声和尖锐声，否则为发动机或传动系统工况不正常。

33.进行自动变速器失速试验时，时间不得超过（　）s。
A. 5
B. 10
C. 15
D. 20

34.自动变速器试验后，应让发动机怠速运转（　）s左右，以使自动变速器油温恢复正常。
A. 10
B. 20
C. 30
D. 60

6.3 万向传动装置的检修

1.汽车传动系统的组成

传动系统一般由离合器、变速器、万向传动装置、主减速器、差速器和半轴等组成，如图1-6-9所示。汽车传动系统的布置形式有以下几种：前置后驱、前置前驱、中置后驱、后置后驱、四轮驱动。其中前置后驱是传统的布置形式，大多数货车、部分轿车和客车采用前置后驱形式。

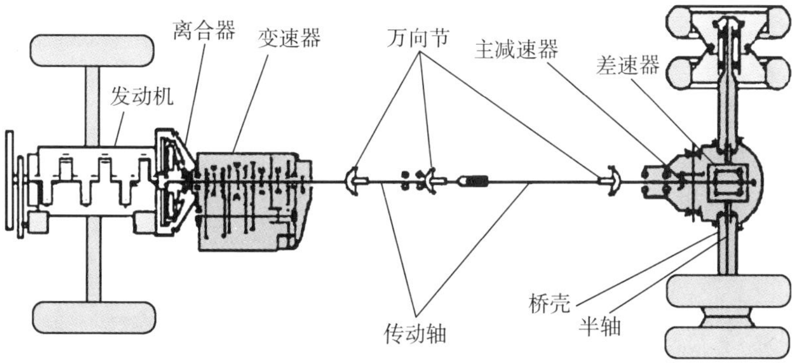

图1-6-9 传动系统的组成

1.通常汽车传动系统动力最后经过（　）传递给驱动轮。
A. 离合器
B. 变速器
C. 主减速器
D. 半轴

2.汽车传动系统的传动形式中（　）是一种最传统的布置形式，且主要用于大、中型载货汽车上。
A. 发动机前置，后轮驱动
B. 发动机前置，前路驱动
C. 发动机后置，后轮驱动
D. 四轮驱动

理论知识	样题

2. 万向传动装置的组成

万向传动装置的作用是在轴线相交且相互位置经常发生变化的两转轴之间传递动力。万向传动装置主要包括万向节、传动轴和中间支承，如图1-6-10所示。

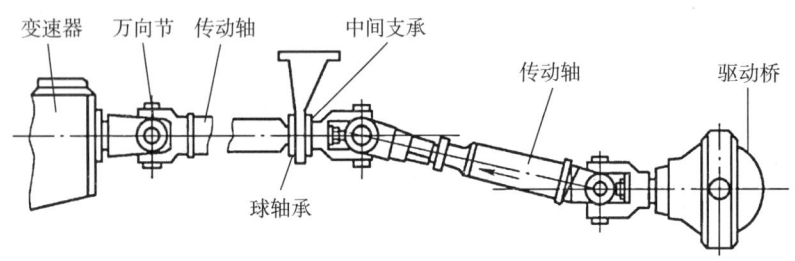

图1-6-10 万向传动装置的组成

（1）万向节

汽车上采用刚性万向节较多，刚性万向节按其速度特性又分为不等速万向节、准等速万向节和等速万向节。不等速万向节主要用在发动机前置、后轮驱动的变速器和驱动桥之间。前轮驱动汽车普遍使用等速万向节。

1）不等速万向节

如图1-6-11所示，十字轴式刚性万向节为汽车上广泛使用的不等速万向节，它允许相邻两轴的最大交角为15°～20°。十字轴式刚性万向节主要由十字轴、万向节叉、安全阀、滚针、套筒等组成。

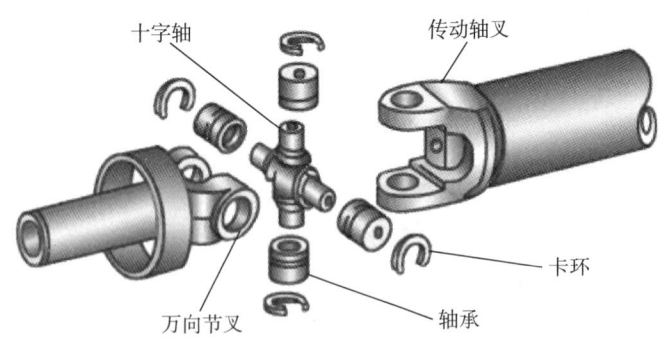

图1-6-11 十字轴式万向节的组成

2）等速万向节

如图1-6-12所示，等速万向节基本原理：两个大小相同锥齿轮的接触点 P 位于两齿轮轴线交角 α 的平分面上，由 P 点到两轴的垂直距离都等于 r，P 点处两齿轮的圆周速度相等。若万向节的传

3. 汽车万向传动装置一般由万向节、（　　）和中间支承组成。
A. 变矩器
B. 半轴
C. 传动轴
D. 拉杆

4. 前驱动轿车的半轴上均安装（　　）万向节。
A. 普通
B. 十字轴
C. 准等速
D. 等速

5. 汽车万向传动装置的十字轴万向节主要由十字轴、万向节叉和（　　）组成。
A. 套筒
B. 滚针
C. 套筒和滚针
D. 双联叉

6. 十字轴式万向节允许相邻两轴的最大交角为（　　）。
A. 10°～15°
B. 15°～20°
C. 20°～25°
D. 25°～30°

7. 等速万向节的基本原理是从结构上保证需要万向节在工作过程中，其传力点永远位于（　　）。
A. 两轴交点上
B. 两轴交点的平分面上
C. 两轴交点的平分线上
D. 两轴交点的1/2处

| 理论知识 | 样题 |

力点在其交角变化时始终位于两轴夹角的平分面上，就能保证等角速传动。也就是传力点永远位于两轴交点 O 的平分面上。

（2）传动轴

传动轴是万向传动装置中的主要传力部件。

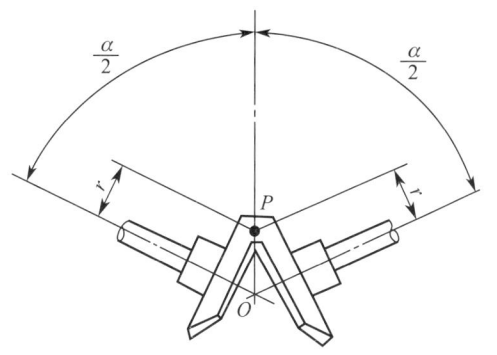

图 1-6-12　等速万向节的基本原理

通常用来连接变速器（或分动器）和驱动桥，在转向驱动桥和断开式驱动桥中，则用来连接差速器和驱动轮。

3. 传动轴的检修

（1）传动轴轴筒表面不得有明显的凹陷和任何性质的裂痕。检查传动轴轴管的径向圆跳动误差，方法如图 1-6-13 所示，超过标准时（全长小于 1 m 的传动轴径向圆跳动误差不超过

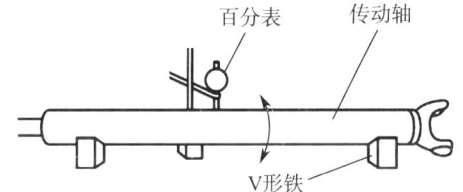

图 1-6-13　传动轴轴管的径向圆跳动误差检查

0.8 mm；全长大于 1 m 的传动轴不大于 1.0 m），可采用冷压法校正。

（2）检查传动轴中间支承，检查油封和橡胶衬垫是否损伤；支撑轴承转动是否灵活；若不符合要求应更换。中间支承的轴向间隙应不大于 0.3 mm，径向间隙应不大于 0.05 mm。

（3）对传动轴总成进行动平衡，要求在传动轴两端的最大不平衡值不大于 10 g·cm。

（4）装传动轴时，十字轴轴颈如有压痕，压痕不严重且不在传力面时，可将十字轴由原装配位置旋转 90° 装复。

6.4　驱动桥的检修

1. 驱动桥的组成

驱动桥由桥壳、主减速器、差速器、半轴等组成。

（1）**桥壳**：是主减速器、差速器等传动装置的安装基础。

8. 检查传动轴轴管的最大径向跳动量，其值应不大于（　　）mm。
A. 0.2
B. 0.4
C. 0.6
D. 0.8

9. 当传动轴中间支承的轴向间隙大于（　　）mm 时，应解体中间支承总成。
A. 0.1
B. 0.3
C. 0.5
D. 0.7

10. 对传动轴总成进行动平衡，要求在传动轴两端的最大不平衡值不大于（　　）g·cm。
A. 4
B. 6
C. 8
D. 10

11. 装传动轴时，十字轴轴颈如有压痕，压痕不严重且不在传力面时，可将十字轴由原装配位置旋转（　　）装复。
A. 30°
B. 60°
C. 80°
D. 90°

理论知识	样题
（2）**主减速器**：减速增扭、改变扭矩的传递方向。 （3）**差速器**：使两侧车轮不等速旋转，适应转向和不同路面。 （4）**半轴**：将扭矩从差速器传给车轮。 **2. 主减速器** （1）**功用**：降速增扭，当发动机纵置时还具有改变转矩旋转方向的作用。 （2）**分类**：按参加减速传动的齿轮副数目分，可分为单级式主减速器和双级式主减速器。除了一些要求大传动比的中、重型车采用双级主减速器外，一般微、轻、中型车基本采用单级主减速器。 （3）**结构**：如图1-6-14所示，单级主减速器主要由主减速器壳、主动锥齿轮、从动锥齿轮、调整螺母、调整垫片等组成。 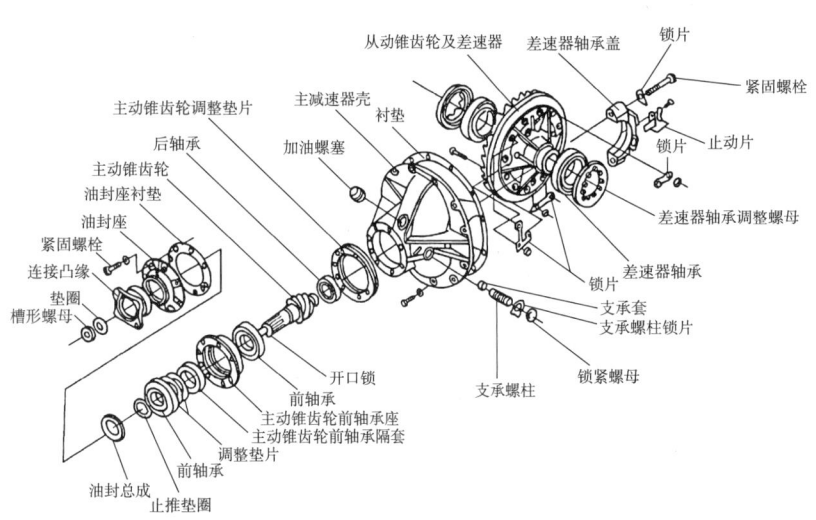 图1-6-14 单级主减速器的结构 **3. 差速器** （1）**功用**：当汽车转弯行驶或在不平路面上行驶时，使左右驱动车轮能以不同的转速滚动，即保证两侧驱动车轮做纯滚动运动。 （2）**组成**：由行星齿轮、行星齿轮轴（十字轴）、半轴齿轮和差速器壳等组成，如图1-6-15所示。 （3）**工作原理**：汽车直线行驶不需要差速时，左右驱动轮所受阻力相等，行星齿轮在其轴上不会发生转动，而是在差速器壳、行星齿轮轴带动下，以相等的转矩同时带动左、右半轴齿轮旋转，即只公转、不自转，不起差速作用。	1.主减速器的主要功用是（　　），并改变力的传动方向。 A. 增速增扭 B. 增速降扭 C. 降速降扭 D. 降速增扭 2.不属于单级主减速器的零件是（　　）。 A. 调整垫片 B. 主动锥齿轮 C. 调整螺母 D. 半轴齿轮 3.单级主减速器（　　）齿轮安装在差速器壳上。 A. 主动锥 B. 从动锥 C. 行星 D. 半轴 4.单级主减速器由（　　）齿轮组成。 A. 一对锥 B. 两对锥 C. 一对圆柱 D. 一组行星 5.差速器壳上安装着行星齿轮、半轴齿轮、从动锥齿轮和行星齿轮轴，其中不属差速器的是（　　）。 A. 行星齿轮 B. 半轴齿轮 C. 从动锥齿轮 D. 行星齿轮轴 6.差速器内行星齿轮当左右两侧车轮阻力不同时，（　　）。 A. 开始公转 B. 开始自转 C. 开始反转 D. 开始滑动 7.汽车直线行驶时差速器（　　）。 A. 起减速作用 B. 起加速作用 C. 起差速作用

理论知识	样题

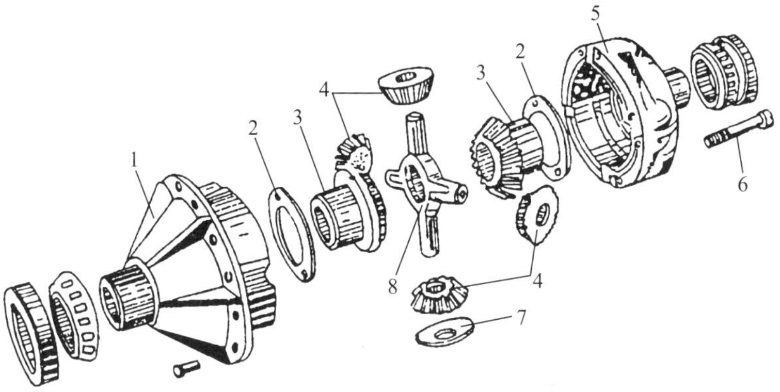

图 1-6-15 差速器的结构

1—差速器左壳　2—半轴齿轮推力垫片　3—半轴齿轮　4—行星齿轮
5—差速器右壳　6—螺栓　7—行星齿轮球面垫片　8—行星齿轮轴（十字轴）

当汽车转弯时，两侧驱动轮所受阻力不等，行星齿轮在绕半轴轴线公转的同时绕自身轴线自转，从而起到差速作用，使左右轮转速不同，但转矩相等。

4. 汽车驱动桥修理技术条件

表 1-6-2 选取自《汽车驱动桥修理技术条件》（GB 8825—1988）[①] 技术要求。

表 1-6-2　　　汽车驱动桥修理技术要求

零部件	技术要求
桥壳	钢板弹簧座厚度减少量不大于 2 mm
圆锥主、从动齿轮	圆锥主、从动齿轮啮合齿隙 0.15～0.50 mm
	圆锥主、从动齿轮接触痕迹：应达到沿齿长方向接触，位置控制在齿的中部偏小端，离小端端面 2～7 mm，接触痕迹的长度不小于齿长的 50%，齿高方向的接触痕迹应不小于有效齿高的 50%，一般应离齿顶 0.80～1.60 mm

5. 驱动桥异响故障的现象及原因

（1）故障现象

1）行驶时，后桥突然出现强烈而有节奏的金属敲击声，脱挡滑行时声音减弱或消失。

2）行驶时，后桥有异响，脱挡滑行时也有异响。

D. 不起差速作用

8. 汽车转弯时，差速器中的行星齿轮（　　）。

A. 只公转

B. 只自转

C. 既公转又自转

D. 既不公转又不自转

9. 汽车左转向时，由于差速器的作用，左右两侧驱动轮转速不同，那么转矩的分配是（　　）。

A. 左轮大于右轮

B. 右轮大于左轮

C. 左、右轮相等

D. 右轮为零

10. 根据《汽车驱动桥维修技术条件》（GB 8825—1988）技术要求，驱动桥钢板弹簧座（　　）减少量不大于 2.0 mm。

A. 长度

B. 宽度

C. 厚度

D. 粗糙度

11. 根据《汽车驱动桥修理技术条件》（GB 8825—1988）技术要求，圆锥主、从动齿轮啮合间隙为（　　）mm。

A. 0.15～0.25

B. 0.15～0.35

C. 0.15～0.45

D. 0.15～0.50

12. 根据《汽车驱动桥修理技术条件》的技术要求，驱动桥钢板弹簧座厚度减少不大于（　　）mm。

A. 1

B. 1.5

C. 2

D. 2.5

[①] 该标准已作废，因在题库中作为知识点出现，故书中沿用。

理论知识	样题
3）汽车上坡或下坡时后桥有异响，或上、下坡时后桥都有异响。 **（2）故障原因** 1）主从动锥齿轮齿面损伤或轮齿折断。 2）主动锥齿轮轴承松旷；差速器圆锥滚子轴承松旷；后桥中某个轴承由于预紧力过大，导致间隙过小；主从动锥齿轮调整不当，间隙过小。 3）后桥某一部位的齿轮啮合间隙过小，导致汽车上坡时发响；后桥某一部位的齿轮间隙过大，导致汽车下坡时发响；后桥某一部位的齿轮啮合印痕不当或齿轮轴支承轴承松旷，导致汽车上下坡时都发响。 **6. 驱动桥发热故障的现象及原因** **（1）故障现象**：汽车行驶一段里程后，用手探试驱动桥壳中部或主减速器壳，有无法忍受的烫手感觉。 **（2）故障原因** 1）齿轮油变质、油量不足或油的牌号不符合要求。 2）轴承调整过紧。 3）齿轮啮合间隙和行星齿轮与半轴齿轮啮合间隙调整太小。 4）推力垫片与主减速器从动齿轮背隙过小。 5）油封过紧和各运动副、轴承润滑不良而产生干（或半干）摩擦。 **7. 主从动锥齿轮啮合印痕的调整** 主、从动锥齿轮啮合印痕大小和位置会影响主、从动锥齿轮传递作用力和力矩，影响主减速器的使用寿命，必须给予足够重视，并认真检查与调整。 **（1）检查方法**：在从动锥齿轮上相隔120°的3处齿面上薄薄地涂上一层红丹油或红丹粉与机油的混合物，在齿轮的正反面各涂2~3个齿，再用手对从动锥齿轮稍施加阻力并正、反向转动主动齿轮数圈，观察从动锥齿轮上的啮合印痕。 正确的啮合印痕如图1-6-16所示，齿长方向偏向小端，齿高方向偏向顶端。主、从动锥齿轮应沿齿长方向接触，其位置控制在齿轮的中部偏向上端，接触印痕的长度不小于齿长的2/3，齿高方向的接触印痕应不小于齿高的1/2。	13. 汽车后桥某一部位的齿轮啮合间隙过大，会使汽车在（　　）时发响。 A. 上坡 B. 下坡 C. 上、下坡 D. 起步 14. 汽车后桥某一部位的齿轮啮合印痕不当，会使汽车在（　　）发响。 A. 上坡 B. 下坡 C. 上、下坡 D. 起步 15. 汽车主减速器（　　）折断时，会导致汽车行驶中突然出现强烈而有节奏的金属敲击声。 A. 锥齿轮轮齿 B. 行星齿轮轮齿 C. 半轴齿轮轮齿 D. 半轴花键 16. 汽车主减速器主动锥齿轮轴承（　　）会导致后桥异响，并伴随后桥壳温度升高。 A. 损坏 B. 过紧 C. 过松 D. 磨损 17. 正确的主减速器主、从动锥齿轮啮合印痕应位于（　　）。 A. 齿长方向偏向大端，齿高方向偏向顶端 B. 齿长方向偏向小端，齿高方向偏向顶端 C. 齿长方向偏向大端，齿高方向偏向底端 D. 齿长方向偏向小端，齿高方向偏向底端

理论知识	样题
（2）调整方法：如果啮合印痕位置不正确，应进行调整，方法是移动主动锥齿轮。可通过增减主动锥齿轮后端调整垫片的厚度使主动锥齿轮前后移动。 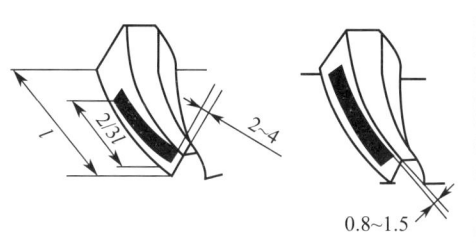 图 1-6-16　正确的啮合印痕	18.主减速器主、从动锥齿轮啮合印痕可通过（　　）来调整。 A.增减主动锥齿轮前端调整垫片 B.增减主动锥齿轮后端调整垫片 C.增减从动锥齿轮前端调整垫片 D.增减从动锥齿轮后端调整垫片

6.5　转向系统的检修

1.转向系统的组成

转向系统的功用是改变和保持汽车的行驶方向。现代汽车普遍采用液压动力转向系统。液压动力转向系统实现汽车转向的方法是，驾驶人通过转向操纵机构，在发动机带动的转向油泵的作用下，转向油泵将高压油液传送到转向器油缸实现助力，转向器再使汽车转向桥（一般是前桥）上装在左、右转向节上的两车轮同时偏转，实现汽车转向。汽车转向时，内轮转向角与外轮转向角的关系是其内轮转向角大于外轮转向角，如图1-6-17所示。

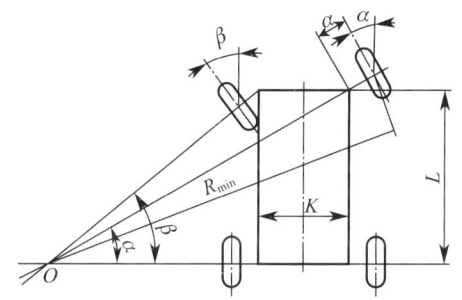

图 1-6-17　内、外轮转向角的关系

液压动力转向系统由转向操纵机构、转向器、转向传动机构、动力装置四大部分组成。如图1-6-18所示。

（1）**转向操纵机构**：主要由转向盘、转向轴、转向万向节等组成。

（2）**转向器**：转向器的功用是增大转向盘传到转向轮上的转向力矩，并改变力的传递方向。

（3）**转向传动机构**：主要由转向摇臂、转向横拉杆、转向直拉杆、转向节臂等组成。

（4）**动力装置**：主要由转向油罐、转向油泵、转向油管等组成。

1.汽车液压动力转向系统原动力来自（　　）。
A.蓄电池
B.马达
C.发动机
D.油泵

2.转向时通过转向操纵机构最终使装在左、右（　　）上的两车轮同时偏转，实现汽车转向。
A.转向拉杆
B.转向器
C.转向节
D.梯形臂

3.汽车转向时，其内轮转向角（　　）外轮转向角。
A.大于
B.小于
C.等于
D.大于或等于

4.转向操纵机构由转向盘、转向轴、（　　）、转向传动轴等组成。
A.转向拉杆
B.转向节臂
C.转向万向节
D.梯形臂

5.（　　）的作用是增大转向盘传到转向轮上的转向力矩，并改变力的传递方向。
A.转向万向节
B.转向传动轴
C.转向横拉杆

| 理论知识 | 样题 |

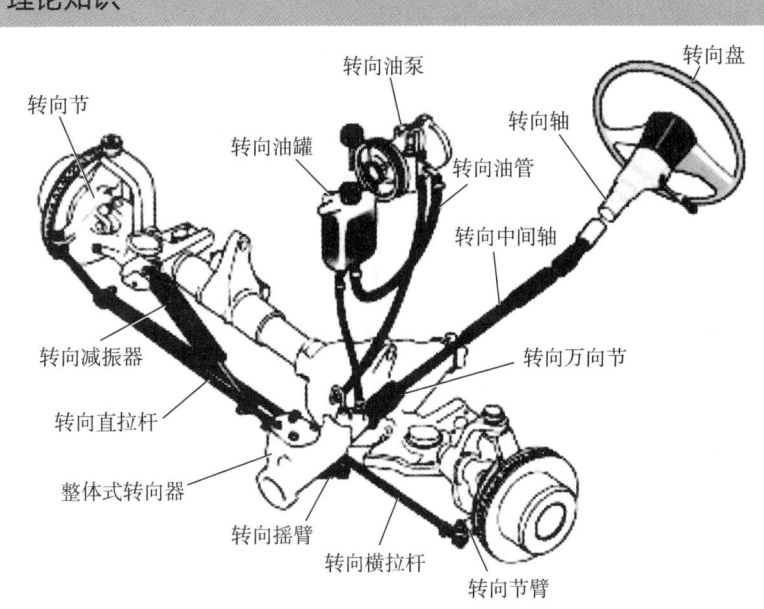

图 1-6-18 液压动力转向系统的组成

2. 转向器

转向器的种类很多，按其作用力的传递情况可分为可逆式、不可逆式、极限可逆式。按其结构形式可分为循环球式、蜗杆曲柄指销式、球面蜗杆滚轮式、蜗杆蜗轮式、齿轮齿条式等。比较典型的转向器有下列几种。

（1）**可逆式转向器**：是逆效率很高的转向器。可逆式转向器有利于汽车转向结束后转向轮和转向盘自动回正，但也会将不良路况对车轮的冲击力传到转向盘，发生"打手"情况。现代汽车多采用可逆式转向器。

（2）**不可逆式转向器**：是逆效率很低的转向器。现代汽车一般不采用不可逆式转向器。

（3）**极限可逆式转向器**：它的逆效率略高于不可逆式转向器。极限可逆式转向器使驾驶人能有一定的路感，转向轮自动回正也可实现，而且路面冲击力只有在力量很大时，才能部分地传到转向盘。极限可逆式转向器多用于中型以上越野汽车和工矿用自卸汽车。

（4）**齿轮齿条式转向器**：如图 1-6-19 所示，齿轮齿条式转向器采用齿轮齿条传动原理传递动力。齿轮齿条式转向器具有结构简单、操作灵敏、维修方便等特点，且被现代轿车广泛应用。齿轮齿条式转向器由转向器壳体、转向齿轮、转向齿条、转向横拉杆组成。齿轮齿条式转向器采用一级传动副，主动件是齿轮，从动件是齿条。

D. 转向器

6.（　　）有利于转向结束后转向轮和方向盘自动回正，但也容易将不良路况对车轮的冲击力传到方向盘，出现"打手"现象。
A. 可逆式转向器
B. 不可逆式转向器
C. 极限可逆式转向器
D. 齿轮齿条式转向器

7. 中型以上越野汽车和自卸汽车多用（　　）转向器。
A. 可逆式
B. 不可逆式
C. 极限可逆式
D. 齿轮齿条式

8.（　　）转向器采用齿轮齿条传动原理传递动力。
A. 曲柄指销式
B. 循环球式
C. 蜗杆蜗轮式
D. 齿轮齿条式

9.（　　）转向器具有结构简单、操作灵敏、维修方便等特点，且被现代轿车广泛应用。
A. 循环球式
B. 齿轮齿条式
C. 蜗杆指销式
D. 单销式

理论知识	样题

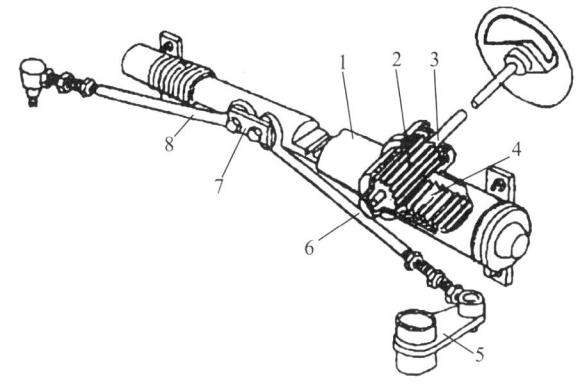

图 1-6-19　齿轮齿条式转向器

1—转向器壳体　2—转向齿轮　3—转向轴　4—转向齿条　5—转向节臂
6—左转向横拉杆　7—拉杆支架　8—右转向横拉杆

（5）循环球式转向器：循环球式转向器主要由螺杆、螺母、转向器壳体以及许多小钢球等部件组成，如图1-6-20所示。所谓的循环球指的就是这些小钢球，它们被放置于螺母与螺杆之间的密闭管路内，起到将螺母螺杆之间的滑动摩擦转变为阻力较小的滚动摩擦的作用，当与方向盘转向管柱固定到一起的螺杆转动起来后，螺杆推动螺母上下运动，螺母再通过齿轮驱动转向摇臂往复摇动，从而实现转向。在这个过程中，那些小钢球就在密闭的管路内循环往复地滚动，所以这种转向器就被称为循环球式转向器。循环球式转向器采用两级传动副，第一级是螺杆与螺母，第二级是齿条与齿扇。

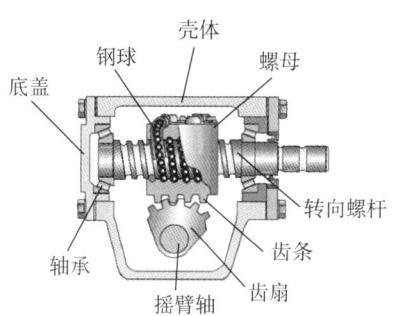

图 1-6-20　循环球式转向器

3. 转向盘自由转动量（转向盘自由行程）

转向盘最大转动量是指将转向盘从一极限位置转到另一极限位置转向盘所转过的角度，而转向盘自由转动量（转向盘自由行程）是指不使转向轮发生偏转而转向盘所能转过的角度，如图1-6-21所示。转向盘自由转动量的检测标准应符合《机动车运行安全技术条件》（GB 7258—2017）

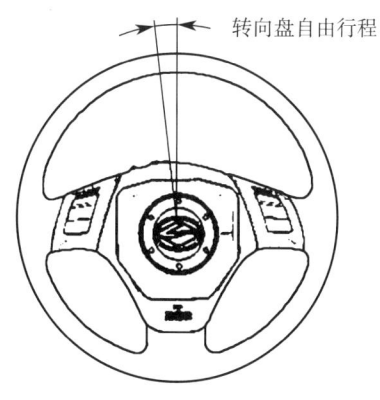

图 1-6-21　转向盘自由行程

10.（　　）转向器主要由壳体、转向螺杆、摇臂轴、转向螺母等组成。

A. 循环球式

B. 齿轮齿条式

C. 蜗杆指销式

D. 双指销式

11. 循环球式转向器第二级传动副是（　　）传动副。

A. 双螺杆

B. 齿轮齿条

C. 齿条齿扇

D. 螺母螺杆

12. 循环球式转向器第一级传动副是（　　）传动副。

A. 双螺杆

B. 齿轮齿条

C. 齿条齿扇

D. 螺母螺杆

13. 国家检验标准规定最高车速小于100 km/h的汽车转向盘向左或向右的自由转角不得大于（　　）。

A. 30°

B. 40°

C. 15°

D. 35°

14. 转向盘（　　）转动量是指将转向盘从一极限位置转到另一极限位置，转向盘所转过的角度。

A. 最小

B. 自由

C. 最大

D. 极限

15. 转向盘（　　）转动量是指将转向盘转动而车轮不随之摆动这一过程转向盘所转过的角度。

A. 最小

B. 自由

C. 最大

D. 极限

理论知识	样题
的要求：机动车轮向盘的最大自由转动量应小于或等于15°（最大设计车速大于或等于100 km/h的机动车）或25°（其他机动车）。 **4. 汽车前桥及转向系统修理的技术条件（见表1-6-3）** 表1-6-3　　汽车前桥及转向系统修理技术要求 | 零部件	技术要求
转向节	转向节经探伤检查不得有任何裂纹
	转向节各部位螺纹的损伤不得超过二牙
前轴与转向节的装配	转向节主销孔端面与前轴上端面装配后的间隙，应符合原设计规定
	前轴与转向节装配应适度，转动转向节的力一般不大于10 N | **5. 转向沉重故障的现象及原因** （1）**故障现象**：汽车行驶中，驾驶员向左、右转动转向盘时，感到沉重费力，无回正感；汽车低速转弯行驶和掉头时，转动转向盘感到非常沉重，甚至转不动。 （2）**故障原因** 1）转向油罐油量不足或规格不对。 2）油路堵塞或不畅。 3）转向泵损坏。 4）转向泵传动带损坏或打滑。 **6. 左右转向力不一致故障现象及原因** （1）**故障现象**：汽车行驶时，方向盘向左和向右转向操纵力不相等。 （2）**故障原因** 1）转向器滑阀偏离中间位置。 2）转向器滑阀内有污物阻滞，使左右转动阻力不同。 3）油路漏损。 **7. 前轮定位** 前轮定位包括主销后倾（角）、主销内倾（角）、前轮外倾（角）和前轮前束四个内容。 （1）**前轮前束的测量**：在正式测量之前，应首先保证前轮轮毂	16.转向节各部位螺纹的损伤不得超过（　　）。 A.一牙 B.二牙 C.三牙 D.四牙 17.前轴与转向节装配应适度，转动转向节的力一般不大于（　　）N。 A.20 B.15 C.10 D.5 18.动力转向液压助力系统缺少液压油会导致（　　）。 A.行驶跑偏 B.转向沉重 C.制动跑偏 D.不能转向 19.动力转向液压助力系统转向助力泵损坏会导致（　　）。 A.不能转向 B.转向沉重 C.制动跑偏 D.行驶跑偏 20.汽车动力转向系统转向器滑阀内有脏物阻滞会导致汽车（　　）。 A.不能转向 B.左右转向力不一致 C.转向沉重 D.转向发飘 21.使用指针式测量前束，要求将前束尺安装前轴后面两车轮（　　）的中心位置。 A.左侧 B.右侧 C.内侧 D.外侧 22.汽车的前束值一般都小于（　　）mm。 A.5

理论知识	样题
轴承紧度适当，前轮轮胎气压正常，然后将汽车停在平坦的场地上，使两前轮处于直线行驶的位置，并向前推动1～2 m以消除影响检查效果的各个间隙。接着把前束尺两端水平地支撑在两前轮轮胎内侧最小距离处，即胎侧最高点。其高度应与前轮水平中心线同高。再将前束尺放好后移动标尺，使指针对准"0"位，然后向前推动汽车，直到前束尺转动到后面与车轮中心线同高时为止。此时，标尺上指针所指的数值就是测得的前束值。 （2）**前轮定位参考值**：现在汽车一般将外倾角设定得很小，接近垂直。汽车的前束值一般都小于10 mm。为避免汽车转向沉重，主销后倾角一般不超过3°，主销内倾角一般不大于8°。	B. 8 C. 10 D. 12 23.为避免汽车转向沉重，主销后倾角一般不超过（　　）。 A. 2°　　　B. 4° C. 5°　　　D. 3° 24.一般主销内倾角不大于（　　）。 A. 5°　　　B. 8° C. 10°　　　D. 12°

6.6 行驶系统的检修

1. 车桥的功用

汽车车桥（又称车轴）通过悬架与车架（或承载式车身）相连接，其两端安装车轮。车桥的作用是承受汽车的载荷，维持汽车在道路上的正常行驶。

2. 车桥的分类

（1）**按驱动方式分类**：车桥可分成转向桥、驱动桥、转向驱动桥和支持桥四种。

1）转向桥：转向桥主要的功用是承受地面和车架之间的垂直载荷、纵向力和横向力，并保证转向轮作正确的运动。

2）驱动桥：驱动桥的作用是将发动机传出的驱动力传给驱动车轮，实现降速增扭的作用，同时改变动力的传递方向。

3）转向驱动桥：具有转向和驱动两种功能。既具有一般驱动桥的基本部件，还具有转向桥特有的主销等。

4）支持桥：支持桥是既无转向功能又无驱动功能的车桥。典型应用如挂车上的车桥就是支持桥。

（2）**按悬架的结构分类**：可分为断开式和整体式两种。断开式车桥为活动关节式结构，它与独立悬架配合使用；整体式车桥的中部是刚性实心或空心梁。它多配用非独立悬架。

（3）**按是否传递动力分类**：可分为主动桥和从动桥。驱动桥和转向驱动桥属于主动桥，转向桥和支持桥属于从动桥。

1.汽车车桥通过（　　）与车架相连。
A. 车轮
B. 悬架
C. 传动轴
D. 半轴

2.转向桥主要的功用是承受地面和车架之间的垂直载荷、纵向力和（　　），并保证转向轮作正确的运动。
A. 驱动器力
B. 牵引力
C. 横向力
D. 制动力

3.转向桥主要的功用是承受地面和车架之间的垂直载荷、纵向力和横向力，并保证（　　）作正确的运动。
A. 驱动轮
B. 带轮
C. 后轮
D. 转向轮

4.挂车上的车桥都是（　　）。
A. 转向桥
B. 驱动桥
C. 转向驱动桥
D. 支持桥

5.根据（　　）不同，车桥可分为整体式和断开式。

理论知识

3. 悬架的功用

悬架是车架（或承载式车身）与车桥（或车轮）之间的一切传力连接装置的总称。它的作用是把车架与车桥弹性地连接起来，以缓和或吸收在不平道路上行驶时所产生的冲击和振动，使车辆具有良好的乘坐舒适性、平顺性和行驶稳定性。

4. 悬架的分类

根据汽车导向机构的不同可分为独立悬架、非独立悬架。

（1）**非独立悬架**：如图1-6-22所示，它的结构特点是两侧车轮由一根整体式车桥相连，车轮连同车桥一起通过弹性悬架悬挂在车架或车身的下面，当一侧车轮因道路不平而跳动时，将会影响另一侧车轮的工作。对于非独立悬架，钢板弹簧是影响乘员舒适性的主要因素。

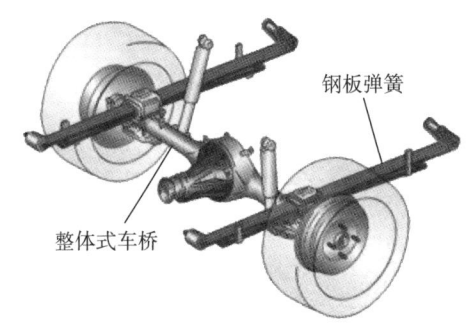

图1-6-22 非独立悬架

（2）**独立悬架**：如图1-6-23所示。独立悬架的结构是两侧车轮分别安装在断开式车桥两端，每段车轴和车轮单独通过弹性组件与车架相连，这样当一侧车轮跳动时对另一侧车轮不产生影响。轿

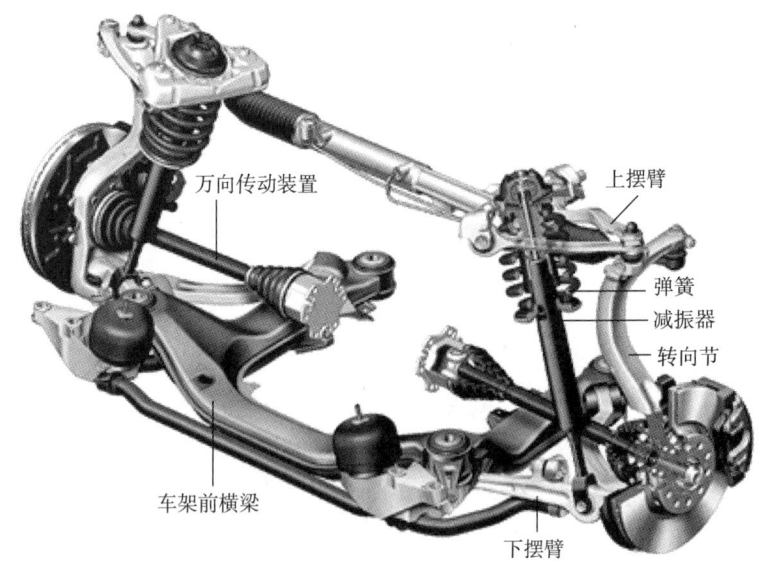

图1-6-23 独立悬架

样题

A. 车轮个数
B. 传动形式
C. 半轴
D. 悬架结构

6. 转向桥和（　　）属于从动桥。
A. 驱动桥
B. 转向驱动桥
C. 支持桥
D. 后桥

7. （　　）是车架和车桥之间的一切传力连接装置的总称。
A. 车轮
B. 车身
C. 悬架
D. 减振器

8. 对于非独立悬架，（　　）是影响乘员舒适性的主要因素。
A. 钢板弹簧
B. 轴
C. 车轮
D. 轮胎

理论知识	样题
车大多采用独立悬架。对于独立悬架，弹簧的刚度对乘员的舒适性起主要影响。 **5. 悬架的组成** 汽车悬架一般由弹性元件、减振器、导向装置、横向稳定器组成，如图1-6-24所示。 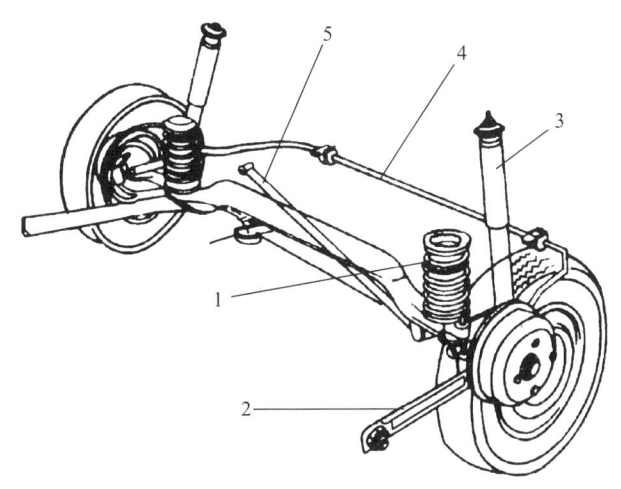 图 1-6-24　悬架的组成 1—弹性元件　2—纵向推力杆　3—减振器 4—横向稳定器　5—横向推力杆 （1）**弹性元件**：其作用是缓冲，并承受、传递垂直载荷。 （2）**减振器**：其作用是衰减振动。 （3）**导向装置**：传递侧向力、纵向力，并保证车轮相对车身的正确运动关系。 （4）**横向稳定器**：其作用是防止车身横向过度倾斜。 **6. 汽车前桥及转向系统修理技术条件** 表1-6-4选取自《汽车前桥及转向系统修理技术条件》（GB 8823—1988）[①]。 表 1-6-4　汽车前桥及转向系统修理技术要求 | 零部件 | 技术要求 | |---|---| | 前轴 | 钢板弹簧座上U形螺栓承孔及定位孔的磨损量不得大于1 mm |	9.轿车采用（　　）悬架的，车桥是断开式的。 A. 独立式 B. 非独立式 C. 单级减振 D. 双级减振 10.关于独立悬架，弹簧的（　　）对乘员的舒适性起了主要影响。 A. 强度 B. 刚度 C. 自由长度 D. 压缩长度 11.汽车悬架一般由弹性元件、（　　）、导向机构三部分组成。 A. 离合器 B. 减速器 C. 减振器 D. 差速器 12.汽车后桥壳上钢板弹簧中定位孔磨损偏移量不得超过（　　）mm。 A. 1 B. 2 C. 3 D. 5 13.根据《汽车前桥及转向系统修理技术条件》（GB 8823—1988）的技术要求，前轴钢板弹簧座上U形螺栓承孔及定位孔的磨损量不得大于（　　）mm。 A. 0.5 B. 1 C. 1.5 D. 2

---

① 该标准已作废，因在题库中作为知识点出现，故书中沿用。

理论知识

7. 汽车钢板弹簧的装配要点

（1）钢板弹簧在装配时，应除净其表面锈蚀，并在各片之间涂上石墨润滑脂或轮毂轴承油脂，以保证各片之间的平滑性。

（2）各钢板弹簧的中心螺栓孔应该对正，且每片的横向位移不得超过主片的 2.5 mm。

（3）钢板弹簧装合后，各片之间应紧密相接，允许邻接两片在不大于总接触长度 1/4 的长度内有不大于 1.2 mm 的间隙。总接触长度过短，钢板有折断的危险。

8. 车轮的组成

车轮由轮毂、轮辋及轮辐组成。轮毂是轮胎内廓支承轮胎的圆桶形的、中心装在轴上的金属部件。轮辋用于安装轮胎，一般有深槽轮辋（主要用于轿车及轻型越野汽车）、平底轮辋（主要用于货车）、对开式轮辋三种类型。轮辐是介于车轴和轮辋之间的支承部分。

9. 轮胎的组成

充气轮胎按其结构组成可分为有内胎轮胎和无内胎轮胎。由于帘布层的结构不同可分为子午线轮胎和普通斜交轮胎。

如图 1-6-25 所示，有内胎轮胎通常由外胎、内胎、垫带三部分组成。内胎中充满压缩空气，外胎用来保护内胎不受损伤且具有一定弹性，垫带放在内胎下面，防止内胎与轮辋硬性接触受损。

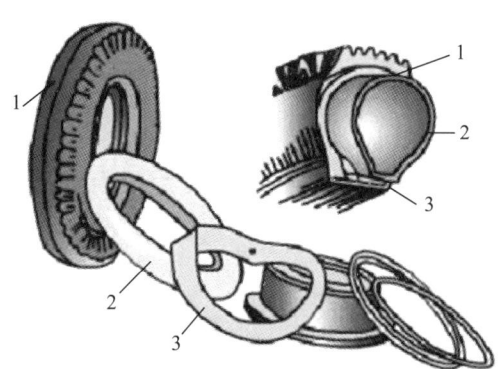

图 1-6-25　有内胎轮胎的组成
1—外胎　2—内胎　3—垫带

外胎由胎冠、胎侧、缓冲层（或带束层）、帘布层及胎圈组成，

样题

14. 钢板弹簧压紧后中部应该紧贴，相邻两片在总接触长度 1/4 处的间隙一般不大于（　　）mm。
A. 1
B. 1.3
C. 1.1
D. 1.2

15. 各钢板弹簧的中心螺栓孔应该对正，且每片的横向位移不得超过主片的（　　）mm。
A. 1.5
B. 2
C. 2.5
D. 3

16. 减振器的活塞及缸筒表面磨损后，使配合间隙大于（　　）mm 时，应更换减振器总成。
A. 0.05
B. 0.10
C. 0.15
D. 0.20

17. 轿车的轮辋一般是（　　）。
A. 深槽式
B. 平底式
C. 可拆式
D. 圆形式

18. 充气轮胎按其结构组成可分为（　　）。
A. 有内胎轮胎和无内胎轮胎
B. 高压轮胎和低压轮胎
C. 子午线轮胎和普通斜交轮胎
D. 普通花纹轮胎和混合花纹轮胎

19. 有内胎充气轮胎由于帘布层的结构不同可分为（　　）。
A. 有内胎轮胎和无内胎轮胎
B. 高压轮胎和低压轮胎
C. 子午线轮胎和普通斜交轮胎
D. 普通花纹轮胎和混合花纹轮胎

20. 内胎充气轮胎是由外胎、内胎和（　　）组成。

理论知识	样题

如图 1-6-26 所示。帘布层是胎体中由并列挂胶帘子线组成的布层，是轮胎的受力骨架层，用以保证轮胎具有必要的强度及尺寸稳定性。

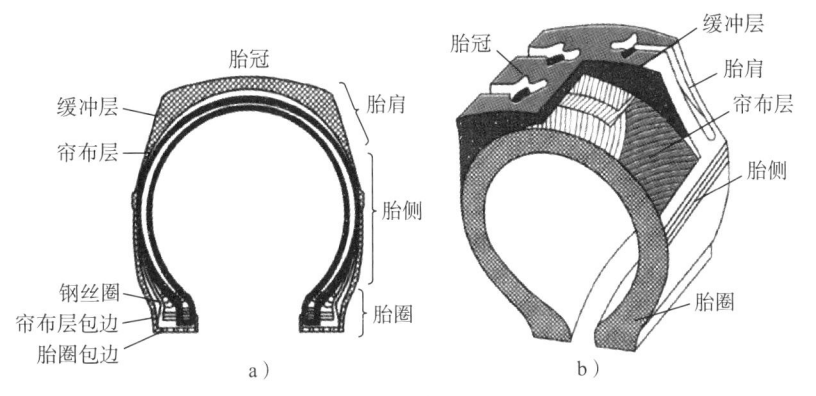

图 1-6-26　外胎的结构
a）外胎剖视图　b）外胎立体图

10. 轮胎的规格

轮胎的规格是轮胎几何参数与物理性能的标志数据。轮胎规格常用一组数字表示，前一对数字表示轮胎断面宽度和扁平率，后一个数字表示轮辋直径，均以英寸为单位。中间的字母或符号有特殊含义："×"表示高压胎；"R""Z"表示子午胎；"—"表示低压胎。最后一般还有表示轮胎强度的数字和字母组合，如图 1-6-27 所示。

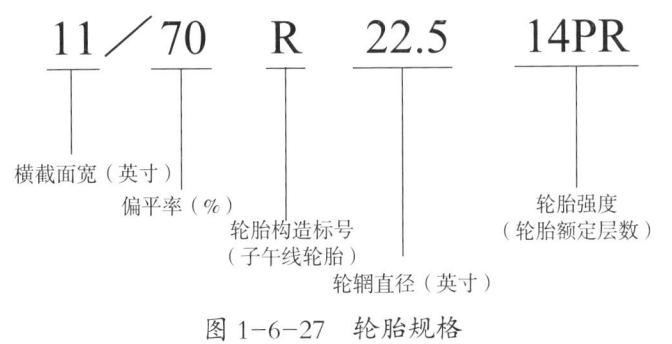

图 1-6-27　轮胎规格

A. 胎圈
B. 胎面
C. 垫带
D. 缓冲层

21.（　　）是外胎的骨架。
A. 胎面
B. 帘布层
C. 缓冲层
D. 胎圈

22. 轮胎的尺寸为 34×7，其中 × 表示（　　）。
A. 低压胎
B. 高压胎
C. 超低压胎
D. 超高压胎

23. 汽车轮胎尺寸规格标记在胎侧，比如 9.00R20，其中 R 表示（　　）。
A. 无内胎轮胎
B. 普通斜交轮胎
C. 子午线轮胎
D. 混合花纹轮胎

6.7　制动系统的检修

1. 汽车安全系统

汽车安全系统主要分为两个方面，一是主动安全系统，二是被动安全系统。主动安全系统有 ABS（防抱死制动系统）、EBD（电子制动力分配系统）、ESP（电子稳定程序）等。被动安全系统有 SRS

1. 汽车上的安全系统有主动安全系统和被动安全系统，（　　）为主动安全系统。
A. 制动系统
B. 安全气囊系统
C. 巡航系统
D. 发动机系统

2.（　　）用于汽车行驶时减速或

理论知识	样题

（安全气囊系统）、安全带等。

2. 制动系统的功用与分类

（1）**功用**：按照需要使汽车减速或在最短距离内停车；在汽车下坡行驶时限制车速；使汽车可靠地停放在原地，不自动滑移。

（2）**分类**

1）行车制动系统：一般是由驾驶人用脚来操纵的。它的功用是使正在行驶中的汽车减速或在最短的距离内停车。

2）驻车制动系统：一般是由驾驶人用手或脚来操纵的。它的功用是使已经停在各种路面上的汽车驻留原地不动，也可在行车制动装置失效后进行应急制动。

3）挂车制动：①挂车制动应与主车同步制动，或略早于主车制动；否则，制动时挂车将冲撞主车，甚至产生汽车列车折叠的危险。②当挂车因故自行脱挂时，挂车应能自行制动。

3. 制动系统的组成

制动系统一般有以下四个组成部分。

（1）**供能装置**：包括供给、调节制动所需能量以及改善传能介质状态的各种部件，如气压制动系统中的空气压缩机等。

（2）**控制装置**：包括产生制动动作和控制制动效果的各种部件，如制动踏板等。

（3）**传动装置**：包括将制动能量传输到制动器，控制制动器的工作从而获得所需制动力矩的各个部件，如制动主缸、制动轮缸等。小型汽车常用液压制动传动装置，重型汽车的制动传动装置多采用空气增压装置。

（4）**制动器**：产生阻碍车辆的运动或运动趋势的力的部件。包括车轮制动器和驻车制动器。驻车制动器按其作用位置分为两种形式。

1）中央制动式驻车制动器：安装于变速器或分动器的后面，制动力矩作用在传动轴上。

2）车轮制动式驻车制动器：车轮制动式驻车制动器大多与后轮行车制动器共用一个制动器，制动力矩作用在车轮上，如图1-6-28所示。

4. 鼓式制动器

（1）**分类**：根据制动蹄促动装置的不同可分为凸轮式制动器和

停车。
A. 紧急制动
B. 行车制动
C. 安全制动
D. 驻车制动

3.（　）装置用于使停驶的汽车驻留在原位不动。
A. 紧急制动
B. 安全制动
C. 行车制动
D. 驻车制动

4. 中央制动式驻车制动器多安装在（　）或分动器之后。
A. 离合器
B. 变速器
C. 差速器
D. 主减速器

5. 小型汽车的驻车制动器大多与（　）行车制动器共用一个制动器。
A. 前轮
B. 后轮
C. 前轮或后轮
D. 前轮和后轮

6.（　）制动器可以用于行车制动装置失效后应急制动。
A. 平衡式
B. 非平衡式
C. 行车
D. 驻车

7. 汽车拖带挂车时，解除挂车制动时，要（　）主车制动。
A. 同时或早于
B. 同时
C. 晚于
D. 晚于或同时

8. 鼓式制动器可分为非平衡式、平衡式和（　　）。
A. 自动增力式
B. 单向助势
C. 双向助势

理论知识	样题
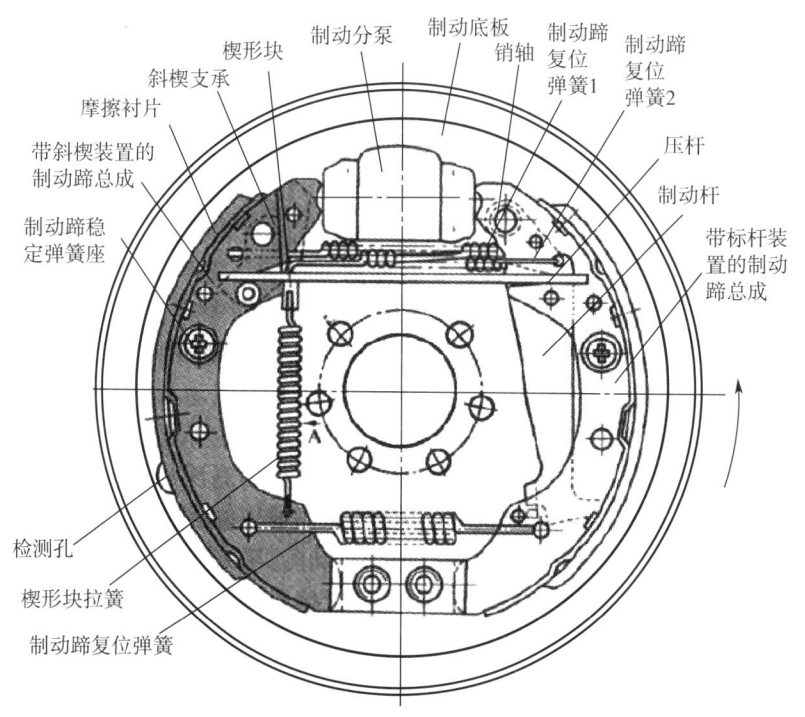

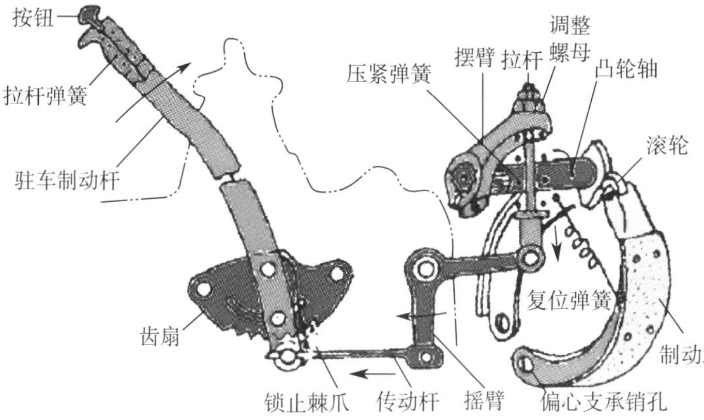

图 1-6-28 车轮制动式驻车制动器

轮缸式制动器，现在普遍使用轮缸式制动器。根据制动时两制动蹄对制动鼓的径向作用力之间的关系，鼓式制动器可分领从蹄式（简单非平衡式）车轮制动器、双领蹄式（平衡式）车轮制动器和自动增力式车轮制动器。其中，领从蹄式车轮制动器广泛用作货车的前、后轮制动器和轿车的后轮制动器。

（2）组成：领从蹄式鼓式制动器主要包括制动分泵、制动蹄、制动鼓、摩擦衬片、复位弹簧等部分，如图 1-6-29 所示。

图 1-6-29 领从蹄式鼓式制动器的组成

（3）工作原理：汽车制动器的领从蹄式鼓式制动器以制动鼓的 | D. 双向自动增力式

9. 汽车制动器的内张双蹄式鼓式制动器，以制动鼓的（　　）面为工作表面。

A. 内圆柱

B. 外圆柱

C. 端面

D. 以上选项均不正确

10. 车用液压制动系统中控制制动蹄的液压元件是（　　）。

A. 制动总泵

B. 制动分泵

C. 制动踏板

D. 推杆

11. 检查制动鼓时，用（　　）测量，制动鼓内圆面的圆度误差不得超过规定值。

A. 直尺

B. 角尺

C. 弓形内径规

D. 深度尺

12. 检查制动器弹簧时，用（　　）测量，其弹力不得小于规定值。

A. 弹簧秤

B. 地磅

C. 角尺

D. 张紧计 |

理论知识	样题
内圆柱面为工作表面,当驾驶员踩下制动踏板时,制动总泵将制动液传送至制动分泵,制动分泵控制制动蹄张开与制动鼓的内圆柱面摩擦,从而实现制动。 （4）**制动鼓的检修**：制动鼓不得有任何性质的裂纹,否则应更换;检查制动鼓时,应用弓形内径规测量,制动鼓内圆柱面的圆度误差不得大于 0.15 mm,圆柱度误差不得大于 0.05 mm。 （5）**复位弹簧的检修**：检查制动器各弹簧时,应用弹簧秤测量,其弹力不得小于规定值。 （6）**制动蹄的检修**：制动蹄有裂纹、表面变形或脱焊,应更换制动蹄;检查制动蹄时,应用游标卡尺测量,制动蹄与支承销的配合间隙应符合原生产厂的技术要求,原生产厂无要求时,其配合间隙的使用极限不得大于 0.30 mm。汽车制动蹄支承销孔与支承销配合间隙不应超过 0.05 mm。 （7）**制动器装配**：制动器装配完毕后,应进行调整,使车轮可以自由转动无拖滞感;检查间隙调整装置,保证在正常的调整范围内工作;制动蹄在不工作的原始位置时,其摩擦片与制动鼓间应有合适的间隙,其设定值由汽车制造厂规定,一般在 0～0.5 mm。 **5. 盘式制动器** 盘式制动器散热能力强、抗水衰退能力强、制动平顺性好、热稳定性能好,目前轿车、小客车的前轮大多采用盘式制动器。盘式制动器由活塞、制动钳体、摩擦块、导向销、制动盘等组成,如图 1-6-30 所示。 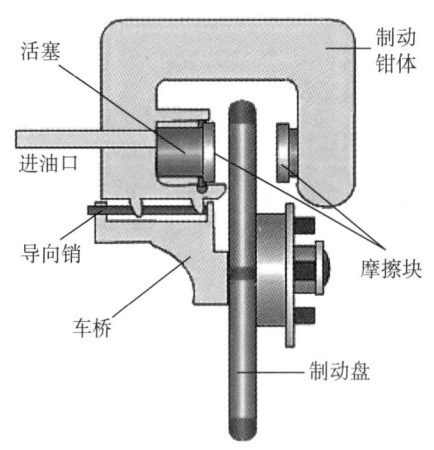 图 1-6-30　盘式制动器的组成 **修理技术要求**：制动钳体缸筒不得有锈蚀、损伤现象,否则必须更换;制动钳体缸筒圆柱度误差应不大于 0.02 mm,缸筒与活塞的极限配合间隙应小于 0.15 mm,不得用研磨的方法修理缸筒。 **6. 液压制动传动装置** 液压制动传动装置由制动主缸、制动轮缸、储油罐等组成。	13.用游标卡尺分别测量制动蹄支承销与衬套,其配合间隙不应超过（　　）mm。 A. 0.3 B. 0.25 C. 0.35 D. 0.4 14.汽车制动蹄支承销孔与支承销配合间隙不超过（　　）mm。 A. 0.5 B. 0.05 C. 0.15 D. 0.1 15.汽车制动器制动蹄在不工作的原始位置时,摩擦片与制动鼓之间应保持合适的间隙,其间隙一般为（　　）mm。 A. 0～0.2 B. 0～0.5 C. 0～0.8 D. 0～1.0 16.安装好制动凸轮轴后,应使两轴轴向间隙不大于（　　）mm。 A. 0.6 B. 0.7 C. 0.65 D. 0.5 17.不是盘式制动器优点的是（　　）。 A. 散热能力强 B. 抗水衰退能力强 C. 制动平顺性好 D. 管路液压低 18.制动钳体缸筒与活塞的（　　）配合间隙应小于 0.15 mm。 A. 极限 B. 理想 C. 最小 D. 理论

理论知识	样题

（1）**制动主缸的组成**：制动主缸按油腔数的不同可分为单腔制动主缸与双腔制动主缸，现代轿车常采用双腔制动主缸。双腔制动主缸主要由前活塞、后活塞、前腔、后腔、主储罐、辅助储罐、回位弹簧、补偿孔、皮碗、旁通孔、推杆（与踏板相连）等组成。如图1-6-31所示。

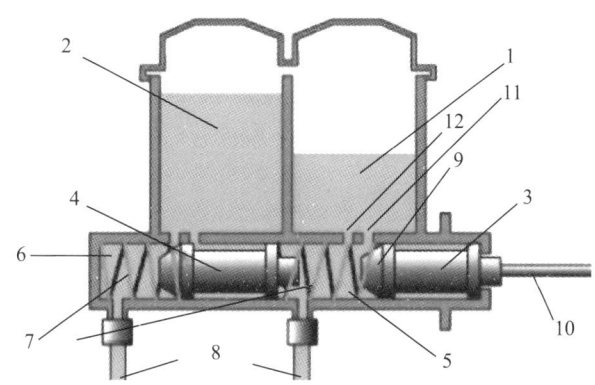

图1-6-31 双腔制动主缸的组成

1—主储罐 2—辅助储罐 3—后活塞 4—前活塞 5—后腔 6—前腔
7—回位弹簧 8—制动油管 9—皮碗 10—推杆 11—补偿孔 12—旁通孔

（2）**制动主缸的工作原理**：踩下制动踏板时，推杆向前推动，使皮碗盖住主储罐补偿孔，后腔液压升高，迫使油液向后轮制动器流动，推动后轮制动器工作。与此同时，在后腔液压和后活塞弹簧弹力的作用下，推动前活塞向前移动，前腔压力也随之提高，迫使油液流向前轮制动器，推动前轮制动器工作。此时，两制动管路在等压下对汽车制动。放松制动踏板时，主缸中活塞和推杆在前后活塞弹簧的作用下回到原始位置，高压油液流回主缸，油压降低，制动解除。制动主缸在不工作时，前后腔内的活塞头部与皮碗正好位于各自的旁通孔和补偿孔之间。前缸活塞回位弹簧的弹力大于后缸活塞回位弹簧的弹力，以保证两个活塞不工作时都处于正确的位置。

（3）**制动主缸的检修**：检查主缸活塞与缸筒之间的间隙，若间隙值超过规定或缸筒壁有划痕，必须更换制动缸；检查进油管接头的螺栓，油管接头必须清洁畅通，螺栓螺纹应完好；检查出油阀门和弹簧，阀门应无损伤，弹簧的自由长度及弹力应符合规定；检查皮碗和皮圈，若磨损、起槽或发胀，应换新件；主缸装配前，零件必须用制动液或酒精彻底清洗干净，禁止用汽油和煤油清洗，以免损伤皮碗、皮圈。安装程序是先安装真空助力器和制动主缸，再安装拉杆和制动踏板。

19.踩下汽车制动踏板时，双腔制动主缸中（　　）。
A.后腔液压先升高
B.前腔液压先升高
C.前后腔同时升高
D.后腔液压先升高、前腔液压先升高、前后腔同时升高都有可能

20.双腔制动主缸中，前活塞回位弹簧比后活塞回位弹簧的弹力（　　）。
A.大
B.小
C.相等
D.大、小、相等都可能

21.并列双腔制动主缸中前活塞回位弹簧的弹力（　　）后活塞回位弹簧的弹力。
A.大于
B.小于
C.等于
D.大于或等于

22.制动时，液压制动系统中制动主缸与制动轮缸的油压是（　　）。
A.主缸高于轮缸
B.主缸低于轮缸
C.轮缸、主缸相同
D.不确定

23.制动主缸装配前，用（　　）清洗缸壁。
A.酒精
B.汽油
C.柴油
D.防冻液

理论知识

7. 液压制动系统的检修

（1）制动液的检查与更换

通过检测制动液的含水量和沸点，对制动液进行定性或定量分析。一般更换制动液的周期是每24个月更换一次或者三万公里更换一次。

（2）液压制动系统排空气

液压制动系统在检修、更换制动液之后，或拆卸了制动主缸、制动轮缸和油管重新装配后，便会有空气渗入制动系统管路，使制动效能明显降低，因此必须将制动系统内部渗入的空气排除干净。

（3）制动无力故障的检修

1）故障现象：液压制动的汽车连续踏几次制动踏板，始终到底且无力。

2）故障原因与排除：制动主缸皮碗损坏、顶翻，应更换制动主缸；也可能是制动系统漏油，应查找漏油原因。

（4）制动踏板弹性故障的检修

1）故障现象：液压制动的汽车连续踏几次制动踏板后，踏板能升高但踏制动踏板感觉有弹性。

2）故障原因与排除：液压系统有空气，应排空气；也可能是制动液汽化，应更换制动液。

8. 汽车气压制动系统

目前4t以上的货车、客车几乎都使用气压制动。这是因为：气压制动力矩大、踏板行程较短、操纵轻便、使用可靠。它的缺点是：消耗发动机的动力，结构复杂，制动不如液压式柔和而且制动反应也不如液压式快，行驶舒适性差。重型汽车的制动传动装置一般采用空气增压器，其助力源是压缩空气与大气之间的压力差。

（1）原理：用压缩空气的压力经控制阀对制动器进行有效的制动，从而获得所需要的制动力矩。

（2）组成：由气源和制动操纵机构两大部分组成。气源部分包括空气压缩机（空气增压器）、卸荷阀、调压器、单向阀、储气筒、安全阀、油水放出阀和取气阀、气压表等部件。制动操纵机构包括制动踏板开关、制动控制阀等，如图1-6-32所示。

样题

24. 液压制动系统在（　　）之前，一定要排气。
A. 装车
B. 检查
C. 修理
D. 装配

25. 制动液应按汽车使用说明书的要求定期更换，其更换期一般为（　　）年。
A. 1
B. 1.5
C. 2
D. 2.5

26. 液压制动的汽车连续踏几次制动踏板，始终到底且无力是因为（　　）。
A. 制动主缸皮碗损坏、顶翻
B. 制动蹄片和制动鼓间隙过大
C. 制动系统渗入空气或制动液汽化
D. 制动液牌号不对

27. 液压制动的汽车连续踏几次制动踏板后，踏板能升高但踏制动踏板感觉有弹性，则是由于（　　）。
A. 主缸皮碗破坏、顶翻
B. 液压系统有空气或制动液汽化
C. 液压系统有渗漏
D. 制动液牌号不对

28. 重型汽车的制动传动装置多采用（　　）。
A. 真空助力式液压装置
B. 空气增压装置
C. 真空增压式液压装置
D. 助力式液压装置

29. （　　）的助力源是压缩空气与大气的压力差。
A. 真空助力器
B. 真空增压器
C. 空气增压器
D. 空气助力器

理论知识	样题

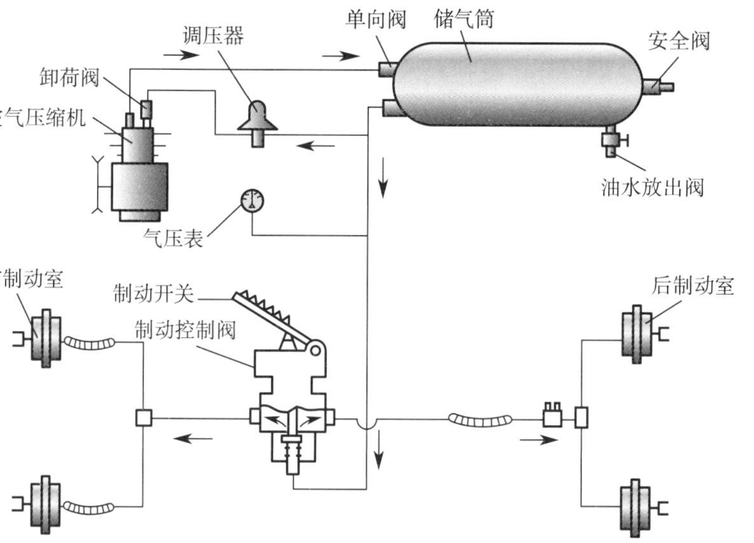

图 1-6-32 气压制动系统的组成

1）空气压缩机：产生压缩空气，是整个制动系统的动力源。

2）调压器：其作用是使储气筒保持在规定的气压范围内，并在超过规定气压后，实现空气压缩机的卸荷空转，以减少发动机的功率消耗。对调压阀的调整栓进行调整可以改变储气筒中的气压（将螺栓向下旋进，工作压力调高，反之工作压力调低），如图 1-6-33 所示。

3）制动气室：相当于制动分泵的作用，与制动器组合使用，功能是将输入的空气压力转变为转动制动凸轮的机械推力，使车轮制动器产生制动力矩。

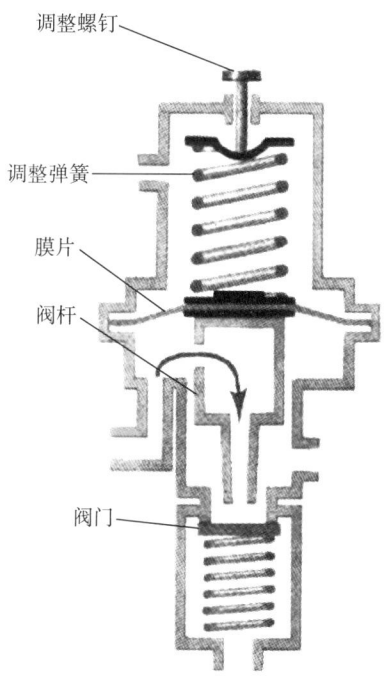

图 1-6-33 调压器

4）气压过低报警装置：气压制动系统的气压不足报警灯和报警开关安装在储气筒上，由调整螺母、橡胶膜片、动触点、静触点、弹簧等组成。接通电源，当储气筒内的气压低于 0.35～0.45 kPa 时，由于作用在气压报警开关膜片下方的空气压力减小，于是膜片在复位弹簧的作用下向下移动，使动、静触点闭合，电路被接通，报警灯亮起。当储气筒内的气压高于 0.45 kPa 时，由于膜片下方气

30.（　　）的作用是使储气筒的气压保持在规定范围内，以减小发动机的功率消耗。
A. 泄压阀
B. 单向阀
C. 限压阀
D. 调压器

31. 在气压制动系统中，气压调节器上的螺栓向下旋进时，（　　）。
A. 气压会降低
B. 气压会升高
C. 气压会不变
D. 不可调

32. 装备气压制动系统的汽车气压不足报警灯、报警开关安装在（　　）上。
A. 储气筒
B. 制动踏板
C. 制动气室
D. 制动器

33. 汽车气压制动系统储气筒内的气压高于（　　）MPa 时，气压不足报警灯开关触点断开，报警灯不亮。
A. 0.45
B. 0.3
C. 0.15
D. 0.05

34. 汽车气压制动系统储气筒内的气压低于某一值时，气压不足报警灯报警开关触点（　　），报警灯（　　）。
A. 断开　不亮
B. 断开　亮
C. 闭合　不亮
D. 闭合　亮

35. 汽车气压制动系统储气筒内的气压高于某一值时，气压不足报警灯报警开关触点（　　），报警灯（　　）。
A. 断开　不亮
B. 断开　亮

理论知识	样题

压增大，使复位弹簧压缩，动、静触点断开，电路被切断，报警灯熄灭。行车中气压过低报警灯突然亮起时，应立即停车，查找原因，排除故障，使气压恢复到正常值。气压过低报警电路如图 1-6-34 所示。

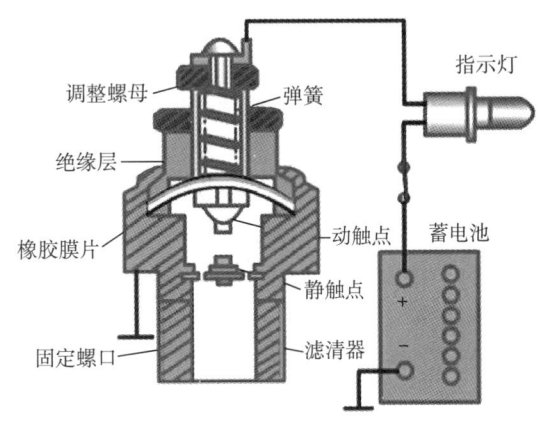

图 1-6-34 气压过低报警电路

（3）气压制动系统修理竣工技术规范

1）当气压升至 600 kPa 且不使用制动的情况下，停止空气压缩机 3 min 后，其气压的降低值应不大于 10 kPa。当气压为 600 kPa 时，停止空气压缩机工作，将制动踏板踩到底，待气压稳定后观察 3 min，单车气压降低值不应超过 20 kPa，列车气压降低值不应超过 30 kPa。

2）采用气压制动系统的机动车，其发动机在 75% 的标定功率转速下，4 min（汽车列车为 6 min，城市铰接公共汽车和无轨电车为 8 min）内气压表的指示气压应从零开始升至起步气压（未标起步气压者，按 400 kPa 计）。

9. 汽车气压制动系统故障的检修

（1）制动拖滞故障的检修

1）故障现象：抬起制动踏板后，制动阀排气缓慢或不排气，不能立即解除制动，或排气虽快，但仍有制动作用，致使汽车起步困难或行车无力，行驶一定里程后制动鼓发热。

2）故障原因：制动踏板无自由行程；制动阀的排气阀调整垫片过薄，其回位弹簧过软、折断或橡胶阀座老化发胀；制动阀挺杆锈蚀；制动踏板至制动阀位臂之间传动件卡滞。

3）故障诊断与排除：抬起制动踏板时制动阀排气缓慢或不排

C. 闭合　不亮
D. 闭合　亮

36. 采用气压制动的机动车，当气压升至（　　）kPa 且不使用制动的情况下，停止空气压缩机 3 min 后，其气压的降低值应不大于 10 kPa。（注意：3 个数字都要记！）
A. 200
B. 400
C. 600
D. 800

37. 采用气压制动系统的机动车，发动机在 75% 的标定功率转速下，（　　）min 内气压表的指示气压应从零开始升至起步气压。
A. 1
B. 2
C. 3
D. 4

38. 汽车制动解除时，若排气缓慢或不排气而造成全车制动鼓发热，应检查（　　）。
A. 制动气室
B. 制动蹄回位弹簧
C. 制动操纵机构
D. 储气筒

39. 若车轮制动器工作不正常导致制动距离过长，应调整（　　）。
A. 制动踏板高度
B. 制动气室压力
C. 储气筒压力
D. 制动底板上的偏心支承

理论知识	样题
气，多属制动阀故障，表现为各轮制动鼓均发热。若确定制动阀有故障，应先检查踏板自由行程。若自由行程正常，可旋松排气阀试验。如有好转，则为排气阀调整垫片过薄。仍无好转，可检查排气阀回位弹簧及胶座。以上均正常，则应检查制动挺杆是否锈污及制动传递杆件是否活动灵活。 （2）**制动不灵故障检修** 1）故障现象：汽车制动时，制动距离太长。 2）故障原因：制动踏板自由行程过大；储气筒气压不足；制动系统漏气或管路堵塞；制动阀调整不当或工作不良；车轮制动器调整不当或工作不良。 3）故障诊断与排除：首先检查制动踏板的自由行程是否合适（一般为10~15 mm），若过大，应按规定值进行调整；若踏板自由行程合适，应启动发动机查看气压表压力是否合适；如气压表读数不低，将制动踏板踩到底，看气压表读数能否瞬时下降49 kPa左右，若下降太少，说明制动阀调整不当或其工作不良；若踩下踏板气压表读数下降正常，说明车轮制动工作不正常，此时应调整制动底板上的偏心支承以调整制动间隙。 **10. 制动性能检验国家标准** （1）车辆应具有行车制动、应急制动和驻车制动功能。 （2）行车制动系统制动踏板的自由行程应符合该车原厂规定的有关技术条件。 （3）行车制动在产生最大制动作用时的踏板力，对于座位数小于或等于9的载客汽车应不大于500 N，对于其他车辆应不大于700 N。 （4）液压行车制动在达到规定的制动效能时，踏板行程（包括空行程，下同）不得超过全行程的3/4；制动器装有自动调节间隙装置的车辆踏板行程不得超过全行程的4/5，且其座位数小于或等于9的载客汽车踏板行程不得超过120 mm，其他类型车辆不得超过150 mm。 （5）乘用车在50 km/h的初速度下采用行车制动系统制动时，满载检验时制动距离要求≤10 m。乘用车在50 km/h速度下采用紧急制动时，制动距离要求≤38 m。客车在30 km/h速度下采用应急制动时，制动距离要求≤18 m。 （6）空载情况下，驻车制动装置应能保证机动车在坡度20%，	40. 液压行车制动系统在达到规定的制动效能时，对于制动器装有自动调整间隙装置的车辆的踏板行程不得超过踏板全行程的（　　）。 A. 1/4 B. 1/2 C. 3/4 D. 4/5 41. 液压行车制动系统在达到规定的制动效能时，对于座位数大于9的载客汽车踏板行程应不得超过（　　）mm。 A. 80 B. 100 C. 120 D. 150 42. 液压行车制动系统在达到规定的制动效能时，对于座位数小于9的载客汽车踏板行程应不得超过（　　）mm。 A. 80 B. 100 C. 120 D. 140 43. 乘用车在50 km/h的初速度下采用行车制动系统制动时，满载检验时制动距离要求≤（　　）m。 A. 10 B. 20 C. 40 D. 50 44. 乘用车在50 km/h速度下采用紧急制动时，制动距离要求≤（　　）m。 A. 18 B. 28 C. 38 D. 48 45. 客车在30 km/h速度采用应急制动时，制动距离要求≤（　　）m。 A. 18

理论知识

轮胎与路面间附着系数不小于 0.7 的坡道上正、反两个方向保持不动，其时间不应少于 5 min。

11. 真空液压制动传动装置

（1）**真空液压制动传动装置的分类**：真空液压制动传动装置分为增压式和助力式。

增压式：通过增压器将制动主缸的液压进一步增加，增压器装在主缸之后。助力式：通过助力器来帮助制动踏板对制动主缸产生推力，助力器装在踏板与主缸之间。

1）真空助力式液压制动传动装置

它在普通液压制动系统的基础上增加了一个真空助力器（由加力气室、控制阀、真空单向阀等组成），如图 1-6-35 所示。桑塔纳 2000 轿车、奥迪 100 型轿车、捷达轿车都采用真空助力式液压制动传动装置。

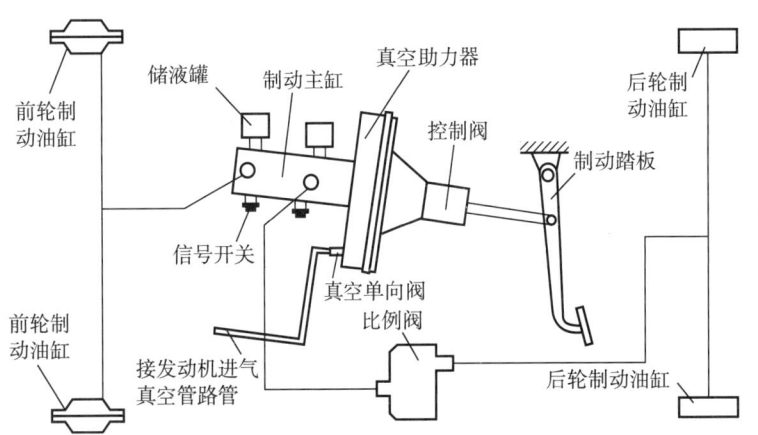

图 1-6-35 真空助力式液压制动传动装置的组成与布置

2）真空增压式液压制动传动装置

它在普通液压制动系统的基础上增加了一个真空增压器（由加力气室、控制阀、增压缸、单向阀、真空筒等组成），如图 1-6-36 所示。跃进 1061 汽车装备了真空增压式液压制动传动装置。

（2）**真空增压器的工作原理**

1）制动过程。踩下制动踏板，制动主缸的制动液压力传入辅助缸。一部分制动液经活塞中间的小孔流进各轮缸中，补偿管路真空。同时，流进的制动液作用在控制阀活塞上。当制动液压力升到一定值时（制动液压力大于 450 kPa），活塞连同膜片座上移，首先关闭真空阀，同时关闭 C、D 腔通道，A、B 两腔隔绝。随后膜片座

样题

B. 28
C. 38
D. 48

46. 空载情况下，驻车制动装置应能保证机动车在坡度 20%，轮胎与路面间附着系数不小于 0.7 的坡道上正、反两个方向保持不动，其时间不应少于（　　）min。（注意：3 个数字都要记！）

A. 2
B. 3
C. 4
D. 5

47. 空气液压制动传动装置分为（　　）两种。

A. 助力式和增压式
B. 增压式和助力式
C. 增压式和增压式
D. 助压式和助力式

48. （　　）不是真空助力式液压制动传动装置的组成部分。

A. 加力气室
B. 轮缸
C. 控制阀
D. 主缸

49. 真空助力式液压制动传动装置，加力气室和控制阀组成一个整体，叫作（　　）。

A. 真空助力器
B. 真空增压器
C. 空气增压器
D. 空气助力器

50. （　　）不装备真空助力式液压制动传动装置。

A. 桑塔纳 2000 轿车
B. 奥迪 100 型轿车
C. 捷达轿车
D. 跃进 1061 汽车

理论知识	样题
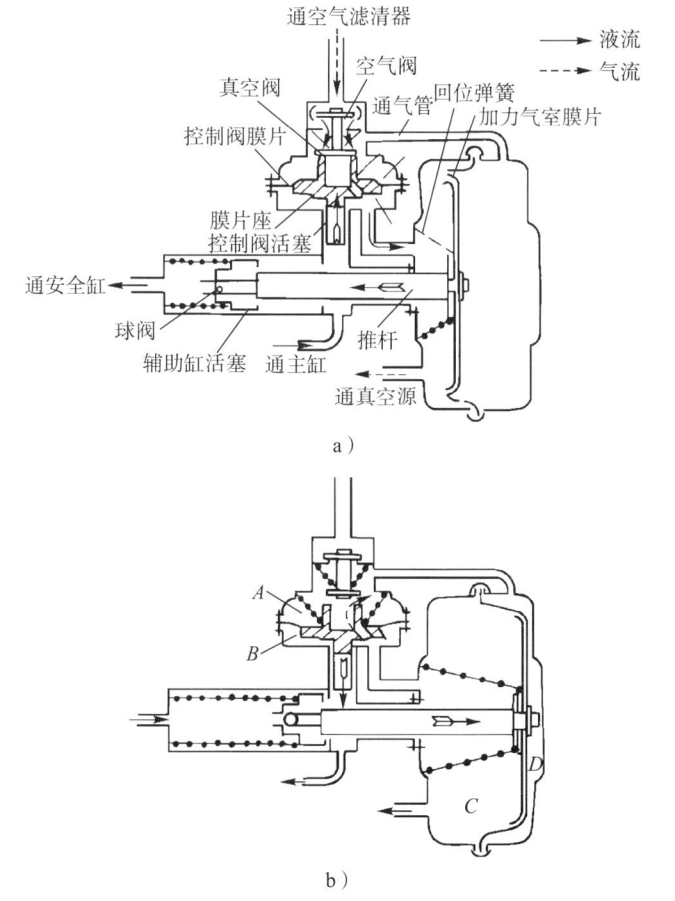 图 1-6-36 真空增压式液压制动传动装置的组成与布置 继续上移,通过真空阀把空气阀打开。于是空气经空气滤清器、空气阀进入 A 腔并到 D 腔。D、C 两腔产生压力差,推动膜片使推杆左移,在球阀关闭辅助缸活塞中孔后,辅助缸左腔密闭。当推杆继续推活塞向左移动时,辅助缸的制动液通过安全缸被压入各轮缸中。作用于轮缸的制动液压力便进一步升高,如图 1-6-37a 所示。 图 1-6-37 真空增压器的工作原理 A—控制阀上腔 B—控制阀下腔 C—加力气室左腔 D—加力气室右腔	51. 真空增压式液压制动传动装置解除制动时,控制油压下降,加力气室相互沟通并具有一定的( ),膜片、推杆、辅助活塞都在回位弹簧作用下各自回位。 A. 大气压力 B. 压力 C. 真空度 D. 推力 52. 真空增压式液压制动传动装置解除制动时,控制油压下降,( )互相沟通并具有一定的真空度,膜片、推杆、辅助缸活塞都在回位弹簧作用下各自回位。 A. 辅助缕 B. 控制阀 C. 加力气室 D. 主缸

理论知识	样题
2）平衡过程。当制动踏板踩到某一位置不动时，作用在活塞上的力为一定值，主缸不再向辅助缸输送制动液，此时，由于加力气室的作用，推杆推动辅助缸活塞左移，使辅助缸右腔制动液油压下降，控制阀活塞下移，带动空气阀和真空阀都关闭，因而加力气室压力差不变，推杆推力不变，维持着一定强度的制动。若继续踩下踏板控制阀活塞上移打开空气阀，使 D、C 两腔的压力差增大，从而推杆推动辅助缸活塞进一步左移，制动力进一步增大。 3）解除过程。当松开制动踏板后，主缸制动液压力降低，控制阀活塞下移关闭空气阀，打开真空阀，此时，A、B、C、D 四腔均通真空源，且具有相同的真空度。推杆、膜片及辅助缸活塞在各自回位弹簧和轮缸制动液回液压力的作用下，分别回位。轮缸制动液从辅助缸活塞的小孔中流回，从而解除制动，如图 1-6-37b 所示。	53. 液压制动泵的安装程序是：安装真空助力器、制动主缸、（　　）和制动踏板。 A. 制动传动装置 B. 拉杆 C. 制动分泵 D. 制动软管

项目7 汽车电气系统检修

理论知识	样题

7.1 汽车电源系统的检修

1. 汽车电源系统的组成

汽车电源系统是由交流发电机、电压调节器、蓄电池等组成，如图1-7-1所示。电源系统的作用是向全车用电设备供电，满足用电设备的电力需要。其中蓄电池主要用于发动机启动时短时间内向起动机及点火系统供电；发动机正常工作时则由发电机向全车用电设备供电，同时剩余的电力向蓄电池充电，保证蓄电池拥有足够的电力；电压调节器的作用是使发电机输出的电压保持恒定，防止因电压起伏过大而烧毁用电设备。

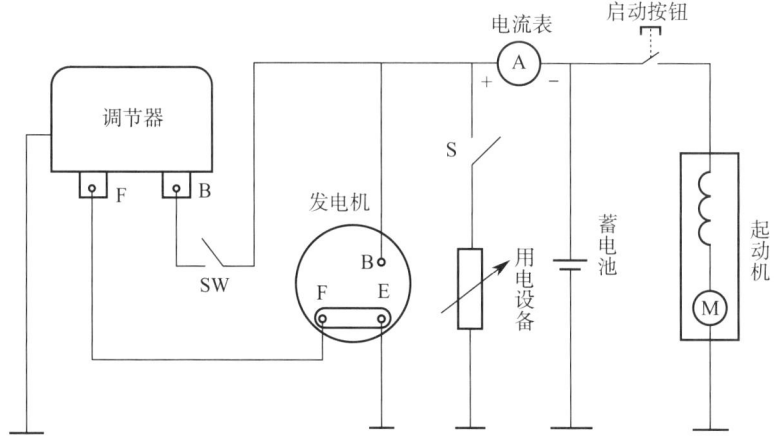

图1-7-1 汽车电源系统电路

2. 蓄电池操作安全注意事项

（1）**戴眼部保护装置**。电池液中含有硫酸，如果喷到眼内会引起失明。另外电池过度充电时会产生高度易燃、易爆的氢气。眼部保护装置在该气体意外点燃时会起到重要保护作用。

（2）**不可将水倒入硫酸中**。调配电解液时，应将硫酸倒入水中；否则会因为大量发热导致电解液沸腾飞溅，引发安全事故。

（3）**防止爆炸**。在汽车的蓄电池上或附近工作之前，应清除所

1. 发动机高速运转时由（　　）向蓄电池充电。
A. 分电器
B. 交流发电机
C. 电动机
D. 起动机

2. 交流发电机过载时，（　　）可协同发电机向用电设备供电。
A. 分电器
B. 电动机
C. 蓄电池
D. 起动机

3. 若汽车蓄电池为正极搭铁，装用交流发电机，则会产生（　　）现象。
A. 蓄电池不能被充电
B. 发电机线圈立即烧掉
C. 蓄电池充电过大
D. 发电机硅管立即烧掉

4. 蓄电池安全操作正确的是（　　）。
A. 配置电解液时应将硫酸倒入水中
B. 配置电解液时应将水倒入硫酸中
C. 观看检查电解液用的仪器时应远离电解液注口
D. 蓄电池壳上可以放置较轻的物体

理论知识

有烟头、火柴和打火机，应在通风良好的场所对汽车的蓄电池充电。

（4）**负极搭铁**。拆装蓄电池时，应负极搭铁，不可误将正极搭铁，否则会烧毁交流发电机的整流硅二极管。为检查、清洁电器元件而拆蓄电池时，应先拆负极。

3. 蓄电池的性能

（1）**电池电动势（E）**：即发动机启动前，蓄电池在没有负载的情况下测得的正、负极之间的端电压，为保证车辆能顺利启动，要求不小于 12 V。

（2）**蓄电池的内阻（R）**：在蓄电池接上负载后，测出端子电压（U）和流过负载的电流（I），这时蓄电池的内阻（R）$=(E-U)/I$。电池的内阻越小，蓄电池的容量就越大，通常要求蓄电池内阻不大于 20 mΩ。

（3）**启动稳定电压**：起动机正常运转，电池大电流放电，电池端电压急剧下降后的稳定电压，要求稳定电压不小于 9 V。

（4）**启动电流**：为保证车辆顺利启动，在刚启动时蓄电池应能提供高达 200~600 A 的瞬间电流，100~150 A 的稳定电流。

（5）**充电率**：蓄电池在一定条件下，充电电流的大小被称为充电率。常用的充电率是 10 h，即充电 10 h 后，才达到充电终期。当缩短充电时间时，充电电流必须加大，反之充电电流可减少。

（6）**循环寿命**：蓄电池每经历一次充电和放电，就称为一次循环。蓄电池所能承受的循环次数称为循环寿命。固定型铅酸蓄电池循环寿命为 300~500 次，阀控式密封铅酸蓄电池循环寿命为 1 000~1 200 次，使用寿命一般在 10 年以上。

4. 蓄电池的检查

（1）**外部检查**

1）检查蓄电池封胶有无开裂和损坏，极桩有无破损，壳体有无泄漏，否则应修理或者更换。

2）疏通加液孔盖的通气孔。

3）清洁蓄电池外壳，并用钢丝刷或极柱接头清洗器清洁极桩和电缆卡子上的氧化物，清洁后涂抹一层凡士林或润滑脂。

（2）**电解液液面高度的检查**

汽车每行驶 1 000 km 或冬季行驶 10~15 天，夏季行驶 5~6 天，就应对电解液液面高度进行检查。

样题

5. 为保证车辆顺利启动，启动前蓄电池电压应不小于（　　）V。
A. 6
B. 8
C. 10
D. 12

6. 为保证车辆顺利启动，启动电流稳定值应为 100~150 A，蓄电池内阻不大于 20 mΩ；稳定电压不小于（　　）V。（注意：3 个数字都要记！）
A. 3
B. 6
C. 9
D. 12

7. 发动机启动时，蓄电池可向起动机提供高达（　　）A 的电流。
A. 100~200
B. 100~300
C. 200~300
D. 200~600

8. 为检查、清洁电器元件而拆蓄电池电缆时，（　　）。
A. 应先拆负极
B. 应先拆正极
C. 正、负极同时拆
D. 正、负极拆顺序没有要求

理论知识	样题
1）试管检查法：其检查方法如图 1-7-2 所示。 用长度为 150～200 mm、内径为 4～6 mm 的玻璃试管，对蓄电池所有单格的液面高度进行测量。 将试管插至蓄电池单格内极板的上平面上，用拇指压住玻璃管上端，使管口密封后提起试管，此时试管中液体的高度即蓄电池电解液液面的高度，其标准高度值应为 10～15 mm。低于此值时，应加注蒸馏水使其达到标准值。 2）电极式液位传感器检查蓄电池液面高度：检查方法如图 1-7-3 所示。此方法主要利用铅棒的电极作用，当蓄电池液面高度正常时，传感器铅棒上的电位为 8 V，报警灯不亮；当蓄电池电解液低于规定值时，传感器的铅棒无正电位，报警灯亮，以通知驾驶员电解液不足。	9.不是"自行放电"而蓄电池没电的原因是（　　）。 A.电解液不纯 B.蓄电池长期存放 C.正负极柱导通 D.电解液不足 10.按蓄电池生产厂家的要求或气温条件，在蓄电池内加注规定密度的电解液，静置（　　）h 后，再将液面高度调整到高出极板（或防护片）顶部 10～15 mm。（注意：2 个数字都要记！） A.6～8 B.5～10 C.15～20 D.20～25 11.蓄电池液面高度低于极限值时，传感器的铅棒（　　）正电位，报警灯（　　）。 A.无　亮 B.有　不亮 C.无　不亮 D.有　亮 12.蓄电池液面高度正常时，传感器的铅棒上的电位为（　　）V，报警灯（　　）。 A.8　亮 B.8　不亮 C.6　不亮 D.6　亮

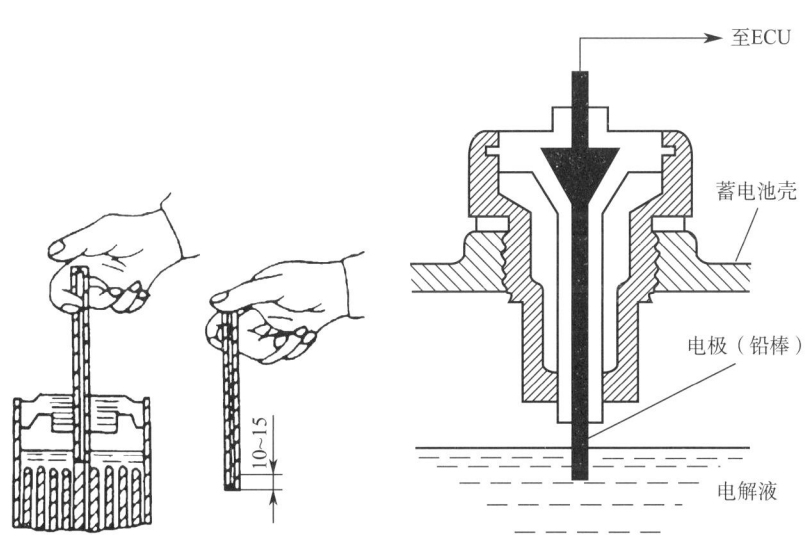

图 1-7-2　试管法检查液面高度　图 1-7-3　电极式液位传感器

（3）**电压检查**：对于检测蓄电池单格电压的高率放电计，应当分别测得 6 个单格的电压。蓄电池在大电流放电情况下各单格的端电压应当在 1.5 V（整个蓄电池为 12 V）以上，且能稳定 5 s。1）如果各单格的电压低于 1.5 V，但 5 s 内尚能稳定者则为放电过多，应当及时进行充电恢复。2）单格电压低于 1.5 V，且 5 s 内电压迅速下降，则表示有故障。3）某单格无电压指示，说明内部有短路、断路或是严重硫化故障。 **5. 蓄电池充电** （1）**初充电**：指新蓄电池或修复后的蓄电池在使用前的首次充电。	13.一般技术状况良好的蓄电池，用高率放电计测量电压时，单格电压应在 1.5 V 以上，并在 5 s 内保持稳定。若 5 s 内下降至（　　）V，说明存电量足。（注意：3 个数字都要记！） A.1.3 B.1.5 C.1.7 D.1.9

理论知识	样题

要点：1）加注电解液，液面要高出极板上沿15 mm；2）静止6~8 h，让电解液充分浸渍极板；3）充电电流约为蓄电池容量的1/15，单格端电压达到2.4 V；4）充电接近终了时，如果电解液的密度不符合规定，应用蒸馏水或相对密度为1.40 g/cm³的电解液进行调整，调整后再充电2 h。

（2）**补充充电**：当汽车起动机运转无力、灯光比平时暗淡时，应补充充电。对于电解液密度下降至1.15 g/cm³以下时的应用电池或储存期超过2年的干式铅蓄电池，使用前应补充充电。

操作步骤：

1）清洁，从汽车上拆下蓄电池，清除蓄电池盖上的脏污，疏通加液孔盖上的通气孔，清除极桩和导线接头上的氧化物。

2）检查电解液的密度和液面高度。

3）用高率放电计检查各单格电池的放电情况。

4）将蓄电池的正、负极接至充电机的正、负极。

5）选择充电规范：第一阶段的充电电流约为蓄电池额定容量的1/10，充至单格电压为2.3~2.4 V。第二阶段的充电电流约为蓄电池额定容量的1/20，充至单格电压为2.5~2.7 V。补充充电时间为5~10 h。

6）充足电的标志：电解液密度和蓄电池端电压达到规定值，且连续3 h不变。

7）将加液口盖拧紧，擦净蓄电池的表面。

（3）**去硫化充电**：蓄电池使用过程中可能发生极板硫化，对于硫化较轻的蓄电池可以通过去硫化充电法加以消除。

操作步骤：

1）先倒出原有的电解液，并用蒸馏水清洗两次，然后加入蒸馏水。

2）接通充电电路，将电流调到初充电的第二阶段电流值（额定容量的1/30）充电，当密度上升到1.15 g/cm³时，倒出电解液，换加蒸馏水再进行充电，直到电解液密度不再增加为止。

3）以10 h率放电，当单格电压下降到1.7 V时，再以补充充电的电流进行充电、再放电、再充电，直到容量达到额定值的80%以上。

6. 交流发电机的结构

如图1-7-4所示，普通交流发电机一般由转子、定子、整流

---

14. 对储存期超过2年的干式铅蓄电池，使用前应补充充电，充电时间应在（　　）h。
A. 2~3
B. 3~5
C. 5~10
D. 10

15. 充电完成后2 h，测量电解液相对密度，若不符合要求，可用（　　）（过高时），或相对密度为1.4的稀硫酸（过低时）调整。
A. 蒸馏水
B. 井水
C. 河水
D. 自来水

16. （　　）用于测试发电机端电压。
A. 万用表
B. 气压表
C. 真空表
D. 油压表

17. 交流发电机的（　　）产生交流电动势。
A. 定子
B. 转子
C. 铁芯
D. 线圈

理论知识	样题

器、电刷组件、前后端盖、风扇、带轮等组成。

（1）**转子**：作用是产生磁场，由爪极、磁轭、励磁绕组、滑环、转子轴等组成。发电机转子端隙不大于 0.2 mm。

（2）**定子**：作用是产生交流电动势，由定子铁芯和定子绕组（线圈）组成。发电机定子绕组的阻值一般为 150～200 mΩ。

（3）**整流器**：作用是将定子绕组的三相交流电变为直流电，由整流板和整流二极管组成。

（4）**电刷组件**：作用是将电流通过滑环引入励磁绕组，由电刷、电刷架和电刷弹簧组成。

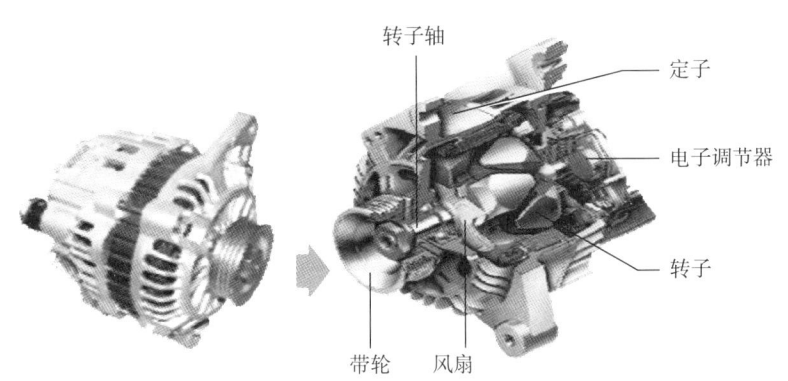

图 1-7-4　汽车发电机的结构

7. 整流器

汽车发电机采用硅整流器，因此也称为汽车硅整流发电机。

（1）**作用**：将定子绕组的三相交流电变为直流电。

（2）**组成**：一般有 6 只硅整流二极管，分别压装（或焊装）在相互绝缘的两块极板上，其中一块为正极板（带有输出端螺栓），另一块为负极板，负极板和发电机外壳直接相连（搭铁），也可以将发电机的后盖直接作为负极板组成。如图 1-7-5 所示。

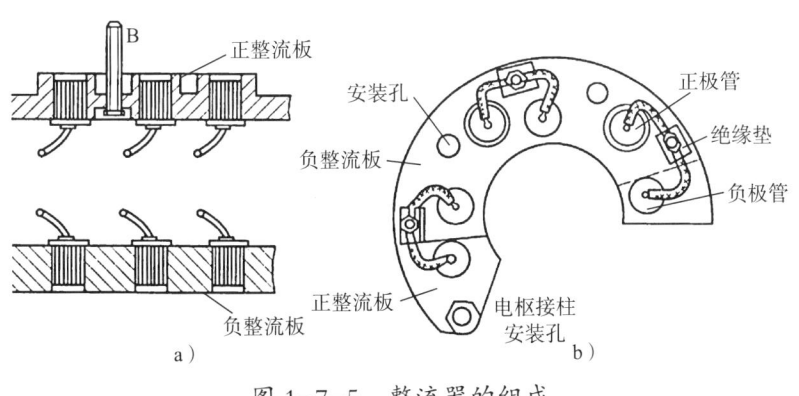

图 1-7-5　整流器的组成

18. 发电机转子端隙不大于（　　）mm。
A. 0.1
B. 0.2
C. 0.25
D. 0.3

19. 发电机定子绕组的阻值一般为（　　）mΩ。
A. 150～200
B. 3 000～6 000
C. 15～35
D. 1 500～3 500

20. （　　）的作用是将定子绕组产生的三相交流电变为直流电。
A. 转子总成
B. 硅二极管
C. 整流器
D. 电刷

21. 中心引线为负极，管壳为正极的二极管是（　　）。
A. 负极二极管
B. 励磁二极管
C. 正极二极管
D. 稳压管

理论知识	样题

正二极管的中心引线为二极管正极，外壳为负极。正二极管的外壳压装或焊装在元件板上，共同组成发电机的正极，由一个与后端盖绝缘的元件板固定螺栓通至机壳外，成为发电机的+B输出。

（3）**工作原理**：如图1-7-6所示，三只正二极管负极端连接在一起时，正极端电位最高者导通；三只负二极管正极端连接在一起时，负极端电位最低者导通。每一瞬时都有一个正极和一个二极管导通，形成回路。这样，通过用电器的就是直流电。

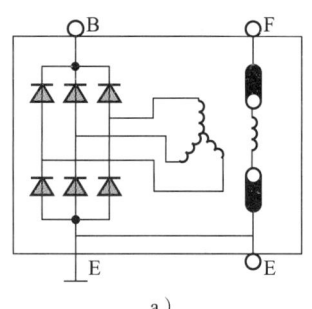 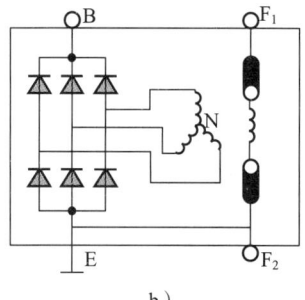

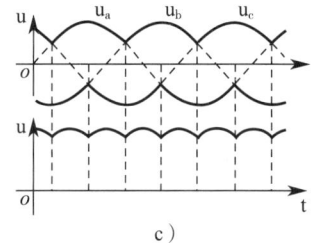

图1-7-6 整流器的工作原理
a）内搭铁式 b）外搭铁式 c）整流波形

8. 电压调节器

（1）**作用**：在发电机转速变化时，自动控制发电机电压，使其保持恒定，避免因发电机输出电压过高烧坏用电器并导致蓄电池过充电，或因发电机输出电压不足导致用电器工作失常的情况出现。

（2）**分类**

1）按工作原理分

①触点式（电磁振动式）电压调节器，如图1-7-7所示。

②晶体管式电压调节器，如图1-7-8所示。

③集成电路（IC）式（体形较小，一般安装在发电机内部）。又分发电机电压检测和蓄电池电压检测两种，采用发电机电压检测法，可省去信号输入线，缺点是当发电机至蓄电池电路上的压降较

22.汽车硅整流发电机的励磁电流，由（　　）进行调节。
A. 蓄电池电压
B. 发电机转速
C. 电压调节器
D. 电流调节器

23.汽车硅整流发电机常用的接插线有（　　）等。
A. F
B. ST
C. C
D. P

24.汽车硅整流器发电机外壳有字母"N"接线柱，应与发电机的（　　）连接。
A. 正极
B. 负极
C. 定子三相的中性点
D. 励磁线圈

25.硅整流发电机的中性点电压等于发电机极柱直流输出电压的（　　）倍。
A. 1/2
B. 1
C. 1/3
D. 1/4

26.交流发电机单相桥式硅整流器每个二极管，在一个周期内的导通时间为（　　）周期。
A. 1/2
B. 1/3
C. 1/4
D. 1/6

27.（　　）的作用是发电机转速变化时，自动改变励磁电流的大小，使发电机输出电压保持不变。
A. 整流器
B. 调节器
C. 蓄电池
D. 电容器

28.判断汽车硅整流发电机磁场是否

理论知识

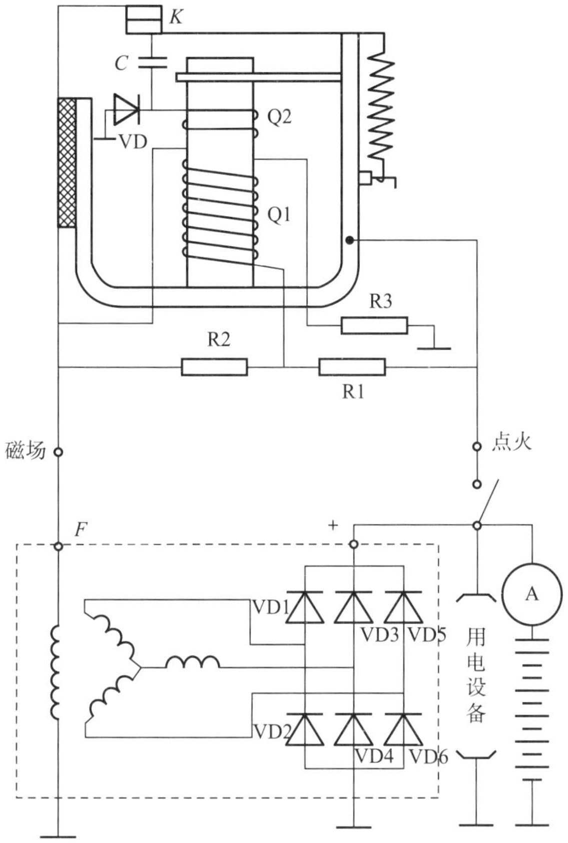

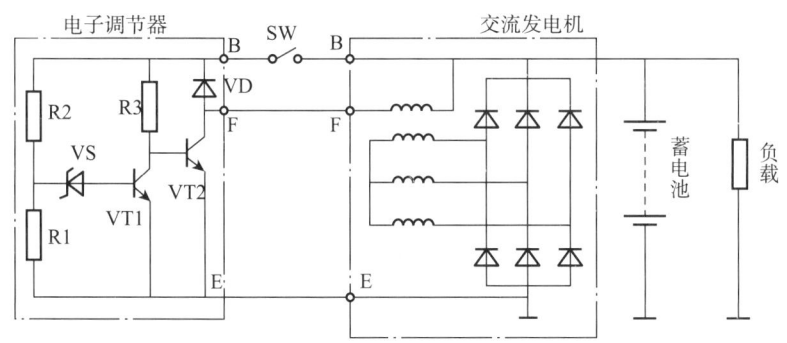

图 1-7-7 触点式电压调节器

图 1-7-8 外搭铁型晶体管式电压调节器

大时,可导致蓄电池充电不足。因此,一般大功率发电机多采用蓄电池电压检测法,使蓄电池的端电压得以保证。

2)按搭铁类型分

①内搭铁型交流发电机:磁场绕组的一端(负极)直接搭铁(和壳体相联)。

②外搭铁型交流发电机:磁场绕组的一端(负极)接入调节器,通过调节器后再搭铁。

样题

正常,最简单的方法是在其运转时( )。

A. 查看充电指示灯状况

B. 测量 "+" 端的电压值

C. 测量 "F" 端的电压值

D. 用旋具检测发电机外壳的磁性

29. 若发电机电压调节器带有蓄电池电压检测方式的 "S" 线,其发电系统( )。

A. 输出电流要大些

B. 充电电压较高

C. 输出功率较大

D. 输出电压稍低

30. 电子调节器根据发电机端电压的变化,使( )及时地导通或截止,进一步控制大功率三极管饱和与截止,使发电机端电压不变。

A. 二极管

B. 稳压管

C. 电阻器

D. 电容器

31. 发电机集成电路调节器不具有( )特点。

A. 调压精度高

B. 工作可靠

C. 体积较小

D. 交直流都可用

32. 电压调节器触点控制的电流是发电机的( )。

A. 励磁电流

B. 电枢电流

C. 充电电流

D. 点火电压

33. 装于汽车发电机内部的调节器是( )。

A. FT61 型

B. JFT106 型

C. 集成电路调节器

D. 晶体管调节器

理论知识	样题
（3）**工作原理**：以图 1-7-8 所示外搭铁型电压调节器为例。 1）点火开关 SW 刚接通时，发动机不转，发电机不发电，蓄电池电压加在分压器 R1、R2 上，此时因 U_{R1} 较低，不能使稳压管 VS 反向击穿，VT1 截止而 VT2 导通，发电机磁场电路接通，此时由蓄电池供给磁场电流。随着发动机的启动，发电机转速升高，发电机他励发电，电压上升。 2）当发电机电压升高到大于蓄电池电压时，发电机自励发电并开始对外蓄电池充电，如果此时发电机输出电压 $U_B<$ 调节器调节上限 U_{B2}，VT1 继续截止，VT2 继续导通，但此时的磁场电流由发电机供给，发电机电压随转速升高而迅速升高。 3）当发电机电压升高到调节上限 U_{B2} 时，调节器对电压开始进行调节。此时，VS 反向击穿，VT1 导通，VT2 截止，发电机磁场电路被切断，由于磁场被断路，磁通下降，发电机输出电压下降。 4）当发电机电压下降到调节下限 U_{B1} 时，VS 截止，VT1 截止，VT2 重新导通，磁场电路重新被接通，发电机电压上升。周而复始，发电机输出电压 U_B 被控制在一定范围内，这就是外搭铁型电子调节器的工作原理。 （4）**检测** 1）晶体管调节器类型的判别。晶体管调节器分为"内搭铁调节器"和"外搭铁调节器"两种。一般均有"+""F""-"三个接线柱，使用前必须确定其搭铁形式。判别方法如下：①将晶体管调节器的"+""-"分别接可调直流电源的"正""负"极，将电压预调至 12 V。②用试灯代替发电机磁场绕组，一端接调节器的"F"接线柱上，另一端先后触碰调节器的"+"和"-"接线柱；当试灯另一端碰接"-"接线柱时灯亮，而碰接"+"接线柱时灯不亮，则为"内搭铁调节器"。 2）晶体管调节器的性能及故障检测，按上段中方法①、②接好线路，逐渐调高直流电压，灯泡亮度会随之增强，当电压升到接近调压值时，灯泡会由亮转灭，再继续升高电压，灯泡也不亮；逐渐降低直流电压，当电压下降 0.5 V 以内时，灯泡又亮起，说明调节器性能良好。若升高电压后指示灯常亮，即使超过调压值，指示灯也不灭，表明调节器内部短路；若升高电压后指示灯始终不亮，表明调节器内部断路。 3）发电机外接电路检测如图 1-7-9 所示。 将万用表调至 20 V 直流挡，将黑表笔接触蓄电池负极，将与万	34. 汽车使用的硅整流发电机上，"S" 接线柱的作用是（　　）。 A. 充电引出线 B. 磁场控制线 C. 控制充电指示灯引出线 D. 电压检测线 35. 汽车行驶时，充电指示灯由亮转灭，说明（　　）。 A. 发电机处于他励状态 B. 发电机处于自励状态 C. 充电系统有故障 D. 指示灯损坏 36. 验收发电机时，检查其有无机械和电路故障，可采取（　　）试验。 A. 负载 B. 启动 C. 空转 D. 手动

| 理论知识 | 样题 |

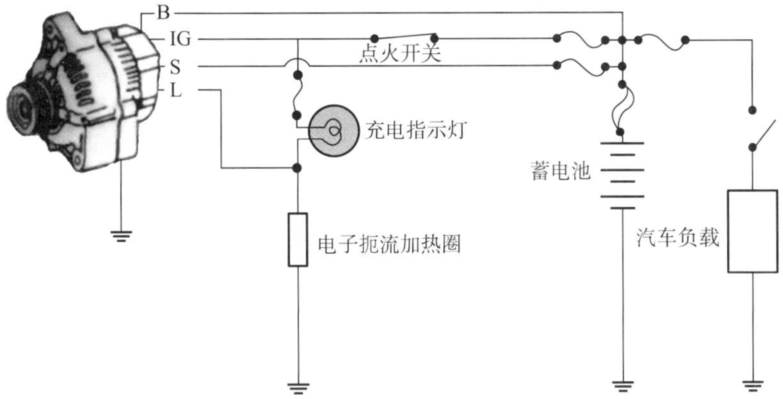

图 1-7-9 发电机外接线路检测

用表红表笔连接好的诊断引线插入控制线插接器的电源"S"端插孔内，测得电压为 12 V，则"S"信号线路正常，否则为断路。

9. 发电机异响故障的检修

（1）**故障现象**：发电机在运转过程当中有不正常的响声。

（2）**故障原因**

1）转动带过紧或过松。

2）轴承损坏或缺油松旷、转子与定子相碰。

3）电刷磨损过大或与滑环接触角度偏斜。

4）电刷在刷架内倾斜摇摆。

5）发电机装配不到位，使机体倾斜或转子轴弯曲。

6）发电机传动带轮与轴松旷，使带轮与散热片碰撞。

（3）**故障诊断方法步骤**：首先检查传动带的松紧度，然后根据故障原因依次进行检修与调整。

10. 发电机不发电故障的检修

（1）**故障现象**：发动机中速以上运转，电流表指示放电，充电指示灯不熄灭。测量发电机端电压不大于蓄电池电压。

（2）**故障原因**

1）发电机传动带断或打滑严重。

2）发电机励磁线路或充电线路断路。

3）发电机故障：①电刷与滑环接触不良；②二极管击穿、断路；③转子绕组短路、断路或搭铁；④定子绕组短路、断路或搭铁。

4）调节器故障：①弹簧弹力不足、气隙过小、高速触点烧结、

---

37. 细致检测汽车交流发电机，发电机存在周期性的哼叫噪声，在更换传动带和发电机的轴承后，这样的哼叫噪声仍然存在，这是由于（　　）造成的。

A. 个别硅管开路

B. 输出电流过大

C. 个别硅管短路

D. 输出电压过高

38.（　　）可导致发电机异响。

A. 转子与定子之间碰擦

B. 碳刷过短

C. 定子短路

D. 转子短路

39.（　　）可导致发电机轴承异响。

A. 发电机轴承润滑不良

B. 碳刷过短

C. 定子短路

D. 转子短路

理论知识	样题
触点烧蚀脏污同时调节电阻断路；②晶体管调节器的稳压管及小功率三极管短路或大功率三极管断路；③调节器的搭铁方式与发电机不匹配。	

7.2 汽车启动系统的检修

1. 起动机的结构组成

（1）**直流电动机**——产生电磁转矩，一般为直流串励式。

（2）**传动装置（啮合机构）**——启动时，啮合传动；启动后，打滑脱开。

（3）**控制装置（电磁开关）**——接通、切断电动机与蓄电池之间的电路。

2. 起动机的分类

（1）**按操纵方式分类**

1）直接操纵式：由驾驶员通过启动踏板和杠杆机构直接操纵启动开关，并使传动齿轮副进入啮合，因操作不便，目前已很少采用。

2）电磁操纵式：由驾驶员通过启动开关操纵继电器，而由继电器操纵启动机电磁开关和齿轮副，或通过启动开关直接操纵启动机电磁开关和齿轮副。

（2）**按传动机构的啮合方式分类**

1）惯性啮合式：已淘汰。

2）强制啮合式：工作可靠、操纵方便、广泛应用。

3）电枢移动式：结构较复杂，用于大功率柴油车。

4）齿轮移动式：电磁开关推动啮合杆。

3. 直流电动机

（1）**工作特点**：1）转矩大；2）工作电流大（发动机刚启动时，起动机的工作电流为180~350 A）；3）工作时间短（每次启动时间不超过5 s）。

（2）**结构组成（见图1-7-10）**

1）电枢（转子），产生电磁转矩。电枢轴弯曲，会导致卡滞、轴承异响等故障，因此电枢轴的弯曲度不能超过0.1 mm，否则应校正。

1.（　　）式起动机由驾驶员旋动点火开关或按下起动按钮，直接参与控制或通过起动继电器，控制电磁开关接通或切断起动机电路。
A. 电磁操纵
B. 直接操纵
C. 惯性啮合
D. 移动电枢啮合

2. 现代汽车多采用的起动机是（　　）。
A. 直接操纵式
B. 惯性啮合式
C. 移动电枢啮合式
D. 强制啮合式

3. 汽车起动机的电动机一般是（　　）。
A. 复励式
B. 串励式
C. 并励式
D. 脉冲式

4. 启动发动机时，每次接通起动机的时间不应超过（　　）s。
A. 5
B. 10
C. 15
D. 20

5. 检查起动机电枢绕组换向器是否断路，应用（　　）检查。
A. 电流表
B. 电压表
C. 欧姆表
D. 伏安表

6. 起动机的电枢轴弯曲度超过（　　）mm时，应进行校正。
A. –0.05
B. 0.1
C. 0.15
D. 0.25

理论知识	样题

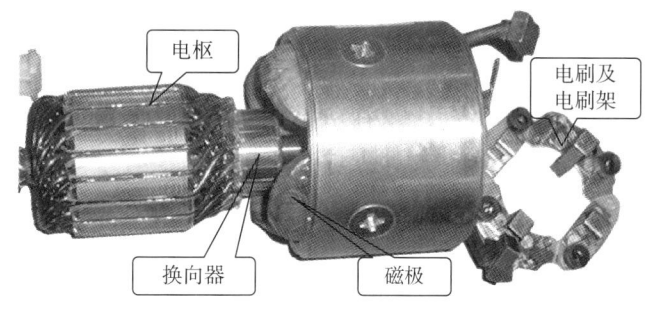

图 1-7-10　直流电动机的结构

2）磁极（定子）：产生磁场，有永磁或线圈电磁两种。

3）换向器：随电枢同步旋转，与电刷接触，改变引入电枢线圈电流方向，极易磨损。若起动机电枢线圈断路或短路，可用万用表的电阻挡测量任意两个换向片间的电阻值进行判断。如果换向器圆周上径向跳动量超过 0.05 mm，应在车床上修复。

4）电刷组件：引入电流，属于易损件，应定期检查、更换。

4. 传动装置（啮合机构——离合器）

（1）技术要求

1）发动机起动时，使起动机的驱动齿轮与发动机的飞轮进入啮合，啮合要平稳，不能发生冲击现象。

2）发动机起动后，使起动机的驱动齿轮与发动机的飞轮脱离啮合。

（2）组成：传动机构主要由拨叉、单向离合器、减速机构和驱动齿轮组成。如图 1-7-11 所示。

1）拨叉：受电磁开关控制，拨动啮合齿轮与飞轮强制啮合。

2）单向离合器：只能单向传递动力，反向即打滑的装置。

根据工作原理不同，分为滚柱式、摩擦片式、弹簧式、棘轮式 4 种单向离合器。

滚柱式单向离合器体积较小，在小功率起动机广泛使用。

摩擦片式单向离合器可以传递较大的转矩，应用于大功率起动

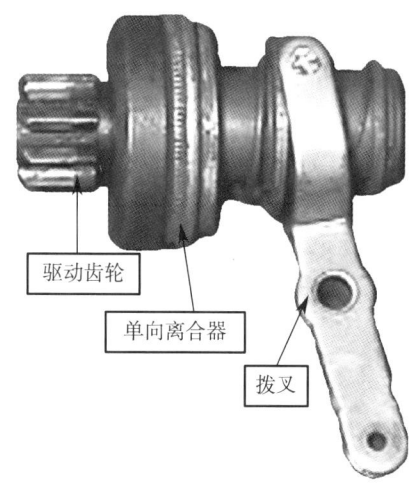

图 1-7-11　传动机构

7. 起动机换向器圆周上径向跳动量超过 0.05 mm 时，应在（　　）上修复。
A. 车床
B. 压力机
C. 磨床
D. 铣床

8. 小功率起动机广泛使用的是（　　）式单向离合器。
A. 滚柱
B. 摩擦片
C. 弹簧
D. 带

9. 汽车发动机需要传递较大转矩且起动机尺寸较大时，应使用（　　）式单向离合器。
A. 滚柱
B. 摩擦片
C. 弹簧
D. 带

理论知识	样题
机上。 3）减速机构：通常采用行星齿轮式减速机构，太阳齿轮与电动机的电枢轴连接，行星架连接驱动齿轮，行星齿轮机构的齿圈与单向离合器连接，启动时，锁止齿圈，使驱动齿轮减速增扭驱动飞轮旋转，启动后，齿圈打滑，驱动齿轮无动力输出。 4）驱动齿轮：启动时，在拨叉的推动下，与飞轮齿圈啮合，驱动曲轴旋转，与止推垫之间的间隙应为1～4 mm。 **5. 电磁开关** （1）作用 1）控制起动机驱动齿轮与发动机飞轮啮合。 2）控制起动机主电路（电流为200～600 A）的导通。 （2）组成：电磁开关的结构如图1-7-12所示。 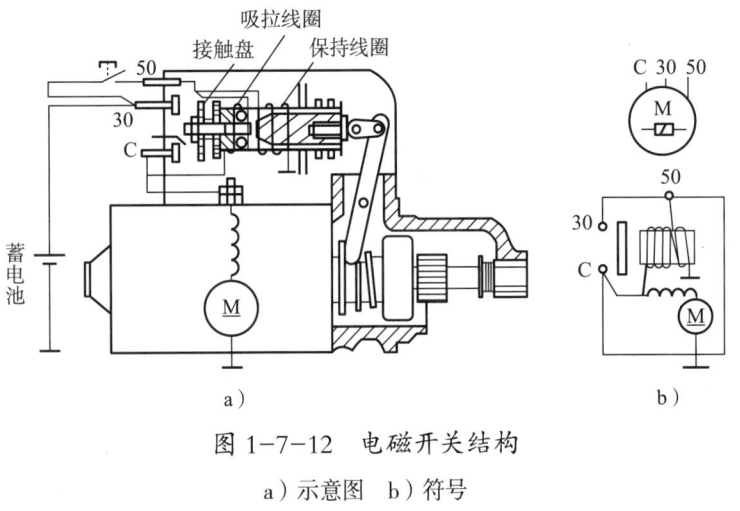 图1-7-12 电磁开关结构 a）示意图 b）符号 1）吸拉线圈：线圈两端分别与50、C端子连接，吸拉接触盘与30、C端子接通后，即完成任务不再工作，阻值一般为2.6～2.7 Ω。 2）保持线圈：线圈两端分别与50端子和搭铁连接，当点火开关在"ST"位置时，一直保持工作，使接触盘与30、C端子保持接通状态，阻值一般为1.0～1.5 Ω。 3）接触盘：30、C端子的通断开关，受吸拉线圈和保持线圈控制。 4）接线端子：30端子接蓄电池正极，C端子接直流电动机正极，50端子接启动开关。	10.某汽车起动机的输出端采用行星齿轮式减速机构，太阳齿轮连接电机轴，那么应使（　　）。 A.齿圈为固定不动的 B.齿圈通过离合器锁止不动 C.行星架为锁止不动的 D.行星架与齿圈经离合器为一体 11.起动机驱动齿轮与止推垫之间的间隙应为（　　）mm。 A.1～4 B.1～2 C.0.5～1 D.0.5～0.9 12.起动机的电磁开关作用是（　　）。 A.控制起动机电流的通断 B.推动小齿轮啮入飞轮齿圈 C.通断起动机电流，并推动小齿轮啮入飞轮齿圈 D.防止起动机电枢被发动机高速反拖 13.只要点火开关拧到START挡，起动机电磁开关的吸拉线圈和保持线圈是（　　）。 A.两只线圈就一直通电 B.吸拉线圈先通电，保持线圈再通电 C.保持线圈先通电，吸拉线圈再通电 D.开始时两线圈同时通电，后来只有保持线圈通电 14.起动机电磁开关吸拉线圈的电阻值为（　　）Ω。 A.1.5～2.6 B.1.6～2.6 C.2.6～2.7 D.2.7～2.9 15.启动过程中，电磁开关内的（　　）。 A.保持线圈被短路 B.吸拉线圈被短路 C.保持和吸拉两线圈都被短路 D.保持和吸拉两线圈都不被短路

理论知识	样题
（3）工作原理 1）接通启动开关，吸拉线圈电流经起动机励磁绕组和电枢绕组搭铁，保持线圈直接搭铁。此时两线圈并联，产生同向电磁力，吸引铁芯左移，通过拨叉将驱动齿轮推向飞轮。同时通过电枢中的较小电流使电枢轴缓慢旋转，而有利于啮合。 2）当驱动齿轮与飞轮齿圈完全啮合时，推杆上的接触盘将电动机开关的两个触点接通，吸拉线圈短路，使线圈保持触点接通状态，强大的启动电流通过励磁绕组和电枢绕组使电动机快速转动。 3）发动机启动后（启动开关释放），启动开关到保持线圈的电流切断，保持线圈电流经触点及吸拉线圈形成回路，这时两线圈串联，产生电磁力方向相反，相互抵消。在回位弹簧作用下，铁芯返回原位，触点断开，起动机因断电而停转，同时驱动齿轮退回。 **6. 起动机的试验** **（1）空转试验（测试 n_{max}）** 1）试验目的：检查起动机内部是否有电路故障和机械故障。 2）试验现象分析 ①若空载电流基本符合标准值，转速低，是机械故障。 ②若空载电流大于标准值，是磁场或电枢短路。 ③若空载电流小，转速低（蓄电池正常），则是起动机内部电路接触不良（换向器接触不良、电刷弹簧弹力不足、电动机开关触点烧蚀）。 3）试验电路：如图 1-7-13a 所示。 **（2）全制动试验（测试 M_{max}）**：又称为全负荷试验。 1）试验目的：测试起动机的启动能力是否降低。 2）试验现象分析 ①若制动电流基本符合标准值，转矩低，是机械故障。 ②若制动电流大于标准值，而转矩小于标准值，是磁场或电枢短路。 ③若制动电流小，转矩低（蓄电池正常），则是起动机内部电路接触不良（换向器接触不良、电刷弹簧弹力不足、电动机开关触点烧蚀）。 ④若驱动齿轮锁止，而电枢轴有缓慢转动，是离合器打滑。 3）试验电路，如图 1-7-13b 所示。	16. 起动机电磁开关将起动机主电路接通后，活动铁芯靠（　　）线圈产生的电磁力保持在吸合位置上。 A. 吸拉 B. 保持 C. 吸拉和保持 D. 吸拉、保持、吸拉和保持都不是 17. 诊断起动机电路短路、断路故障时，除检查起动机导线是否短路外，还应检查（　　）。 A. 蓄电池电解液面高度 B. 起动机电磁开关工作是否正常 C. 断电器触点是否烧蚀 D. 蓄电池的放电程度 18. 对汽车起动机来讲，下列正确的是（　　）。 A. 起动机的搭铁回路电压降允许的最大值是 0.9 V B. 起动机工作时的噪声大多来自电枢 C. 发动机刚启动时，起动机的工作电流为 180～350 A D. 与驱动齿一体的是楔块式结构的单向离合器 19. 小排量汽油轿车上的起动机，在做全负荷试验时其电流一般为（　　）A。 A. 50～60 B. 70～100 C. 90～150 D. 大于 240 20. 起动机在做全制动试验时，除测试电流、电压外，还应测试（　　）。 A. 转速 B. 转矩 C. 功率 D. 电阻值

理论知识	样题
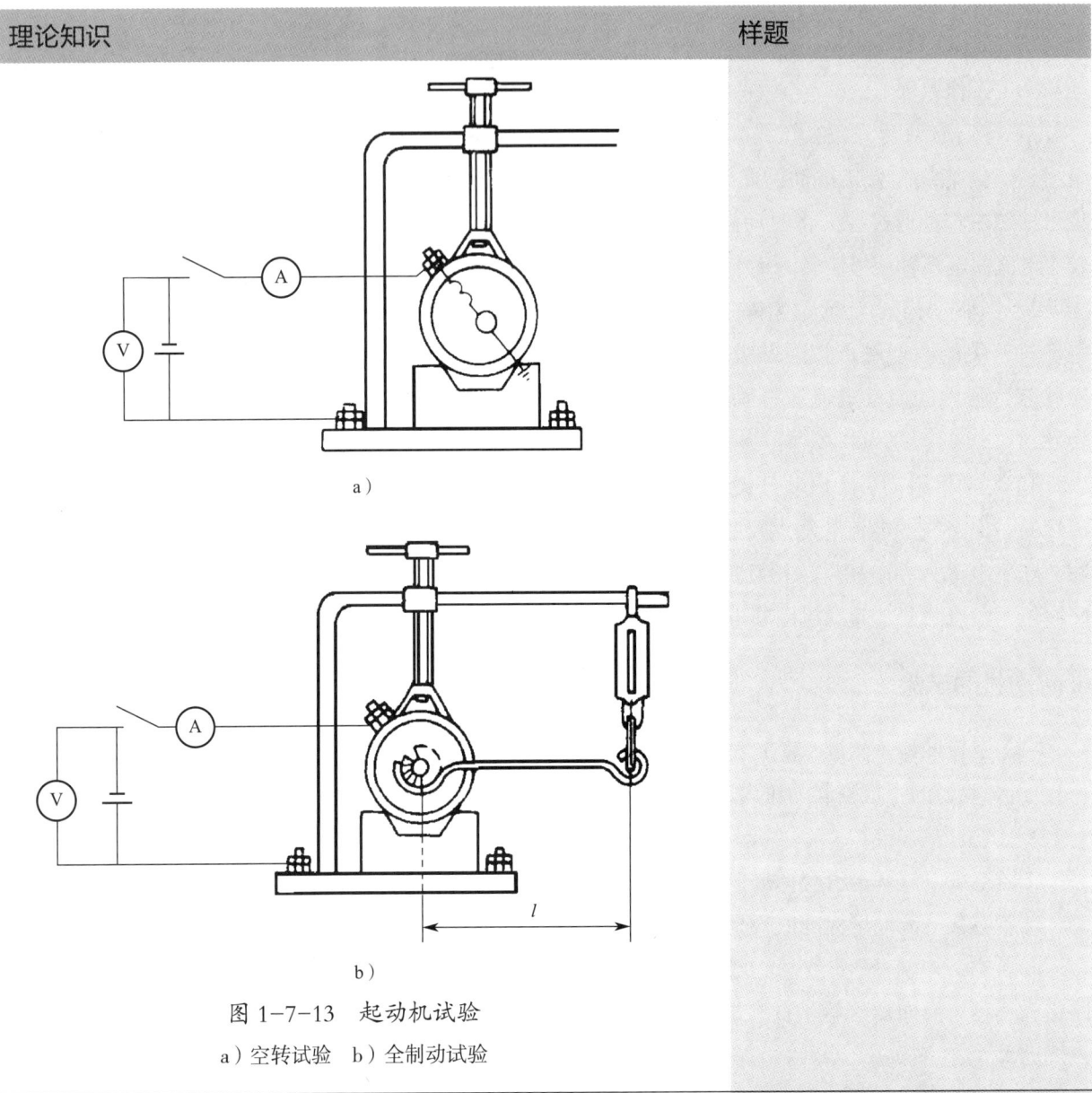 图 1-7-13 起动机试验 a）空转试验　b）全制动试验 ## 7.3 汽车照明、信号电路的检修 **1. 前照灯认识** （1）**结构**：前照灯由光源（灯泡）、反射镜、配光镜三部分组成。 1）光源（灯泡）：分为普通充气灯泡（白炽灯泡）、卤钨灯泡、高亮度弧光灯等。 2）反射镜：最大限度地将灯泡发出的光线聚合成强光束，以增加照射距离。目前，真空镀铝反射镜被广泛采用。 3）配光镜（散光玻璃）：装于反射镜之前，可将反射光束扩散	1.汽车双丝前照灯在近光灯丝（　　）装置有金属反光板罩。 A.上方 B.下方 C.前方 D.后方 2.汽车双丝前照灯在近光灯丝下方有金属反光板罩，其目的是（　　）。 A.增加亮度 B.增加透雾性 C.防止会车时对方驾驶人产生炫目现象 D.节约电能

理论知识	样题
分配，扩大光照范围，使光照强度更加均匀。 （2）**避免炫目的措施**：炫目是指人的眼睛突然受到强光照射时，由于视觉刺激从而对眼睛失去控制，而本能闭眼或看不清暗处物体的生理现象。驾驶员在行驶过程中处于炫目状态极易发生交通事故。 通常采用带遮光罩的双丝灯泡，会车时，切换为下方有金属反光板罩的近光灯，近光灯丝在焦点的上方或前方，并稍高出光学轴线。灯丝射向反射镜上半部的光线经反射后均投向路面。 （3）**技术要求** 1）前照灯应保证夜间车前有明亮均匀的光照，使驾驶员能辨明车前100 m以内路面的障碍物。目前汽车前照灯照明距离已达200~250 m。 2）具有防炫目装置，避免因灯光炫目造成会车事故。 3）光束在横向应有一定的散射宽度，以便直行时能看清车身侧面的运动物体及满足转弯时的照明需要。 4）满载时，照明效果不应因车灯高度变化而下降。 ## 2.高亮度弧光灯 （1）**结构**：无灯丝，石英管中装有两个电极，并充有氙气及微量金属（或金属卤化物），如图1-7-14所示。 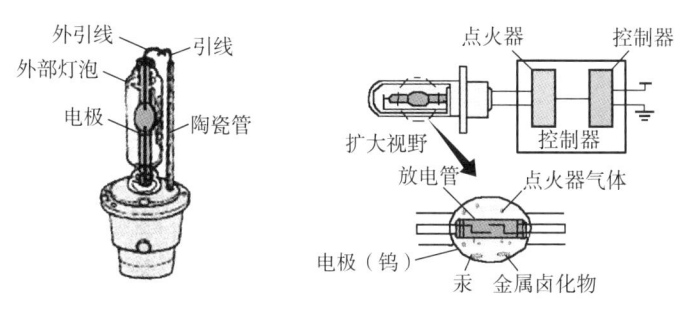 图1-7-14 高亮度弧光灯 （2）**原理**：当弧光灯的电极上有足够的引弧电压（5 000~12 000 V）时，灯管内的气体（如氙气）开始电离而导电、发光。 （3）**组成**：弧光放电前照灯由弧光灯组件、电子控制器和升压器组成。 （4）**特点**：与普通灯泡相比，一是氙气灯泡拥有比普通卤素灯泡高2.5倍以上的光照强度，耗能却仅为其三分之二；二是氙气灯泡的光色与日光近似，可为驾驶员创造出更佳的视觉条件，大大地	3.为了防止夜间会车炫目，将前照灯远光灯切换为近光灯，近光灯丝位于（　　）。 A.反射镜焦点处 B.反射镜焦点上方或前方 C.反射镜焦点下方 D.反射镜焦点侧面 4.弧光放电前照灯的亮度是卤素前照灯的（　　）倍以上。 A.2 B.5 C.2.5 D.10 5.关于现代汽车使用的氙气灯，下列说法不正确的是（　　）。 A.可提高亮度2倍以上 B.亮灯速度特别快 C.省电达50% D.使用寿命与车辆寿命相当 6.采用氙气灯作为普通前照灯的光源时，氙气灯可作为（　　）的光源。 A.远光 B.近光 C.四灯式远光 D.远近光灯均可

理论知识	样题

改善了驾驶的安全性和舒适性;三是使用寿命长,是普通卤素灯泡的5倍;四是节能,因灯泡点燃达正常工作温度后,维持电弧放电的功耗很低(约35 W),故可节约40%左右的电能。

3. 前照灯的使用与常见故障

(1)前照灯的使用注意事项

1)前照灯在使用时要注意密封,防止水及灰尘进入。

2)光学组件要配套使用,不要随意更换灯泡功率及其他光学组件。

3)前照灯在车上安装要牢固。

(2)前照灯不亮故障

1)原因:灯泡烧坏、熔丝烧断、灯光开关有故障、前照灯搭铁不良等。

2)排除方法:首先检查灯泡是否烧坏,若灯泡烧坏,则换灯泡。**注意:不可在灯泡上留下污迹,特别是在更换卤钨灯泡时,受皮肤脂肪沾污过的玻璃壳,会大大缩短使用寿命,所以拿灯泡时应拿基座**,如图1-7-15所示。

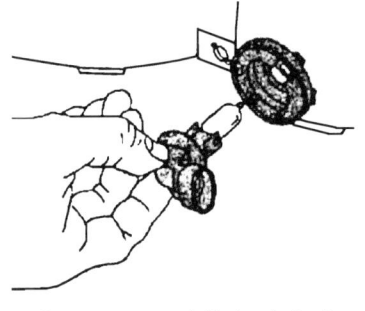

图1-7-15 更换灯泡方法

若熔丝烧断或灯光开关故障,应更换;若线路或搭铁不良,视情况修理。

(3)只有远光灯亮或只有近光灯亮

1)原因:有熔丝烧断、变光开关故障。

2)排除方法:更换熔丝或变光开关。

4. 转向及危险警告灯

(1)**作用**:采用灯光信号闪烁的方式,指示车辆左转或右转,以引起其他车辆和行人的注意,提高车辆行驶的安全性。**如遇危险情况,可使前、后、左、右四个转向灯同时闪烁,作为危险警告信号,请求其他车辆避让**。

(2)**组成**:转向信号灯电路主要由转向信号灯、闪光器、转向灯开关等组成,如图1-7-16所示。

(3)**闪光器的类型**:转向信号灯是由闪光器控制的,常见的闪光器有以下几种。

样题:

7.前照灯不亮故障的处理方法是,首先检查( )的好坏,不好应更换。
A. 灯泡
B. 蓄电池
C. 起动机
D. 发电机

8.汽车前照灯左右近光电路中,正确者为( )。
A. 左右近光灯泡的总电阻只有左侧的一半
B. 左右近光灯泡的总电阻是左侧和右侧之和
C. 左右近光灯泡的总电阻与右侧相等
D. 左右近光灯泡的总电阻只有左侧的1/4与右侧的1/4之和

9.汽车上的转向信号闪光器,其上有三个端子,( )端子应接转向开关。
A. +B
B. L型
C. E
D. ST

理论知识	样题

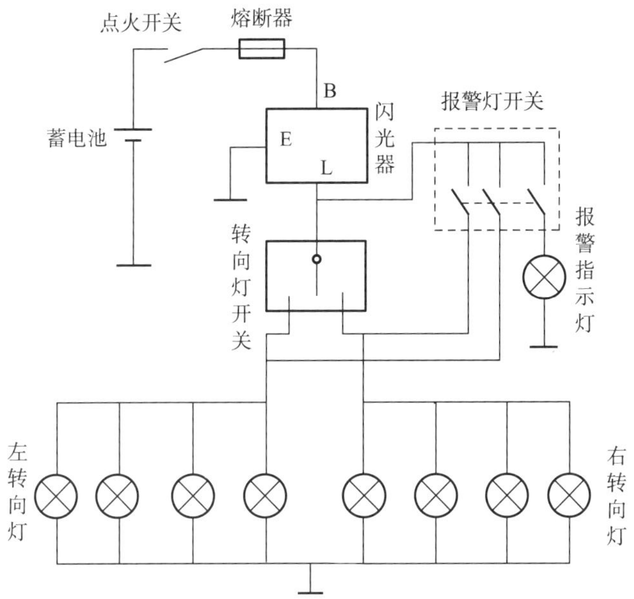

图 1-7-16 转向及危险警告灯电路

1）**热丝式**：结构简单、成本低，但闪光不够稳定、寿命短，已被淘汰。

2）**电容式和翼片式**：闪光频率较为稳定。

3）**电子式**：性能稳定，工作可靠，使用寿命长，目前广泛应用。

（4）**故障提示**：如果某侧一只转向灯烧坏，闪光器将使转向指示灯的闪光频率加快一倍，以提示驾驶员及时检修。

5. LED 制动信号灯的优点

（1）**发光极快**：反应速度快，无须热启动时间，微秒内即可发光（传统玻壳灯泡则有 0.3 s 延迟）可防止追尾。

（2）**寿命极长**：灯体内没有松动的部分，不存在灯丝发光易烧、热沉积、光衰等缺点，在恰当的电流和电压下，使用寿命可达 6 万 ~10 万小时，比传统光源寿命长 10 倍以上。

（3）**节能**：LED 汽车灯是冷光源，总体来说耗电量低，比传统光源节能 70% 以上。

（4）**环保**：光谱中没有紫外线和红外线，既没有热量，也没有辐射，眩光小，而且废弃物可回收，没有污染不含汞元素，可以安全触摸，属于典型的绿色照明光源。

（5）**发光纯度高**：色彩鲜艳，无须灯罩滤光，光波误差在 10 nm 以内。

10.某车上出现转向信号右方向工作正常，而左方向指示灯闪烁过快的故障，则该故障的部位应是（　　）。
A. 闪光器
B. 转向开关
C. 灯泡
D. 熔丝

11.汽车危险警告灯的电源来自（　　）。
A. 蓄电池
B. 闪光器
C. 危险灯开关
D. 点火钥匙

12. LED 作汽车制动灯，在车辆行驶时能体现的突出优点是（　　）。
A. 特别光亮
B. 发光极快
C. 造型醒目
D. 能自动开启

| 理论知识 | 样题 |

6. 电喇叭

（1）**作用**：发出声响信号提醒行人和其他车辆驾驶员。

（2）**分类**

1）筒形喇叭：以扬声筒作为共鸣辐射体，其音响效率高，音色清晰，但占用空间大。

2）螺旋形（蜗牛形）喇叭：与筒形喇叭原理完全一样，性能十分相近，音色优美，占用空间较小。

3）盆形喇叭：体积小，质量轻，方向性好，噪声小。广泛应用于轿车上。

（3）**盆形电喇叭的结构原理**（见图1-7-17）

1）结构：由刚性连接的膜片、共鸣板、衔铁、上铁芯及螺管形电磁铁、线圈等组成。

2）工作过程：当按下喇叭按钮时，常闭触点使线圈通电磁化铁芯，从而吸动铁芯带动膜片拱曲变形断开触点，如此反复，激励与膜片一体的共鸣板产生共鸣，发出比基本频率强得多且分布又比较集中的谐音。

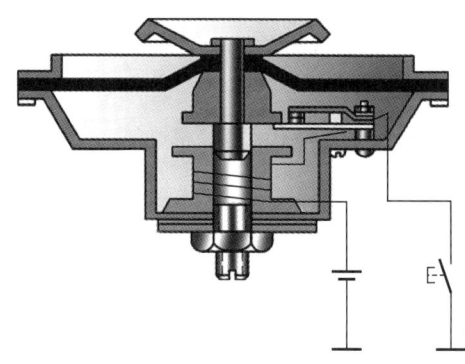

图1-7-17 盆形电喇叭结构

7. 电磁式水温表

（1）**作用**：用来指示发动机冷却液的工作温度。

（2）**组成**：水温表的工作电路由水温表和水温表传感器两部分组成，水温表安装在仪表板上的组合仪表内，水温传感器安装在发动机气缸盖的冷却水套上。

（3）**工作原理**：电磁式水温表与热敏电阻式水温传感器的工作电路如图1-7-18所示。

水温表内装有线圈L_1、L_2，水温表指针的指示值由L_1、L_2产生的磁力大小控制。

点火开关接通后，电流经参考电阻R流过水温指示表的线圈L_2、L_1和热敏电阻传感器。

当冷却水温度较低时，传感器内热敏电阻的阻值较大，流经线

---

13. 电喇叭上共鸣板、膜片、衔铁及（　　）刚性连为一体。
A. 上铁芯
B. 下铁芯
C. 弹簧
D. 按钮

14. 喇叭上的触点为（　　）式。
A. 常开
B. 常闭
C. 半开半闭
D. 处于任意状态

15. 接通点火开关后水温表指针不动，用旋具将传感器接线柱与机体短接，水温表指针仍不动，表明（　　）。
A. 水温表状况良好
B. 水温表电路有断路处或表已损坏
C. 传感器触点氧化
D. 传感器加热线圈烧坏

16. 装接汽车使用的电磁式水温表线路时，下列接线中正确的是（　　）。
A. 仪表上的两个接线柱可以随便接线
B. 仪表的上面接线柱一定要接点火开关
C. 仪表的上面接线柱应该接蓄电池正极
D. 仪表的上面接线柱应接水温传感器

理论知识	样题

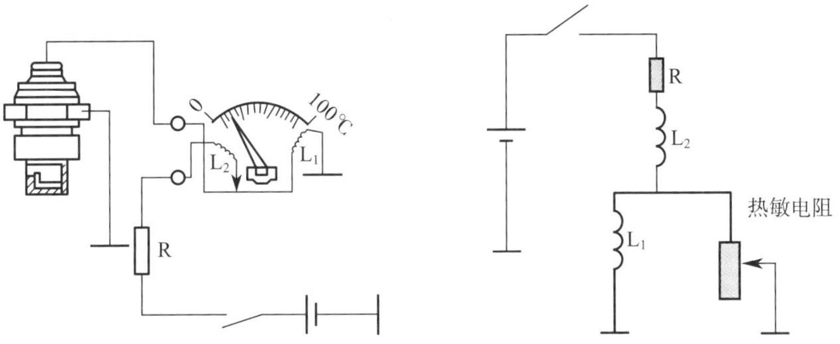

图 1-7-18　电磁式水温表及传感器的工作原理
a) 结构原理　b) 等效电路

圈 L_1 和 L_2 的电流相差不多，但 L_1 匝数多，产生的磁场强，使衔铁带动指针向左偏转，指针指向低温刻度。

当冷却水温度升高时，热敏电阻的阻值减小，线圈 L_2 中的电流明显增大，电磁力也增大，使衔铁带动指针向右偏转，水温表的指针指向高温刻度。

（4）故障分析

1）水温表一直处于低温区：发动机怠速热车后，水温表指针一直处于低温区。短接水温传感器的热敏电阻，如果指针立即升至100℃以上位置，说明传感器损坏；如果短接没反应，则说明水温表至水温传感器的电路有断路或是水温表中有一线圈断路。

2）水温表没反应：接通点火开关后水温表指针不动，用旋具将传感器接线柱与机体短接，水温表指针仍不动，表明水温表电路有断路处或表已损坏。

8. 机油压力报警灯电路（见图 1-7-19）

（1）作用：在发动机转动时，用来指示发动机机油压力的大小和发动机润滑系工作是否正常。当探测到发动机机油压力降至异常低值时，机油压力警告灯即向驾驶员报警。

（2）组成

1）机油压力警告灯安装在仪表盘上，指示机油压力是否过低。

2）机油压力开关安装在气缸体上，用于探测主油道的机油压力。

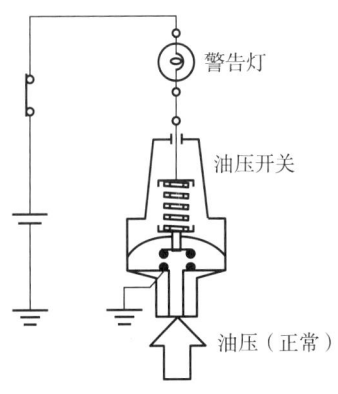

图 1-7-19　机油压力警告灯电路

17. 汽车点火开关未接通时，水温表指示停在左边刻度100℃外面，接通点火开关后，指针立即从100℃向40℃移动，发动机启动后，随着水温增高，指针又慢慢从40℃向接近100℃的方向移动，表明（　　）。

A. 总火线有断路处
B. 感温塞故障
C. 水温表电路有断路处
D. 水温表状况良好

18. 汽车使用的电磁式水温表，其指针一直处于低温区，原因没有（　　）。

A. 总火线有断路处
B. 水温传感器损坏
C. 水温表至水温传感器的电路有断路
D. 水温表中有一线圈断路

理论知识

（3）**工作原理**：当发动机熄火时，或者发动机启动后油压低于规定值时，机油开关内的触点在弹簧力的作用下闭合，机油压力警告灯点亮。

当发动机启动后，油压高于规定值时，油压推动机油压力开关内的膜片克服回位弹簧弹力，使触点断开，机油压力警告灯熄灭。

9. 磁感应式车速里程表

（1）**作用**：用来指示汽车行驶速度和累计行驶里程数的仪表。

（2）**组成**：由车速表和里程表两部分组成。其结构如图1-7-20所示。

车速里程表由永久磁铁、带有轴及指针的铝碗、罩壳和紧固在车速里程表外壳上的刻度盘等组成。

（3）**工作原理**

1）车速表的工作原理：当汽车直线行驶时，变速器输出轴上的蜗轮、蜗杆以及软轴等带动永久磁铁转动，同时在铝碗上产生涡流磁场，并产生转矩，使铝碗反抗游丝向永久磁铁转动方向转动，从而带动指针在标度盘上指出相应的车速值，因为涡流磁场的强弱与车速成正比（车速越高，磁场切割速度越高），所以指针指示的速度也必与汽车的行驶速度成正比。

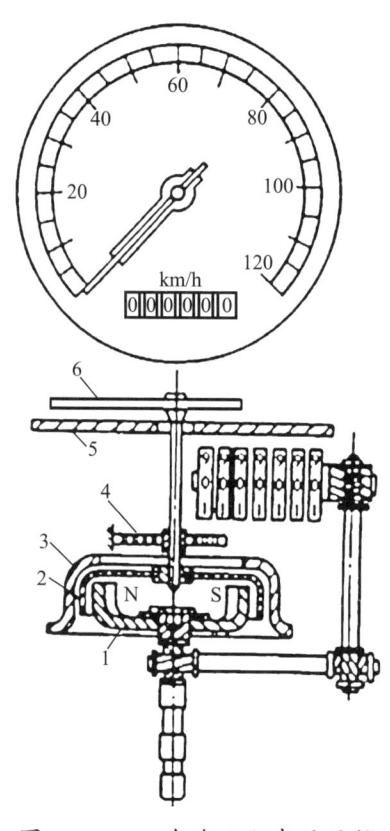

图1-7-20 车速里程表的结构
1—永久磁铁 2—铝碗 3—罩壳
4—弹簧 5—刻度盘 6—指针

2）里程表的工作原理：里程表是由蜗轮蜗杆和计数轮组成的，蜗轮蜗杆和汽车的传动轴之间具有一定的传动比。在汽车行驶时，软轴驱动车速里程表的小轴，经三对蜗轮蜗杆带动里程表的第一计数轮转动。第一计数轮上的数字为十分之一公里，每两个相邻的计数轮之间又通过本身的内齿和进位计数轮的传动齿轮，形成1:10的传动比。车速里程表与各轮胎之间的总传动比分为1:1 000和1:624两种，其中1:624的已逐渐被1:1 000所取代。

样题

19. 发动机机油压力正常时，机油压力过低报警灯报警开关触点（　　），报警灯（　　）。
A. 分开　不亮
B. 分开　亮
C. 闭合　不亮
D. 闭合　亮

20. 传统汽车的车速里程表的车速信号来自（　　）。
A. 点火线圈负极
B. 发动机转速传感器
C. 变速器输出轴
D. 变速器输入轴

21. 车速传感器安装在（　　）。
A. 气缸体上
B. 油底壳上
C. 离合器上
D. 变速器上

22. 车速里程表与轮胎之间的总传动比一般为（　　）。
A. 1:10
B. 1:100
C. 1:1 000
D. 1:10 000

23. 更换汽车新里程表时，应将里程表的读数调到（　　）。
A. 0
B. 车主要求的公里数
C. 原公里数
D. 任意公里数

理论知识	样题

注意：更换汽车上新里程表时，应将里程表的读数调到原公里数！

7.4 辅助电器的检修

1. 汽车音响

（1）**概述**：汽车音响是为减轻驾驶人和乘员旅行中的枯燥感而设置的收放音装置。最早使用的是汽车调幅收音机，后来是调幅调频收音机、磁带放音机，逐渐发展至 CD 放音机和兼容 DCC、DAT 的数码音响。现在汽车音响无论在音色、操作和防振等各方面均达到了较高的标准，能应付汽车在崎岖道路上的颠簸，保证性能的稳定。

（2）**收音机**：调谐器（又可分为 AM 收音和 FM 收音两种信号源）实质上就是没有音频放大电路的 AM（调幅）、FM（调频）收音机。一般汽车音响都设有 AM 和 FM 波段。对于手动机械调谐式汽车音响，FM 波段的高放、本振和混频都做在一个铁屏蔽盒里，称为 FM 高频头，它输出的是 10.7 MHz 的 FM 中频信号，而 AM 波段有关组件都焊接在主电路板上。对于数字调谐式汽车音响，通常是把 AM 收音电路和 FM 收音电路分别做在两个铁屏蔽盒里，输出的就是经过解调的音频信号。还有一些集成度更高的机型，如 AM 和 FM 处理电路采用单片集成电路，将其做在铁屏蔽盒里作为一个组件，输出就是 AM 和 FM 音频信号了。

（3）**磁带放音机**：磁带放音机的机芯有普通换向机芯和自动换向机芯两种。与家用音响相比，汽车音响没有录音功能，只有一个单卡的磁带放音部分，但它的机芯结构较家用卡座复杂，多了磁带进出盒机构，自动换向机芯多了自动返带机构。

（4）**功放**：音响的音源信号经微处理器处理之后，需要进行功率放大才能使车载音箱发出声音。已知电功率 $P=UI$，可见功率放大的前提是电压、电流的放大。电压方面，微处理器的供电电压多为 5 V，功放供电电压为 12 V。功率放大后驱动车载音箱的功率一般为 4~15 W，工作电流 $I=P/U$ 为 0.5~1 A。

2. 电动刮水器

（1）**作用**：清除附着在风窗玻璃上的雾、霜、雨、雪、泥、尘埃及其他污物，使驾驶人具有良好的视线，保障行车安全。

1.数字显示汽车音响的收音电路由（　　）及 AM 收音高放电路、中放电路、收音立体声解码集成电路为主构成。
A. A/C
B. FM
C. FC
D. FP

2.数字调节汽车音响数控收音微处理器的供电多用（　　）V 电压。
A. 12
B. 5
C. 24
D. 10

3.一般汽车音响的工作电流为（　　）A。
A. 12
B. 5
C. 0.5~1
D. 低于 0.5

4.汽车音响按照放音机芯的功能分为（　　）。
A. 普通换向机芯和自动换向机芯
B. 中频放大机芯和调频中频信号放大机芯
C. 调频高频信号放大电路机芯和混频机芯
D. 本振电路机芯、调频选频机芯和预中频放大电路机芯

理论知识

（2）**工作原理**：控制电路如图 1-7-21 所示。

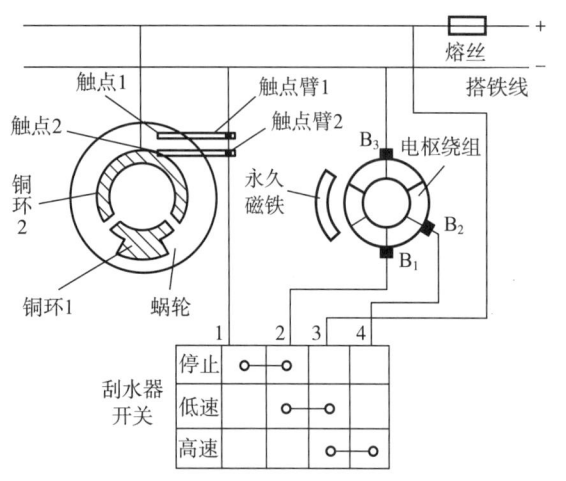

图 1-7-21 电动刮水器控制电路

1）摆动控制：每个刮水器都有一个曲柄摇杆机构，将刮水器电动机主轴的旋转运动变为往复摆动。

2）高低速控制：刮水器开关在"0"挡为停止，"Ⅰ"挡为低速，一般为每分钟 45 摆次，在雨量较小时使用，"Ⅱ"挡为高速，一般为每分钟 65 摆次，大雨时使用。

3）复位控制：为了不影响驾驶人的视线，每当切断刮水器电动机电路后，电流通过触点 2→触点臂 2→组合开关端子 1→组合开关端子 2→电枢绕组电刷 B_1，刮水器电动机继续工作，当刮杆与刮片复位到风窗玻璃的下沿时，触点臂 2 与触点 2 断开，刮水器电动机停止工作。

3. 中控门锁

（1）**作用**：中央控制门锁系统是由微机根据各个开关信号控制门锁的开、闭，可使驾驶人更加方便安全地使用汽车。

（2）**组成**

1）门锁开关：控制门锁控制器的工作状态。有按钮式控制开关和钥匙控制开关两种。

2）门锁控制器：控制门锁执行机构动作，使门锁打开或锁止。有电子式、车速感应式、车身电控单元控制式。

3）门锁执行机构：根据电路中电流方向的不同进行开锁和闭锁。有电动机式、电磁式、真空式和电子式。

（3）**电容式门锁控制器**：在门锁控制器工作时，继电器（开锁

样题

5.车辆的挡风玻璃刮水器，当刮水开关打到 OFF 挡时，刮水臂会影响视线（不能复位），这说明（　　）。
A.复位开关铜片烧毁
B.蜗杆变形过大
C.机械连杆装置接头过于松动
D.刮水器电动机故障

6.双速刮水器的控制开关在（　　）位置时电动机转速较低。
A."0"挡
B."Ⅰ"挡
C."Ⅱ"挡
D.任何挡位

7.造成永磁式汽车风窗刮水器电动机不能转动的原因没有（　　）。
A.电动机转子卡死
B.熔丝烧断
C.励磁线圈烧坏
D.蜗轮蜗杆齿轮组损坏

8.门锁电路的定时装置一般利用（　　）的充、放电特征。
A.继电器
B.电容器
C.电阻
D.三极管

9.中央控制门锁出现故障时可能有许多原因，首先要区分是（　　）、电器故障、线路故障还是气路故障。
A.机械故障
B.油路故障
C.气路故障
D.电动机故障

理论知识	样题
或闭锁继电器）串联接入电容器的放电回路，充足电的电容器使其触点短时间闭合。当（正向或反向）转动车门钥匙时，相应的电路开关（闭锁或开锁）接通，电容器放电电流通过继电器线圈（开锁或闭锁继电器）搭铁，线圈产生电磁吸力，触点闭合，接通执行机构电磁线圈的电路，完成闭锁或开锁的动作。当电容器放电完毕后，继电器触点打开，中央门锁系统停止工作。此时另一只电容器被充电，为下一次操纵做好准备。如图1-7-22所示。 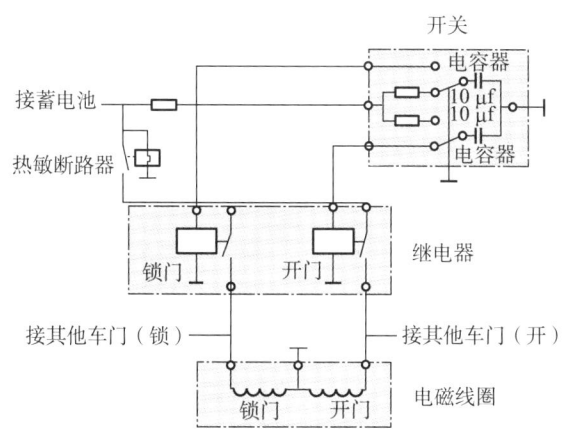 图1-7-22 电容式门锁控制器 （4）**真空式中控锁**：开关锁车门的动力来自于发动机进气歧管的真空，早期用于高档轿车，其结构复杂，故障率高，一旦真空管破裂造成真空泄漏后，所有门锁执行机构都不能正常工作。现已被淘汰。 ### 4.电动后视镜 （1）**作用**：帮助驾驶人观察后方及两侧情况，在需要调节后视镜视角时，驾驶人可以不必下车，而是通过电动按钮就可以调节。操作起来既方便又安全。现在大部分轿车的后视镜都是电动调节的，有些高级轿车的后视镜还带有加热除霜功能。 （2）**组成**：汽车的电动后视镜一般由镜片、驱动电动机、控制电路及操纵开关等部分组成。在每个后视镜镜片的背后都有两个可逆电动机，可操纵其上、下、左、右运动。通常垂直方向的倾斜运动由一个永磁电动机控制，水平方向的倾斜运动由另一个永磁电动机控制。 ### 5.电动座椅 （1）**作用**：为驾驶人及乘员提供便于操作、舒适而又安全的驾	10.中央控制门锁出现机械故障的特点是（　　）。 A.所有门锁工作不正常 B.半边车门锁工作不正常 C.个别门工作不正常 D.所有门锁无法打开 11.对于真空控制的中央控制门锁，当真空管出现故障时，将造成真空泄漏，它出现故障时的特点是（　　）门锁执行机构不能正常工作，甚至在门锁工作时能听到漏气的声响。 A.所有 B.左前 C.右前 D.左后 12.每个电动后视镜后面都由（　　）个调整电动机驱动。 A.1 B.2 C.3 D.4

乘位置。

（2）**组成**：电动座椅由电动机、控制开关（电控系统）、传动装置和座椅调节器等组成。

（3）**工作原理**：电动座椅中使用的电动机一般为永磁式双向直流电动机，为防止电动机过载，电动机内一般都装有断路器。每个双向电动机可以调节两个方向，根据电动机数量的不同，电动座椅可分为四方向、六方向、八方向和十方向等。

6. 安全气囊

（1）**作用**：安全气囊系统（Supplemental Restraint System，SRS）是为了减少汽车发生碰撞时由于巨大的惯性力对驾驶员和乘员造成伤害而装设的一种被动安全系统。

（2）**组成**：安全气囊系统主要由安全气囊传感器、防撞安全气囊及电子控制装置（ECU）等组成。

（3）**工作顺序**：如图1-7-23所示。

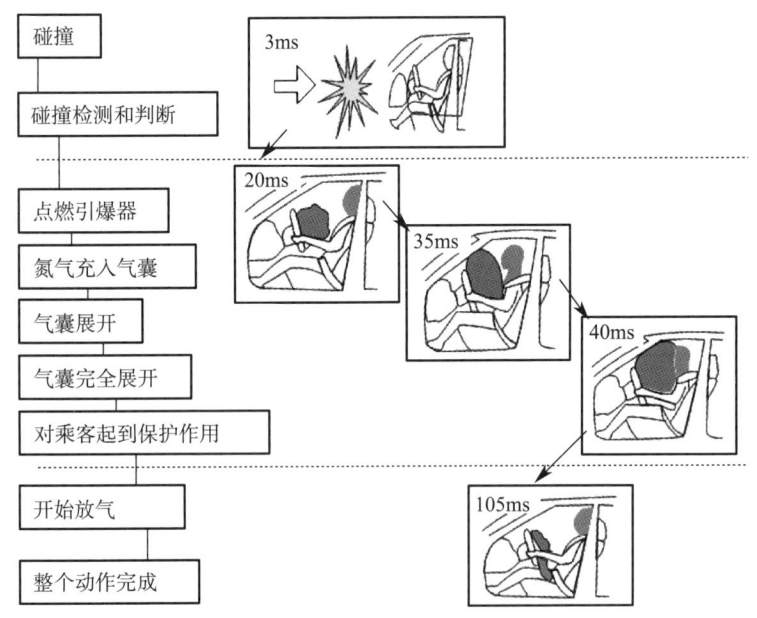

图1-7-23 安全气囊工作顺序

（4）**安全注意事项**

1）对安全气囊系统的任何作业均应先摘下蓄电池电缆，等待3s以后，控制模块中的电容完全放电后再进行作业，以免造成安全气囊误爆。

2）在拆下蓄电池负极电缆之前，先记录下音响系统的设置和

---

13. 汽车电动座椅能调节的方向比较多，许多车辆使用4个电动机，能够对座椅进行（　）个方向进行的调节。
A. 8
B. 6
C. 4
D. 2

14. 对于安全气囊来说，正确的是：（　）。
A. 气囊被爆后，只要中央控制器未受损，则仍可继续使用
B. 内藏有大电容，可作为引爆的备用电源
C. 安全气囊的插件中，有绿色的金属熔断片
D. 车辆发生碰撞蓄电池如果断线，则气囊失去作用

15. 安全气囊系统的检查工作务必在点火开关转到OFF位，并将蓄电池负极电缆拆下至少（　）s后才能开始。
A. 10
B. 5
C. 3
D. 0

理论知识	样题
内容，以便在维修结束后重新设置，气囊系统安装完成后，切忌用万用表测量引发器的电阻，以防气囊误爆。 3）在拆卸安全气囊时，应将缓冲垫软面朝上，上面不可叠置物品，安全气囊存放的环境温度不可高于93℃，湿度也不可过高。安全气囊不能用清洗剂清洗，不准涂润滑油，只能用布擦拭。 4）不允许对控制模块进行敲击，也应避免其受到碰撞、振动或酸、碱、油、水的侵蚀。如发现有凹陷、裂纹、变形或生锈，要更换新件，控制模块的安装方向一定要与模块上标定的方向一致。 5）中央安全气囊传感器总成含有汞，当车辆报废或更换中央安全气囊传感器总成本身时，应拆下中央安全气囊传感器总成并作有害废物处置。 6）全部与安全气囊有关的检查，必须在安全气囊正确拆除后进行，安装安全气囊时不要试探任何连接处。如果在车上修理安全气囊，在安全拆除安全气囊前，不要坐在安全气囊附近。 7）为防止气囊误爆，在引爆炸药的引出导线与气囊连接器插头之间的连接器中设有金属短路片，防止静电或误导电将电热丝电路接通而造成气囊误膨开。 **7. 巡航控制** （1）**作用**：一种利用电子控制技术保持汽车自动等速行驶的系统，当汽车在高速公路上长时间行驶时，接通巡航控制主开关，设定希望的车速，巡航控制系统将根据汽车行驶阻力的变化，自动增大或减小节气门开度，使汽车按设定的车速等速行驶，驾驶员不必操纵加速踏板，因此，巡航控制系统可以减轻驾驶员的疲劳。 （2）**组成**：巡航控制系统由巡航指令开关、传感器、巡航控制ECU、执行器等组成。 1）巡航指令开关：包括主开关（MAIN）、设定/减速开关（SET/COAST）、恢复/加速开关（RES/ACC）和取消（CANCEL）开关。退出巡航控制开关除取消开关外，还包括制动灯开关、驻车制动开关、离合器开关（手动变速器）和空挡启动开关（自动变速器）。 2）传感器：包括车速传感器（类型有电磁式、霍尔式、光电式、舌簧开关式等）、节气门位置传感器、节气门控制摇臂传感器。 3）巡航控制ECU：具有记忆设定车速功能、等速控制功能、设定车速调整功能、取消和恢复功能、车速下限控制功能、车速上限控制功能等。	16.拆卸或搬运气囊组件时，气囊装饰盖的面应当（　　），不得将气囊组件重叠堆放或在气囊组件上放置任何物品，以防气囊被误引爆造成事故。 A．朝下 B．朝上 C．朝前 D．随意乱放 17.电子控制安全气囊系统采用的碰撞传感器按功用可分为（　　）传感器和防护碰撞传感器两大类。 A．撞击传感器 B．碰撞烈度（激烈程度） C．质量 D．距离 18.气囊系统导线连接器上安装短路片的目的是（　　）。 A．防止线路接触不良 B．防止意外触发SRS故障指示灯 C．防止造成意外点火 D．防止气囊炸开 19.为防止安全气囊在检修时误爆，在其电路的接插件中安装有（　　）装置。 A．红色易熔片 B．金属短路片 C．绿色塑料 D．绿色锁止弹性片 20.巡航控制系统主要是由（　　）、传感器、巡航控制系统和ECU，以及节气门执行器四部分组成。 A．点火开关 B．A/C开关 C．指令开关 D．压力开关

理论知识

4）执行器：有真空驱动型和电动机驱动型两种。

（3）**工作原理**：如图1-7-24所示，巡航控制开关和传感器将信号送至ECU，ECU根据这些信号计算出节气门的合理开度，并给执行器发出信号，调节节气门的开度，保持汽车按设定的车速等速行驶。

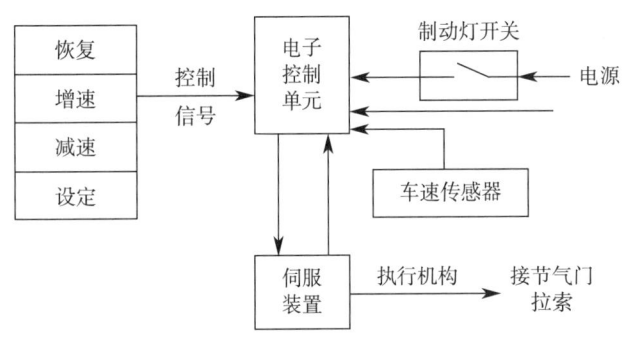

图1-7-24 定速巡航控制框图

（4）**使用方法**

1）设定巡航车速：按下巡航控制主开关，踏下加速踏板使汽车加速，当达到希望的车速时，将巡航控制开关推至设定/减速位置后放松。

2）加速：当汽车巡航行驶时，如果要使巡航设定车速提高，应将巡航控制开关置于恢复/加速位置保持不动，汽车将逐渐加速。当汽车巡航行驶时，如果需要使汽车临时加速（如超车），则只需踏下加速踏板即可，放松加速踏板后，汽车仍按原来设定的车速巡航行驶。

3）减速：如果要使巡航设定车速降低，应将巡航控制开关置于设定/减速位置保持不动，汽车将逐渐减速。当汽车减速至所希望的车速时，放松巡航控制开关，汽车将按新的较低的设定车速等速行驶。

7.5 汽车空调的检修

1.汽车空调的功能

汽车空调是对车内空气进行制冷、加热、换气和空气净化的装置。

样题

21.中高档轿车上已经广泛使用巡航控制系统，下列说法中正确的是（　　）。

A.真空阀控制真空式巡航系统的真空度

B.电动式巡航系统有真空泄放阀和真空输送阀

C.真空式巡航系统由电磁离合器控制

D.发动机节气门与巡航执行器间有拉索进行同步控制

22.中高档桥车上广泛使用巡航控制系统，下列有关它的工作原理正确的是（　　）。

A.一旦设定巡航，则车速不能改变

B.应绝对保证发动机输出功率的恒定

C.巡航执行器上有拉索控制输出功率

D.可允许发动机节气门有较小的自动调整

理论知识	样题
2. 汽车空调的组成 汽车空调的组成结构按其功能可分为制冷系统、加热系统、分配通风系统、空气净化系统和调节控制系统五大部分。 （1）**制冷系统**：由压缩机、冷凝器、储液干燥器（或集液干燥器）、膨胀阀（或孔管）、蒸发器、鼓风机、进风罩及制冷管路等组成，如图 1-7-25 所示。 （2）**加热系统**：也称为采暖系统。汽车空调的采暖装置按热量来源可分为余热式和独立式两类。余热式采暖是利用汽车发动机工作时产生的剩余热量采暖，它又分为水暖式和气暖式两种。 图 1-7-25 制冷系统的组成 1—低压阀　2—高压阀 3—冷凝器　4—储液干燥器 5—膨胀阀　6—蒸发器 （3）**分配通风系统**：主要是利用空气分配箱，由送风道（或通风软管）和通风口等部件组成。 （4）**空气净化系统**：一般由鼓风机、空气过滤器、杀菌器、负氧离子发生器和进、出风口等组成。其作用是使车厢内空气保持清新洁净。 （5）**调节控制系统**：主要由电路元件、真空管路和操纵机构组成。其作用一方面是用以对制冷和加热系统的温度、压力进行控制，另一方面是对车内空气的温度、风量、流向进行操纵。 **3. 制冷剂** 制冷剂，又称冷媒、致冷剂、雪种，是各种热机中借以完成能量转化的媒介物质。 按蒙特利尔议定命名（区分氟利昂对大气臭氧层的破坏程度）有以下几类。 （1）**CFC（氯氟化碳）类**：主要包括 R11（CFC11）、R12（CFC12）、R13、R14、R113、R114 等，破坏臭氧层的 ODP 值、温室气体 GWP 值（R12 的 ODP 值 1，GWP 值 3）都很高，已禁用。 （2）**HCFC（氢氯氟化碳）类**：主要包括 R22（HCFC22）、R123、R133、R142b 等，含氢，低公害，属于替代 CFC 类制冷剂的过渡性	1.汽车空调操纵面板上的 A/C 开关是用来控制（　　）系统的。 A. 采暖 B. 通风 C. 制冷 D. 转换 2.使用汽车空调时，（　　）会影响制冷效果。 A. 乘客过多 B. 汽车快速行驶 C. 大负荷 D. 门窗关闭不严 3. CFC12 对大气臭氧层破坏作用很大，臭氧层破坏系数（ODP）值为（　　），温室效应（GWP）值达 3 左右。 A. 1 B. 2 C. 3 D. 4 4. HCFC 类制冷剂包括 R22、R123、（　　）等。 A. R133 B. R143 C. R153 D. R163

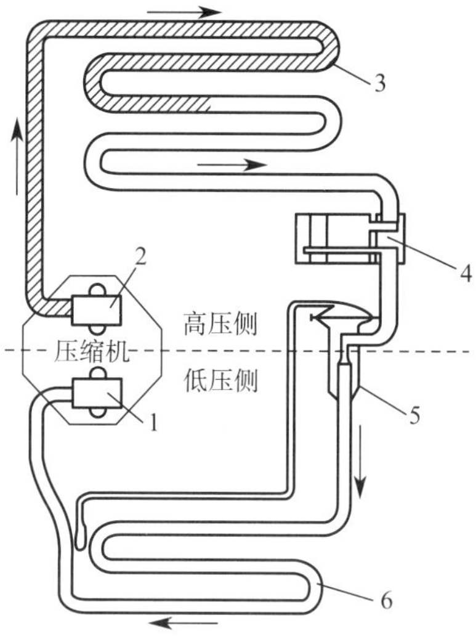

理论知识

物质。

（3）HFC（氢氟化碳）类：主要包括R134a（HFC134a）、R410a、R407c等，破坏臭氧层的ODP值、温室气体GWP值（R134a的ODP值为0，GWP值为0.25~0.26）都很低。

4. 制冷系统的工作原理

空调系统工作时，制冷剂在制冷管路中循环的顺序是：压缩机→冷凝器→干燥过滤器→膨胀阀→蒸发器，在管路中的不同位置，制冷剂的状态也不相同，一般有4个状态，即高温高压气体、中温高压液体、低温低压液体和低温低压气体，对应的是压缩、冷凝、膨胀、蒸发四个工作过程。

（1）压缩过程

压缩机运转后，当活塞处于吸气冲程时，将从蒸发器低压侧把经过干燥的低温低压气态制冷剂（温度约为0℃、气压约为0.15 MPa）吸入气缸；压缩时对气体做功，从而把机械能转变成气体的内能和流动的动能，使制冷剂不但循环流动而且制冷剂气体的状态也发生变化，把低温低压气态制冷剂压缩成高温高压的气态制冷剂。

（2）冷凝过程

从压缩机输出的过热气态制冷剂进入冷凝器后，通过冷凝器散热冷凝为液态制冷剂。失去能量的制冷剂由高温高压气体变成（被冷凝成）高温高压的液体。

（3）膨胀过程

冷凝后的液态制冷剂经过节流管（阀）或膨胀阀，由于节流管（阀）或膨胀阀的节流作用，使其两侧的压力不同，一侧为高压区，另一侧为低压区。制冷剂从高压区进入低压区，体积突然变大，其压力和温度急剧下降，变成低温低压的湿蒸气（雾状的液体）。制冷剂靠膨胀阀或节流管的作用被送出，又流向蒸发器。

（4）蒸发过程

低温低压的湿蒸气进入蒸发器中不断吸热汽化转变成气态制冷剂，使蒸发器周围空气的温度下降。由于制冷剂在蒸发器管路内汽化时的温度低于蒸发器管路外的车内循环风温度，所以通过热传递，它能自动吸收蒸发器管外空气中的热量，从而使流经蒸发器的空气温度降低，产生了制冷降温的效果。

样题

5.（　　）的最大的特点是不含氯原子，ODP值为0，GWP也很低，为0.25~0.26。
A. HFC12
B. HFC13
C. HFC14
D. HFC134a

6. 汽车空调制冷循环顺序是（　　）。
A. 压缩机→干燥过滤器→蒸发器→冷凝器→膨胀阀
B. 蒸发器→膨胀阀→冷凝器→干燥过滤器→压缩机
C. 膨胀阀→冷凝器→干燥过滤器→压缩机→蒸发器
D. 冷凝器→干燥过滤器→膨胀阀→蒸发器→压缩机

7. 制冷剂进入压缩机时的状态为（　　）。
A. 低压高温气体
B. 低压低温气体
C. 高压高温气体
D. 高压低温气体

8. 制冷剂离开压缩机时的状态为（　　）。
A. 低压过热气体
B. 低压过冷气体
C. 高压过热气体
D. 高压过冷气体

9. 汽车制冷循环系统中，经膨胀阀送往蒸发器管路中的制冷剂是（　　）。
A. 高温高压液体
B. 低温低压液体
C. 低温高压气体
D. 高温低压液体

理论知识	样题
5. 压缩机 （1）作用：是空调制冷系统的心脏，它是对制冷剂进行低压和高压、低温和高温转换的装置。压缩机的运转使其进口处成低压状态，使蒸发器携带潜热（包括吸收了车室内热量）的制冷剂流出蒸发器；另一方面使低压气态制冷剂压缩成高压气态制冷剂。 （2）种类：曲轴连杆式压缩机、翘板活塞压缩机、回转斜盘式压缩机、旋转叶片式压缩机等。 1）曲轴连杆式压缩机：是最早的第一代制冷压缩机。 2）翘板活塞式压缩机：又称摇摆斜盘式压缩机或单向斜盘式压缩机，其最大的优点是工作平稳、结构紧凑、体积小，是第二代制冷压缩机。 3）回转斜盘式压缩机：又称斜盘活塞式压缩机或双向斜盘式压缩机。是翘板活塞式压缩机的改进型，是汽车空调压缩机的主导产品，约占所有压缩机产品的70%。 把斜盘与压缩机主轴的角度变成可调时，回转斜盘式压缩机就变成了变排量空调压缩机。 4）旋转叶片式压缩机：又称刮片式压缩机，具有体积和质量小、噪声、振动小，容积效率高等优点，产量连年上升，被认为是第三代压缩机。 （3）斜盘活塞式压缩机的结构原理 1）原理：回转斜盘式压缩机采用往复式双头活塞，依靠斜盘的旋转运动，使双头活塞获得轴向的往复运动。所以，回转斜盘式压缩机的缸数都是双数，各气缸沿圆周按轴向前、后成对地均匀布置，各气缸均装有进、排气阀，各气缸的进气腔和排气腔分别通过管路连通。其工作过程示意图如图1-7-26所示。双头活塞中间开槽与斜盘装合，因此，可由斜盘驱动其在前、后两个气缸内往复运动；压缩机主轴和斜盘旋转一周时，双头活塞分别在前、后两个气缸内往复运动一次；活塞向前移动时，前气缸中进行压缩行程，后气缸中则进行吸气行程；向后移动时，前、后两个气缸的作用互相对调。在斜盘同一圆周上均布3个（或5个）双头活塞，常见的有6缸和10缸。 2）结构：如图1-7-27所示，它主要由气缸、气缸盖、阀板、主轴、斜盘和活塞等组成。斜盘固定在主轴上，随主轴一起转动。斜盘卡在活塞的中部，通过滚珠和滑靴与活塞相连，滑靴能在斜盘	10.汽车空调系统中，为制冷循环提供动力的部件是（　　）。 A.储液干燥器 B.空调压缩机 C.蒸发器 D.冷凝器 11.汽车空调系统中，（　　）将系统的低压侧与高压侧分隔开。 A.空调压缩机 B.干燥罐 C.蒸发器 D.冷凝器 12.采用双向活塞式的斜盘空调压缩机，可获得的好处主要是（　　）。 A.双向活塞形成的气压串联，可提升气压 B.提高工效，增大排量 C.减少工效 D.减少驱动转矩 13.采用双向活塞式的斜盘空调压缩机，其进、排气阀片是（　　）。 A.安装于前端 B.安装于后端 C.前后端分别都有 D.进气阀片装在前端，排气阀装在后端 14.斜盘空调压缩机的润滑，主要靠（　　）润滑方式进行润滑。 A.飞溅 B.压力 C.制冷剂中带有润滑油进行自然循环润滑 D.重力

理论知识

上滑动。当斜盘随主轴转动时，通过滑靴和滚珠向活塞传递轴向力，使活塞在气缸内做往复直线运动。前、后阀门板分别装在前、后缸盖与缸体之间，通过阀门板上的进、排气阀控制各缸的进、排气通道。安装在压缩机后端的机油泵，用来控制压缩机工作。

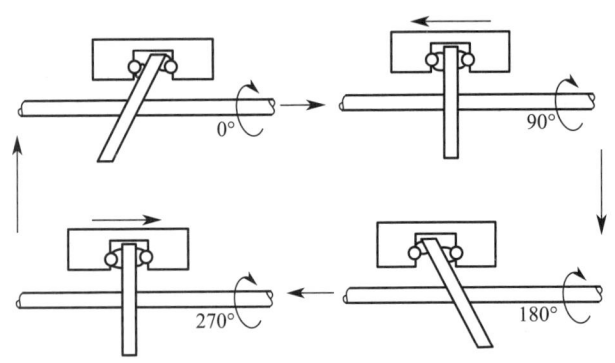

图 1-7-26　回转斜盘式压缩机工作示意图

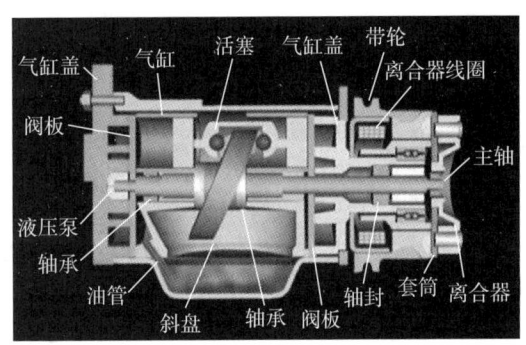

图 1-7-27　回转斜盘式压缩机的结构

3）特性：一是采用双向活塞，增大了排量、提高了工效；二是转速高，最高转速可达 10 000 r/min 以上；三是采用压力润滑方式，润滑效果好。

（4）压缩机性能检查

1）检查条件：发动机转速达到 1 500 r/min；

2）检查项目：吸气压力（低压侧）为 0.1～0.3 MPa，排气压力（高压侧）为 1.3～1.7 MPa。

6. 压缩机控制

（1）**压缩机保护控制**：在运行中，如果制冷系统中制冷剂过多、因堵塞而循环不畅或压缩机缸盖温度过高，则会造成高压部分因压力异常升高而损坏，所以在压缩机上会设有过热开关或高压保护开关，即卸压阀。过热开关有两种，一种是装在压缩机缸盖上，

样题

15. 检查汽车空调压缩机性能时，应使发动机转速达到（　　）r/min。
A. 1 000
B. 1 500
C. 1 600
D. 2 000

16. 采用分体顶置式空调装置的大客车，其空调压缩机由（　　）驱动。
A. 专门空调发动机
B. 液压马达
C. 专门的空调发动机或行驶发动机
D. 电动机

| 理论知识 | 样题 |

作用是使电磁离合器电源中断，压缩机停转；另一种是装在蒸发器出口管路上，作用是制冷剂泄漏警报灯亮。

（2）**压缩机电磁离合器控制**：电磁离合器的控制电路如图1-7-28所示，当电流通过电磁离合器的电磁线圈，电磁线圈产生电磁吸力，使压缩机的压力板与带轮结合，将发动机的扭矩传递给压缩机主轴，使压缩机主轴旋转。当切断电流时，电磁线圈的吸力消失。在弹簧作用下，压力板和带轮脱离，压缩机便停止工作。

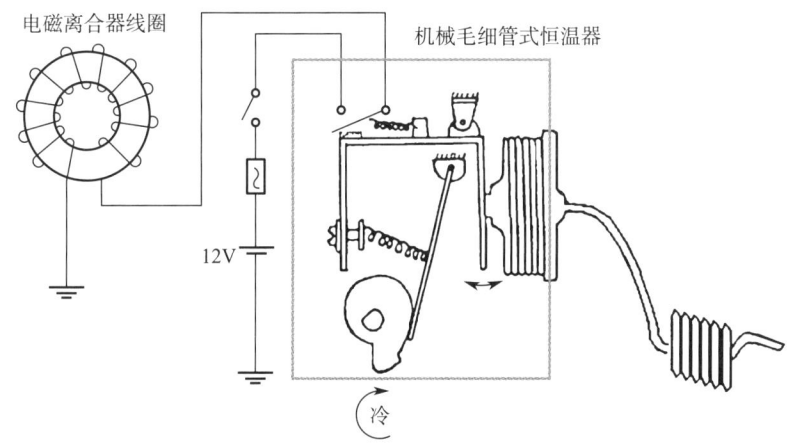

图1-7-28 压缩机电磁离合器控制电路

空调ECU通过蒸发器温度传感器测定蒸发器出口的空气温度在3℃以下时，关闭压缩机的电磁离合器，使压缩机停止驱动制冷剂工作，防止结霜和动力损失。若车辆热负荷小，空调ECU又可把压缩机的关闭温度设定得高一些，既可以防止结霜，又能防止过度制冷，避免动力损失，使空调系统处于最经济的运行状态。

（3）**压缩机锁止控制**：压缩机锁止控制电路是对发动机的一种保护电路。发动机每转一圈，压缩机锁止传感器就传送4个脉冲信号到空调ECU。如果当车辆转向和爬坡需要最大动力时，即发动机转速与压缩机转速的比值比预定值小，空调ECU将切断压缩机电路。

7.压力开关

（1）**作用**：在空调制冷系统的高压区和低压区均安装有压力开关，分别称为高压开关和低压开关，用来对系统内的压力进行检测控制。

（2）**原理**：压力开关的工作原理是利用感受到的管路中制冷剂

17.汽车空调系统中，过热开关在系统处于（　　）的状态下闭合，使压缩机停止转动。

A.制冷剂过量

B.制冷剂过少

C.制冷剂中混有空气

D.润滑机油过量

18.汽车空调系统中，电磁离合器的作用是用来控制（　　）之间的动力传递。

A.发动机与电磁离合器

B.发动机与压缩机

C.压缩机与电磁离合器

D.压缩机与起动机

19.汽车空调系统中，对压缩机电磁离合器的检查不包括（　　）。

A.电磁离合器运转有无异响和噪声

B.轴承有无明显松旷

C.阀片运行情况

D.线路有无短路和断路现象

20.汽车空调系统控制元件中，控制压缩机开启、停止的元件是（　　）。

A.怠速继电器

B.过热开关

C.蒸发压力调节阀

D.电磁离合器

理论知识	样题
的压力使膜片上移或下吸，从而推动动触点与静触点接触或分开，由此来控制被控电器的电路通断，达到控制的目的。压力开关的工作原理如图1-7-29所示。 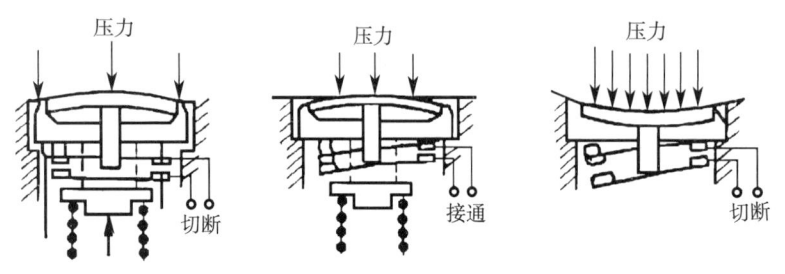 图1-7-29 压力开关的工作原理 （3）**高压开关** 1）安装位置：一般是在高压管路中或储液干燥器上。 2）种类：常见的有常开型和常闭型两种。 3）常闭型高压开关：一般触点断开的压力为2.0~3.1 MPa，闭合的压力为1.6~1.9 MPa。 4）常开型高压开关：闭合压力为1.58 MPa，断开压力为（1.34±0.17）MPa。 （4）**低压开关**：也称制冷剂检测开关，在正常低压下，低压开关处于闭合状态。当压力降到一定值（0.2 MPa）时开关断开；并发出信号给空调ECU，使其断开压缩机离合器电路，防止压缩机在低压情况下运转。当低压侧压力升高到某一定值时开关又闭合。超低压情况的出现，可能是由于制冷剂的损失引起低压侧压力非正常降低。 （5）**双重压力开关**：汽车空调上用的压力开关多为双重压力开关，即高压开关和低压开关都在同一壳体内，因此也称为高/低压开关。一般安装在储液干燥器上，这样一方面可以减少安装的零件数，另一方面可以减少接口而避免制冷剂泄漏的可能性。 ## 8. 鼓风机 （1）**作用**：空调系统通过空气的流动进行热交换，而空气流动主要是由电动鼓风机来实现的。 （2）**种类**：电动鼓风机按气体流向与鼓风机主轴的关系，可以分为离心式和轴流式两种。 1）离心式鼓风机：主要由电动机、鼓风机轴（与电动机同	21. 汽车空调管路上的低压开关的作用是（　　）。 A. 低压触点无压力常闭 B. 制冷剂过量泄漏后，防止压缩机继续运转 C. 低压触点有压力常开 D. 防止制冷系统管路破裂 22. 空调系统高压侧压力达到规定值后，空调压缩机离合器分离，原因可能为（　　）。 A. 高压开关致使空调压缩机离合器电路断开 B. 安全阀作用导致空调压缩机电磁离合器断路 C. 空调压缩机损坏 D. 空调压缩机控制线路断路 23. 空调系统低压和高压侧压力均偏低，从储液干燥器到空调压缩机间的管路都结霜，可能的故障原因是（　　）。 A. 制冷剂过量 B. 制冷剂不足 C. 制冷剂循环不良 D. 系统泄漏

理论知识	样题
轴)、叶片、壳体等组成，如图 1-7-30 所示。鼓风机叶片有直叶片、前弯片、后弯片等形状，叶轮叶片形状不同，所产生的风量和风压也不同。 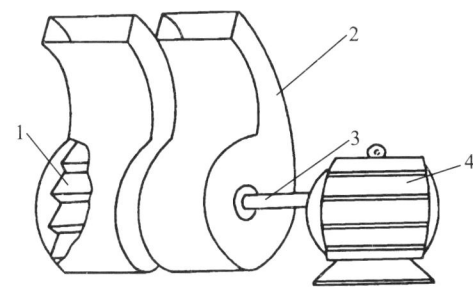 图 1-7-30　离心式鼓风机结构 1—鼓风机叶片　2—鼓风机壳体　3—鼓风机轴　4—电动机 离心式鼓风机工作时，空气的流向与鼓风机主轴成直角，它具有风压高、噪声小的特点。大部分蒸发器通常采用这种鼓风机，因为风压高可迅速将冷空气吹到车厢内，工作效率较高；噪声小是设计空调的一项重要指标，车厢内噪声小，乘员不至于感到不适而过早疲劳。 2）轴流式鼓风机：主要由电动机、轴、叶片、键等组成，如图 1-7-31 所示。叶片固定在骨架上，叶片数常为 3~5 片，叶片骨架通过键连接套在电动机轴上。 轴流式鼓风机的空气流向与鼓风机主轴平行，它具有风量大、风压小、省电、噪声大的特点。大部分冷凝器采用这种鼓风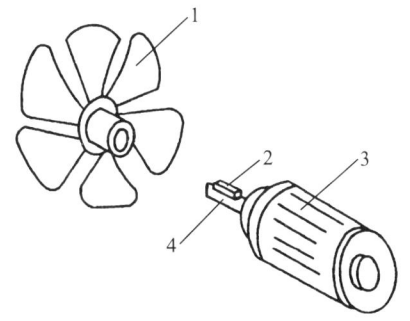 图 1-7-31　轴流式鼓风机结构 1—风扇叶　2—键 3—电动机　4—曲机轴 机，因为风量大可使冷凝器得到充分冷却。省电是车用电器的基本要求，轴流式鼓风机能满足这种要求。至于轴流式鼓风机的缺点，如风压小、噪声大，对冷凝器来说不是大问题，因为冷凝器安装在发动机前部，只要能迅速将其四周的热空气吹走即可，并不要求将热空气吹很远，所以风压小不影响冷凝器正常工作。另外，安装在车厢外面的鼓风机噪声大也不会影响到车内。 （3）**鼓风机的控制**：1）有级调速，一般有低、中、高三个挡位，通过调速开关改变鼓风机电流实现调速。2）无级调速，常用	24. 汽车空调鼓风机的无级变速电路，是采用（　　）的调速控制原理。 A. 步进式 B. 开关式 C. 占空比 D. 电位器 25. 打开鼓风机开关，鼓风机不运转，可能线路上存在（　　）。 A. 断路 B. 短路 C. 搭铁 D. 击穿 26. 鼓风机被卡住不能运转，会导致（　　）。 A. 蓄电池损坏 B. 熔断器被烧毁 C. 鼓风机开关损坏 D. 发电机损坏

理论知识	样题
于自动空调，无调速开关，ECU根据室内温度及驾驶人设定的参数，通过输出不同的占空比信号对鼓风机进行自动无级调速。 **9. 空调继电器** （1）**延时继电器**：在发动机刚启动，转速未稳定之前延迟空调系统启动，在关闭空调制冷功能或发动机熄火后，使鼓风机继续运转 3~5 min，达到保护空调系统，延长压缩机使用寿命的效果。 （2）**怠速继电器**：具有"手动"和"自动"两个挡位，当发动机处于低速运转而空调系统又打开时，切断压缩机的电磁离合器，使空调系统停止工作，从而减轻发动机的负荷。 （3）**发动机转速检测继电器**：只有当发动机转速超过 800~900 r/min 时，空调电路才会被接通，而低于该转速时，继电器自动切断压缩机电磁离合器电路，空调不能开启。 **10. 储液干燥器** （1）**作用**：用来吸收汽车空调系统中制冷剂中的水分。 （2）**安装位置**：装在系统的高压侧，串接在有恒温膨胀阀系统的管路上。 （3）**干燥剂**：硅胶、分子筛。 **11. 空调系统简易检修** （1）**制冷剂流量观察**：压力表组的高低压软管与压缩机对应检修阀连接，起动发动机快速空转，温度旋钮在最大冷却位置，通过观察窗观察。 1）低压在 80 kPa，高压为 0.8~0.9 MPa，同时有气泡，为制冷剂不足。 2）低压在 0.25 MPa，高压为 2 MPa，说明制冷剂过多。 3）低压在 0.15~0.2 MPa，高压为 1.45~1.50 MPa，同时无气泡，说明系统正常。 （2）**车内外温差**：阳光下，空调开启 30 min，温差为 7~8℃合适。温差小，为制冷量不足。 （3）**手感制冷管路及有关部件的温度**：从压缩机出口至冷凝器、干燥过滤器、膨胀阀为高压高温区，温度为 50~70℃；从膨胀阀至蒸发器、压缩机入口为低压低温区，温度为 0~5℃。 （4）**测出风口温度**：将温度传感器插入空调出风口的风道内，	27. 空调与暖风机系统延时继电器的作用是（　　）。 A. 在发动机冷却液达到预定温度之前防止加热循环 B. 在发动机启动后转速稳定之前，延迟空调系统的启动 C. 在发动机冷却液达到预定温度之前防止制冷循环 D. 在发动机冷却液达到预定温度之前防止冷却水循环 28. 空调"怠速继电器"的作用是（　　）。 A. 保护空调压缩机 B. 发动机转速低到某一转速时，使空调压缩机停止运转 C. 避免空调电路因大电流而烧坏 D. 控制发动机怠速 29.（　　）用来吸收汽车空调系统中制冷剂中的水分。 A. 储液干燥器 B. 冷凝器 C. 膨胀阀 D. 蒸发器

理论知识	样题
启动发动机快速空转，温度旋钮在最大冷却位置，5 min 后观察温度表的读数，通常家用轿车的出风口温度在 2~10℃。 **12.空调系统检漏** （1）危害：制冷剂泄漏是汽车空调系统最常见的故障之一，制冷剂泄漏严重将会导致空调制冷系统不制冷或制冷不足。 （2）原因：汽车空调系统工作环境比较恶劣，其制冷系统一直随汽车工作在振动的工况之下，极易造成部件、管路损坏和接头松动，使制冷剂发生泄漏。另外，每当拆装或检修汽车制冷系统管路、更换零件之后，也需要在检修拆装的部位进行制冷剂的泄漏检查。 （3）方法：由于制冷剂无色、无味，所以对制冷剂的检漏存在一定的困难，可以采用多种方法，有时也需要借助一些仪器设备。 目前制冷剂的检漏有观察法检漏、肥皂泡沫检漏、紫外线检漏、充氟试漏、电子检漏仪检漏、染料示踪检漏、加压检漏、真空检漏等方法。 1）观察法检漏：是指用眼睛查看制冷系统（特别是制冷系统的管接头）有否冷冻机油渗漏痕迹的一种检漏方法。因为制冷剂通常与冷冻机油互溶，所以在泄漏处必然也带出冷冻机油，因此系统管路有油迹的部位就是泄漏处。 2）肥皂泡沫检漏：是在空调压缩机低速运转时，在怀疑泄漏区域涂上肥皂液，如有泄漏点，该处必然起皂泡。 此法简单易行，是目前修理行业经常采用的一种方法，但现在汽车各种构件布置得越来越紧凑，有些部位存在检修死角，用此法不易检查出来。 3）紫外线检漏：是将一种荧光泄漏探测染料压入制冷系统中，用紫外线灯照射，若系统有泄漏，则泄漏的染料会发出黄色或黄绿色荧光，荧光染料可保持两年有效，是查找空调制冷剂微小泄漏最有效的方法之一。 4）充氟试漏：是将歧管压力表分别连接压缩机的高、低压检修阀，中间连在制冷剂瓶上，然后打开手动高、低压阀和制冷剂瓶，向制冷系统加入氟利昂蒸气，使系统压力达到 0.35 MPa，然后用卤素检漏灯检漏。 5）电子检漏仪检漏：电子检漏仪分为 R12 电子检漏仪、R134a 电子检漏仪和多功能电子检漏仪等。一般检测 R12 泄漏的电子检漏	30.用汽车万用表测量空调出风口温度时，温度传感器应放在（　　）。 A. 驾驶室内 B. 驾驶室外 C. 高压管路内 D. 风道内 31.阳光下检测空调的制冷性能时，可关闭门窗时让空调运行半小时，车厢内外有（　　）℃温差，表示这个制冷系统良好。 A. 7~8 B. 10~12 C. 13~15 D. 15 32.造成汽车空调压缩机频繁动作的最主要原因是（　　）。 A. 制冷剂过少 B. 气温传感器安装位置距蒸发器较远 C. 冷凝器风扇频繁运转 D. 温度设定值过高 33.空调系统工作时，若蒸发器内制冷剂不足，离开（　　）的制冷剂会是处于低于正常压力，温度较高的气体状态。 A. 冷凝器 B. 压缩机 C. 储液干燥器 D. 蒸发器 34.维修轿车空调制冷系统后，给空调系统抽真空时间最少要达（　　）min。 A. 5 B. 10 C. 18 D. 30 35.（　　）是查找空调制冷剂微小泄漏最有效的方法之一。 A. 加压泄漏 B. 紫外线检漏 C. 充注试漏

理论知识

仪对检测 R134a 是无效的，检测 R134a 泄漏情况要使用一种专门适用它的检漏仪，或使用可检测 R12 及 R134a 的多功能电子检漏仪。目前最常用的是多功能电子检漏仪，它既能检测 R12 又能检测 R134a，如图 1-7-32 所示。

具体要按照检漏仪厂商的说明书进行检查，尽管不同的检漏仪操作程序可能不同，但下列步骤可用作指导：

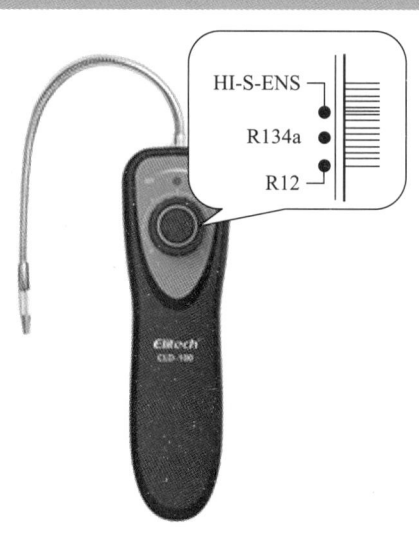

图 1-7-32 电子检漏仪

旋转 ON/OFF 开关到 ON。将灵敏度开关拨至"LEVEL1"（R12）或"LEVEL2"（R134a）。调节平衡调节直到听到最大警报声，再往回调节直至听到缓慢连续的"嘀嗒"声，最下面的指示灯有一个闪亮。把测针慢慢靠近被检测处的下方，如果检测仪发出警报声，说明此处存在泄漏。

6）加压检漏（气体渗漏试验）：第一步是将少量制冷剂加入制冷系统中，使压力达到 0.294 MPa；第二步是再注入压力 1.5 MPa 左右的工业氮气；第三步是用观察法、肥皂泡沫、卤素检漏灯或电子检漏仪进行检漏。这种方法常用于空调制冷系统中制冷剂全部漏光时的检漏。**要注意的是**，在高压条件下操作时尽量不要用空气压缩机打压或制冷系统本身的压缩机打压，因为这样会使制冷系统带入一部分水分。

7）真空检漏：第一步是对制冷系统抽真空，抽真空时间至少达到 30 min；第二步是保持系统真空状态一段时间（至少 60 min），观察系统中的真空压力表指针是否移动（指针是否发生变化）。如真空指示没有变化，则说明系统无泄漏；如真空指示回升，则说明系统有泄漏。

样题

D. 真空试漏

36. 充氟试漏是向系统加入氟利昂蒸气，使系统压力达到（　　）MPa，然后用卤素检漏灯检测。（注意："充氟试漏、氟利昂蒸气、0.35、卤素"都是考点！）

A. 0.15
B. 0.25
C. 0.35
D. 0.45

37. 用气体渗漏试验法检测空调压缩机，通过充填阀向空调压缩机充入制冷剂的压力需要达到（　　）MPa。

A. 0.294
B. 0.101
C. 0.602
D. 1.003

38. 用肥皂泡沫法检查汽车空调系统泄漏时，应使空调处于（　　）。

A. 压缩机低速运转
B. 压缩机停机
C. 压缩机中速运转
D. 系统运作，但不制冷

项目 8　发动机电控系统检修

理论知识	样题
## 8.1　空气供给系统的检修 **1. 电控发动机的优点** 　　电控发动机与传统的化油器式发动机相比，综合性能大幅提升，相较而言电控发动机具有如下优点。 　　（1）**耗油量低，经济性能好**：电控发动机可以做到使发动机在各种工况下精确地控制混合器的空燃比为最佳值，并且汽油是在一定压力下喷出，雾化品质好。据有关资料介绍，电控发动机相较传统化油器式发动机，油耗可降低10%左右。 　　（2）**提高发动机的最大功率**：电控发动机的进气不受化油器喉管的限制，加之配备直径较大、过渡非常圆滑的进气管道，可大大减小进气阻力，提高重启效率，因而提高了发动机的最大功率。据有关资料介绍，相比传统发动机，电控发动机的功率可提高5%~10%。 　　（3）**降低排放污染**：能根据发动机的各种不同工况迅速准确地提供与其相匹配的最佳空燃比，有效地减少一氧化碳、碳氢化合物、氮氧化物等有害气体的排放量。 　　（4）**改善了发动机的低温启动性能**。 　　（5）**急速平稳，工况过渡圆滑，工作可靠，灵敏度高**。 **2. 电控发动机空气供给系统的功用及分类** 　　（1）**功用**：为发动机提供清洁的空气并测量发动机正常工作时的供气量。 　　（2）**分类**：根据测量供气量的方式不同，分为L型（直接检测型）和D型（间接检测型）两种，系统框图如图1-8-1、图1-8-2所示。 　　L型（直接检测型）空气供给系统采用空气流量计直接测量出进气量，比D型更精准。根据测量原理的不同，空气流量计包括体积流量式（如翼片式空气流量计和卡门旋涡式空气流量计）和质量	1. 与传统化油器发动机相比，装有电控燃油喷射系统的发动机（　　）性能得以提高。 A. 综合 B. 有效 C. 调速 D. 负荷 2. 与传统化油器发动机相比，装有电控燃油喷射系统的发动机功率提高（　　）。 A. 5%~10% B. 10%~15% C. 15%~20% D. 20% 3. 将非电信号转换为可测电信号的电子器件是（　　）。 A. 放大器 B. 整流器 C. 继电器 D. 传感器 4. 按进入气缸空气量的检测方法分，有直接检测和（　　）。 A. 压力检测型 B. 间接检测型 C. 流量检测型 D. 质量检测型 5. 直接检测型空气供给系统测量进气量的方式包括体积流量式和（　　）方式两种。 A. 压力流量 B. 间接检测 C. 直接检测 D. 质量流量

理论知识	样题
流量式（如热线式空气流量和热膜式空气流量）。 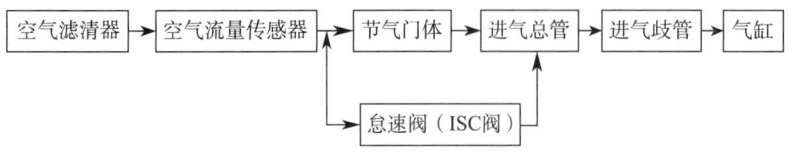 图1-8-1　L型空气供给系统框图 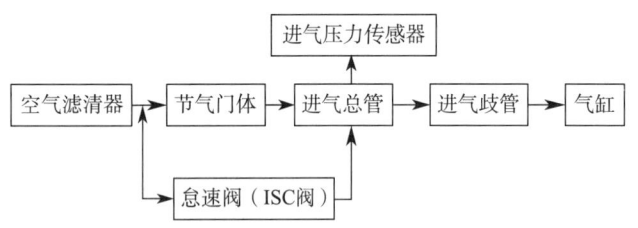 图1-8-2　D型空气供给系统框图 　　D型（间接检测型）空气供给系统采用进气压力传感器或者节气门位置传感器结合发动机转速信号间接测量出进气量的方法。节气门—发动机转速的形式称为节流—速度型，目前已经淘汰。进气压力—发动机转速的形式称为速度—密度型，由ECU根据进气歧管压力与节气门位置、发动机转速三种传感器的输入信号，计算出进气量的大小。这种方式由于没有空气流量计，其进气系统结构简单，空气阻力较小，测量精度比较理想，因此应用比较广泛。 **3. 进气压力传感器（IMAPS）** 　　（1）作用：检测节气门后方进气管内的进气压力，计算进气量，决定基本喷油量和基本点火提前角。进气压力越大，则进气量越多、喷油越多、点火提前角越小。 　　（2）分类：根据传感器测量原理的不同，分表面弹性波式进气压力传感器（淘汰）、三线高灵敏度可变电阻式进气压力传感器（淘汰）、膜盒式进气歧管压力传感器（淘汰）、半导体压敏电阻式进气压力传感器（应用广泛）、电容式进气歧管压力传感器（应用广泛）5种进气压力传感器。 　　（3）安装位置：一般安装在两个位置：一是安装在节气门后方的进气歧管上；二是安装在发动机室内，用一根真空管相接。 　　（4）半导体压敏电阻式进气压力传感器：如图1-8-3所示，当硅膜片受力变形时，其中的应变电阻R_2和R_4受拉，电阻值随应力增加相应增加；而R_1和R_3受压，电阻值变小，如此造成电桥失去	6.间接测量型空气供给系统测量进气量的方式有（　　）方式和速度—密度方式两种。 A. 节流—速度 B. 节流—密度 C. 压力—速度 D. 压力—密度 7.电控燃油系统空气供给系统中，检测进气压力的是（　　）。 A. 怠速旁通阀 B. 进气压力传感器 C. 空气滤清器 D. 进气管 8.目前汽车电控系统中广泛应用的进气歧管压力传感器是（　　）。 A. 膜盒传动式可变电感式 B. 表面弹性波式 C. 电容式 D. 以上选项均不正确

理论知识

平衡，输出进气压力信号。

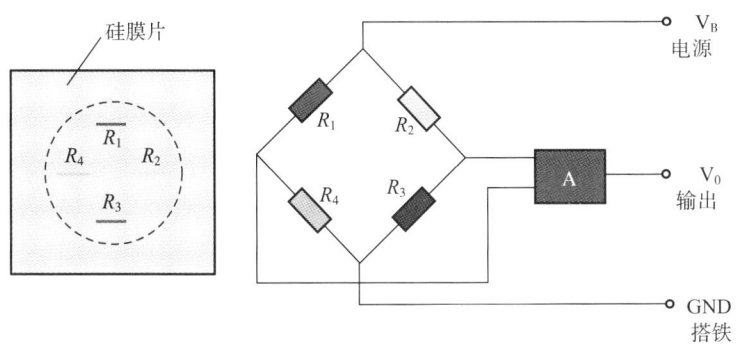

图 1-8-3　压敏电阻式进气压力传感器

（5）电容式进气歧管压力传感器

1）结构：厚膜电极附在氧化铝膜片上。

2）原理：如图 1-8-4 所示，两氧化铝膜片构成电容，利用电容量随膜片上下的压力差而改变的性质，获得与压力成比例的电容值信号。在其他参数不变的条件下，两个极板之间的电容与两极板之间的间隙成反比。把电容传感器作为振荡器谐振回路的一部分，当进气压力使电容发生变化时，电振荡回路的谐振频率发生相应的变化，其输出信号的频率与进气歧管绝对压力成正比，频率在 80~120 Hz 内变化。微机控制装置根据信号的频率便可计算出进气歧管的绝对压力。

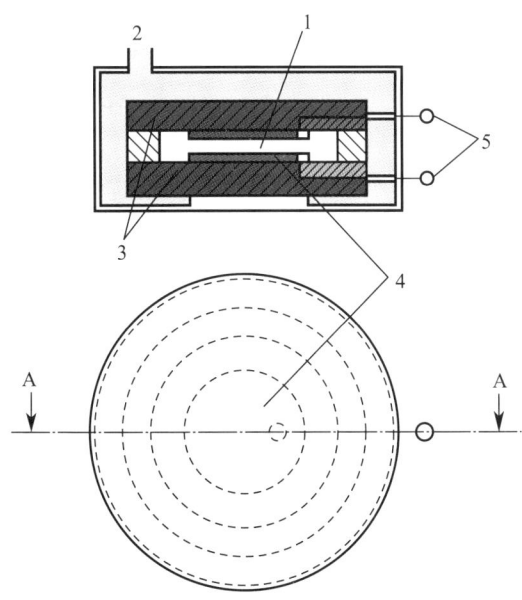

图 1-8-4　电容式进气歧管压力传感器
1—真空腔　2—进气歧管　3—氧化铝片　4—硅片　5—引线

样题

9. 电容式进气歧管压力传感器输出信号的（　　）与进气歧管内的绝对压力成正比。

A. 幅度

B. 周期

C. 频率

D. 电压

10. 电控发动机可用（　　）检查进气压力传感器或电路是否有故障。

A. 油压表

B. 数字式万用表

C. 模拟式万用表

D. 油压表或数字式万用表

理论知识	样题

4. 空气流量计

（1）**作用**：测量进入气缸的空气量，并将它转换为电信号送给发动机计算机。

（2）**类型**：根据测量原理的不同，空气流量计包括体积流量式（包括翼片式空气流量计、卡门旋涡式空气流量计）和质量流量式（热线式空气流量计、热膜式空气流量计）。

（3）**安装位置**：一般安装在空气滤清器后面的进气总管上。

（4）**翼片式空气流量计**：结构如图1-8-5所示，来自空气滤清器的空气通过空气流量计时，空气推力使测量板打开一个角度，当吸入空气推开测量板的力与弹簧变形后的回位力相平衡时，叶片停止转动。与测量板同轴转动的电位计检测出叶片转动的角度，将进气量转换成电压信号送给ECU。

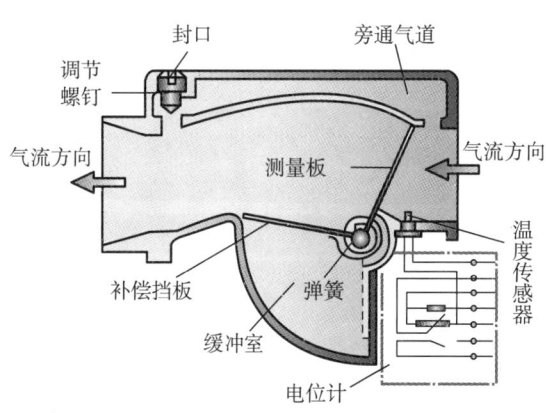

图1-8-5 翼片式空气流量计

（5）**卡尔曼涡旋式空气流量计**：有超声波式（用于三菱、现代）和光电式（用于凌志L400.300）两种，输出为数字方波信号。

（6）**热线式空气流量计**：如图1-8-6所示，具有测量精度高、响应速度快、进气阻力小等优点。但也有热线容易沾污，导致精度下降造成不易启动、加速不良、怠速不稳等故障，所以热线式空气流量计都具有自洁功能。

5. 进气温度传感器

（1）**作用**：给ECU提供进气温度信号，作为燃油喷射和点火正时控制的修正信号。

（2）**安装位置**：一般安装在进气总管或是进气歧管上，如图1-8-7所示。

11. 翼片式空气流量计的输出信号是（　　）。
A. 脉冲信号
B. 数字信号
C. 模拟信号
D. 固定信号

12. 翼片式空气流量计翼片卡滞，会导致（　　）。
A. 油耗过高
B. 油耗过低
C. 发动机爆燃
D. 发动机加速迟缓

13. 超声波式卡尔曼涡旋式空气流量计的输出信号是（　　）。
A. 连续信号
B. 数字信号
C. 模拟信号
D. 固定信号

14. 热线式空气流量计的热线沾污，不会导致（　　）。
A. 不易启动
B. 加速不良
C. 怠速不稳
D. 飞车

15. 进气温度传感器安装在（　　）。
A. 进气管上
B. 排气管上
C. 水道上
D. 油底壳上

理论知识	样题

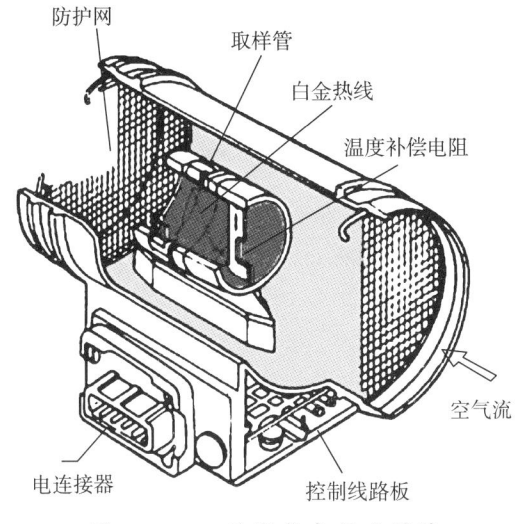

图 1-8-6 热线式空气流量计

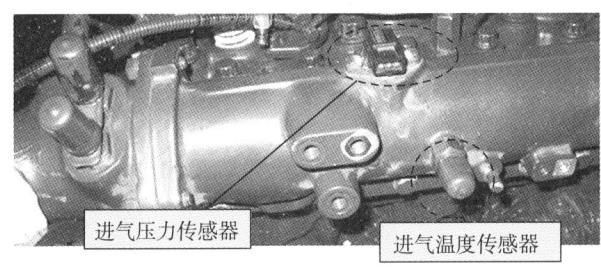

图 1-8-7 进气压力、温度传感器安装位置

（3）**工作原理**：进气温度传感器采用负温度系数的热敏电阻，气温越低，进气温度传感器的阻值越大，输送给ECU的信号电压越高；反之，信号电压越低。ECU根据进气温度信号电压修正喷油量和点火时刻。当进气温度传感器失效后，ECU无法接收到有效的修正信号，将导致怠速不稳的故障。

6. 节气门位置传感器

（1）**作用**：检测节气门的开度及开度变化信号输入给ECU，判断发动机是处于怠速工况还是负荷工况，是加速工况还是减速工况，据此进行燃油喷射控制及其他辅助控制。

（2）**分类**：有电位计式节气门位置传感器、开关式节气门位置传感器、综合式节气门位置传感器。

1）电位计式节气门位置传感器：利用触点在电阻体上的滑动来改变电阻值，测得节气门开度的线性输出电压，可知节气门开度。全关时电压信号应约为0.5 V，随节气门增大，信号电压增强，

16. 进气温度传感器输出的是（　　）。
A. 脉冲信号
B. 数字信号
C. 模拟信号
D. 固定信号

17. 进气温度传感器失效会引起（　　）。
A. 不易起动
B. 怠速不稳
C. 进气温度过高
D. 进气温度过低

18. （　　）用于检测节气门的开启角度。
A. 空气流量计
B. 节气门位置传感器
C. 进气温度传感器
D. 发动机转速传感器

19. 节气门位置传感器的作用是检测节气门的开度状态，如（　　）状态。
A. 怠速
B. 全开
C. 部分打开
D. 以上选项均正确

理论知识	样题

全开时约为 5 V。

2）开关式节气门位置传感器：由滑动触点和两个固定触点（功率触点和怠速触点）组成，如图 1-8-8 所示。

节气门全关闭时，可动触点与怠速触点接触，当节气门开度达 50° 以上时，可动触点与功率触点接触，检测节气门大开度状态。

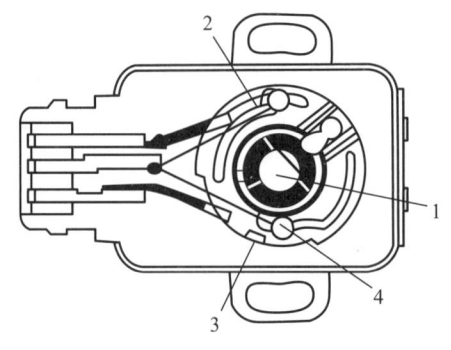

图 1-8-8　开关式节气门位置传感器
1—节气门轴　2—怠速触点
3—全开触点　4—滑动触点

3）综合式节气门位置传感器：由一个电位计和一个怠速触点组成，工作原理和前两种相同。

节气门位置传感器失效导致的主要故障现象是加速不良、怠速不稳。

（3）**安装位置**：安装在节气门体上，与节气门轴联动。

（4）**检修**：维修时应注意进行以下检查。

1）检查空气滤清器滤芯是否脏污，必要时用压缩空气吹净或更换滤芯。

2）进气系统漏气对电控燃油喷射发动机的影响比对化油器式发动机的影响大。检查各连接部位应连接可靠，密封垫应完好。

3）检查节气门内腔的积垢和积胶情况，必要时用清洗剂进行清洗。

7. 涡轮增压器

（1）**作用**：涡轮增压器实际上是一种空气压缩机，通过压缩空气来增加进气量。

（2）**特点**：当发动机转速加快，废气排出速度与涡轮转速也同步加快，使空气压缩程度加大，发动机的进气量相应地得到增加，输出功率也随之提升。

优点：1）提高功率 20%～50%；2）提高燃油经济性，油耗降低 5%～10%；3）降低排气噪声和烟度。

缺点：加速响应性能差、热负荷问题严重、对气温与气压敏感。

（3）**分类**

1）废气涡轮增压器：利用发动机排出的废气惯性冲力来推动涡轮室内的涡轮，涡轮又带动同轴的叶轮，叶轮压送由空气滤清器

20. 节气门位置传感器失效会引起（　　）。
A. 不易启动
B. 怠速不稳
C. 进气量过大
D. 进气量过小

21. 节气门位置传感器断路会导致（　　）。
A. 不易启动
B. 加速不良
C. 减速熄火
D. 飞车

22. 节气门体过脏会导致（　　）。
A. 不易启动
B. 怠速不稳
C. 加速不良
D. 减速熄火

23. 废气涡轮增压器利用发动机排出的具有一定能量的废气进涡轮并膨胀（　　）。
A. 进气
B. 压缩
C. 做功
D. 排气

理论知识	样题
管道送来的空气，使之增压进入气缸。 2）复合涡轮增压系统：既采用废气涡轮增压器，又同时采用机械涡轮增压器来克服废气涡轮增压器反应滞后的问题。它的效能优于前两类，缺点是结构更复杂，造价及维修费用更高。 3）机械增压器：机械增压器采用传动带与发动机曲轴带盘连接，利用发动机转速来带动机械增压器内部涡轮叶片，以产生增压空气送入发动机进气歧管内，整体结构相当简单，工作温度界于70～100℃，不同于涡轮增压器靠发动机排放的废气驱动，必须接触400～900℃的高温废气，因此机械增压系统对于冷却系统、润滑油脂的要求与自然进气发动机相同，机件保养程序大同小异。 （4）组成：涡轮增压系统由涡轮增压装置、冷却润滑装置、控制系统三部分组成。 1）涡轮增压装置：涡轮增压装置由废气涡轮、进气叶轮（泵轮）、轴承机构、中间体和密封装置等组成，如图1-8-9所示。当发动机达到涡轮增压装置介入的转速（1 700 r/min）时，废气在旁通阀控制下由废气通道2喷入涡轮腔内，驱动涡轮快速旋转，安装在同一根转轴上的进气叶轮（泵轮）同步高速旋转，对来自空气滤清器的新鲜空气进行压缩。 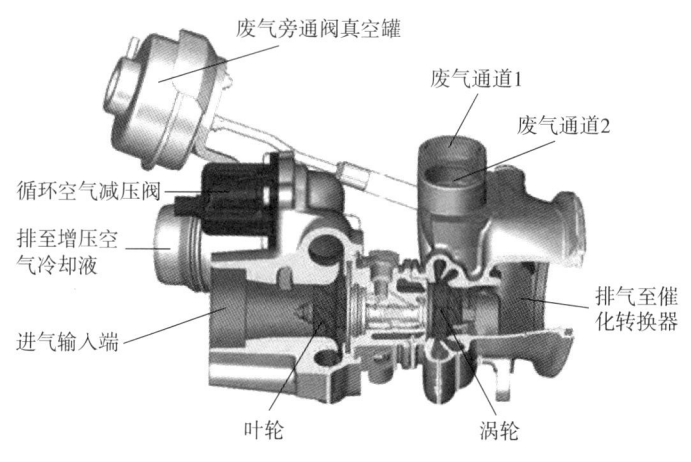 图1-8-9 涡轮增压装置 2）控制系统 ①增压压力传感器。车辆高速行驶时，为防止进气过量引起压缩比过高导致发动机产生爆燃，需要进行增压压力限制。发动机增压压力传感器检测增压压力的变化，将增压压力信号传给ECM（发动机控制模块）。 ②增压压力限制电磁阀。增压压力限制电磁阀（N75）上有3	24.涡轮增压器按增压方式分类，可分为废气涡轮增压器、（　　）和机械涡轮增压器。 A.组合式涡轮增压器 B.复合涡轮增压器 C.电涡轮增压器 D.以上选项均不正确 25.废气涡轮与压气机装成一体，便称为（　　）。 A.组合式涡轮增压器 B.复合式废气涡轮增压器 C.机械式涡轮增压器 D.废气涡轮增压器 26.涡轮增压器由涡轮、（　　）、转子总成、轴承机构、中间体和密封装置等组成。 A.导轮 B.泵轮 C.压气机 D.喷油泵 27.涡轮增压器的工作原理是利用发动机排出的（　　）废气驱动废气涡轮旋转，废气涡轮带动同一轴上的压气机共同旋转。 A.高温 B.高温高压 C.高压 D.高温低压 28.废气涡轮全部（　　）用于驱动与涡轮机同轴旋转的压气机工作叶轮，叶轮在压气机中将新鲜空气压缩后再送入气缸。 A.功率 B.扭矩 C.动力 D.能量

理论知识

个管口 A、B、C，通过橡胶软管分别与增压器压气机出口、增压压力调节单元及低压进气管（压气机入口）相连接，如图 1-8-10 所示。

当增压压力达到 ECM 的限定值时，ECM 控制增压压力限制电磁阀工作。增压后的空气通过增压压力限制电磁

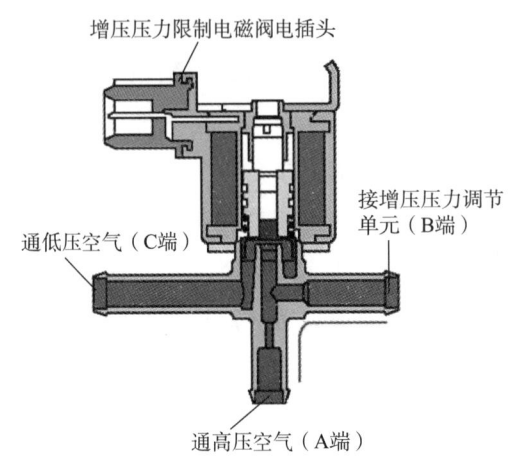

图 1-8-10 增压压力限制电磁阀

阀到达增压限制阀（为机械阀），增压空气压动增压限制阀内部的膜片带动拉杆机构移动，将旁通阀打开，如图 1-8-11 所示。尾气通过旁通阀排出，减小尾气叶轮转速，降低涡轮增压压力。

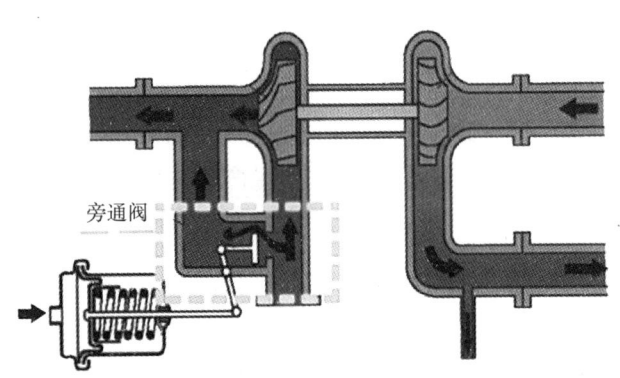

图 1-8-11 增压压力限制阀工作过程

③增压空气再循环控制。当发动机处于超速切断工况——大负荷行驶时突然松开加速踏板，节气门开度迅速减小，而涡轮转速仍然较高，如果不进行控制，增压空气继续流向节气门，可能会造成节气门损坏，此时 ECM 控制增压空气再循环电磁阀通电打开，如图 1-8-12 所示。接通空气再循环阀（N249，机械阀）的真空管路，发动机真空使增压空气再循环阀打开，增压后的空气重新流回进气管路，增压气体形成局部循环，避免增压空气冲击节气门。同时由于局部循环，避免了尾气涡轮转速的降低，重新用力踩下加速踏板时，减小了增压时间，增强了发动机提速性能。

3）冷却、润滑装置

①润滑：发动机正常工作时，涡轮增压器的转速在 80 000～

样题

29. 压气机压缩经过空滤器过滤后的空气，使空气被压缩后增压进入（　　）气缸内，提高了发动机的进气量，减少了废气中 CO、HC、NO 等有害物质的排放。
A. 发动机
B. 发电机
C. 空压机
D. 压气机

30. 汽车涡轮增压器的正确使用方法包括（　　）和发动机的正确熄火。
A. 正确的驾驶方法
B. 发动机的正确保养
C. 发动机的正确预热
D. 正确使用齿轮油

31. 汽车涡轮增压器的正确使用方法包括（　　）和保持正常的润滑油系统机油压力。
A. 正确使用发动机燃油
B. 正确使用发动机机油
C. 正确使用变速器油
D. 正确使用齿轮油

理论知识	样题

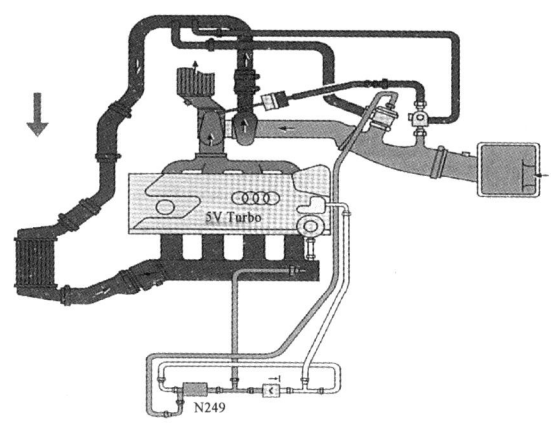

图 1-8-12　增压空气再循环电磁阀

120 000 r/min，必须使用合格的发动机机油并保持正常的机油压力。

②冷却：涡轮运转时，接触的是由发动机排出的高温废气（可达 600~900℃），再加上空气经压气机叶轮压缩后所产生的热量和涡轮轴高速转动所产生的热量，使涡轮增压器成为一个集高温元件于一体的独立工作系统。所以"散热"对于涡轮增压器非常重要。

以大众速腾 1.4TSI 发动机为例，其采取的冷却措施是：

油冷——涡轮本体内部有专门的机油道，对涡轮、叶轮轴承进行散热及润滑。

独立的水冷——该发动机一大特色就是采用了两套独立的冷却系统，一套主要用于发动机自身，水泵通过传动带和曲轴相连，直接靠发动机的动力实现冷却液循环；另一套用于涡轮增压器和增压空气的冷却，是通过电动冷却液循环泵驱动冷却液实现的独立循环系统。

32. 发动机在正常工作情况下，涡轮排气的温度可达（　　）℃。
A. 600~1 200
B. 600~1 000
C. 800~1 200
D. 600~900

33. 发动机正常工作时，涡轮增压器的转速在（　　）r/min。
A. 80 000~120 000
B. 8 000~12 000
C. 800~1 200
D. 600~900

8.2　电控燃油供给系统的检修

1. 功用

电控燃油喷射系统（Electronic Fuel Injection，EFI）简称汽油喷射，是汽油发动机取代化油器而采用的一种高精度控制空燃比的先进喷油装置。采用电控汽油喷射技术的汽油机，在混合气形成过程中，液体燃料的雾化得到改善，更重要的是可以根据工况的变化精确地控制燃油喷射量，使燃烧更充分，从而提高功率，降低油耗，并满足排放法规的要求。

1. 电控燃油喷射系统能实现（　　）的高精度控制。
A. 空燃比
B. 点火高压
C. 负荷
D. 转速

2. 分类

（1）**按喷射器数目分类**：多点喷射系统、单点喷射系统。

（2）**按喷射方式分类**：同时喷射、分组喷射、顺序喷射。

（3）**按喷射位置分类**：缸内喷射、缸外喷射。

（4）**按空气量的计量方式分类**：D型电控燃油喷射系统、L型电控燃油喷射系统。

（5）**按有无反馈信号分类**：开环控制系统、闭环控制系统。

3. 系统组成

电控燃油供给系统由燃油箱、电动燃油泵、进油管、回油管、燃油滤清器、燃油分配管、燃油压力调节器、喷油器等组成，如图1-8-13所示。

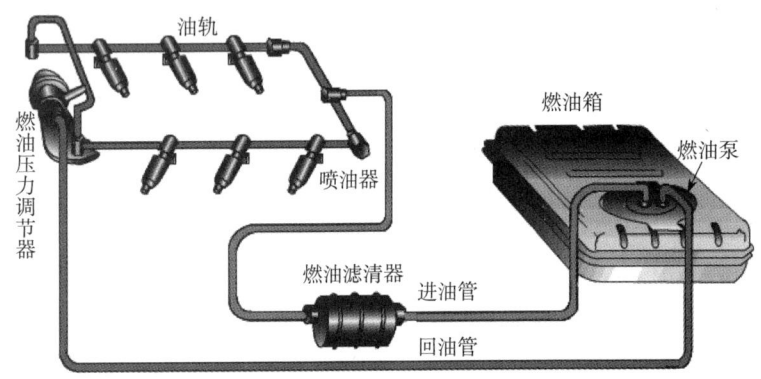

图1-8-13 电控燃油供给系统的组成

4. 电动燃油泵

（1）**作用**

电动燃油泵是电喷发动机燃油供给系统的"心脏"，它连续不断地把燃油从油箱吸出，给燃油系统提供规定压力和流量的燃油的装置，在有汽油滤清器的情况下，泵油压力应为0.2~0.35 MPa，泵油量为700~1 000 mL/min。

（2）**类型**

1）按电动燃油泵在供油系统中布置方式的不同可分为两种：一是外置式，即燃油泵串联在油箱外的输油管路中；二是内置式，即燃油泵安装在燃油箱内，浸没在汽油中，这样燃油泵容易散热，工作噪声小，使用寿命长，因此应用比较广泛。

样题

2. 燃油喷射系统按喷油器控制方式又可以分为同时喷射、（　　）和顺序喷射。
A. 单点喷射
B. 多点喷射
C. 分组喷射
D. 连续喷射

3. （　　）不是电控燃油系统的电子控制系统组成部分。
A. 节气门位置传感器
B. 曲轴位置传感器
C. 急速旁通阀
D. 进气压力传感器

4. （　　）用于建立燃油系统压力。
A. 油泵
B. 喷油器
C. 油压调节器
D. 油压缓冲器

理论知识	样题
2）按电动燃油泵结构的不同可分为涡轮式、滚柱式、叶片式和侧槽式。 （3）涡轮式电动燃油泵 1）结构：主要由燃油泵电动机、涡轮泵、出油阀、卸压阀组成。 2）原理：油泵电动机通电时，电动机驱动涡轮泵叶片旋转，由于离心力的作用，使叶轮周围小槽内的叶片贴紧泵壳，将燃油从进油室带往出油室。由于进油室的燃油不断增多，形成一定的真空度，将燃油从进油口吸入；而出油室燃油不断增多，燃油压力升高，当达到一定值时，顶开出油阀从出油口输出。出油阀在油泵不工作时阻止燃油流回油箱，保持油路中有一定的压力，便于下次启动，如图 1-8-14 所示。 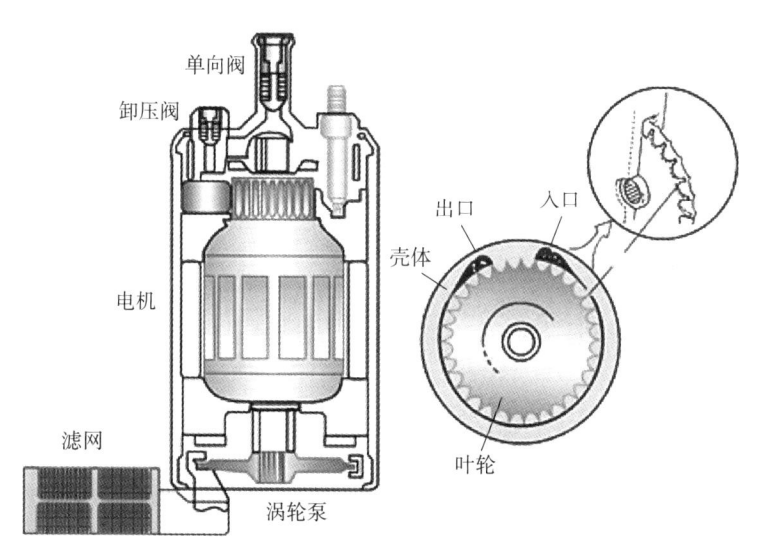 图 1-8-14　涡轮式电动燃油泵结构原理 3）特点：具有泵油量大、泵油压力较高、供油压力稳定、运转噪声小、使用寿命长等优点。此外，由于不需要脉动阻尼减振器所以可以小型化，因此广泛地应用在轿车上，如捷达、本田雅阁、丰田威驰等。 （4）滚柱式电动燃油泵 1）结构：主要由燃油泵电动机、滚柱式燃油泵、出油阀、卸压阀等组成。 2）原理：如图 1-8-15 所示，当转子旋转时，位于转子槽内的滚柱在离心力的作用下，紧压在泵体内表面上，对周围起密封作用，在相邻两个滚柱之间形成工作腔。在燃油泵运转过程中，工作	5.电动燃油泵按安装形式可分为（　　）和油箱内置型两种。 A.齿轮式 B.转子式 C.油箱外置型 D.叶片式 6.电动燃油泵根据泵体结构的不同可分为滚柱泵、（　　）、涡轮泵。 A.齿轮泵 B.转子泵 C.柱塞泵 D.叶片泵 7.燃油泵供油量在有汽油滤清器的情况下应为（　　）mL/min。 A.400～700 B.700～1 000 C.1 000～1 300 D.1 300～1 600 8.电控燃油喷射（EFI）主要包括喷油量、喷油正时，燃油停供和（　　）的控制。 A.燃油泵 B.点火时刻 C.急速 D.废气再循环 9.对电控发动机燃油泵工作电压进行检测时，蓄电池电压、燃油泵熔丝、燃油泵继电器和（　　）均应正常。 （注意："蓄电池电压、燃油泵熔丝、燃油泵继电器和燃油滤清器"都是考点！） A.燃油滤清器 B.点火线圈电压 C.燃油泵 D.发电机电压 10.电控燃油喷射系统保持压力下降较快，应检查燃油泵上的（　　）和燃油系统的密封性。 A.燃油滤清器 B.止回阀

理论知识	样题

腔转过出油口后容积不断增大，形成一定的真空度，当转到与进油口连通时，将燃油吸入；而吸满燃油的工作腔转过进油口后容积不断减小，使燃油压力提高，受压燃油流过电动机，从出油口输出。

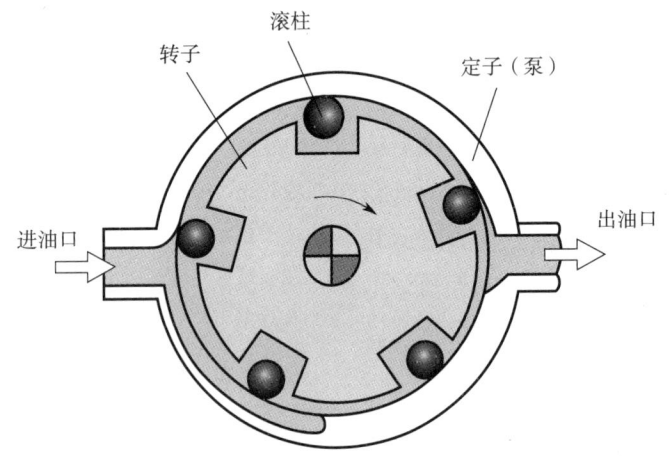

图 1-8-15 滚柱式电动燃油泵的工作原理

3）特点：泵油压力高，但因其工作非连续，油压脉动性较大，因此在汽油泵出油端还需要装有脉动阻尼减振器。

5. 燃油压力调节器

（1）功用：燃油压力调节器安装在燃油分配管的一端，其功用有两个：

1）调节供油系统的燃油压力，使系统油压与进气歧管压力之差保持恒定（为 0.28~0.30 MPa）。

2）缓冲燃油泵供油时产生的压力脉动和喷油器断续喷油引起的压力波动。

（2）结构

燃油压力调节器主要由弹簧、阀体、阀门和壳体组成。阀体固定在金属膜片上，阀体与阀门之间安装有一个球阀。球阀用弹片托起，球阀与阀体之间设有一个弹力较小的弹簧，使球阀与阀门保持接触。在壳体上设有油管接头和真空管接头，进油口接头与燃油分配管连接，回油口接头连接回油管并与油箱相通，真空管接头与节气门至进气歧管之间的真空管连接。

（3）工作原理

燃油压力调节器实际上是一个由膜片控制的过流型溢流阀。膜片将调节器分隔为上弹簧室和下燃油室。且由膜片控制溢流阀的开

C. 喷油器
D. 真空管
11. 汽油的牌号越高说明（　　）也越高。
A. 密度
B. 凝点
C. 熔点
D. 辛烷值
12. （　　）用于调节燃油压力。
A. 油泵
B. 喷油器
C. 燃油压力调节器
D. 燃油压力缓冲器
13. 电控喷油系统中，燃油压力通过（　　）调节。
A. 喷油器
B. 燃油泵
C. 压力调节器
D. 输油管
14. 对燃油压力进行检测时，燃油压力表指示应在（　　）MPa 之间。
A. 0.28~0.30
B. 0.50~0.52
C. 0.88~0.90
D. 0.98~1.00
15. 急速运行时，燃油压力可能是（　　）MPa。
A. 0.25
B. 0.5
C. 0.7
D. 0.9

理论知识	样题

度，以保持上、下两室的压力平衡，如图 1-8-16 所示。

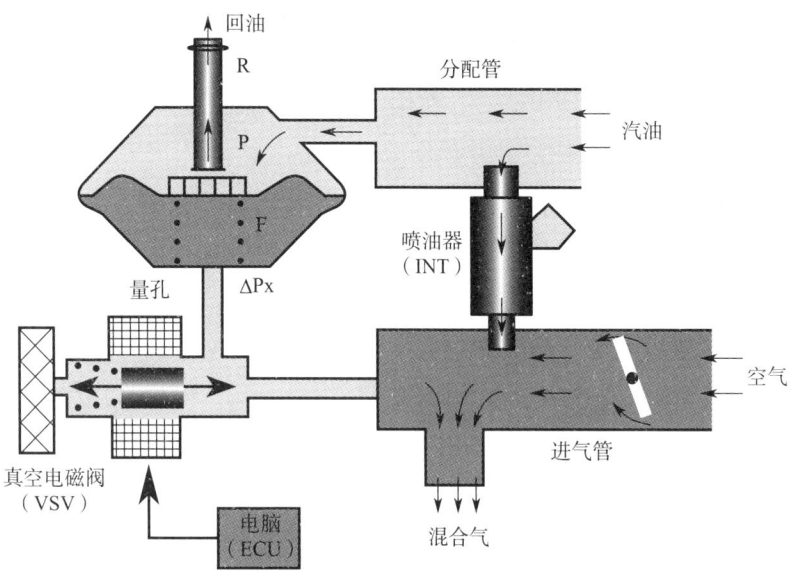

图 1-8-16 燃油压力调节器的工作原理

当燃油室油压升高越过弹簧压力与真空气体压力的合力时，膜片向上拱曲，调节器阀门打开，部分燃油从球阀经回油口流回油箱，使燃油压力降低，当压力降低到调节器设定的控制油压时，球阀关闭，以保持从油泵单向阀到压力调节器之间油路具有一定压力。

（4）输出特性

1）当进气歧管内的气体压力下降时（真空度增大），膜片上移，回油阀开度增加，回油量增加，燃油分配管内油压下降，保持与变化了的进气歧管压力差值的恒定（0.25 MPa）。

2）当进气歧管内的气体压力升高时（真空度减小），膜片下移，回油阀开度减小，回油量减少，燃油分配管内油压升高，保持与变化了的进气歧管压力差值的恒定（0.25 MPa）。

3）油压调节器的输出特性反映了燃油分配管内油压与进气歧管的压力关系，油压调节器的作用是保证喷油器的喷油量不受进气歧管负压和供油系统油压的影响，而只决定于喷油器阀门开启的时间。

6. 喷油器

（1）作用：喷油器是电控燃油喷射系统中的重要执行器，它接收来自发动机 ECU 的信号，使喷油器的电磁线圈在适当的时刻通电，阀门打开、喷油。打开时间（喷油量）由 ECU 发出的电脉冲宽

16.电控发动机可用（　　）检查油压调节器是否有故障。
A. 模拟式万用表
B. 万用表
C. 油压表
D. 油压表或万用表

17.对电控燃油喷射发动机燃油压力进行检测时，将油压表接在供油管和（　　）之间。
A. 燃油泵
B. 燃油滤清器
C. 分配油管
D. 喷油器

18.（　　）用于减小燃油压力波动。
A. 油泵
B. 喷油器
C. 油压调节器
D. 油压缓冲器

理论知识

度（持续时间）控制。具有喷射准时、喷油量准确、喷射雾化好等优点。

（2）分类

1）按用途分：单点喷射（安装在节气门前，已经被淘汰），多点喷射（通过密封垫圈安装在各缸进气歧管或进气道附近的缸盖上，并用输油管固定）。

2）按燃料的进入位置分：上部给料式，下部给料式。

3）按喷口形式分：轴针式，球阀式，片阀式，如图1-8-17所示。

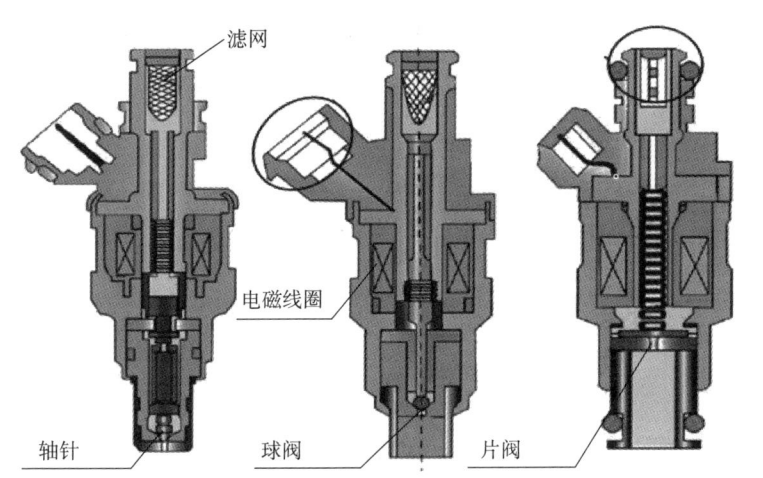

图 1-8-17 三种喷油器

4）按驱动方式分：电压驱动，电流驱动。

5）按阻值（喷油器电磁线圈阻值）大小分：低阻值（2～3Ω），高阻值（12～15Ω）。

（3）结构

以轴针式喷油器为例，主要由O形密封圈、滤网、插头、电磁线圈、回位弹簧、衔铁、阀轴、针阀和壳体等组成，如图1-8-18所示。衔铁、阀轴和针阀制成一体，用于分配油管的压力，汽油经过滤网后进入喷油器，电磁线圈不通电时，针阀在回位弹簧的作用下将喷油孔

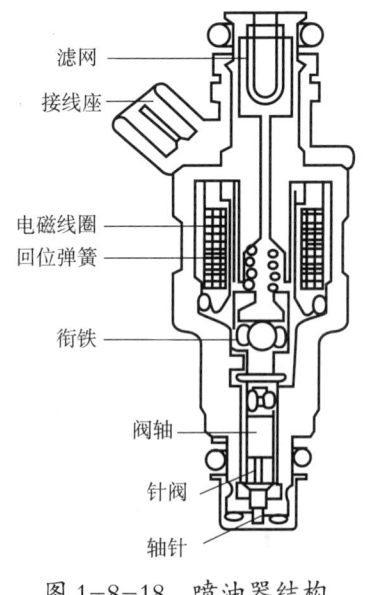

图 1-8-18 喷油器结构

样题

19.（　　）用于将燃油喷入到进气道中。
A. 油泵
B. 喷油器
C. 燃油压力调节器
D. 燃油压力缓冲器

20. 低阻抗喷油器的电阻值为（　　）Ω。
A. 2～3
B. 5～10
C. 12～15
D. 50～100

21. 高阻抗喷油器的电阻值为（　　）Ω。
A. 2～3
B. 5～10
C. 12～15
D. 50～100

22.（　　）是发动机电控燃油喷射系统执行机构中的一个关键部件。
A. ECU
B. 电磁喷油器
C. 电磁继电器
D. A/D 转换器

23. 轴针式电磁喷油器所用的密封圈是（　　）密封圈。
A. Y形
B. V形
C. O形
D. 唇形

理论知识	样题
封住。 （4）工作过程 　　喷油器由 ECU 的电脉冲控制其打开或关闭，当磁场绕组无电流时，喷油嘴针阀被螺旋弹簧压在喷油器出口处的密封锥座上。磁铁被激励时，针阀从其座面上升约 0.1 mm，燃油便通过精密环形间隙在喷油器头部前端被粉碎雾化，并通过旋流作用在进气和压缩冲程中形成易于点燃的均匀空气燃油混合气。对于安装在进气歧管上的喷油器在进气行程喷油。 　　每次 ECU 控制喷油器电磁线圈通电的时间被称为喷油脉宽，通常为 2～10 ms。当电磁线圈断电时，电磁吸力消失，在回位弹簧的作用下，针阀立即将阀口关闭，喷油器停止喷油。 　　当喷油器结构和油路油压与歧管气压之差一定时，喷油量取决于针阀开启时间（喷油脉宽）的长短。 （5）驱动方式 　　1）电压驱动（饱和开关型）：由 ECU 的喷油脉冲信号、大功率三极管、喷油器电磁线圈组成，如图 1-8-19 所示。 　　适用于高阻值喷油器。低阻值喷油器采用电压驱动必须在电路中加入附加电阻，以防止电流过大，避免线圈发热损坏。 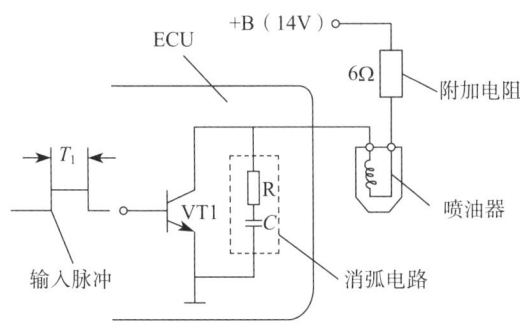 图 1-8-19　电压驱动型喷油器驱动电路 　　电压驱动的特点是：电路阻抗大，导致流过电磁线圈的电流减少，产生的电磁吸力低，针阀开启滞后时间长。 　　2）电流驱动（峰值保持型、电流保持型、频率保持型）由 ECU 的喷油脉冲信号、大功率三极管、喷油器电磁线圈组成，适用于低阻值喷油器，如图 1-8-20 所示。 　　电流驱动的特点是：由于电路没有附加电阻，电路阻抗小，电磁线圈的电流上升快，针阀开启迅速。	24.安装在进气歧管上的喷油器在（　　）喷油。 A.进气行程 B.压缩行程 C.做功行程 D.排气行程 25.喷油器每循环喷出的燃油量基本上决定于（　　）时间。 A.开启持续 B.开启开始 C.关闭持续 D.关闭开始 26.喷油器开启持续时间由（　　）控制。 A.电控单元 B.点火开关 C.曲轴位置传感器 D.凸轮轴位置传感器 27.喷油器滴漏会导致发动机（　　）。 A.不能启动 B.不易启动 C.急速不稳 D.加速不良 28.改善喷油器喷雾质量可降低柴油机排放污染物中（　　）的含量。 A.碳烟 B.水 C.二氧化硫 D.氮

理论知识	样题

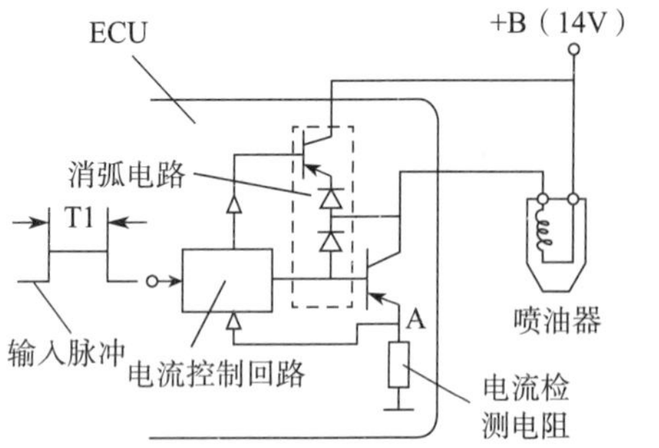

图 1-8-20 电流驱动型喷油器驱动电路

几种驱动方式的开启速度依次是：电流驱动低阻值型喷油器→电压驱动低阻值型喷油器→电压驱动高阻值型喷油器。

7. 燃油供给系统常见故障及排除方法

（1）启动困难

1）故障现象：包括冷车、热车启动困难两种情况，通常是指冷车时启动困难，在启动发动机时，马达能正常运转，发动机有着车迹象，但无法启动或需反复打马达后才能启动发动机的故障。

2）故障原因：喷油器故障（堵塞、滴漏等），冷却液温度传感器故障（如插头插脚严重生锈、阻值大、传递信号错误、塑料头损坏、信号电压过低、插脚扭曲变形、接触不良、传感器触头插错等），油压调节器故障（如密封圈损坏、弹簧过软、真空管破损等）。

3）排除方法：按先易后难、由表及里的步骤进行排除。在排除冷启动困难故障时，对配有冷启动喷油装置的发动机来说，重点应寻找冷启动装置方面的原因。检查冷启动喷油器，主要检查电磁线圈是否正常。使用万用表检查电磁线圈的电阻，其值应为 3~5Ω，如果阻值太大，说明电磁线圈有烧断的可能。

（2）运转不稳

1）故障现象：发动机在怠速或中高速工况下都有明显抖动的故障现象。

2）故障原因：进气管路漏气、配气相位错误、排气系统堵塞、喷油器滴漏或堵塞。

3）排除方法

分析：若喷油器有滴漏或堵塞现象，会使其无法按照 ECU 的指令进行喷油，从而造成混合气过浓或过稀，使个别气缸工作不良，导致发动机怠速不稳。喷油器的堵塞引起的混合气过稀，还会使氧传感器产生低电位信号，ECU 会根据此信号发出加浓混合气的指

---

29. 对于四缸发动机而言，有一个喷油器堵塞会导致发动机（　　）。
A. 不能启动
B. 不易启动
C. 怠速不稳
D. 减速不良

30. 用（　　）检查电控燃油汽油机各缸是否工作。
A. 数字式万用表
B. 单缸断火法
C. 模拟式万用表
D. 双缸断火法

31. 汽车上使用的三线圈电磁式燃油表，当点火锁匙被取下后，燃油表指针应停留在（　　）。
A. 最后一时刻位置
B. E 位
C. H 位
D. 任意位

32. 对电控燃油喷射发动机电控系统进行检修时，应先将点火开关（　　），并将蓄电池搭铁线拆下。
A. 打开
B. 关闭
C. 打开或关闭
D. 关闭再打开

33. 电控汽油喷射发动机启动困难是指（　　）启动困难。
A. 热车
B. 冷车
C. 常温
D. 热车、冷车、常温

34. 电控汽油喷射发动机（　　）是指发动机进气歧管处有可燃混合气燃烧，从而产生异响的现象。
A. 回火
B. 放炮
C. 行驶无力
D. 失速

35. 电控汽油喷射发动机运转不稳是

理论知识	样题
令，如果指令超出调控极限时，ECU 会误认为氧传感器存在故障，并记忆故障代码。 诊断：可用听诊器检查喷油器是否发出"咔叽咔叽"动作声或测量喷油器的喷油量，若喷油器无动作声或喷油量超出标准，即判断喷油器故障。 排除：清洗喷油器，检查每个喷油器的喷油量并确认无堵塞、滴漏现象。	指发动机转速处于（　　）情况，发动机运转都不稳定，有抖动现象。 A. 怠速 B. 任一转速 C. 中速 D. 加速
## 8.3　点火控制系统的检修 **1. 系统概述** （1）**点火系统的功用**：将汽车电源提供的低压电变为高压电，并适时送到点火缸火花塞，击穿火花塞间隙，点燃混合气，使发动机做功。 （2）**点火系统的种类** 1）传统点火系统。 2）普通电子点火系统。 3）微机控制点火系统。 （3）**发动机对点火系统的要求** 1）能产生足以击穿火花塞间隙的电压（15～20 kV）。 2）火花应具有一定的能量（50～80 mJ）。 3）点火时间应适应发动机的工况（最佳点火时间）。 **2. 传统点火系统** （1）**组成**：传统点火系统由点火线圈、附加电阻、电容器、断电器、配电器、火花塞、高压线、点火开关、蓄电池等组成。 （2）**工作原理**：传统点火系统电路如图 1-8-21 所示。 1）断电器触点闭合时，低压电路接通，一次电流便在点火线圈铁芯中产生磁场。断电器触点闭合期间对应的分电器凸轮轴转角称为触点闭合角。 2）断电器触点断开时，一次（低压）电路被切断，一次线圈产生 200～300 V 的自感电动势，使绕在铁芯上的二次绕组感应出 15～20 kV 的高压电。 3）高压电由配电器分配，并送至等待点火的那一缸火花塞，从而实现点火。	1. 汽油机（　　）将高压电引入燃烧室，产生电火花，点燃混合气。 A. 高压线 B. 火花塞 C. 分电器 D. 电源 2. 为保证点火可靠，一般要求点火系统提供高压电为（　　）V。 A. 12 B. 5 000～8 000 C. 8 000～10 000 D. 15 000～20 000 3. 断电器触点闭合期间对应的分电器凸轮轴转角称为（　　）。 A. 分电器重叠角 B. 触点闭合角 C. 触点提前角 D. 触点滞后角 4. 断电器触点闭合期间对应的分电器（　　）转角称为触点闭合角。 A. 曲轴 B. 转子 C. 凸轮轴 D. 驱动轴

理论知识	样题
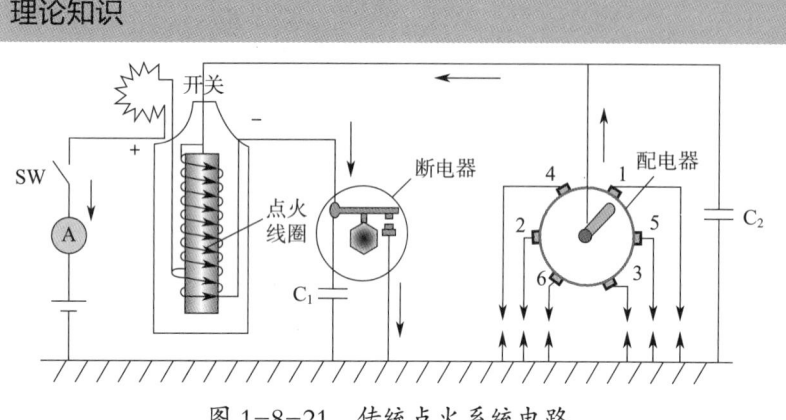

图 1-8-21 传统点火系统电路

3. 点火线圈

（1）作用：点火线圈是点火系统的核心部件之一，能将 12 V 的直流电提升至 15~20 kV 的高压电，所以又称高压包；点火线圈同时还要储备足够的能量在火花塞间隙产生强烈的电火花以点燃可燃混合气。

（2）结构：由初级（一次）线圈、次级（二次）线圈和铁芯组成。开磁路式点火线圈一般为罐状结构。它以数片硅钢片叠合成棒状铁芯，二次线圈和一次线圈分别绕在铁芯的外侧。二次线圈为线径 0.05~0.10 mm 的漆包线，匝数为 2 万~3 万匝。一次线圈的线径为 0.5~1.0 mm，较二次线圈粗，且匝数仅为 150~300 匝。

（3）原理：当一次线圈接通电源时，随着电流的增长产生一个很强的磁场，铁芯储存了磁场能；当开关装置使一次线圈电路断开时，一次线圈的磁场迅速衰减，二次线圈就会感应出很高的电压（200~300 V，如果将 220 V 交流试灯接在点火线圈一次绕组两端的接线柱上，则试灯会闪亮）。一次线圈的磁场消失速度越快，电流断开瞬间的电流越大；两个线圈的匝数比越大，则二次线圈感应出来的电压越高。

点火线圈产生的高压由中央高压线传送至分电器，如果中央高压线脱落，则分火头无高压电引入，会造成高压无火的故障。

4. 分电器

（1）作用：用来接通或切断点火线圈的一次绕组电路，使点火线圈产生高压电，并按发动机的点火顺序，将高压电分送到各缸火花塞。

（2）组成

1）断电器。作用是接通、切断点火线圈的一次线圈电路。由固定在底板上的触点和装在分电器轴上的凸轮组成。断电器白金触 | 5. 点火线圈的功用有两个，一是（　　），二是储能。
A. 升压
B. 降压
C. 接通电路
D. 切断电路
6. 将 220 V 交流试灯接在点火线圈一次绕组两端的接线柱上，灯亮则表示（　　）故障。
A. 有断路
B. 有搭铁
C. 无断路
D. 有断路或搭铁
7. 点火线圈中央高压线脱落，会造成（　　）。
A. 点火错乱
B. 点火过火
C. 高压无火
D. 高压火弱 |

理论知识	样题
点极易被电火花烧蚀，轻度烧蚀的触点可用0号砂纸打磨，重度烧蚀的触点则必须更换。 2）配电器。作用是把点火线圈产生的高压电按发动机点火顺序的要求分配到各缸的火花塞。由分火头和分电器盖组成，如图1-8-22所示。分电器盖由耐高压的胶木制成，盖内周围有与发动机气缸数相等的电极，可通过高压导线与各缸火花塞相连。盖的中间有中央高压线插孔，电极在孔中安装有带弹簧的炭精柱，弹性地压在分火头的导电片上。分火头用耐高压的胶木制成，安装在凸轮的顶端。 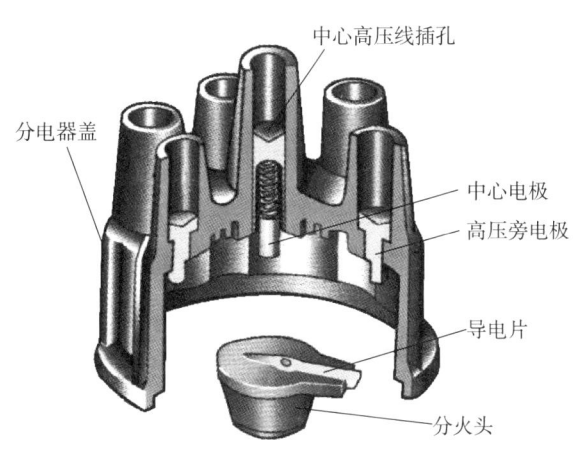 图1-8-22 配电器的结构组成 3）点火提前调节机构。离心提前调节机构是根据发动机转速的变化自动调节点火提前角的装置，转速提高则点火提前角增大，转速降低点火提前角减小，使汽油在气缸内以最佳的定时点火燃烧。检查离心提前装置时，固定分电器轴，使离心提前装置沿工作方向转至极限，放松后应立即回到原位。 4）电容器。用于消除分电器分断时产生的火花，延长触点的使用寿命，加快一次电流的衰减速度，提高二次电压。 电容器的容量一般应在0.15~0.35 F，耐压应在500 V以上，绝缘电阻在20℃时不应低于50 MΩ。 （3）原理：当凸轮的凸角顶动活动触点臂上的胶木顶块时，触点张开；凸角离开胶木顶块时，在弹簧片作用下触点闭合。发动机工作中断电器触点不断开、闭。将点火线圈一次线圈电路接通和切断，使二次线圈感应出高压电。 当分火头随分电器轴旋转时（因分电器轴与衬套之间润滑条件较差，容易磨损，其正常间隙为0.02~0.04 mm，超过0.07 mm时必	8.汽油机分电器中的（　　）由分火头和分电器盖组成。 A.配电器 B.断电器 C.点火提前装置 D.电容器 9.断电器触点有轻度烧蚀，可用（　　）号砂纸打磨。 A.0 B.100 C.200 D.500 10.汽油发动机不能启动，检查电路，打开开关，电流表指示3~5 A而不做间歇摆动，则可能（　　）。 A.分电器各接头接触不实 B.高压电路故障 C.高压导线故障 D.点火线圈断路 11.离心提前装置在分电器轴固定不动时，使凸轮轴向其（　　）转至极限，放松时应立即回原位。 A.工作方向 B.正向 C.反向 D.侧向 12.检查分电器轴与衬套之间的间隙，分电器轴与衬套的正常配合间隙为0.02~0.04 mm，最大不得超过（　　）mm。 A.0.02 B.0.05 C.0.07 D.0.09 13.检查分电器轴与衬套之间的间隙，分电器轴与衬套的正常配合间隙为（　　）mm，最大不得超过0.07 mm。 A.0.01~0.02 B.0.02~0.04 C.0.04~0.06

理论知识

须更换），其上的导电片在距旁电极为 0.25～0.8 mm 的间隙处掠过。断电器触点断开瞬间，导电片正对准盖内某一旁电极，高压电便由中央高压线插孔炭精柱引入，经分火头导电片跳到旁电极，再经分缸高压线送至火花塞。

5. 火花塞

（1）作用：将点火线圈产生的高压电引入燃烧室，并在其间隙中产生电火花，点燃混合气。

（2）结构：火花塞主要由接线帽（端子）、瓷绝缘体、中心电极、侧电极和壳体等部分组成，如图 1-8-23 所示。

接线帽（端子）的作用是与分缸线对接，吸收电能。要求在插拔缸线时应有吸入或弹出感。

陶瓷部分绝缘、耐热、导热，在陶瓷表面有几道沟状的波纹，它可以防止飞弧的产生。

中心电极用镍锰合金制成，具有耐热、耐腐蚀和良好的导电性能。

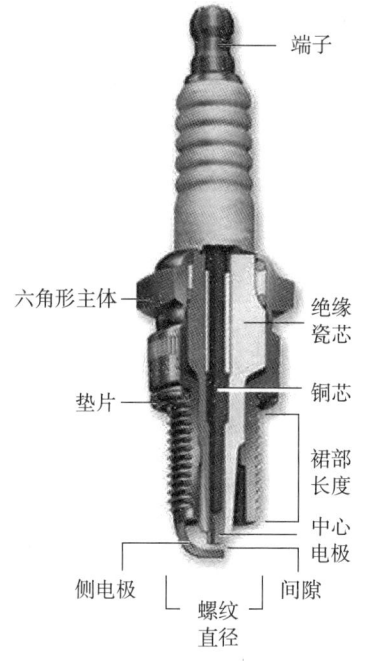

图 1-8-23 火花塞的结构

中心电极与侧电极之间的间隙一般为 0.6～0.7 mm，高能点火系统的电极间隙为 1.0～1.3 mm。火花塞通过壳体下部的螺纹旋入气缸盖中，旋紧时密封垫受压，保证壳体与气缸盖之间密封良好。

（3）热特性：火花塞绝缘体裙部的温度保持在 500～600℃时，落在绝缘体上的油滴能立即烧掉，不形成积炭，这个温度称为火花塞的自净温度。低于这个温度，火花塞易产生积炭，造成能量损失；高于这个温度，又容易产生炽热点火，形成爆燃。因此，火花塞的热特性必须与发动机相适应，以保证火花塞在发动机内良好工作。一般选用火花塞的基本原则是：

发动机的功率大，压缩比高，转速高，应选用高热值的冷型火花塞；反之，则选用低热值的热型火花塞。

6. 电子点火系统

（1）特点：与传统点火系统对比，电子点火系统的最大特点是

样题

D. 0.06～0.08

14. 一般来说，高能点火系统采用的火花塞中心电极与侧电极之间的间隙为（　　）mm。
A. 0.35～0.45
B. 0.45～0.55
C. 0.70～0.90
D. 1.00～1.30

15. 一般来说，普通火花塞中心电极与侧电极之间的间隙为（　　）mm。
A. 0.35～0.45
B. 0.45～0.55
C. 0.50～0.60
D. 0.60～0.70

16. 发动机工作时，火花塞绝缘体裙部的温度应保持在（　　）℃。
A. 200～300
B. 300～400
C. 500～600
D. 600～700

17. 高速发动机普遍采用（　　）火花塞。
A. 标准型
B. 突出型
C. 细电极型
D. 铜芯高热值型

18. 电子点火系统采用点火信号发生器取代传统点火系统中的（　　）。
A. 断电触点
B. 配电器
C. 分电器
D. 点火线圈

理论知识	样题

用精度和稳定性极高的点火信号发生器取代了故障率很高的断电触点，并采用电子点火控制器对信号进行降噪和放大。具有如下的优点：

1）使用寿命长。取消了容易烧蚀的触点，减少了触点火花，既延长了使用寿命，又改善了点火性能；一次电流可由 5 A 提高到 7 ~ 8 A，二次电压可达 30 kV。

2）可加大火花塞电极间隙，点燃较稀的混合气，从而改善发动机的动力性、经济性和排气净化性能。

3）结构简单、质量轻、体积小、使用和维修方便。

（2）组成：如图 1-8-24 所示。

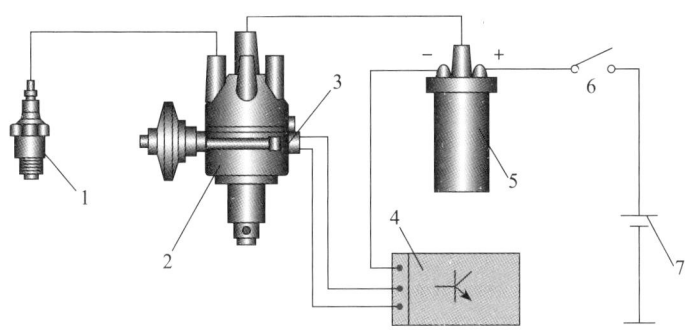

图 1-8-24　电子点火系统的结构组成
1—火花塞　2—分电器　3—点火信号发生器　4—点火控制器
5—点火线圈　6—点火开关　7—蓄电池

1）点火信号发生器。由曲轴位置传感器和凸轮轴位置传感器组成，曲轴位置传感器产生曲轴转角信号，能精确测量出曲轴相对于上止点的位置。凸轮轴位置传感器则用于判断哪缸处于压缩上止点位置，所以也被称为判缸信号。

2）点火控制器。有独立的集成电路点火模块和ECU一体的电控点火两种形式。其作用一是对传感器的信号进行计算并放大，二是控制点火线圈一次线圈搭铁端的通断。更换点火控制器时，应关闭点火开关。

7. 曲轴、凸轮轴位置传感器

（1）作用

1）检测发动机曲轴转角和活塞上止点，并将检测信号及时送至发动机 ECU，用以控制点火时刻（点火提前角）和喷油正时。

2）是测量发动机转速的信号源。

19. 点火模块用于控制点火线圈一次线圈的（　　）。
A. 搭铁
B. 电源
C. 电阻
D. 电感

20. 电控点火装置（ESA）的控制主要包括点火提前角、通电时间及（　　）控制等方面。
A. 燃油停供
B. 废气再循环
C. 爆燃防止
D. 点火高压

21. 为确保安全，更换点火模块前应采取的措施是（　　）。
A. 拆下蓄电池负极导线
B. 拆下蓄电池正极导线
C. 拆下蓄电池
D. 关闭点火开关

22. 曲轴位置传感器是发动机电子控制系统中最重要的传感器之一，它提供点火时刻（点火提前角）、确认（　　）的信号。
A. 活塞位置
B. 曲轴位置
C. 凸轮轴位置
D. 飞轮位置

理论知识	样题
（2）地位：曲轴位置传感器是发动机控制系统中最主要的传感器之一，是确认曲轴转角位置和发动机转速不可缺少的装置，发动机 ECU 用此装置传递出的信号控制燃油喷射量、喷油正时、点火时刻、点火线圈充电闭合角、怠速转速和电动汽油泵的运行。它是电喷发动机特别是集中控制系统中最重要的传感器，也是点火系统和燃油喷射系统共用的传感器。如图 1-8-25 所示。 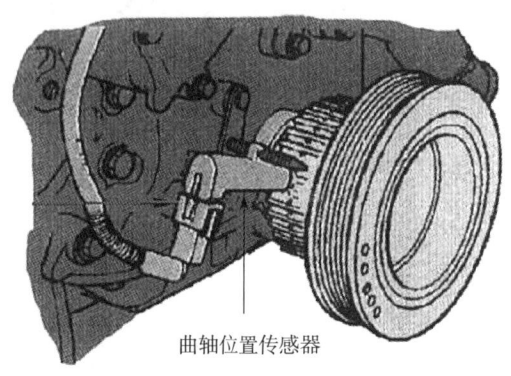 图 1-8-25 曲轴位置传感器 与曲轴位置传感器工作原理类似的凸轮轴位置传感器主要用来检测凸轮轴位置信号，并将信号输送给 ECU，以便确定第一缸压缩上止点，从而进行顺序喷油控制和点火时刻控制；同时，还用于发动机启动时识别第一次点火时刻，因此也称为判缸传感器。 （3）分类：按产生信号的原理不同，曲轴位置传感器可分为以下三类。 1）磁感应式曲轴位置传感器。 2）光电式曲轴位置传感器。 3）霍尔式曲轴位置传感器。 （4）磁感应式曲轴位置传感器 1）结构：磁感应式曲轴位置传感器的结构由壳体、永久磁铁、铁芯和感应线圈组成，如图 1-8-26 所示。转子信号盘固定在 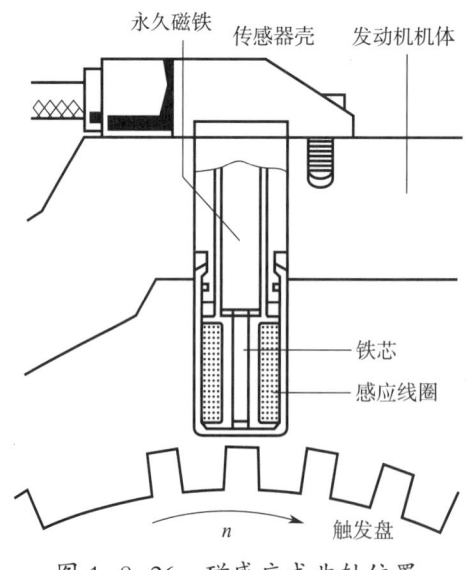 图 1-8-26 磁感应式曲轴位置传感器的结构	23. 曲轴位置传感器用于检测活塞上止点、（　）及发动机转速。 A. 压缩行程上止点 B. 压缩行程下止点 C. 曲轴转角 D. 凸轮轴转角 24. 曲轴位置传感器在发动机工作时，提供活塞到达（　）定时产生的信号。 A. 压缩行程上止点前 B. 压缩行程上止点后 C. 进气行程上止点前 D. 进气行程上止点后 25. 曲轴位置传感器所采用的结构随车型号不同而不同，可分为磁感应式、（　）和霍尔式三大类。 A. 电磁式 B. 光电式 C. 离心式 D. 电阻式 26. 磁感应式曲轴位置传感器安装在（　）。 A. 曲轴前 B. 分电器内 C. 凸轮轴前 D. 飞轮上

理论知识	样题
分电器轴或曲轴上，传感器壳体固定在分电器壳体或气缸体上。 2）磁感应原理：实验证明，当导体做切割磁力线运动或通过线圈的磁通量发生变化时，导体或线圈中就会产生电动势。 在磁感应式曲轴位置传感器的工作过程中，永久磁铁的磁力线经过转子、线圈、拖架构成封闭回路，如图1-8-27a所示。当转子旋转时，由于转子齿与线圈铁芯、拖架的间隙不断发生变化，通过线圈的磁通量也不断变化，线圈两端便产生感应电压，并输出交流信号。交流信号的频率能反映曲轴的转速和位置。当转速较低时，其振幅较小，信号较弱；随着转速上升，输出信号的频率升高，信号的振幅也一并升高，如图1-8-27b所示。 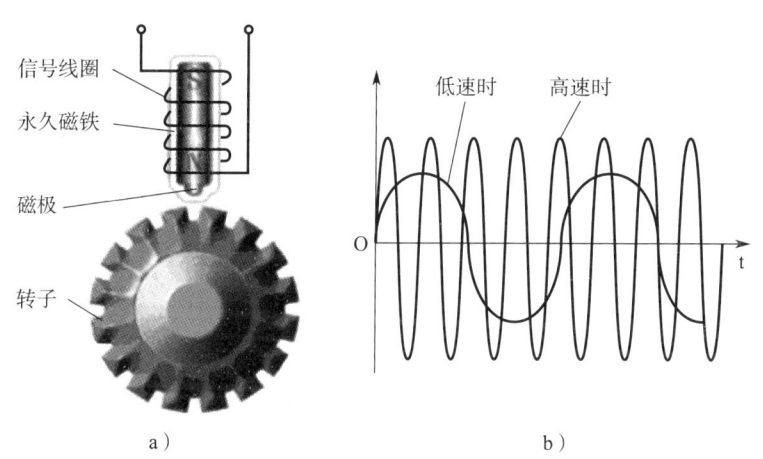 图1-8-27 磁感应式曲轴位置传感器工作原理及信号波形 a）原理图 b）信号波形 （5）霍尔式曲轴位置传感器 1）结构：由具有触发轮齿的信号盘和霍尔传感器组成，如图1-8-28所示。 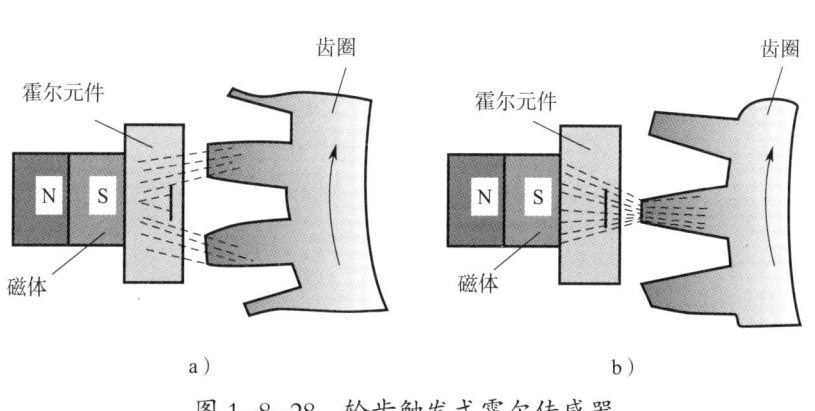 图1-8-28 轮齿触发式霍尔传感器 a）磁场较弱 b）磁场较强	27.因磁感应式曲轴位置传感器的转子有24个凸齿，故分电器轴转一圈产生（ ）个脉冲信号。 A. 12 B. 24 C. 36 D. 48 28.霍尔式曲轴位置传感器的检测，应在（ ）电子点火控制器及连接导线检查都正常的情况下进行。 A. 点火线圈 B. 火花塞 C. 分电器 D. 火花塞或分电器 29.凸轮轴位置传感器的作用是采集配气凸轮轴的位置信号，并输入ECU，以使ECU识别（ ），从而进行顺序喷油控制、点火时刻和爆燃控制。 A. 第一缸压缩上止点 B. 第二缸压缩上止点 C. 第三缸压缩上止点 D. 第四缸压缩上止点

理论知识

霍尔传感器内部由永久磁铁、霍尔元件和电子电路等组成。

信号盘有两组相隔180°的轮齿组。每组有四个齿槽，一组中相邻齿槽间隔角度为20°。

2）工作原理：永久磁铁的磁力线穿过霍尔元件通向齿轮，齿轮相当于一个集磁器。当齿轮位于图1-8-28a所示位置时，穿过霍尔元件的磁力线分散，磁场相对较弱。当齿轮位于图1-8-28b所示位置时，穿过霍尔元件的磁力线集中，磁场相对较强。

齿轮转动时，使穿过霍尔元件的磁力线密度发生变化，因此引起霍尔电压的变化，霍尔元件将输出一个毫伏级的正弦波电压。该交流信号需经由电子电路转换成标准的脉冲电压。

3）工作过程：轮槽通过传感器时，传感器输出高电位（5V）。轮齿中心线与传感器感应头中心成一条直线时（正对），传感器输出低电位（0.3V）。一个轮槽和一个轮齿通过传感器，传感器便产生一个高—低电位脉冲信号。信号盘上的一组齿轮组通过传感器时，传感器将产生一组脉冲信号，每组由四个脉冲信号构成。

8. 冷却液温度传感器

（1）**作用**：发动机冷却液温度传感器用于监视发动机冷却液温度，将温度信号输送给ECM，作为控制冷却风扇、发动机怠速、修正喷油量、点火提前角的修正信号。

（2）**安装位置**：冷却液温度传感器安装在发动机机体或气缸盖的冷却水道上，与冷却液接触，用来检测发动机冷却液的温度。

（3）**分类**：目前常用冷却液温度传感器按插脚分为单针、两针、三针三种结构。

（4）**特性**：如图1-8-29所示，冷却液温度传感器的内部装有一个负温度系数热敏电阻（NTC）。冷却液温度的变化引起电阻值的变化，当冷却液温度越低，电阻值越大；冷却液温度越高，电阻值越小，系统根据接收到的电压值来计算出当前的冷却液温度。

9. 用万用表检测诊断的一般原则

（1）除在测试过程中特别指明外，不能用指针式万用表测试ECU和传感器，应使用高阻抗数字式万用表（内阻应≥10 kΩ）或汽车万用表检测诊断。

（2）首先检查熔丝、易熔线和接线端子（连接器）的状况，在排除这些部位的故障后再用万用表进行检测。

样题

30. 凸轮轴位置传感器是发动机电子控制系统中最主要的传感器之一，它的作用是提供点火时刻（点火提前角），确认（　　）。
A. 活塞位置
B. 曲轴位置
C. 凸轮轴位置
D. 飞轮位置

31. （　　）能够识别哪一气缸即将到达上止点，因此称为判缸传感器。
A. 节气门位置传感器
B. 曲轴位置传感器
C. 爆燃传感器
D. 凸轮轴位置传感器

32. （　　）可用来检查发动机冷却液的温度，作为喷油和点火正时的修正信号。
A. 温度传感器
B. 空气流量传感器
C. 氧传感器
D. 压力传感器

33. 冷却液温度传感器安装在（　　）。
A. 进气道上
B. 排气管上
C. 冷却水道上
D. 油底壳上

34. 冷却液温度传感器的输出信号是（　　）。
A. 脉冲信号
B. 数字信号
C. 模拟信号
D. 固定信号

35. 电控发动机可用（　　）检查发动机计算机是否有故障。
A. 万用表
B. 数字式万用表
C. 模拟式万用表
D. 试灯或万用表

36. 检测汽车发动机电控系统时，应选用（　　）万用表。

理论知识	样题

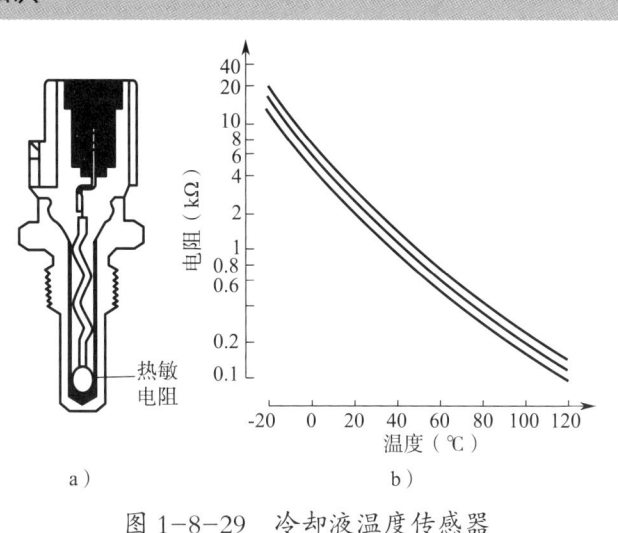

图1-8-29 冷却液温度传感器
a）结构 b）特性

（3）测量电压时，点火开关应处于"ON"位置，蓄电池电压应≥11 V。

（4）在用万用表检查防水型连接器时，应小心取下防水套。表笔插入连接器检查时，不可对端子用力过大。检测时，表笔可以从带有配线的后端插入，也可以从没有配线的前端插入。

（5）测量电阻时，要在垂直和水平方向轻轻摇动导线，以提高准确性。

（6）检查线路断路故障时，应先脱开ECU和相应传感器的连接器，然后测量连接器相应端子间的电阻，以确定是否有断路或接触不良故障。

10. 故障诊断仪

（1）**功能**：故障诊断仪的功能分为基本测试功能和特殊测试功能。

1）基本测试功能包括：①读取故障码：故障诊断仪可以读出存储在电子控制单元中的故障码，并在显示屏上显示出来，故障码的含义也可通过按键操作将其从故障诊断仪中调出。②清除故障码：电控系统的故障被排除后，必须清除掉存储在电子控制单元中的故障码，使仪表盘的故障指示灯熄灭。

2）特殊测试功能包括：①动态数据流测试：将车辆各系统运行过程中控制单元的工作状况和各种输入、输出电信号的瞬时数值，以串行方式经故障诊断座传送到故障诊断仪，并在故障诊断仪显示屏上显示出来，从而使整个控制系统的工作状况一目了然，供

样题续：

A. 指针式
B. 数字式
C. 低阻抗数字式
D. 高阻抗数字式

37.用汽车万用表测量发动机转速，红表笔应连（　　），黑表笔搭铁。
A. 点火线圈负接线柱
B. 点火线圈正接线柱
C. 转速传感器
D. 分电器中央高压线

38.用诊断仪读取故障码时，应选择（　　）模式。
A. 故障诊断
B. 数据流
C. 执行元件测试
D. 基本设定

39.用诊断仪对发动机进行检测，点火开关应（　　）。
A. 关闭
B. 打开
C. 位于启动挡
D. 位于锁止挡

理论知识	样题

检修人员查阅。②定格数据：大多数故障诊断仪都可以在行车时记录数据，这些信息是其他方法很难或根本无法获得的。③执行元件测试：在发动机运转过程中或熄火状态下，通过故障诊断仪向各执行元件发出强制驱动或强制停止的指令，以查找出有故障的执行元件或控制电路。④基本设定：此项功能可以对汽车上的电控系统进行基本设定。⑤控制单元的编码：控制单元编码没有显示或更换控制单元后，必须对控制单元进行编码。

（2）**诊断模式**：对电控系统故障的诊断主要采用两种不同的诊断模式。

1）静态诊断模式，简称KOEO诊断模式，即点火开关"开"、发动机不运转（Key ON Engine OFF）。

2）动态诊断模式，简称KOER诊断模式，即点火开关"开"，发动机运转（Key ON Engine RUN）。

（3）**注意事项**

1）在检查非电控系统部分的故障时，故障诊断仪并不是很有用。

2）故障诊断仪不能自己思考或进行故障诊断，因此最重要的是要了解所检测系统的工作和测试程序，以正确理解故障诊断仪所提供的信息，还要注意的是在某些条件下，故障诊断仪可能会显示错误的信息，因为故障诊断仪显示的系列数据受电控单元的影响。

3）故障诊断仪在检查单独的输入和输出回路时，会判断回路或零件是否工作正常。

4）当汽车无法提供数据或数据无法取出时，即无故障码输出时，故障诊断仪就无法发挥作用。

5）故障诊断仪使用方法简单，但一定要按规定进行操作。

6）查找和排除故障时，要将故障诊断仪与维修手册结合起来。

7）目前生产的汽车发动机控制单元中都有丰富的数据流存储调用功能，故障诊断仪最有用的功能之一就是它可以在路试中记录数据流读数，并可以重放以进行详细分析。

8.4 排放控制及检测

1.汽车尾气的主要成分及其危害

（1）**主要成分**：据测定，从汽车尾气中分离出100多种物质，其中80多种为有害物质，主要成分包括：一氧化碳（CO）、碳氢化

样题栏：

40.（　　）用于测量发动机无负荷功率及转速。
A.汽车无负荷测功表
B.气缸压力表
C.发动机转速
D.发动机分析仪

41.汽油发动机不能启动的原因是（　　）。
A.低压电路断路
B.供油不足
C.混合气过稀
D.混合气过浓

42.发动机相邻两高压分线插错，将会造成（　　）。
A.动力不足
B.启动困难
C.不能启动
D.运转不稳

1.汽车排放物中的（　　）不仅会使人的骨髓功能减弱，血小板减少，而且也是形成光化学烟雾的因素。
A. CO
B. HC
C. NO_x
D. 微粒

理论知识	样题
合物（HC）、氮氧化合物（NO_x）、烟尘微粒（含某些重金属化合物、铅化合物、黑烟及油雾）。 （2）危害 1）光化学烟雾：汽车尾气中的碳氢化合物和氮氧化合物在紫外光线的照射下会发生系列化学反应形成由臭氧、多种过氧化物和多种游离基所组成的光化学烟雾，其对人体的危害主要表现为刺激眼睛，引起红眼病；刺激鼻、咽喉、气管和肺部，引起慢性呼吸系统疾病。光化学烟雾还会使树木枯死、农作物大量减产；降低大气的能见度、妨碍交通。 2）一氧化碳（CO）：它可经呼吸道进入肺泡，被血液吸收，与血红蛋白结合，降低血液的载氧能力，削弱血液对人体组织的供氧量，导致组织缺氧，从而引起头痛等症状，严重者甚至会窒息死亡。 3）氮氧化合物（NO_x）：氮氧化合物进入肺泡后，能形成亚硝酸和硝酸，对肺组织产生剧烈的刺激作用，增加肺毛细管的通透性，可引发肺气肿。 4）碳氢化合物（HC）：碳氢化合物对人体健康有直接影响，会导致骨髓功能减弱，引起贫血症，还含有苯等致癌物质。如汽车尾气中所含的碳氢化合物中发现有32种多环芳烃，其中包括3,4-苯并芘等致癌物质，当苯并芘在空气中的浓度达到 0.012 μg/m³ 时，患肺癌的人数会显著增加。 碳氢化合物对植物也会产生危害，例如乙炔在大气中的浓度达 0.58 mg/m³ 时，能使一些植物发育异常。 **2. 尾气排放控制** **（1）有害气体生成机理** 有害气体排放的状态与发动机的燃烧直接相关，各种主要有害气体的生成机理分别是： 1）一氧化碳（CO）——混合气过浓或混合不均匀，导致燃料不完全燃烧、或 CO 和 HC 在高温时解离生成 CO 和 H_2O。 2）碳氢化合物（HC）——燃烧不完全、燃烧室内的缝隙效应、缸壁润滑油膜和积垢的吸附导致燃料不完全燃烧或未燃烧。 3）氮氧化合物 NO_x——混合气燃烧过程中，氮气和氧气在高温条件下化合生成的，其生成的数量与燃烧温度、氧气的浓度等因素有关。燃烧温度对 NO_x 的生成影响很大，温度高于 1 300℃ 时生成 NO_x，随着温度升高，NO_x 的生成量增加。	2.（　　）由臭氧和多种过氧化物及多种游离基组成。 A. CO B. HC C. NO_x D. 光化学烟雾 3.（　　）与血液中的血红蛋白结合，形成碳氧血红蛋白，从而使这部分血红蛋白失去送氧的能力，使人体缺氧。 A. CO B. HC C. NO_x D. 微粒 4. 排放控制系统用于减少废气中有害气体（　　）、HC、和 NO_x。 A. CO_2 B. H_2O C. O_2 D. CO

理论知识	样题
（2）**控制措施**：发动机控制尾气排放的主要措施有曲轴箱强制通风系统（PCV）、蒸发排放（EVAP）系统、三元催化转换（TWC）系统以及废气再循环（EGR）系统。 ### 3. 曲轴箱强制通风（PCV）系统 （1）**种类**：曲轴箱通风系统有两种，一种是固定量孔式（自然通风），另一种是PCV阀式（强制通风）。 （2）**工作原理**：在一定负荷下将曲轴箱的废气通过固定量孔或可变流通截面的PCV阀导向进气歧管，再引入燃烧室参与燃烧，从而防止曲轴箱内气压过高，机油渗漏，避免将未燃气体（HC）直接排入大气中。 （3）**检查内容**：在PCV阀系统正确连接的情况下，断开PCV阀进气口，在量孔或PCV阀处应有真空的吸力，此时会吸进发动机室的热空气，注意CO和O_2读值。CO值应降低，O_2值应增加。若无变化，应清洗PCV系统，或按要求进行修理。当用手指堵住PCV阀进气口时，发动机的运转状态应有一定的变化，再读取此时的CO和O_2值。此时CO值应增加，O_2应降低，若读值与断开吸进空气时一样或稍有增加，则表示PCV阀系统未工作。对采用PCV阀的系统，堵住时还应听到阀被吸动的声音。另外还可使用真空表及系统诊断仪器中的数据来分析（如空气流量、歧管压力、发动机的负荷等参数）。 ### 4. 废气再循环（EGR）系统 （1）**作用**：EGR能冲淡和稀释进入缸内的混合气，降低燃烧室的温度，减小火焰传播速度，在40～50 km/h车速稳定行驶时，5%的EGR率可减少40%以上的NO_x，10%的EGR率可减少80%的NO_x，但若控制不正常时，随着EGR的增加，HC也会迅速增加。 （2）**分类**：废气再循环（EGR）系统有很多种形式和控制方式。 1）根据系统执行器（EGR阀）的动作控制形式，可以分为机械控制式EGR和电子控制式EGR；其中电子控制式EGR又可分为普通型电子EGR、可变EGR、带压力反馈电子PFE传感器的EGR、带压差反馈电子DPFE传感器的EGR和带EGR位置传感器的控制系统。 2）根据EGR阀的控制对象，即系统控制的方式，可以分为直接控制式EGR和间接控制式EGR。	5.排放控制系统包括PCV、（　　）、TWC以及EGR四个系统。 A. EVAP B. TRC C. VVTI D. VTEC 6.排放控制系统包括曲轴箱强制通风系统、蒸发排放系统、（　　）以及废气再循环系统。 A. 涡轮增压系统 B. 二次喷射系统 C. 三元催化转换系统 D. 高压共轨系统 7.（　　）的作用：防止曲轴箱内气压过高，机油渗漏，把渗入曲轴箱的蒸气引入气缸内燃烧，防止机油稀释。 A. 曲轴箱通风 B. 强制通风 C. 自然通风 D. 活性炭罐 8.曲轴箱通风的方式分为（　　）和强制通风。 A. 自然通风 B. 增压通风 C. 机械通风 D. 辅助通风 9.废气再循环（EGR）系统的作用是将一部分废气引入进气系统，与新鲜的燃油混合气混合，使混合气变稀，从而降低燃烧速度，燃烧温度下降，从而有效地减少（　　）的生成。 A. C B. O_2 C. CO_2 D. NO_x 10.废气再循环（EGR）系统可分为普通型电子EGR，可变EGR、带压力反馈电子PFE传感器的EGR、（　　）和带EGR位置传感器的控制系统。

理论知识	样题
3）根据 EGR 中阀的个数可以分为单阀控制式和多阀控制式。 4）根据 EGR 的控制结构，可以分为开环控制式 EGR 和闭环控制式 EGR。 （3）EGR 率：再循环的废气量与吸入气缸的进气总量之比，EGR 率的合理控制对氮氧化物的净化效果和整机排放极其重要，进行标定试验时需要一种方法量化 EGR 率，以评判废气再循环对发动机性能的影响。传统机械式 EGR 为开环控制，EGR 率较低（小于 15%）；闭环控制的电子式系统的 EGR 率较高（最高可达 30%），闭环控制式 EGR 的 EGR 率可通过发动机进气腔装置传感器、EGR 废气温度传感器、废气再循环阀的开度传感器等反馈装置的信号进行精确控制。 （4）**电控式 EGR 的组成**：如图 1-8-30 所示，电控 EGR 包括进气流量传感器、发动机转速传感器、节气门位置传感器、冷却液温度传感器、EGR 阀位置传感器、进气压力传感器、EGR 温度传感器、EGR 阀等。 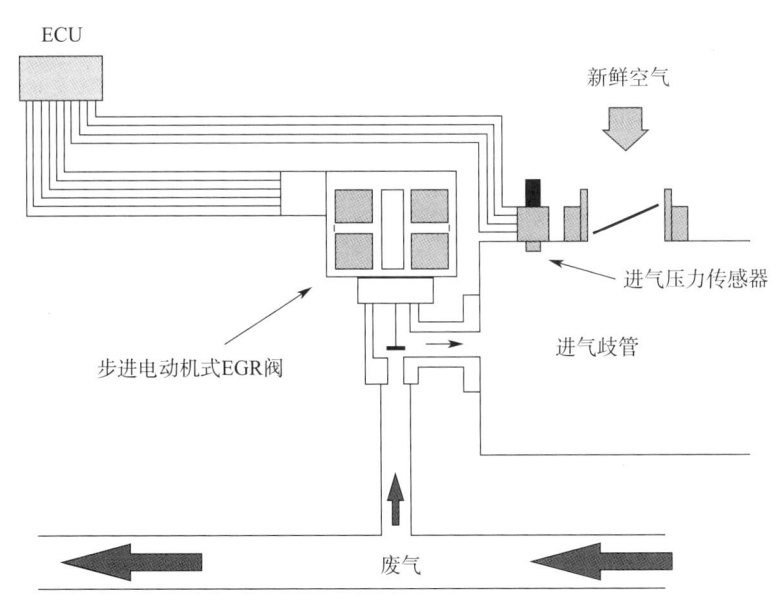 图 1-8-30 电控式 EGR 系统组成 （5）**EGR 的控制策略**：增加 EGR 率可以使 NO_x 排量降低，但同时会让 HC 的排量和燃油消耗量增加，因此在各种工况采用的 EGR 率必须对动力性、经济性和排放性能进行综合考虑。 1）冷车、急速和低负荷时，NO_x 排放浓度低，为了保证稳定燃烧，不进行 EGR。 2）只有热态下进行 EGR。发动机温度低时，NO_x 排放浓度也	A.机械控制式 EGR B.真空式 EGR C.带压差反馈电子 DPFE 传感器的 EGR D.不带压差反馈式电子 DPFE 传感器的 EGR 11.发动机废气再循环系统的 EGR 率，可通过反馈装置进行精确控制，其反馈元件包括发动机进气腔装置传感器、（　　）、废气再循环阀的开度传感器等。 A.发动机转速传感器 B.EGR 废气温度传感器 C.发动机排气温度传感器 D.进气温度传感器 12.关于废气再循环系统（EGR），下列说法中不正确的是（　　）。 A.传统机械式废气再循环的 EGR 率可达 20% B.分为传统机械式废气再循环的 EGR 与内 EGR 两类型 C.利用发动机可变气门系统可实现无外部专用装置的 EGR 循环 D.排气背压式 EGR，只能对废气再循环阀门的运作起修正作用

较低，为了保证正常燃烧，冷机时不进行EGR。

3）大负荷、高速时，为了保证发动机有较好的动力性，此时混合气较浓，NO_x排放生成物较少，可不进行EGR或减少EGR率。

4）部分负荷：随着负荷增加EGR率允许值也增加。

5. 三元催化转换系统（TWC）

（1）作用：用三元催化转换系统可降低所排废气中的三种主要污染物[碳氢化合物（HC）、一氧化碳（CO）和氮氧化物（NO_x）]约90%。但只有当空/燃混合比在14.7的狭窄范围内时，才能进行完全催化反应，这就要求氧传感器的工作必须正常。部分车型（如三菱欧蓝德）还有一个预热三元催化转换系统，能降低发动机预热期间HC、CO和NO_x的排放量。

（2）工作原理：当含有CO和HC的废气通过三元催化转换器时，铂催化剂便触发氧化（燃烧）过程，HC和CO与转换器中的氧结合生成水蒸气和二氧化碳，氧化过程对NO_x排放没有影响。

为了减少NO_x的含量，需要进行"还原"反应。还原反应的目的是去掉物质中的氧原子。在三元催化转换系统中，铑被用作催化剂，将NO_x分解为氮和氧，当温度为250℃左右时，污染物便会发生有效的转化。

（3）结构：三元催化转换系统由金属外壳、陶瓷格栅基底和大约2g的铑、铂涂层（作为催化剂）组成。

6. 排放标准（GB 18352.1—2001）[①]

（1）装配点燃式发动机的车辆怠速试验排气污染物限值见表1-8-1。

表1-8-1 装配点燃式发动机的车辆怠速试验排气污染物限值

车辆类型	怠速		高怠速	
	CO（%）	HC（ppm）	CO（%）	HC（ppm）
2001年1月1日以后上牌的M1类车辆	0.8	150	0.3	100
2002年1月1日以后上牌的N1类车辆	1.0	200	0.5	150

13. 个别车型在三元催化转换系统前的排气管内还有一个预热三元催化转换器，其作用是降低发动机预热期间的（　　）、CO和NO_x排放量。
A. H_2O
B. HC
C. NC
D. NO

14. 1995年7月1日后定型柴油汽车的烟度值排放应小于（　　）FSN。
A. 5
B. 4.5
C. 4
D. 3.5

15. 1995年7月1日后生产的在用轻型汽油车（四冲程）的HC排放应小于（　　）ppm。
A. 600
B. 700
C. 900
D. 1 200

---

① 该标准已作废，因在题库中作为知识点出现，故书中沿用。

理论知识	样题

（2）其他车辆怠速试验的排气污染物限值见表 1-8-2。

表 1-8-2　其他车辆怠速试验的排气污染物限值

车辆类型	轻型车		重型车	
	CO，%	HC，ppm	CO，%	HC，ppm
1995 年 7 月 1 日以前生产的在用汽车	4.5	1 200	5.0	2 000
1995 年 7 月 1 日起生产的在用汽车	4.5	900	4.5	1 200

7. 汽油车废气检测

（1）**双怠速试验法**：发动机由怠速工况加速至 0.7 倍额定转速（大部分汽车最大额定转速为 5 000 r/min），维持 60 s 后降至高怠速（0.3 倍的额定转速），将废气分析仪的取样探头插入并固定在排气管中。发动机在高怠速状态维持 15 s 后开始读数，读取 30 s 内的最高值与最低值，其平均值为怠速排放结果。

（2）**加速模拟工况法**：车辆驱动轮位于测功机滚筒上，将废气分析仪取样探头插入排气管中深度为 40 cm，并固定于排气管上，对独立工作的多排气管应同时取样。

（3）**检测设备**：废气分析仪，根据所测气体数目可以分为两气废气分析仪和四/五气废气分析仪，两气的可测量一氧化碳和碳氢化合物；四气的可以测量一氧化碳、碳氢化合物、二氧化碳、氧气；五气的可测量一氧化碳、碳氢化合物、二氧化碳、氧气、一氧化氮。其中五气分析仪还可检验发动机的故障情况。

（4）**注意事项**：

1）经常检查过滤组件，发现烟嘴过滤器潮湿变黑时，应及时更换。

2）使用前要进行泄漏检查和残余的碳氢化合物测试。

3）安装取样探头时，插入排气管深度应不小于 300 mm。

4）测量完毕时，用干燥的压缩空气吹洗探头、取样管，以免脏物堵塞气路。

8. 柴油车废气检测

（1）**检测仪器**：烟度计。

（2）**检测方法**：1）装探头。测量柴油车的排气烟度，将取样

---

16. 1995 年 7 月 1 日后生产的在用重型汽油车，CO 的排放应小于（　　）。

A. 3%

B. 3.5%

C. 4%

D. 4.5%

17. 检测排放前，应调整好汽油发动机的（　　）。

A. 怠速

B. 点火正时

C. 供油量

D. 怠速和点火正时

18. 汽油车检测排放时，发动机应处于（　　）状态。

A. 中速

B. 低速

C. 怠速

D. 加速

19. 检测排放时，取样探头插入排气管的深度不小于（　　）mm，否则排气管应加长。

A. 200

B. 250

C. 300

D. 350

20. 检测汽油车废气时，应清除取样探头上残留的（　　），以保证检测的准确性。

A. CO

B. HC

C. CO 和 HC

D. NO

理论知识	样题
管的取样探头用夹持器紧固在汽车排气管内，并使其中心线与排气管轴线平行，如图1-8-31所示。 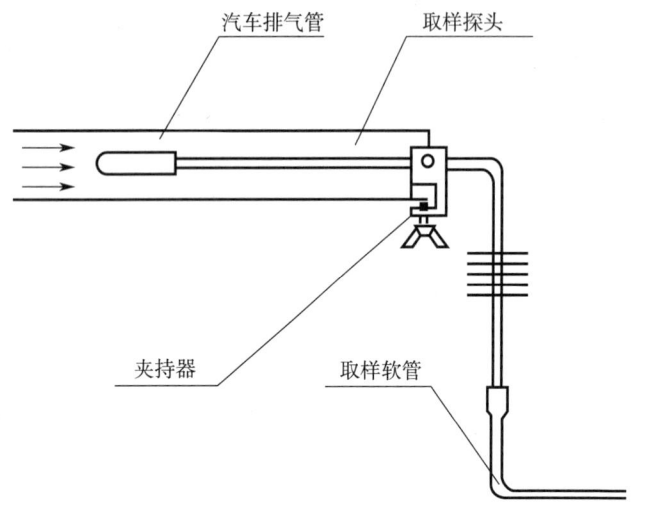 图1-8-31 固定取样探头 2）预热发动机。测量前由怠速工况将油门踏板急速踏到底，约4 s迅即松开，如此重复三次，然后开始测量。 3）自由加速工况法测量。测量时，将油门踏板与脚踏开关一并迅速踏到底，至4 s时迅即松开油门踏板和脚踏开关，待"复位"指示灯亮后，将抽气泵活塞压下（复位），就会自动完成走纸和清洗工作，此时即可从数显上读取测量值。 （3）**检测标准**：1995年7月1日后定型的柴油汽车烟度值排放应小于4.5 FSN。	21.（　　）用于检测柴油车废气中有害气体的含量。 A. 烟度计 B. 废气分析仪 C. 示波表 D. 万用表 22.（　　）可导致柴油机排放污染物中碳烟浓度过大。 A. 喷油器喷雾质量过差 B. 高压油管压力过小 C. 喷油泵泵油压力过小 D. 低压油管压力过小

项目 9 汽车维护

理论知识	样题
## 9.1 汽车一级维护 **1. 认识汽车维护** （1）**定义**：汽车维护是指公路运输车辆运行到国家有关规定的行驶里程或间隔时间，必须按期执行的维护作业。公路运输企业驾驶员必须按国家或行业有关规定的行驶里程或间隔时间对车辆进行维护作业，进口车辆及特种车辆按出厂说明书的规定执行。 （2）**原则**：汽车维护应贯彻预防为主、定期检测、强制维护、视情修理的原则。 1）"预防为主"是指汽车维护是预防性的。 2）"定期检测"是指汽车必须定期进行维护，对汽车的主要性能和技术状况进行检测测评。 3）"强制维护"是指在计划预防维护的前提下所执行的强制性的维护制度。 4）"视情修理"的原则体现了现代汽车维护和维修既紧密结合，又有很大区别。它们的要求不同，维护作业带有强制性，而维修作业是根据情况采取的操作。 （3）**内容**：汽车维护作业主要包括清洁、检查、补给、润滑、紧固、调整等。 （4）**分类**：定期维护分日常维护、一级维护和二级维护；不定期维护有季节性维护和走合期维护。 **2. 日常维护** 日常维护属于预防性维护，是由驾驶员每日出车前、行车中和收车后负责执行的车辆维护作业。其作业中心内容是清洁、补给和安全检视。车辆的日常维护是驾驶员必须完成的日常性工作，主要内容如下： （1）**坚持"三检"**：即出车前、行车中、收车后检视车辆的安全机构及各部机件连接的紧固情况。	1.（　　）是指为维持汽车完好技术状况或工作能力而进行的作业，应贯彻"预防为主、强制维护"的原则。 A. 汽车维护 B. 汽车维护的目的 C. 延长汽车大修间隔里程 D. 保持车容整洁 2. 汽车运输业汽车技术管理规定将汽车维护分为日常维护、一级维护和（　　）三级。 A. 发动机二级维护 B. 更换润滑油维护 C. 二级维护 D. 轮胎维护 3. 汽车维护是指为维持（　　）或工作能力而进行的作业，贯彻"预防为主、强制维护"的原则。 A. 车容整洁 B. 汽车大修间隔里程 C. 汽车完好技术状况 D. 机油量应位于机油尺上、下刻线之间 4. 属于预防性维护作业的是（　　）。 A. 日常维护 B. 一级维护 C. 二级维护 D. 三级维护

理论知识

（2）保持"四清"：即保持机油、空气、燃油滤清器和蓄电池的清洁。

（3）防止"四漏"：即防止漏水、漏油、漏气、漏电。

（4）保持车容整洁。

3. 一级维护概述

（1）作业内容：一级维护是除日常维护作业外，以清洁、润滑、紧固为主，并检查有关制动、操纵等安全部件，主要由维修企业负责执行的车辆维护作业。

1）清洁作业的工作内容主要包括对燃油、机油和空气滤清器滤芯进行清洁，对汽车的外表进行清洁养护以及对有关总成、零部件内外部而进行的清洁。

2）润滑作业的工作内容包括按照汽车的润滑图表和规定周期，用规定牌号的润滑油或润滑脂进行润滑；各油嘴、油杯和通气塞必须配齐，并保持畅通；发动机、变速器、转向器和驱动桥等应按规定补充更换润滑油。

3）紧固作业是为了使汽车各部分机件连接可靠，防止机件松动。维护作业常用规格为 0~300 N·m 的扭力扳手。

（2）维护周期：一级维护的周期为 2 000~3 000 km，或根据车型要求而定。

（3）工艺流程：如图 1-9-1 所示。

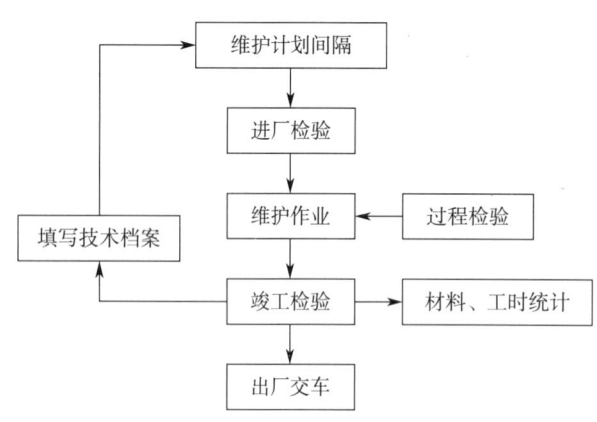

图 1-9-1　一级维护工艺流程

4. 发动机部分一级维护

（1）启动发动机，倾听发动机在怠速、中速和高速运转时有无杂声或异响。

样题

5. 汽车维护中常用扭力扳手的规格是（　　）N·m。
A. 0~300
B. 0~500
C. 0~1 000
D. 0~2 000

6. （　　）由维修企业进行，以清洁、紧固、润滑为中心内容。
A. 日常维护
B. 一级维护
C. 二级维护
D. 三级维护

7. 一级维护的周期为（　　）km。
A. 500~1 000
B. 1 000~2 000
C. 2 000~3 000
D. 3 000~4 000

8. 一级维护工艺流程包括进厂、（　　）、竣工检验、出厂等。
A. 更换机油
B. 更换冷却液
C. 作业
D. 做预算

9. 发动机一级维护作业的内容主要有更换发动机机油和（　　）、补充冷却液、维护或更换空气滤清器滤芯、清洁火花塞、维护燃料系统、维护点火系统等。
A. 机油滤清器
B. 制动液
C. 冷却液
D. 高压线

理论知识	样题
（2）检查风扇皮带的松紧度，并进行调整。 （3）检查、清洗化油器、汽油泵、汽油滤清器、空气滤清器（视需要更换机油）。 （4）检查机油的多少和质量，清洁机油粗、细滤清器及滤芯，放出滤清器中的沉淀物，检查润滑系（接头）有无漏油现象，紧固油底壳螺栓。 （5）检查气缸盖，进、排气歧管及消声器的连接紧固情况，检查并紧固发动机固定螺栓、螺母及飞轮壳螺栓。 （6）检查空气压缩机的固定情况，管道有无漏油、漏气，排除储气筒内的油水及污物。 （7）检查散热器、水泵固定情况，水管有无渗漏、百叶窗的效能及水泵轴加润滑脂的情况。定期更换冷却液，普通冷却液每6个月更换一次，长效防锈防冻液每年更换一次。 **5.底盘传动系统一级维护** （1）检查离合器效能及底盖螺栓，离合器踏板自由行程应为30~40 mm（一般为离合器自由间隙的10倍），踏板轴加润滑脂。 （2）检查变速器紧固情况，检查油面高度及有无漏油现象，如图1-9-2所示，油面应不低于检视口下沿5 mm，根据需要添加齿轮油。 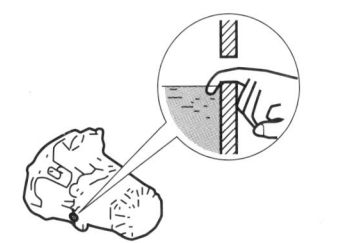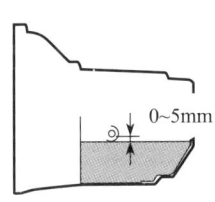 图1-9-2 检查手动变速器油面高度 （3）检查万向节、传动轴、伸缩套、中间轴承及支架、拖车钩等紧固及润滑情况。 （4）检查手制动器的工作情况，必要时应调整工作行程，制动蹄销加注润滑脂。 （5）检查主减速器壳有无漏油现象，检查油面，必要时加齿轮油。	10.更换发动机冷却液时间要求是长效防锈防冻液每（　　）更换一次。 A.6个月 B.两年 C.一年 D.三年 11.按时更换发动机冷却液，（　　）应每6个月更换一次。 A.长效防锈防冻液 B.水 C.普通冷却液 D.甘油型冷却液 12.一级维护竣工检查技术要求中，发动机前后悬架、进排气歧管、散热器、轮胎、传动轴、车身、附件支架等外露件螺母（　　）。 A.须齐全、紧固、无裂纹 B.须齐全、紧固、有裂纹 C.须大多数齐全、紧固、无裂纹即可 D.无须检查 13.一级维护竣工检验技术要求中，转向器、变速器、驱动桥的润滑油面，应在检视口下沿（　　）mm处，通风孔应畅通，变速器、减速器螺母紧固可靠。 A.15~25 B.0~25 C.0~5 D.20 14.一级维护竣工检验技术要求中，各润滑脂油嘴齐全有效，安装位置正确，所有润滑点（　　）。 A.可不润滑 B.无须检查 C.须清洁 D.均已润滑，无遗漏

理论知识	样题

6. 前桥部分一级维护

（1）检查前制动鼓有无漏油现象，检查并调整前轮毂轴承的松紧度，检查转向节和主销工作情况，并加注润滑脂，紧固轮胎螺栓、螺母。

（2）检查转向器，车辆处于水平状态时，转向器油面应不低于检视口下沿15 mm，如液面过低应加注润滑油，检查、调整方向盘的转动量和游隙；检查转向臂、转向拉杆、制动操纵机构等是否工作可靠，锁销是否齐全有效，转向杆球头、转向传动十字轴承、传动轴十字轴承有无松旷。

（3）检查减振器固定情况，钢板弹簧有无折断，并对钢板销加注润滑脂，检查骑马螺栓与螺母的紧固情况。

（4）紧固前保险杠、翼板、发动机罩、脚踏板、驾驶室螺栓及螺母，检查制动器室连接情况并紧固螺栓、螺母，对制动凸轮轴加注润滑脂。

（5）检查前轴（工字梁）有无弯曲、断裂现象，检查和调整前束。

7. 后桥部分一级维护

（1）检查后制动鼓有无漏油现象，检查调整后轮毂轴承松紧度，检查轴距，检查紧固半轴凸缘螺栓、螺母，检查轮胎螺栓、螺母，检查制动室螺栓、螺母，对制动凸轮轴加润滑脂。

（2）检查钢板弹簧有无折断，吊耳是否良好，对钢板销加注润滑脂，检查骑马螺栓、螺母的紧固情况。

（3）检查紧固油箱架螺栓、螺母，检查挡泥板螺栓、螺母等。

（4）检查紧固备胎架、工具箱。

8. 轮胎部分一级维护

（1）检查轮胎磨损程度，检查轮胎花纹及花纹深度，如图1-9-3所示。如有不正常磨损或起鼓、变形等现象，应查找原因，并予以排除。

（2）检查轮胎气压（包括备胎）情况，按标准充足气压并配齐胎嘴帽。

（3）紧固轮胎螺母，检查轮胎螺栓拧紧力矩，检查气门嘴是否漏气、气门帽是否齐全，如发现损坏或缺少应立即修理或补齐。

15.一级维护竣工检查技术要求中，转向臂、转向拉杆、制动操纵机构工作可靠，锁销（　　），转向杆球头、转向传动十字轴承、传动轴十字轴承（　　）。

A. 可有可无　间隙可大些

B. 齐全有效　无松旷

C. 无须检查　坚固

D. 坚固　无裂纹

16.属于汽车底盘一级维护作业内容的是（　　）。

A. 转向角检查

B. 变速器滑润油质量

C. 检查备胎

D. 检查减振器性能

17.紧固，润滑（　　）球头销是汽车底盘一级维护作业内容。

A. 前桥

B. 后桥

C. 传动轴

D. 支架

18.汽车转向器一级维护的内容主要有检查转向器，转向传动机构的工作状态和（　　），并校紧各螺栓。

A. 转向横拉杆

B. 转向传动轴

C. 密封性

D. 转向盘

理论知识	样题

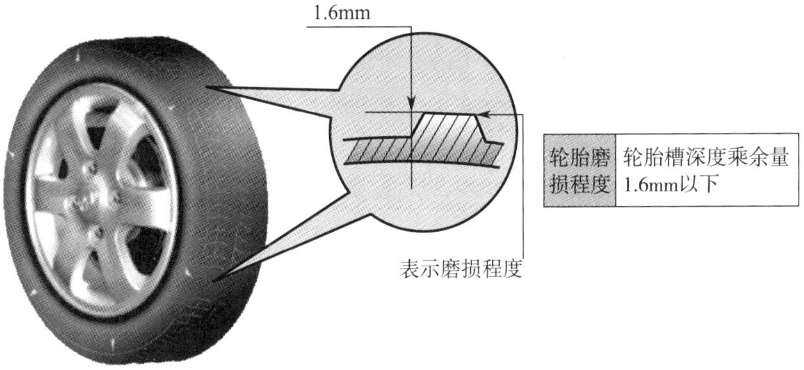

图 1-9-3 轮胎花纹深度检查

（4）挖出夹石和花纹中的石子、杂物，如有较深伤洞应用生胶填塞。

（5）如需检查外胎内部，应将轮胎拆卸解体，如有损伤应及时修补。

9. 电气设备

（1）检查蓄电池电解液液面，液面应高出极板 10～15 mm，不足时一般应补充蒸馏水，冬季加水后须充电，以防冻结；清除蓄电池电柱头及表头氧化物，并在电柱头涂凡士林，以防腐蚀；检查通风孔是否畅通，接头是否牢靠。

（2）检查喇叭、指示灯、制动灯、转向灯、前照灯等照明设备，以及电气仪表的工作状况。

（3）检查发动机、起动机的工作状况是否良好，并润滑轴承。

10. 短途试车

目的是检查维护效果。试车中，发动机、底盘应运行正常，无异响，各操纵部位应符合技术要求，转向、制动系统应灵敏可靠，各部位应紧固无松动。试车后，各部位应无漏水、漏油、漏气和漏电现象。

9.2 汽车二级维护

1. 二级维护概述

（1）作业内容：二级维护要由专业维修企业负责执行，除一级维护所包括的工作外，主要以检查、调整为中心工作内容。

19. 电气设备在进行（　　）维护时，要求灯光、喇叭、仪表应齐全完好，工作正常。
A. 一级
B. 出车前
C. 特殊
D. 日常

20. 清除蓄电池电柱头及夹头氧化物是电气设备的（　　）的作业内容。
A. 一级维护
B. 二级维护
C. 特殊维护
D. 大修

21. 电气设备一级维护作业内容包括检查蓄电池液面高度，一般补充（　　）。
A. 蒸馏水
B. 水
C. 硫酸
D. 盐酸

22. 电气设备在进行一级维护时，要求蓄电池电解液液面（　　）极板 10～15 mm。
A. 低于
B. 高于
C. 等于
D. 有时低于

23. 检查灯光、仪表、信号装置是电气设备（　　）维护的作业内容。
A. 一级
B. 二级
C. 三级
D. 日常

1. （　　）由维修企业进行，以检查、调整为中心内容。
A. 日常维护
B. 一级维护
C. 二级维护
D. 三级维护

2. 汽车进行二级维护时，依据检测结

理论知识

1）检查作业的工作内容是检查汽车各总成和机件是否齐全，连接是否紧固；是否存在漏水、漏油、漏气和漏电等现象。检查时应利用汽车上的指示仪表、报警装置以及其他随车诊断装置，检查各总成、机构和仪表的技术状况；对影响汽车安全行驶的转向、制动和灯光等工作情况应加强检查。对汽车各总成进行拆检、装配、调整时应检查各主要部件的配合间隙。在检查时应拆检轮胎，进行轮胎换位。

2）调整作业的内容主要是按技术要求调整相关机件，以达到恢复总成、机件的正常配合间隙及良好工作性能等目的。

二级维护是在汽车行驶更长一定里程后强制进行的，二级维护前应进行汽车检测诊断和技术评定，汽车在经过一段较长时间的使用后，必须进行全面的检查和调整，以保证安全性能、动力性能和经济性能达到使用要求。

（2）作业周期：二级维护周期依据各地条件不同在10 000～15 000 km范围内选定，或者时间间隔为60～90天。

（3）作业流程：如图1-9-4所示。

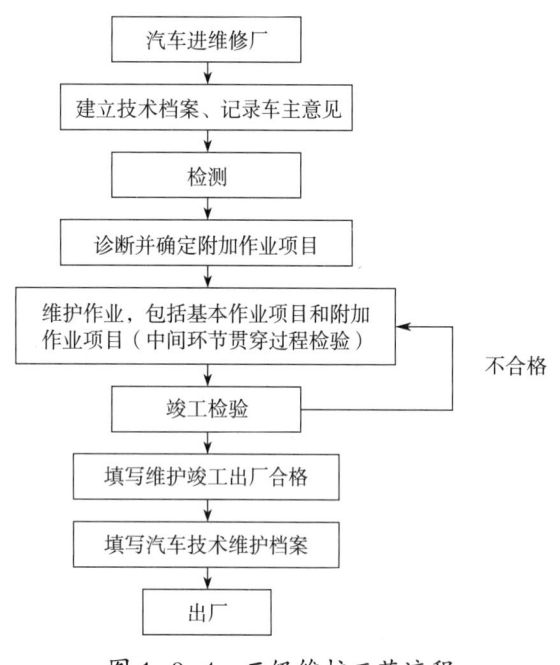

图1-9-4 二级维护工艺流程

2. 发动机部分二级维护

（1）更换机油，更换机油滤清器，检查机油压力及报警装置。

（2）检查空气滤清器，检查冷却液预热加热导管和热敏开关

样题

果及汽车实际技术情况进行故障诊断，从而确定（　　），附加作业项目确定后与基本作业项目一并进行二级维护作业。
A. 技术状况
B. 工时内容
C. 检验内容
D. 附加作业项目

3. 二级维护的间隔周期为行驶里程（　　）km。
A. 5 000～10 000
B. 10 000～15 000
C. 20 000～30 000
D. 30 000～40 000

4. 属于二级维护作业的内容是（　　）。
A. 拆检清洗机油盘、集滤器、检查曲轴轴承松紧度、校正曲轴轴承螺栓、螺母
B. 更换气门油封
C. 更换曲轴前后油封
D. 检查和更换节温器

理论知识	样题
（JV 型发动机）；检查进气歧管电加热器电气线路和热敏开关（JV 型发动机）。操作要领及技术要求如下： 1）空气滤清器清洁，密封良好，安装可靠。在一般道路情况下，汽车行驶 7 500 ~ 8 000 km 必须对空气滤清器进行清洁维护，在沙尘较大的地区维护的间隔应相应缩短。 2）恒温进气装置的温控开关真空软管无破损，连接可靠。冷热空气转换开关工作灵敏、准确。 3）加热导管无老化、破损，连接可靠。当冷却液温度 <60℃ 时，进气歧管电加热器电器开始工作；当冷却液温度 >70℃ 时停止工作。 （3）检查喷油器的作用，检查喷油器开启压力，检查怠速及排放，每运行 60 000 km 清洗喷油器。技术要求： 1）喷油器清洁，动作灵敏，无滴油、漏油现象，开启压力标准值为 280 ~ 320 kPa。 2）在热机、点火正时准确，PCV 阀取下并堵住时调整怠速；要求怠速平稳，加速良好，怠速值为（900 ± 50）r/min，排放符合国家标准。 （4）检查燃油蒸发控制装置，检查软管及接头，检查活性炭罐电磁阀动作情况。 （5）检查曲轴箱强制通风（PCV）装置，清洁 PCV 阀、PCV 滤清器、通气软管。要求各阀门无堵塞、卡滞现象，灵敏有效；PCV 滤清器清洁、工作正常；通风系统管路清洁、畅通，连接可靠，不漏气。 （6）检查三元催化转化器、氧传感器外观及连接情况，检查三元催化转化器内部是否破损、堵塞；检查三元催化转化器的作用。 （7）检查发动机传动带及带轮外观，调整发动机传动带挠度。要求传动带应无龟裂和过量磨损，表面无油污；带轮无明显端面圆跳动，轮槽无明显磨损，运转无异响。 （8）检查配气机构液压挺杆工作状况，发动机正常运转时，挺柱处不应有异响。 （9）检查散热器、膨胀水箱、箱盖压力阀及水管，检查冷却液品质及液面高度，检查水泵，检查节温器工作状况，检查冷却风扇工作状况。要求节温器工作灵敏、准确，在（87 ± 2）℃ 开启，冷却液温度表指示正常（系统正常工作温度为 90 ~ 105℃）；冷却风扇运转平稳，高、低挡转速有明显变化，无异响；热敏开关工作灵	5. 不属于发动机二级维护内容的是（　　）。 A. 按规定次序和扭矩校紧缸盖螺栓 B. 检查发动机支架连接及损坏情况 C. 更换气门油封 D. 检查、紧固、调整散热器及百叶窗 6. 进行二级维护前，检查发动机的转速为（　　）r/min 时，单缸发动机断火的转速下降应不低于 90 r/m。 A. 600 B. 800 C. 1 000 D. 1 200 7. 进行二级维护前，检查发动机的转速为（　　）r/min 时，点火电压应为 8 ~ 10 kV。 A. 200 B. 400 C. 600 D. 800 8. 进行二级维护前，检查发动机的转速为（　　）r/min 时，点火提前角应为 13° ± 1°。 A. 600 B. 800 C. 1 000 D. 1 200 9. 进行二级维护前，检查发动机的转速为（　　）r/min 时，点火提前角应为 9°。 A. 200 B. 400 C. 600 D. 800

理论知识	样题
敏、准确，低速挡在 95℃ 开启，高速挡在 105℃ 开启。 （10）清洁分电器，检查分电器各电极，检查分电器高压线及电阻，检查分电器轴与壳配合状况并润滑，检查霍尔信号发生器转子并检查转子叶轮间隙，检查分电器重叠角应不大于 9°，闭合角应为 30°~36°，点火提前角在发动机转速 800 r/min 时应为 7°，1 200 r/min 时应为 13°±1°。 （11）检查高压部分。清洁、检查或更换火花塞；调整火花塞电极间隙，JV、AFE 型发动机电极间隙为 0.7~0.8 mm；AJR 型发动机电极间隙为 0.9~1.1 mm；检查点火电压，800 r/min 时，点火电压应为 8~10 kV，在 1 200 r/min 时，单缸断火的转速下降应不低于 90 r/min。 （12）检查、紧固进、排气歧管及消声器。进、排气歧管和消声器各部完好，无裂纹，无漏气，消声器性能良好；胶垫齐全；进、排气歧管螺母拧紧力矩为 24 N·m。 （13）检查、紧固发动机支架。发动机支架无变形和裂纹，支架胶垫无老化、开裂，支架螺栓连接牢，拧紧力矩为 70 N·m。 ## 3. 底盘部分二级维护 （1）检查、调整离合器踏板自由行程；检查离合器的工作状况，要求离合器接合平稳，不打滑，无异响，分离彻底，回位灵活，离合器片厚度应符合规定。 （2）检查手动变速器及差速器密封状况，紧固各部螺栓；检查变速器齿轮油油面高度及油质；清洁通气孔塞；检查、润滑变速器换挡操纵机构，要求换挡机构操纵灵活、轻便，作用正常，无异响、跳动、乱挡现象。 （3）检查自动变速器油油面高度及油质，自动变速器油油面应在油尺 FULL 标记处；检查自动变速器油冷却器密封性；检查各传感器，测试主油路压力；检查操纵机构，要求换挡机构操纵灵活、轻便，作用正常，无异响、跳动、乱挡现象。 （4）检查驱动轴防尘罩情况，检查驱动轴内外万向节。操作要领及技术要求： 1）防尘罩不得有裂纹、损坏，卡箍可靠。 2）安装新防尘罩时不得使防尘罩内产生真空。 3）万向节不松旷，无卡滞，无异响。 （5）检查转向器、液压助力泵、储液罐等部件的密封性，检查	10. 进行二级维护前，检查发动机的转速为 1 200 r/min 时，单缸发动机断火的转速下降应不低于（　　）r/min。 A. 30 B. 50 C. 70 D. 90 11. 进行二级维护前，检查发动机的转速为 1 200 r/min 时，点火提前角应为（　　）±1°。 A. 9° B. 11° C. 13° D. 15° 12. 进行二级维护前，检查发动机的转速为 800 r/min 时，点火电压应为（　　）kV。 A. 2~4 B. 4~6 C. 6~8 D. 8~10 13. 进行二级维护前，检查发动机的转速为 800 r/min 时，点火提前角应为（　　）。 A. 3° B. 5° C. 7° D. 9° 14. 进行二级维护前，检查分电器的触点闭合角应为（　　）。 A. 30°~36° B. 36°~42° C. 42°~48° D. 48°~54°

理论知识	样题
液压助力泵油质及油面高度，检查转向减振器，检查液压助力泵工作状况。 （6）检查转向传动机构的工作状况，校紧各部螺栓；检查转向盘自由转动量；检查车轮定位，调整前束或校正、更换有关部件；检查、调整前轮转向角。 （7）拆卸、清洁前轮制动器各零部件；检查各件磨损情况；装复并润滑制动器总成，调整轮毂间隙。技术要求如下： 1）制动盘表面不得有裂纹、沟槽，制动盘厚度不逾限：LX系列为10 mm，2000系列为17.8 mm；端面圆跳动量（外缘最大处）<0.05 mm。 2）制动摩擦块表面无油污，无裂损，厚度极限值为2.5 mm。 3）制动钳固定螺栓拧紧力矩为70 N·m。 4）制动轮缸密封良好，回位自如。 5）轮毂转动灵活，无异响；轴向间隙<0.1 mm。 （8）拆卸、清洁后轮制动器各零部件；检查各件磨损情况；装复并润滑制动器总成，调整轮毂间隙。技术要求如下： 1）制动鼓表面无油污，不得有裂纹、沟槽；制动鼓直径方向的磨损量<1 mm，圆度误差<0.10 mm。 2）制动摩擦片表面无油污，无裂损，厚度标准值为5 mm，磨损极限值<2.5 mm。 3）轮毂转动灵活，无异响；轴向间隙<0.1 mm。 （9）检查制动操纵系统。检查制动液品质、液面高度及制动液面指示灯开关，检查制动管路及接头，检查制动主缸和真空助力器工作状况，排除系统内空气，检查踏板自由行程。 （10）检查驻车制动器拉索及锁止状况；检查驻车制动器自由行程；检查驻车制动灯开关。 （11）检查悬架。检查减振器密封及连接状况，检查摆臂与球头，检查减振弹簧，紧固各部螺栓。技术要求： 1）减振器不漏油，上部连接支套无凸起、开裂，紧固可靠，减振作用良好。 2）当上下晃动前悬架时，摆臂球头与制动器底板间的距离变化<0.8 mm，下摆臂衬套完好，配合无松动。 3）减振弹簧无损伤，定位可靠。 4）各部件无变形、开裂，连接可靠，拧紧力矩如下：前悬架下摆臂与车架连接自锁螺母60 N·m，减振器与车身连接自锁螺母	15. 进行二级维护前检测轿车，轮胎气压应符合规定，前轮180 kPa，后轮190 kPa；车轮动不平衡量为（　　）。 A. 0 B. 2 C. 3 D. 4 16. 属于汽车底盘二级维护作业内容的是（　　）。 A. 检查曲轴磨损 B. 检查变速器齿轮 C. 检查离合器片厚度 D. 检查调整气门间隙 17. 不属于汽车底盘二级维护作业内容的是（　　）。 A. 检查离合器片 B. 检查转向器 C. 检查离合器自由行程 D. 检查补足轮胎气压 18. 二级维护前检测轿车，轮胎的气压要符合规定，前轮是（　　）kPa，后轮是190 kPa；车轮动不平衡量为零。 A. 180 B. 260 C. 300 D. 400 19. 二级维护检测轮胎，应无异常磨损，轮胎胎冠花纹深度应大于（　　）mm。 A. 1.2 B. 1.6 C. 1.8 D. 2

理论知识

60 N·m；后悬架下摆臂与车架连接自锁螺母 70 N·m，减振器与车身连接自锁螺母 35 N·m。

（12）检查轮胎，清洁检查轮辋及轮胎胎面，进行轮胎换位，检查补充轮胎气压，进行车轮动平衡。技术要求如下：

1）轮辋无变形和裂纹。

2）车轮清洁，胎面无气鼓、裂伤、老化、变形或扎钉，胎面花纹深度 >1.6 mm（不露出花纹磨损指示凸台），气门嘴完好。

3）轮胎气压标准（空载）：

前轮 180 kPa；后轮 190 kPa；备胎 230 kPa。

4）两前轮转动无明显偏摆，动不平衡量为 0（质量 <5 g）。

5）轮胎的装用符合要求，轮胎螺栓拧紧力矩为 110 N·m。

4. 电气设备部分二级维护

（1）清洁蓄电池外表及接线桩头、通气孔，在接线头上涂润滑脂；检查电解液液面高度；测量端电压，补充充电。

（2）检查发电机运转情况及调节器工作情况；测试发电机输出电压，发电机转速为 1 000 r/min 时（用电器全负荷）输出电压应 >12.5 V。检查电刷，要求与滑环接触面积大于 75%，且滑环表面光滑。清除发电机滑环表面油污，清洗检查轴承，填充润滑脂，检查二极管。

（3）检查起动机外观，紧固连接螺栓；清洁起动机换向器，清洗检查轴承，填充润滑脂。检查起动机工作状况。技术要求如下：

1）起动机外壳、整流子端盖无裂损、变形，与发动机连接紧固。

2）起动电磁开关工作灵敏、可靠，无异响。

3）每运行 60 000 km 应解体维护起动机。

（4）检查照明设备、仪表、信号装置、喇叭、刮水器、洗涤装置、全车电气线路各部件是否齐全，工作是否正常。

样题

20. 二级维护前，检测分电器重叠角，国家标准规定分电器重叠角应不大于（　　）。

A. 3°

B. 5°

C. 7°

D. 9°

21. 发电机二级维护作业中要求电刷与滑环的接触面积（　　），且滑环表面光滑。

A. 小于 75%

B. 大于 75%

C. 小于 70%

D. 大于 70%

22. 电气设备二级维护作业包括内容：检查电解液密度，根据情况加注（　　）。

A. 盐酸

B. 硫酸

C. 井水

D. 蒸馏水

23. 电气设备二级维护作业包括清除发电机滑环表面油污，清洗检查轴承，填充（　　）。

A. 润滑脂

B. 机油

C. 密封胶

D. 绝缘胶

24. 电气设备二级维护作业包括清洁蓄电池表面和极桩，并在接线头上涂（　　）。

A. 润滑脂

B. 不干胶

C. 密封胶

D. 绝缘胶

理论知识样题答案

项目1 职业基础知识

1.1 职业道德
1. C 2. B 3. B 4. A 5. D 6. B 7. A 8. D 9. A 10. C 11. C
12. C 13. D 14. B

1.2 职业操守
1. C 2. A 3. D 4. D 5. A 6. A 7. B 8. D 9. C 10. A

1.3 企业管理
1. D 2. A 3. D 4. D 5. C 6. B 7. B 8. C 9. C

1.4 法律常识
1. B 2. D 3. D 4. C 5. B 6. B 7. C 8. B 9. C 10. D 11. D
12. A 13. C 14. D 15. B 16. A 17. B 18. D 19. B 20. D

1.5 安全消防
1. A 2. D 3. D 4. C 5. D 6. C

1.6 全面质量管理
1. D 2. C 3. B 4. C 5. A 6. A 7. D

项目2 机械基础知识

2.1 机械识图
1. C 2. D 3. A 4. B 5. B 6. A 7. D 8. A

2.2 汽车常用材料
1. C 2. D 3. C 4. D 5. A 6. B

2.3 机械测量
1. A 2. D 3. B 4. C 5. A 6. B 7. C 8. A

2.4 钳工基础
1. D 2. A 3. B 4. B 5. B 6. C 7. C 8. C 9. A 10. B 11. C
12. D 13. C

项目3 电工电子基础知识

3.1 电学基础原理
1. B 2. C 3. A 4. D 5. B 6. C 7. B 8. D 9. D 10. B 11. C

3.2 电磁感应原理
1. B 2. D 3. C 4. B 5. B 6. A 7. A 8. A

3.3 交流电知识
1. D   2. C   3. B   4. A   5. A

3.4 半导体电子元件
1. D   2. C   3. A   4. D   5. B   6. A   7. A   8. A   9. D   10. C   11. C
12. B   13. B

3.5 计算机基础
1. C   2. D   3. D   4. A   5. C   6. B   7. B   8. D   9. D   10. A

项目4 汽车维修基础知识

4.1 汽车维修常用工具
1. B   2. C   3. A   4. C   5. B   6. A   7. D   8. B

4.2 汽车维修常用设备
1. C   2. B   3. C   4. A   5. B   6. A   7. A   8. A   9. B   10. B

4.3 汽车基本概念
1. B   2. A   3. D   4. C   5. D   6. A   7. C   8. A   9. B   10. D   11. B

4.4 发动机基本概念
1. C   2. A   3. D   4. B   5. A   6. C   7. D   8. A   9. A   10. B

项目5 汽车发动机检修

5.1 曲柄连杆机构的检修
1. B   2. B   3. B   4. D   5. A   6. A   7. D   8. C   9. B   10. C   11. D
12. C   13. B   14. B   15. C   16. D   17. A   18. C   19. B   20. B   21. C   22. B
23. B   24. C   25. C   26. B   27. A   28. A   29. B   30. B   31. C   32. A   33. A
34. B   35. A   36. A   37. D   38. B

5.2 配气机构的检修
1. C   2. C   3. A   4. B   5. C   6. B   7. C   8. B   9. C   10. A   11. A
12. B   13. C   14. D   15. D   16. C   17. C   18. B   19. D   20. C   21. C   22. C
23. B   24. C   25. D   26. A   27. B   28. B   29. C   30. D   31. A   32. A   33. A
34. A   35. D   36. C   37. C

5.3 发动机冷却系统的检修
1. B   2. B   3. C   4. B   5. C   6. A   7. A   8. D   9. A   10. C   11. A
12. C   13. A   14. C   15. A   16. D   17. B   18. B   19. D   20. C   21. A   22. A
23. D   24. C   25. C

5.4 发动机润滑系统的检修
1. B   2. A   3. D   4. D   5. A   6. A   7. B   8. C   9. A   10. A   11. B
12. A   13. A   14. A   15. A   16. A   17. C   18. A   19. A   20. B   21. B   22. D

5.5 柴油机的检修

1. B 2. A 3. A 4. A 5. C 6. B 7. B 8. C 9. B 10. B 11. C
12. C

项目6 汽车底盘检修

6.1 离合器的检修

1. A 2. C 3. D 4. A 5. D 6. A 7. C 8. C 9. D 10. B 11. B
12. B 13. A 14. A 15. A 16. A

6.2 变速器的检修

1. A 2. C 3. A 4. A 5. D 6. A 7. A 8. A 9. B 10. C 11. D
12. A 13. A 14. C 15. B 16. D 17. B 18. B 19. C 20. B 21. D 22. A
23. C 24. A 25. B 26. D 27. A 28. C 29. B 30. A 31. D 32. D 33. A
34. D

6.3 万向传动装置的检修

1. D 2. A 3. C 4. D 5. C 6. B 7. B 8. D 9. B 10. D 11. D

6.4 驱动桥的检修

1. D 2. D 3. B 4. A 5. C 6. B 7. D 8. C 9. C 10. C 11. D
12. C 13. B 14. C 15. A 16. B 17. B 18. B

6.5 转向系统的检修

1. C 2. C 3. A 4. C 5. D 6. A 7. C 8. D 9. B 10. A 11. C
12. D 13. C 14. C 15. B 16. B 17. C 18. B 19. B 20. B 21. C 22. C
23. D 24. B

6.6 行驶系统的检修

1. B 2. C 3. D 4. D 5. D 6. C 7. C 8. A 9. A 10. B 11. C
12. A 13. B 14. D 15. C 16. A 17. A 18. A 19. C 20. C 21. C 22. B
23. C

6.7 制动系统的检修

1. A 2. B 3. D 4. B 5. B 6. D 7. A 8. A 9. A 10. B 11. C
12. A 13. A 14. B 15. B 16. B 17. D 18. A 19. A 20. A 21. A 22. C
23. A 24. A 25. C 26. A 27. B 28. B 29. C 30. D 31. B 32. A 33. A
34. D 35. A 36. C 37. D 38. C 39. D 40. D 41. D 42. C 43. A 44. C
45. A 46. D 47. B 48. B 49. A 50. D 51. C 52. C 53. B

项目7 汽车电气系统检修

7.1 汽车电源系统的检修

1. B 2. C 3. D 4. A 5. D 6. D 7. D 8. A 9. A 10. A 11. A
12. B 13. C 14. C 15. A 16. A 17. A 18. B 19. A 20. C 21. A 22. C

23. A　24. C　25. A　26. A　27. B　28. D　29. C　30. B　31. D　32. A　33. C
34. D　35. B　36. C　37. C　38. A　39. A

7.2 汽车启动系统的检修
1. A　2. D　3. B　4. A　5. C　6. B　7. A　8. A　9. B　10. B　11. A
12. C　13. D　14. C　15. B　16. B　17. B　18. C　19. D　20. B

7.3 汽车照明、信号电路的检修
1. B　2. C　3. B　4. C　5. B　6. B　7. A　8. A　9. C　10. C　11. A
12. B　13. A　14. B　15. B　16. D　17. D　18. A　19. A　20. C　21. D　22. C
23. C

7.4 辅助电器的检修
1. B　2. B　3. C　4. A　5. A　6. B　7. C　8. B　9. A　10. C　11. A
12. B　13. A　14. B　15. C　16. B　17. B　18. C　19. B　20. C　21. B　22. D

7.5 汽车空调的检修
1. C　2. D　3. A　4. A　5. D　6. D　7. B　8. C　9. B　10. B　11. A
12. B　13. C　14. B　15. B　16. C　17. B　18. B　19. C　20. D　21. B　22. A
23. C　24. C　25. A　26. B　27. B　28. B　29. A　30. D　31. A　32. D　33. D
34. D　35. B　36. C　37. A　38. A

项目 8　发动机电控系统检修

8.1 空气供给系统的检修
1. A　2. A　3. D　4. B　5. D　6. A　7. B　8. C　9. C　10. B　11. C
12. A　13. B　14. D　15. A　16. C　17. B　18. B　19. D　20. B　21. A　22. B
23. C　24. B　25. B　26. B　27. B　28. A　29. A　30. C　31. B　32. D　33. A

8.2 电控燃油供给系统的检修
1. A　2. C　3. C　4. A　5. C　6. D　7. B　8. A　9. A　10. B　11. D
12. C　13. C　14. A　15. A　16. C　17. C　18. D　19. B　20. A　21. C　22. B
23. C　24. A　25. A　26. A　27. C　28. A　29. C　30. B　31. A　32. C　33. B
34. A　35. B

8.3 点火控制系统的检修
1. B　2. D　3. B　4. C　5. A　6. C　7. C　8. A　9. A　10. A　11. A
12. C　13. B　14. D　15. D　16. A　17. D　18. A　19. A　20. C　21. D　22. B
23. C　24. A　25. B　26. B　27. B　28. B　29. A　30. C　31. D　32. B　33. C
34. C　35. B　36. D　37. A　38. A　39. B　40. A　41. A　42. D

8.4 排放控制及检测
1. B　2. D　3. A　4. D　5. A　6. C　7. A　8. B　9. D　10. C　11. B
12. A　13. B　14. D　15. C　16. D　17. D　18. C　19. C　20. B　21. A　22. A

项目9 汽车维护

9.1 汽车一级维护

1. A　　2. C　　3. C　　4. A　　5. A　　6. B　　7. C　　8. C　　9. A　　10. B　　11. C
12. A　　13. C　　14. D　　15. B　　16. D　　17. A　　18. C　　19. A　　20. A　　21. A　　22. B
23. A

9.2 汽车二级维护

1. C　　2. D　　3. B　　4. A　　5. C　　6. D　　7. D　　8. D　　9. D　　10. D　　11. C
12. D　　13. C　　14. A　　15. A　　16. C　　17. A　　18. A　　19. B　　20. D　　21. B　　22. D
23. A　　24. A

第二部分

实操技能强化训练

项目 1 汽车发动机检修

训练任务 1 曲轴的检验(轴颈)

1. 设备及设施准备

序号	名称	规格	单位	数量	备注
1	曲轴		条	1	
2	平台		个	1	
3	V形铁		对	1	
4	外径千分尺	25~50 mm,50~75 mm	把	各1	
5	棉纱		团	1	

说明:在实施考核时,考场还应准备本道试题考核所需的若干辅料,以及其他类型的操作工具等,由考生根据需求选择辅料及用具进行操作。

2. 考核项目明细

序号	作业项目	考核内容及要求	配分	评分标准
1	劳动用品穿戴	劳动用品穿戴齐全	5	穿戴不全不得分
2	选用工具、量具、材料	选用工具、量具、材料齐全、准确	5	缺一件扣1分,选错一件扣1分,扣完为止
3	轴颈测量与计算	测量轴颈,并记录测量数据,计算轴颈圆度和圆柱度	65	测量数值超过标准答案±0.02 mm每空扣2分,超过标准答案±0.03 mm每空扣3分,共55分
				计算数值超过标准答案±0.02 mm每空扣1分,共10分
4	结论	判断曲轴是否需要修理,确定修理尺寸	10	数值不正确或判断错误一处扣5分,共10分
5	使用工具、用具	工具、用具使用正确	5	一种工具、用具使用不正确扣2分,扣完为止
				损坏、丢失任意一件工具、用具不得分
6	操作规程	操作规程执行情况	5	违反操作规程不得分
7	清理现场	清理、擦洗并回收工具、用具	5	少收一件工具、用具扣1分,扣完为止
	分数总计		100	

3. 操作步骤

(1) 量具使用方法

1) 简介：千分尺是比游标卡尺更精密的长度测量仪器，如图 2-1-1 所示。它的量程为 0~25 mm，分度值是 0.01 mm。由固定的尺架、测砧、测微螺杆、固定套管、微分筒、测力装置、锁紧装置等组成。

2) 测量方法：①将被测物擦干净，千分尺使用时轻拿轻放；②松开千分尺锁紧装置，校准零位，转动旋钮，使测砧与测微螺杆之间的距离略大于被测物体；③一只手拿千分尺的尺架，将待测物置于测砧与测微螺杆的端面之间，另一只手转动旋钮，当螺杆要接近物体时，改旋测力装置直至听到"喀喀"声后再轻轻转动 0.5~1 圈；④旋紧锁紧装置（防止移动千分尺时螺杆转动），即可读数。

3) 读数（如图 2-1-1 所示刻度）：①读取固定套筒基准线上的刻度：18；②读取固定套筒基准线下 0.5 单位的刻度：+0.5；③读取基准线下的微分筒刻度：+0.16；④读取微分筒估值：+0.002。

由此可读出图中千分尺刻度为 18+0.5+0.16+0.002=18.662（mm）。

(2) 测量：首先用抹布清洁曲轴，然后用外径千分尺测量曲轴各轴颈的直径，在轴颈的Ⅰ、Ⅱ截面且互成 90° 的 A-A、B-B 部位进行测量，在每一个截面上沿曲柄方向量出其最小直径，垂直方向量出其最大直径（允许测量误差：0.015 mm，表面粗糙度：1.6 μm）。如图 2-1-2 所示。

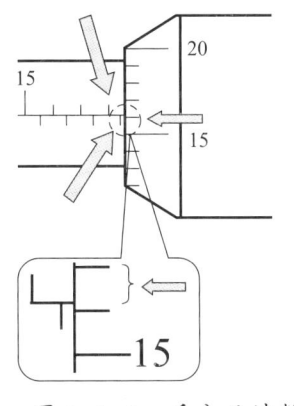

图 2-1-1 千分尺读数

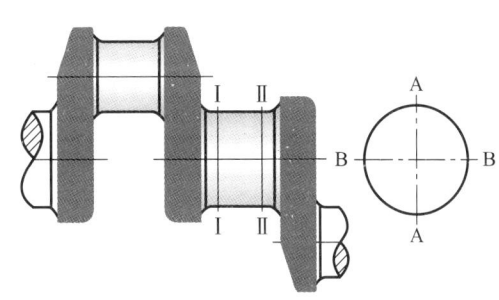

图 2-1-2 曲轴轴颈圆度和圆柱度测量

(3) 记录

标准尺寸：_____ mm（连杆或主轴颈）

连杆或主轴颈	第 1 轴颈	第 2 轴颈	第 3 轴颈	第 4 轴颈
1. Ⅰ截面 A 向				
2. Ⅰ截面 B 向				
3. Ⅱ截面 A 向				
4. Ⅱ截面 B 向				
5. 圆度偏差				
6. 圆柱度偏差				
7. 修理尺寸				（数据 + 级别）

（4）**计算**：同一横截面上所测得的最大与最小直径之差的一半即为该截面的圆度误差，同一轴颈上各截面所测得的圆度误差进行比较，取大者作为该轴颈的圆度误差；同一轴颈上任意截面所测得的最大与最小直径之差的一半即为该轴颈的圆柱度误差。

（5）**确定修理尺寸**：曲轴轴颈修理尺寸是根据磨损后的直径来确定的。发动机曲轴的主轴颈和连杆轴颈的维修级别一般以 0.25 mm 递减的 1~4 级修理尺寸，加工余量一般取 0.10~0.20 mm。

$$修理尺寸 = 最小轴颈直径 - 加工余量$$

$$修理级别 =（标准轴颈直径 - 修理尺寸）\div 0.25$$

4. 技术要求

（1）轴颈直径 <80 mm 时，其圆度和圆柱度误差应 ≤0.025 mm；轴颈直径 ≥80 mm 时其圆度和圆柱度误差应 ≤0.040 mm。

（2）修理尺寸是根据曲轴连杆轴颈前一次的修理尺寸、磨损程度和磨削余量来决定的，以最大直径为准。修理的尺寸除标准外，一般有四级修理尺寸（旧标准六级），以 0.25 mm 为一级，在标准尺寸基础上逐级递减。

5. 容易出现的问题

（1）测量脚接近工件时应用旋转棘轮盘操作，直到棘轮发出"咔咔"声为止。

（2）对测量位置的选择不够准确，同截面上的两个测量位置未成 90° 选取。

训练任务 2　气缸的检验

1. 设备及设施准备

序号	名称	规格	单位	数量	备注
1	气缸体		个	1	
2	游标卡尺		把	1	
3	量缸表	18~35 mm，50~160 mm	套	1	
4	千分尺	25~50 mm，50~75 mm	把	各1	

2. 考核项目明细

序号	作业项目	考核内容及要求	配分	评分标准
1	劳动用品穿戴	劳动用品穿戴齐全	5	穿戴不全不得分
2	选用工具、量具、材料	选用工具、量具、材料齐全、准确	5	缺一件扣1分，选错一件扣1分，扣完为止

续表

序号	作业项目	考核内容及要求	配分	评分标准
3	气缸测量与计算	测量气缸，并记录测量数据，计算轴颈圆度和圆柱度	65	测量数值超过标准答案 ±0.02 mm 每空扣2分，超过标准答案 ±0.03 mm 每空扣3分，共55分
				计算数值超过标准答案 ±0.02 mm 每空扣1分，共10分
4	结论	判断气缸是否需要修理，确定修理尺寸	10	数值不正确或判断错误一处扣5分，共10分
5	使用工具、用具	工具、用具使用正确	5	一种工具、用具使用不正确扣2分，扣完为止
				损坏、丢失任意一件工具、用具不得分
6	操作规程	操作规程执行情况	5	违反操作规程不得分
7	清理现场	清理、擦洗并回收工具、用具	5	少收一件工具、用具扣1分，扣完为止
分数总计			100	

3. 气缸的磨损规律

（1）气缸正常的磨损特点是不均匀磨损，在气缸轴线方向沿高度磨损成上大下小的倒锥形。

（2）最大磨损部位在活塞上止点时第一道活塞环对应的位置，气缸最上沿（缸肩）几乎没有磨损而形成台阶。

（3）气缸沿圆周方向磨损形成不规则的椭圆形。

4. 气缸测量需要用到的工量具

检测气缸磨损需要用到的量具主要有：游标卡尺、外径千分尺和量缸表（内径百分表），如图 2-1-3 所示。

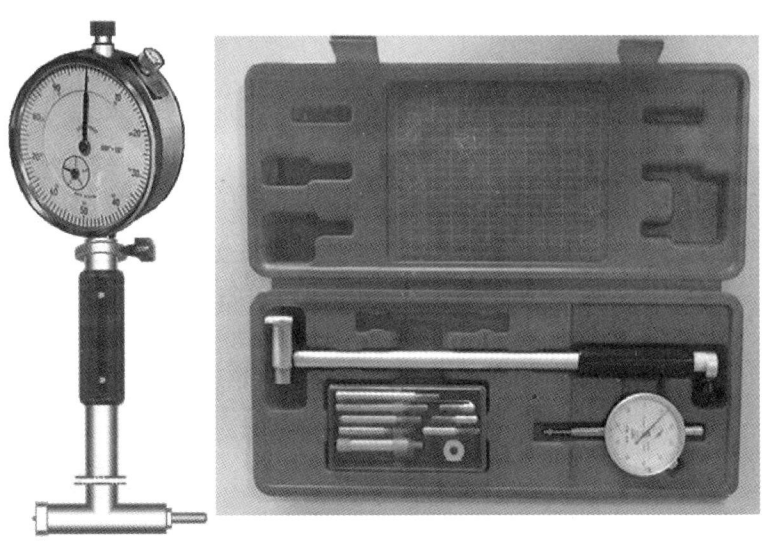

图 2-1-3 量缸表

5. 测量步骤

步骤1：确定基准尺寸。查阅维修手册，确定待测气缸的标准直径，若无维修手册，则用游标卡尺测量待测气缸的端口直径，此直径可近似认为标准直径。

步骤2：装表。将百分表装在量缸表的上端，预压百分表1 mm，并且使百分表表面与活动测杆在同一方向，然后用锁紧螺母把百分表紧固。量缸表装好后应检查其灵敏度，方法是用手指连续压缩量缸表活动测杆数次，表没有卡滞现象，且松开后百分表指针每次都能回到原位。

步骤3：校零。将千分尺调到被测气缸的标准尺寸，再将量缸表测杆放到千分尺中，旋转百分表表盘，使其大指针对准零位，如图2-1-4所示。右校零步骤中应注意观察百分表大小指针的位置。

步骤4：测量读数。如图2-1-5所示，测量时，应测气缸的三个截面，将量缸表的测杆伸入气缸上部，测量第一道活塞环在上止点位置附近时所对应的气缸壁"Ⅰ-Ⅰ"截面、位于活塞上下止点中间位置的中部"Ⅱ-Ⅱ"截面和活塞到下止点时最下一道活塞环对应位置的下部"Ⅲ-Ⅲ"截面，"Ⅲ-Ⅲ"截面一般位于离缸套底部10~20 mm处。通常分别测量平行于曲轴轴线的"1-1"方向和垂直于曲轴轴线的"2-2"方向的直径。读数时，可轻微摆动量缸表上部，眼睛正视表盘，读取大指针的最大偏量，将所测数值填入表格中。

图2-1-4 校零

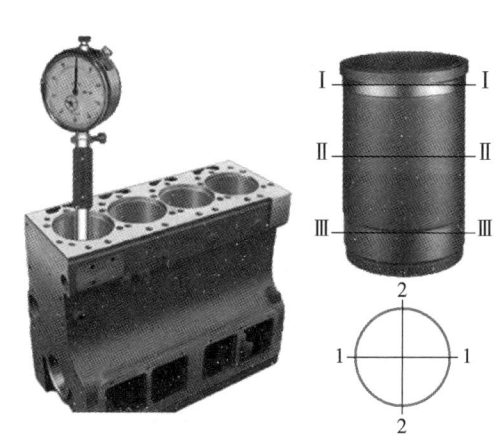

图2-1-5 测量位置

步骤5：记录。

标准尺寸：_____ mm

气缸部位		第1缸	第2缸	第3缸	第4缸
上部	横向				
	纵向				
中部	横向				
	纵向				
下部	横向				
	纵向				

续表

气缸部位	第1缸	第2缸	第3缸	第4缸
最大圆度偏差（取三截面中最大值）				
圆柱度偏差				
修理尺寸	（数据+级别）			

步骤6：计算。根据所测气缸直径数据，计算出气缸的最大磨损量，圆度误差和圆柱度误差及确定修理尺寸。气缸的维修级别是以 0.25 mm 递增的 1~4 级修理尺寸，加工余量一般取 0.10~0.20 mm。

$$修理尺寸 = 最大气缸直径 + 加工余量$$

$$修理级别 = （修理尺寸 - 标准气缸直径）\div 0.25$$

6. 技术要求

$$汽油机 \begin{cases} 圆度 \leq 0.05 \text{ mm} \\ 圆柱度 \geq 0.175 \text{ mm} \end{cases}$$

当气缸的圆度和圆柱度误差均小于限值，磨损量小于 0.15 mm 时，可更换活塞及活塞环。

训练任务 3　检测调整气门间隙（垫片调整式）

1. 设备及设施准备

序号	名称	规格	单位	数量	备注
1	汽车发动机（气门垫片调整式）		个	1	
2	塞尺		把	1	
3	气门垫片定位专用工具		套	1	
4	千分尺	25~50 mm，50~75 mm	把	各1	
5	磁力棒		把	1	
6	工作灯		个	1	
7	一字旋具		把	1	
8	活扳手		把	1	
9	气门垫片	2.50~3.20 mm	套	1	

2. 考核项目明细

序号	作业项目	考核内容及要求	配分	评分标准
1	劳动用品穿戴	劳动用品穿戴齐全	5	穿戴不全不得分
2	选用工具、量具、材料	选用工具、量具、材料齐全、准确	5	缺一件扣1分，选错一件扣1分，扣完为止

续表

序号	作业项目	考核内容及要求	配分	评分标准
3	气门间隙测量与垫片厚度计算	测量气门间隙,并记录测量数据,计算新垫片厚度	55	测量数值超过标准答案 ±0.02 mm 每空扣 2 分,超过标准答案 ±0.03 mm 每空扣 3 分,共 45 分
				计算数值超过标准答案 ±0.02 mm 每空扣 1 分,共 10 分
4	气门垫片更换	气门垫片更换	20	数值不正确或判断错误一处扣 5 分,共 20 分
5	使用工具、用具	工具、用具使用正确	5	一种工具、用具使用不正确扣 2 分,扣完为止
				损坏、丢失任意一件工具、用具不得分
6	操作规程	操作规程执行情况	5	违反操作规程不得分
7	清理现场	清理、擦洗并回收工具、用具	5	少收一件工具、用具扣 1 分,扣完为止
	分数总计		100	

3. 气门间隙的定义及作用

气门间隙是指气门完全关闭时,气门杆尾端与摇臂或挺柱与凸轮之间的间隙。

气门间隙的作用是当气门受热膨胀时,防止气门顶在摇臂或凸轮上使气门关闭不严,保证气门密封。

不同车型的气门间隙大小不同。一般冷态时,进气门间隙为 0.25~0.3 mm,排气门间隙为 0.3~0.35 mm。丰田 5A 发动机的进气门间隙为 0.15~0.25 mm,排气门间隙为 0.25~0.35 mm。

气门间隙过大:进、排气门开启迟后,缩短了进排气时间,降低了气门开启高度,改变了正常的配气相位,使发动机因进气不足、排气不净而导致功率下降,此外,还使配气机构零件的撞击加剧,磨损加快。

气门间隙过小:发动机工作后,零件受热膨胀,将气门推开,使气门关闭不严,造成漏气,导致功率下降,并使气门的密封表面严重积炭或烧坏,严重时甚至会导致气门撞击活塞。

4. 检测调整气门间隙的工量具

主要有外径千分尺、塞尺和气门垫片定位专用工具,如图 2-1-6 所示。

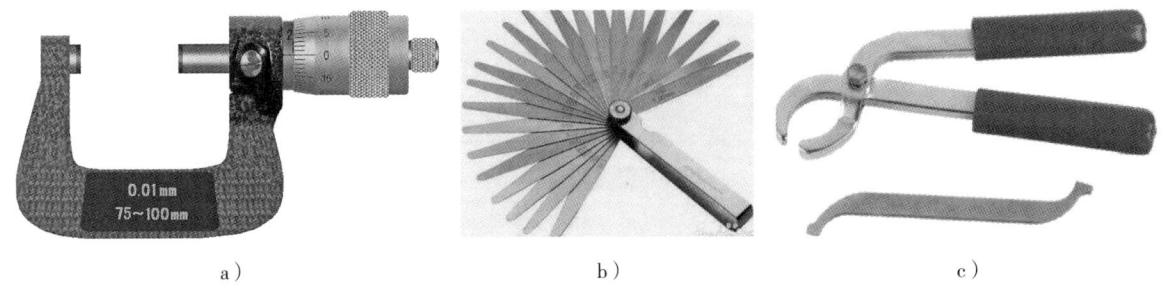

图 2-1-6 检测调整气门间隙的工量具
a)千分尺 b)塞尺 c)气门垫片定位专用工具

5. 检测调整气门间隙（垫片式）

以丰田 5A 为例。

（1）**标准间隙**：进气门 0.15～0.25 mm，排气门 0.25～0.35 mm。

（2）**检测方法**：二次调整法，用厚薄规（塞尺）测量间隙并填表，用千分尺测量新、旧垫片厚度。

第一次检测调整：工作顺序为 1-3-4-2 的四冲程发动机，1 缸压缩上止点位置时，口诀为"双 - 排 - 不 - 进"，如图 2-1-7 所示，即"1 缸双气门 -3 缸排气门 -4 缸不 -2 缸进气门"可测、可调间隙。

第二次检测调整：摇转曲轴一周，四缸压缩上止点位置时，调整剩下的气门间隙，如图 2-1-8 所示。

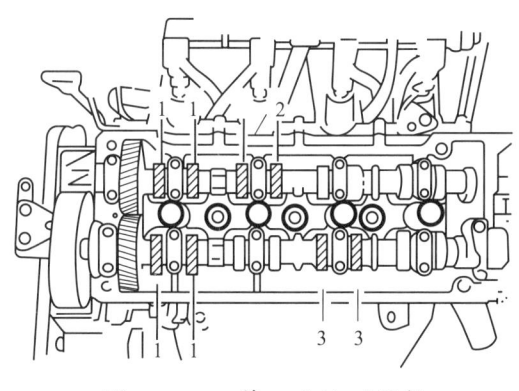

图 2-1-7　第一次检测调整

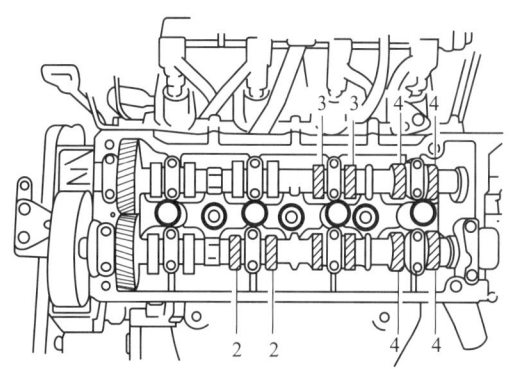

图 2-1-8　第二次检测调整

（3）测量结果记录

气缸		第 1 缸		第 2 缸		第 3 缸		第 4 缸	
气门顺序		1	2	3	4	5	6	7	8
进气门标准间隙 （0.15～0.25 mm）	原气门间隙								
	原气门垫片厚度								
	新气门垫片厚度								
	新气门间隙								
排气门标准间隙 （0.25～0.35 mm）	原气门间隙								
	原气门垫片厚度								
	新气门垫片厚度								
	新气门间隙								

（4）**计算调整垫片的厚度**

进气：$N=T+(A-0.20 \text{ mm})$　　　　排气：$N=T+(A-0.30 \text{ mm})$

式中　T——拆下调整垫片的厚度（mm）；

　　　A——测量的气门间隙（mm）；

　　　N——新调整垫片的厚度（mm）。

（5）调整垫片选择表

垫片号码	厚度	垫片号码	厚度	垫片号码	厚度	垫片号码	厚度
1	2.55 mm	5	2.75 mm	9	2.95 mm	13	3.15 mm
2	2.60 mm	6	2.80 mm	10	3.00 mm	14	3.20 mm
3	2.65 mm	7	2.85 mm	11	3.05 mm	15	3.25 mm
4	2.70 mm	8	2.90 mm	12	3.10 mm	16	3.30 mm

项目2　汽车底盘检修

训练任务1　手动变速器挡位动力传递路线

1. 设备及设施准备

序号	名称	规格	单位	数量	备注
1	签字笔		支	1	

2. 考核项目明细

序号	作业题目	考核内容	配分	评分标准
1	手动变速器各挡位动力传递路线	输入轴旋转方向	10	输入轴旋转方向描述不正确扣10分
2		主动轴旋转方向	10	主动轴旋转方向描述不正确扣10分
3		对应同步器前后移动方向	15	对应同步器前后移动方向描述不正确扣15分
4		对应齿轮与输出轴锁死情况	15	对应齿轮与输出轴锁死情况描述不正确扣15分
5		主动轴对应齿轮	10	主动轴对应齿轮描述不正确扣10分
6		主动轴对应齿轮旋转方向	10	主动轴对应齿轮旋转方向描述不正确扣10分
7		输出挡位齿轮	15	输出挡位齿轮描述不正确扣15分
8		输出挡位齿轮旋转方向	15	输出挡位齿轮旋转方向描述不正确扣15分
		分数总计	100	

3. 手动变速器结构

根据手动变速器的轴数，有三轴式和两轴式之分，在发动机前置前轮驱动和发动机后置后轮驱动的中、轻型轿车上一般采用两轴式手动变速器，发动机前置后轮驱动的汽车一般采用三轴式手动变速器，具体结构如图2-2-1所示。

下面以三轴变速器为例进行讲解，三轴是指输入轴、中间轴（主动轴）和输出轴，输入轴与中间轴通过一对常啮合齿轮连接，中间轴上还有1、2、3、5和倒挡（R挡）主动齿轮，分别与输出轴上的1、2、3、5和倒挡（R挡）从动齿轮啮合。空挡时，输出轴上的各齿轮空转，挂挡后，相应挡位的从动齿轮通过对应挡位同步器上的接合套才能与输出轴形成刚性连接，输出动力。

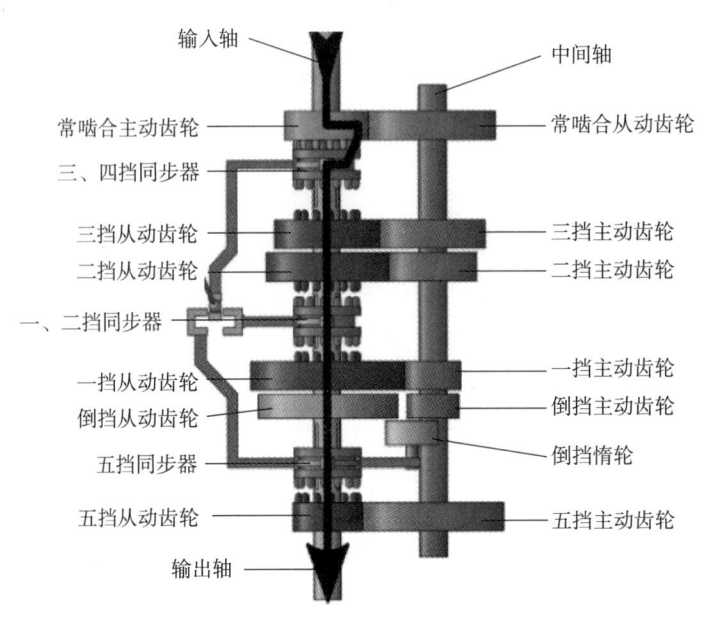

图 2-2-1 三轴式手动变速器结构

4. 各挡位动力传递路线描述

各挡位的动力传递路线如图 2-2-2 所示。

1 挡：输入轴（顺转）→常啮合齿轮→中间轴→1 挡主动齿轮（反转）→1 挡从动齿轮（顺转）→1、2 挡同步器（下移锁死 1 挡从动齿轮）→输出轴（顺转）。如图 2-2-2a 所示，该挡位的换挡动作是 1、2 挡同步器接合套下移与 1 挡齿圈接合。

2 挡：输入轴（顺转）→常啮合齿轮→中间轴→2 挡主动齿轮（反转）→2 挡从动齿轮（顺转）→1、2 挡同步器（上移锁死 2 挡从动齿轮）→输出轴（顺转）。如图 2-2-2b 所示，该挡位的换挡动作是 1、2 挡同步器接合套上移与 2 挡齿圈接合。

3 挡：输入轴（顺转）→常啮合齿轮→中间轴→3 挡主动齿轮（反转）→3 挡从动齿轮（顺转）→3、4 挡同步器（下移锁死 3 挡从动齿轮）→输出轴（顺转）。如图 2-2-2c 所示，该挡位的换挡动作是 3、4 挡同步器接合套下移与 3 挡齿圈接合。

4 挡：输入轴（顺转）→3、4 挡同步器→输出轴（顺转）。如图 2-2-2d 所示，该挡位的换挡动作是 3、4 挡同步器接合套上移与 4 挡齿圈接合。

5 挡：输入轴（顺转）→常啮合齿轮→中间轴→5 挡主动齿轮（反转）→5 挡从动齿轮（顺转）→5、R 挡同步器（下移锁死 5 挡从动齿轮）→输出轴（顺转）。如图 2-2-2e 所示，该挡位的换挡动作是 5、R 挡同步器接合套下移与 5 挡齿圈接合。

R 挡：输入轴（顺转）→常啮合齿轮→中间轴→R 挡主动齿轮（反转）→R 挡惰轮（顺转）→R 挡从动齿轮（反转）→5、R 挡接合套（上移锁死 R 挡从动齿轮）→输出轴（反转）。如图 2-2-2f 所示，该挡位的换挡动作是 5、R 挡接合套上移与 R 挡齿圈接合。

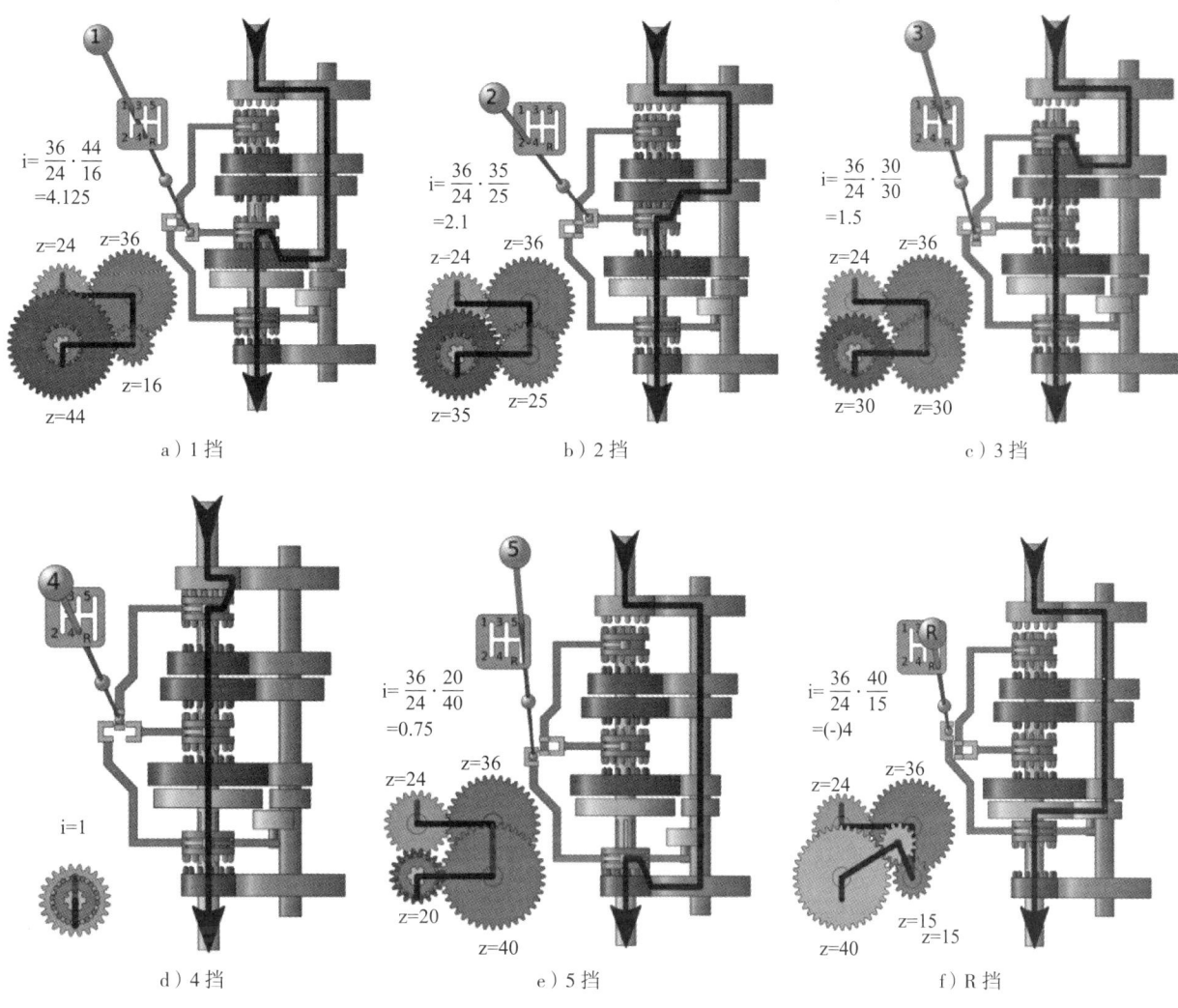

图 2-2-2 各挡位的动力传递路线

训练任务 2　自动变速器超速行星齿轮机构装配

1. 设备及设施准备

序号	名称	规格	单位	数量	备注
1	自动变速器油泵部分解体		台	1	
2	工具箱		个	1	
3	卡簧钳		套	1	
4	ATF 油		杯	1	
5	一字旋具		把	1	
6	风枪		把	1	

2. 考核项目明细

序号	作业项目	考核内容及要求	配分	评分标准
1	劳动用品穿戴	劳动用品穿戴齐全	5	穿戴不全不得分
2	选用工具、量具、材料	选用工具、量具、材料齐全、准确	5	缺一件扣1分，选错一件扣1分，扣完为止
3	装配行星齿轮	装配超速传动输入轴和离合器装配超速制动器	60	未装上扣60分 错装、漏装扣20分，扣完为止
4	口述动力传动途径	说出超速离合器工作时，超速行星齿轮组的动力传递途径	14	描述不正确扣14分
5	使用工具、用具	工具、用具使用正确	5	一种工具、用具使用不正确扣2分，扣完为止 损坏、丢失任意一件工具、用具不得分
6	操作规程	操作规程执行情况	5	违反操作规程不得分
7	清理现场	清理、擦洗并回收工具、用具	6	少收一件工具、用具扣1分，扣完为止
	分数总计		100	

3. 工作原理

如图 2-2-3 所示，超速离合器 C_0 工作时，将太阳轮与输入轴、行星架锁为一体，输入轴与输出轴等速传动，双排行星齿轮机构仍处于直接挡状态，传动比为1，不超速。

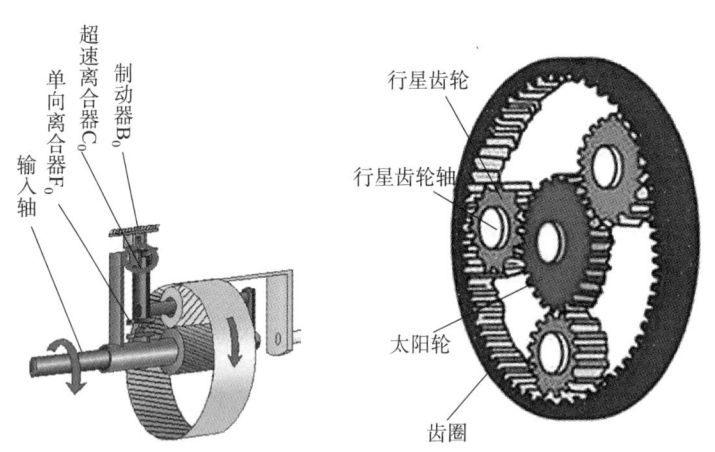

图 2-2-3 超速挡的工作原理

超速离合器 C_0 不工作时，太阳轮与行星架脱开；制动器 B_0 工作，太阳轮被制动，此时行星架为主动，齿圈为从动，传动比小于1，超速。

4. 结构组成

自动变速器的超速行星齿轮机构由如图 2-2-4 所示的超速行星齿轮排组件和如图 2-2-5 所示的超速制动器组件两大部分组成，超速制动器组件安装于超速挡壳体内，超速挡壳体和变速器壳体固定连接。

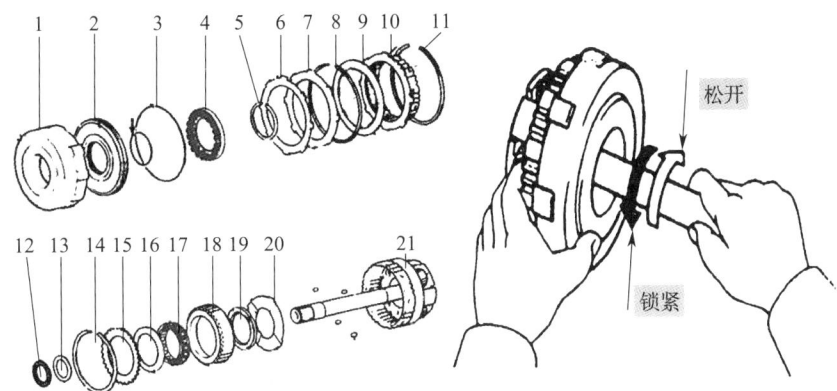

图 2-2-4　超速行星齿轮排组件

1—超速离合器毂　2—活塞　3—O形圈　4—回位弹簧　5、8、11、14—卡环　6—挠性板　7—法兰　9—摩擦片
10—超速制动器毂　12—止推轴承　13—座圈　15—齿形垫圈　16、20—止推垫圈
17—单向离合器　18—单向离合器外环　19—挡块　21—超速行星架

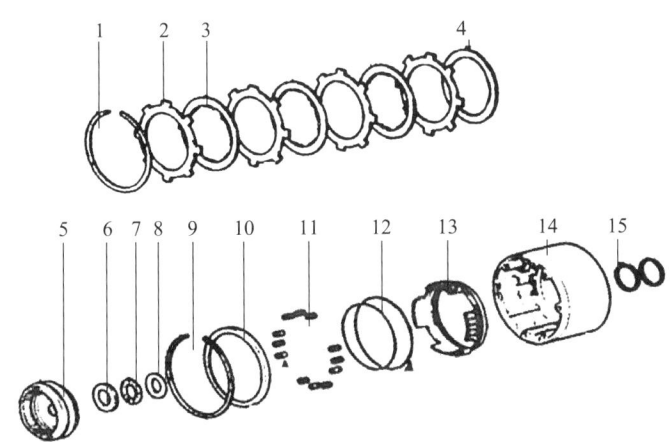

图 2-2-5　超速制动器组件

1、9—卡环　2—钢片　3—摩擦片　4—挠性板　5—超速环齿圈　6、8—座圈　7—止推轴承　10—弹簧座
11—弹簧　12—O形圈　13—活塞　14—超速挡壳体　15—封油环

5. 拆装步骤

（1）分解步骤

步骤1：拆下前壳体。

步骤2：拆下油泵。

步骤3：取下超速行星齿轮组。

步骤4：分解超速行星齿轮组［取下齿圈及输入轴、行星架，分解超速离合器C_0包括取出卡环、钢片（共3片）和摩擦片（共2片）］。

步骤5：分解超速制动器B_0（包括取出卡环、钢片（共5片或6片）和摩擦片（共4片或5片）。

（2）装配步骤

步骤1：组装B_0［包括装入钢片（共5片或6片）、摩擦片（共4片或5片）和卡环］。

步骤2：组装C_0［包括装入钢片（共3片）、摩擦片（共2片）和卡环］。

步骤3：组装超速行星齿轮组（连接输入轴，含行星架、齿圈和C_0）。
步骤4：将超速行星齿轮组装入壳体。
步骤5：装上油泵及前壳体。

训练任务3　球笼式万向传动装置装配

1. 设备及设施准备

序号	名称	规格	单位	数量	备注
1	球笼式万向节		个	1	
2	工具箱		个	1	
3	套筒扳手		套	1	
4	卡簧钳		把	1	
5	铜棒		根	1	
6	润滑脂		杯	1	

说明：考场在实施考核时，还应准备本道试题考核所需的若干辅料，以及其他类型的操作工具等，由考生根据需求，选择辅料及用具进行操作。

2. 考核项目明细

序号	作业项目	考核内容及要求	配分	评分标准
1	劳动用品穿戴	劳动用品穿戴齐全	5	穿戴不全不得分
2	选用工具、量具、材料	选用工具、量具、材料齐全、准确	5	缺一件扣1分，选错一件扣1分，扣完为止
3	装配	安装钢球及球笼组装内外滚道	60	未装上扣60分 错装、漏装一处扣20分，扣完为止
4	口述	说出球笼式万向传动装置损坏的故障现象	14	描述不全面扣7分，不正确扣14分
5	使用工具、用具	工具、用具使用正确	5	一种工具、用具使用不正确扣2分，扣完为止 损坏、丢失任意一件工具、用具不得分
6	操作规程	操作规程执行情况	5	违反操作规程不得分
7	清理现场	清理、擦洗并回收工具、用具	6	少收一件工具、用具扣1分，扣完为止
	分数总计		100	

3. 结构组成

球笼式万向节由从动轴、球笼壳（外滚道）、卡箍、球笼（保持架）、星形套（内滚道）、钢球、防尘套等组成，如图 2-2-6 所示。万向节星形套与主动轴间以花键连接在一起，星形套外表面有六条弧形凹槽滚道，球笼壳的内表面有相应的六条凹槽，六个钢球分别装在六条凹槽中，由球笼使其保持在同一平面内。

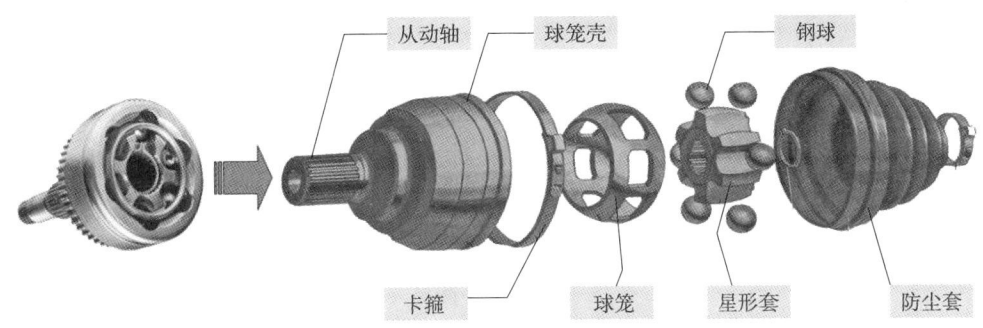

图 2-2-6　球笼式万向节的结构

4. 拆卸操作步骤

步骤 1：清洁花键轴以及防尘罩，如图 2-2-7a 所示。

步骤 2：取出卡箍，如图 2-2-7b 所示。

步骤 3：拆下万向节，如图 2-2-7c 所示。

步骤 4：拆卸万向节内圈，如图 2-2-7d 所示。

步骤 5：解体内万向节，如图 2-2-7e 所示。

步骤 6：解体外万向节，如图 2-2-7f 所示。

步骤 7：取出球笼壳，如图 2-2-7g 所示。

步骤 8：清洁零部件，如图 2-2-7h 所示。

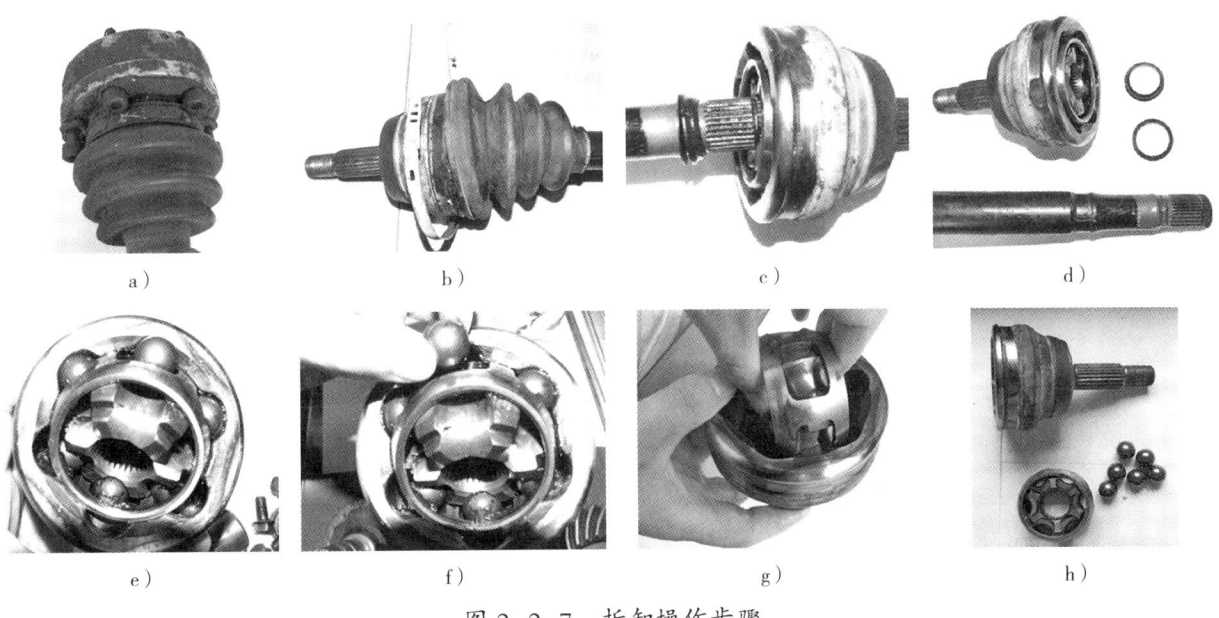

图 2-2-7　拆卸操作步骤

5. 装复操作步骤

步骤1：装回球笼，如图2-2-8a所示。

步骤2：装入壳体，如图2-2-8b所示。

步骤3：装回钢球，如图2-2-8c所示。

步骤4：转动留有间隙，如图2-2-8d所示。

步骤5：按进星形套，如图2-2-8e所示。

步骤6：星形套转动灵活，如图2-2-8f所示。

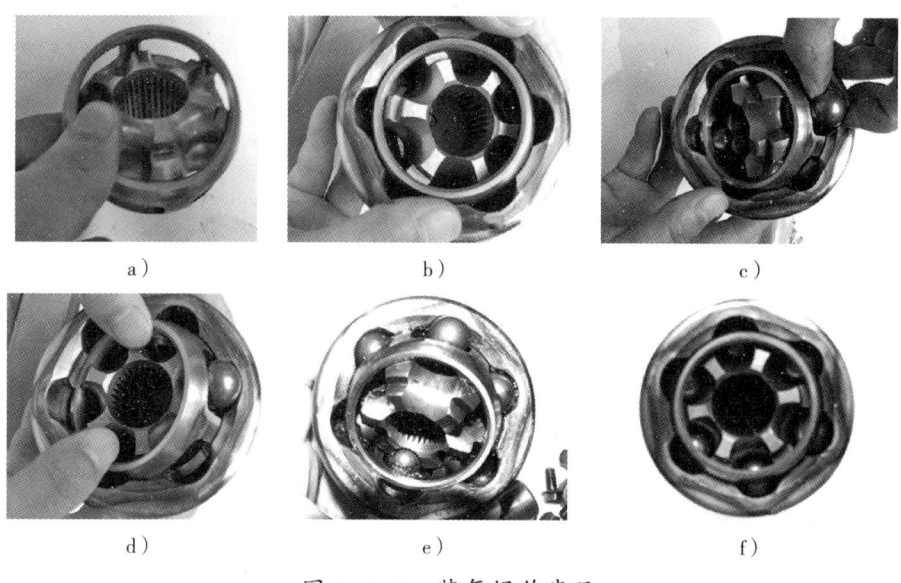

图 2-2-8　装复操作步骤

6. 检查

（1）主要是检查内、外万向节各部件的磨损情况和装配间隙，一般酌情单件更换。

（2）检查各卡箍有无松动，内、外防尘罩有无裂纹，弹簧挡圈是否损坏。

（3）万向节各球节处的6个钢球要求具有一定的配合公差，并与星形套一起成为一组配合件。

（4）内万向节要检查星形套、球笼、壳体及钢球有无凹陷与磨损。

训练任务4　循环球式转向器装配与调整

1. 设备及设施准备

序号	名称	规格	单位	数量	备注
1	循环球式转向器		个	1	
2	工具箱		个	1	
3	套筒扳手		套	1	

续表

序号	名称	规格	单位	数量	备注
4	卡簧钳		把	1	
5	铜棒		根	1	
6	润滑脂		杯	1	

2. 考核项目明细

序号	作业项目	考核内容及要求	配分	评分标准
1	劳动用品穿戴	劳动用品穿戴齐全	5	穿戴不全不得分
2	选用工具、量具、材料	选用工具、量具、材料齐全、准确	5	缺一件扣1分，选错一件扣1分，扣完为止
3	组装转向器	组装转向器	60	未装上扣60分 错装、漏装一处扣20分，扣完为止
4	检查及调整	轴向间隙或啮合间隙调整	14	轴向间隙或啮合间隙调整不正确扣14分
5	使用工具、用具	工具、用具使用正确	5	一种工具、用具使用不正确扣2分，扣完为止 损坏、丢失任意一件工具、用具不得分
6	操作规程	操作规程执行情况	5	违反操作规程不得分
7	清理现场	清理、擦洗并回收工具、用具	6	少收一件工具、用具扣1分，扣完为止
	分数总计		100	

3. 结构组成

循环球式转向器主要由螺杆、螺母、转向器壳体以及小钢球等部件组成，如图 2-2-9 所示。所谓的循环球指的就是这些小钢球，它们被放置于螺母与螺杆之间的密闭管路内，起到将螺母螺杆之间的滑动摩擦转变为阻力较小的滚动摩擦的作用，当与方向盘转向管柱固定到一起的螺杆转动起来后，螺杆推动螺母上下运动，螺母在通过齿轮来驱动转向摇臂往复摇动从而实现转向。在这个过程当中，那些小钢球就在密闭的管路内循环往复地滚动，所以这种转向器就被称为循环球式转向器。

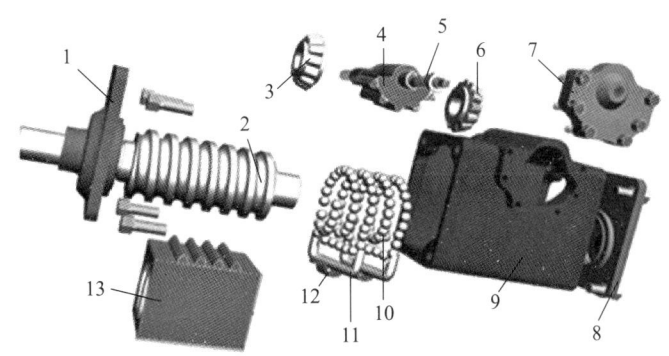

图 2-2-9　循环球式转向器结构组成

1—上盖　2—转向螺杆　3、6—轴承　4—扇齿　5—调整螺钉　7—侧盖　8—下盖
9—壳体　10—钢球　11—导管　12—导管夹　13—转向螺母齿条

4. 工作原理

循环球式转向器一般有两级传动副,第一级传动副是转向螺杆与转向螺母;第二级传动副为转向螺母与扇齿。当转动转向螺杆时,通过钢球将力传给转向螺母,使转向螺母沿螺杆轴向移动。随着转向螺母沿螺杆做轴向移动,转向螺母的齿条便带动齿扇绕着转向摇臂做圆弧运动,从而使转向摇臂轴连同摇臂产生摆动,通过转向传动机构使转向轮偏移,实现汽车转向。

5. 拆卸步骤

步骤1:放油,将螺杆转至中间位置(首先将螺杆从一极限位置转至另一极限位置并记下转动总圈数,然后回转转动总圈数1/2即可)。

步骤2:将侧盖调整螺母拧松,拆卸侧盖紧固螺栓,取出侧盖及扇齿轴。

步骤3:拆卸上、下端盖紧固螺栓(注意保管好垫片),取出螺杆、螺母组件。

步骤4:拆卸螺母上导管夹及导管,倒出钢球(注意两滚道内的钢球要单独分开,不能混在一起)。

6. 装复步骤

步骤1:装钢球。

(1)将两导管夹内装满钢球,剩余的钢球全部装入螺母内。

(2)将螺母放在螺杆端部并使螺母上的孔对齐螺杆上的滚道,提起螺杆或螺母,使螺杆处在螺母的中间,再将钢球装入,并轻轻抖动螺杆或螺母,使钢球落下,然后一边装入钢球一边转动螺杆,直到全部钢球装完为止。

步骤2:装下盖和调整垫片。装下盖之前在结合平面上涂以密封胶。

步骤3:装上螺杆、螺母组件及上盖(注意螺母齿的方向),并调整好轴承预紧度。

步骤4:将螺母转至中间位置,再将齿扇中间齿对齐螺母中间齿槽,装入齿扇轴,装上侧盖,调整好螺母齿条与齿扇的啮合间隙。

7. 调整轴承预紧度

(1)正常的轴承预紧度为:用手转动螺杆应转动灵活自如,没有卡滞现象,轴向、径向推动螺杆时,应没有间隙。

(2)轴承预紧度是通过在上端盖与壳体之间加减垫片的方法进行调整的。如果轴承的预紧度过大,可以在上端盖与壳体之间增加垫片进行调整;如果轴承的预紧度过小,可以在上端盖与壳体之间减少垫片进行调整。

8. 检查、调整螺母齿与扇齿的啮合间隙

(1)将调整螺钉旋入至齿轮啮合间隙为零时(有紧手的感觉),然后退回1/4到1/2圈。

正常的啮合间隙要求:在扇齿轴不动时,用手转动螺杆,应有8°~10°的自由转动角度(扇形齿轮与螺母齿轮的啮合间隙为0.10~0.20 mm,扇形齿轴与调整螺钉的配合间隙为0.03~0.07 mm)。

(2)啮合间隙的调整方法是通过侧盖的调整螺钉来调整。如果啮合间隙过大,可以旋入调整螺钉;

如果啮合间隙过小，则反之。

（3）若啮合间隙正常，转动螺杆时应灵活、自如，没有卡滞现象，且螺杆的自由转角为8°~10°；如果将螺杆转动一定角度时出现卡滞应将啮合间隙略微调大些。

训练任务5　液压制动系统制动蹄装配与调整

1. 设备及设施准备

序号	名称	规格	单位	数量	备注
1	液压制动系统实训台架或实车		台	1	
2	工具箱		个	1	
3	套筒扳手		套	1	
4	卡簧钳		把	1	
5	铜棒		根	1	
6	润滑脂		杯	1	

2. 考核项目明细

序号	作业项目	考核内容及要求	配分	评分标准
1	劳动用品穿戴	劳动用品穿戴齐全	5	穿戴不全不得分
2	选用工具、量具、材料	选用工具、量具、材料齐全、准确	5	缺一件扣1分，选错一件扣1分，扣完为止
3	装配制动蹄片	装配制动蹄片	60	未装上扣60分 错装、漏装一处扣20分，扣完为止
4	调整轮毂轴承预紧度、制动摩擦片与制动鼓间隙	调整轮毂轴承预紧度、制动摩擦片与制动鼓间隙	14	调整不正确每处扣7分，扣完为止
5	使用工具、用具	工具、用具使用正确	5	一种工具、用具使用不正确扣2分，扣完为止
				损坏、丢失任意一件工具、用具不得分
6	操作规程	操作规程执行情况	5	违反操作规程不得分
7	清理现场	清理、擦洗并回收工具、用具	6	少收一件工具、用具扣1分，扣完为止
	分数总计		100	

3. 鼓式制动器的结构组成

鼓式制动器一般由制动分泵（轮缸）、制动蹄片、制动衬片、制动鼓、活塞、活塞皮碗等组成，如图2-2-10所示。

鼓式制动器的优点：有自动刹紧的作用，使制动系统可以使用较低的油压，或是使用直径比制动盘小很多的制动鼓。驻车制动机构的安装容易。有些后轮装置盘式制动器的车型，会在制动盘中心部位安装鼓式制动器的驻车制动装置。零件的结构较为简单，制造成本较为低廉。

鼓式制动器的缺点：鼓式制动器的散热性较差，制动鼓在受热后直径会增大，从而造成踩下制动踏板的行程加大，容易发生制动反应不如预期的情况。因此，在驾驶采用鼓式制动器的车辆时，要尽量避免连续，以防制动系统因高温产生热衰退现象。制动系统反应较慢，制动的踩踏力道较不易控制，不利于做高频率的制动动作。构造复杂、零件多，要定期调校制动蹄的间隙，甚至要将整个制动鼓拆下对其内部进行清理，维修难度大。

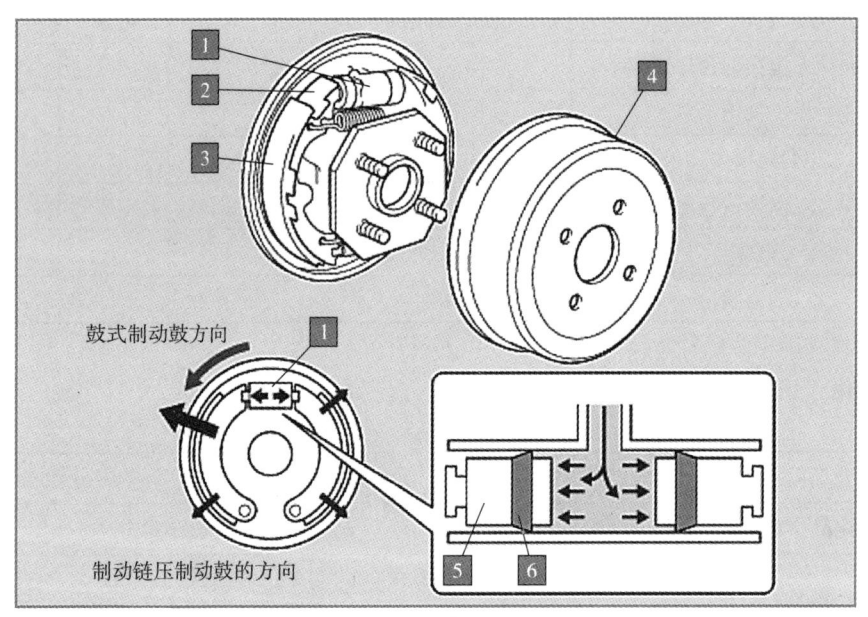

图 2-2-10　制动器内部结构

1—制动分泵（轮缸）　2—制动蹄片　3—制动衬片　4—制动鼓　5—活塞　6—活塞皮碗

4. 液压制动系统制动蹄的装配

（1）在制动背板与制动蹄接触表面涂抹耐高温的润滑脂。

（2）安装驻车制动蹄拉杆附件。

（3）安装制动蹄

1）用尖嘴钳把驻车制动拉索连接到驻车制动拉杆上。

2）用专用工具安装制动蹄、销、蹄片定位弹簧和蹄片定位弹簧帽。

（4）安装制动蹄复位弹簧。

（5）安装左制动自动调整拉杆：在前制动蹄上安装自动调整拉杆和自动调整拉杆弹簧。

（6）安装驻车制动蹄支柱

1）在调整螺栓上涂抹耐高温的润滑脂。

2）安装驻车制动蹄左侧支柱。

（7）检查制动鼓的安装情况

1）检查每个零件是否正确安装。

2）测量制动鼓内径和制动蹄的直径，检查两者之差是否为正确的制动蹄间隙。制动蹄间隙应为 0.6 mm。

注意：制动蹄衬片和制动鼓的摩擦表面不能黏附油污或润滑油。

（8）调整制动鼓蹄片间隙

1）临时安装 2 个轮毂螺母。

2）回转调整器 8 个齿。

3）安装孔塞。

（9）安装制动鼓总成。

（10）检查驻车制动拉杆行程。

（11）调整驻车制动拉杆行程。

5. 液压制动系统制动制动鼓蹄片间隙的调整

调整方法：用一字旋具拨动调整螺杆（推杆）上的棘齿，一边拨动棘齿一边转动制动鼓，直到制动鼓转动有阻力感觉，再退回 3～5 齿（响），如图 2-2-11 所示。

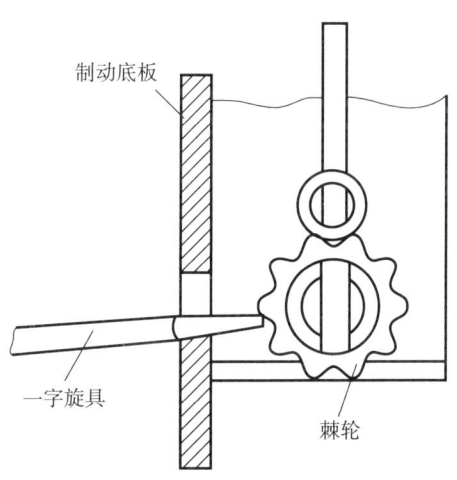

图 2-2-11 制动鼓蹄片间隙的调整

要求：间隙为 0.15～0.25 mm。制动鼓应转动灵活，可以有轻微的摩擦感觉。

项目3　汽车电气设备故障检修

训练任务1　汽车常用传感器的检测

1. 设备及设施准备

序号	名称	规格	单位	数量	备注
1	汽车常用传感器		盒	1	
2	万用表		个	1	
3	电吹风		把	1	
4	一字旋具		把	1	
5	导线		组	1	

2. 考核项目明细

序号	作业项目	考核内容及要求	配分	评分标准
1	劳动用品穿戴	劳动用品穿戴齐全	5	穿戴不全不得分
2	选用工具、量具、材料	选用工具、量具、材料齐全、准确	5	缺一件扣1分，选错一件扣1分，扣完为止
3	装配行星齿轮口述动力传动途径	在以下各种传感器中，由考评员指定其中任意四个进行考核：节气门位置传感器、进气压力传感器、进气温度传感器、水温传感器、氧传感器、曲轴位置传感器。	70	元件编号与名称对应不正确，每空扣10分，扣完为止
				性能判断不正确每空扣10分，扣完为止
4	使用工具、用具	工具、用具使用正确	5	一种工具、用具使用不正确扣2分，扣完为止
				损坏、丢失任意一件工具、用具不得分
5	操作规程	操作规程执行情况	5	违反操作规程不得分
6	清理现场	清理、擦洗并回收工具、用具	10	少收一件工具、用具扣1分，扣完为止
	分数总计		100	

3. 节气门位置传感器检测

（1）**安装位置**：节气门位置传感器安装在节气门的侧面，如图 2-3-1 所示。

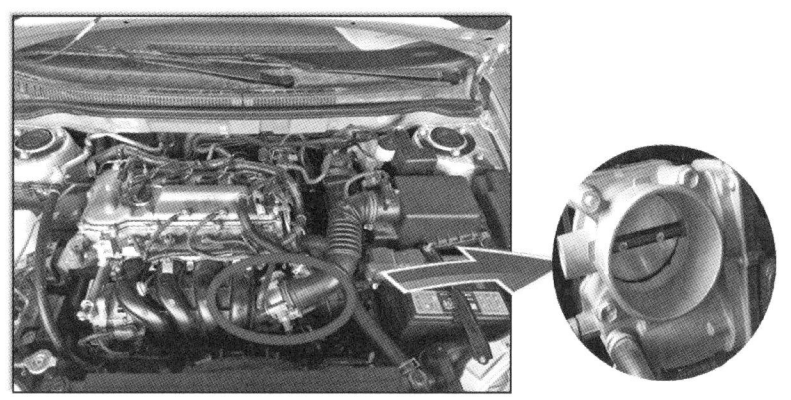

图 2-3-1　节气门位置传感器安装位置

（2）**作用**：检测节气门开度，将信号送至 ECU，作为喷油量的修正信号。

（3）**结构原理**（见图 2-3-2）

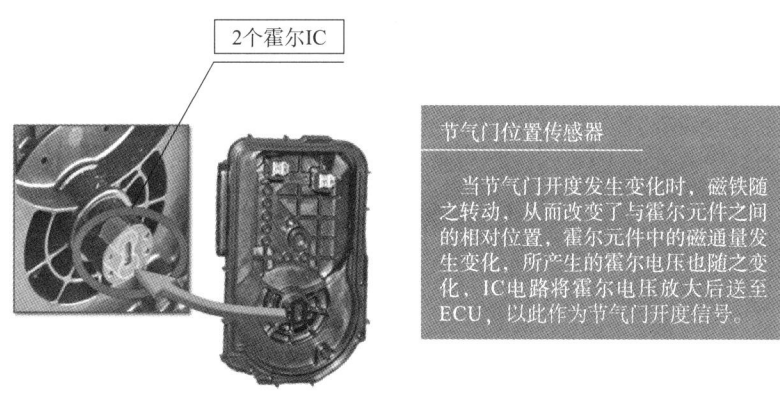

图 2-3-2　节气门位置传感器结构原理

（4）**性能检测**：以丰田卡罗拉轿车为例，具体电路图见图 2-3-3，参数见表 2-3-1。

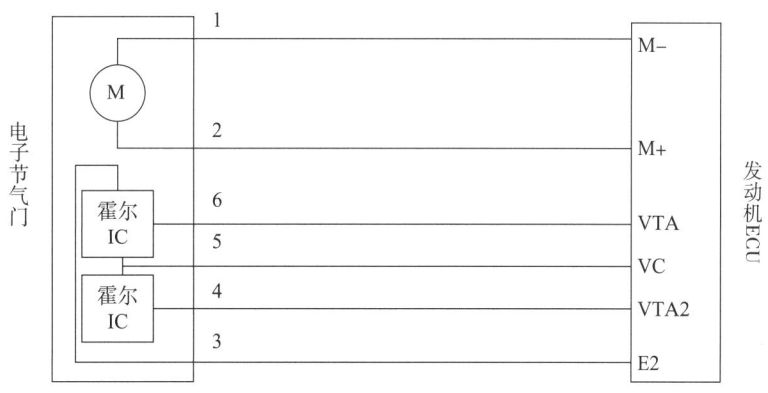

图 2-3-3　节气门位置传感器检测电路

表 2-3-1　　　　　　　卡罗拉轿车的霍尔式节气门位置传感器检测参数

端子	用途	检测
M-	是节气门电机的控制端，发动机ECU通过这两个端子来控制电机的工作	关闭点火开关 电阻正常为 0.3～200Ω
M+		
E2	是传感器的搭铁端	
VTA2	用于检测VTA的故障	点火开关置于ON位置 松开油门踏板：2.1～3.1 V 完全踩下油门踏板：4.6～5.0 V
VC	发动机ECU向传感器输出的5 V基准电压	点火开关置于ON位置 电压正常为 4.5～5.5 V
VTA	用于检测节气门开度	点火开关置于ON位置 松开油门踏板：0.5～1.1 V 完全踩下油门踏板：3.2～4.8 V

4. 进气压力传感器

（1）**安装位置**：一般安装在发动机舱内，用一根真空管与进气歧管相连接或直接安装在节气门后方的进气歧管上，如图 2-3-4 所示。

（2）**作用**：测量节气门后进气歧管内的绝对压力，并将压力信号转变成电信号输入ECU，作为燃油喷射和点火控制的主控制信号。

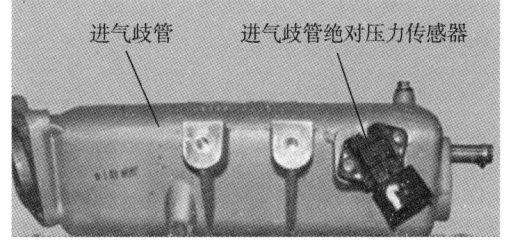

图 2-3-4　传感器安装位置

（3）**结构原理**：半导体压敏电阻式进气压力传感器由压力转换元件（真空室、硅膜片、绝对真空室）和IC电路组成，如图 2-3-5 所示。封装在真空室内的硅片，由于一侧受进气压力的作用，另一侧是真空，所以在进气歧管压力发生变化时，硅片产生变形，使扩散在硅片上的电阻的阻值改变，利用惠斯顿电桥将硅膜片的变形变成电信号，导致输出电压发生变化。集成电路将这一电压放大处理，作为进气歧管压力信号送给ECU。

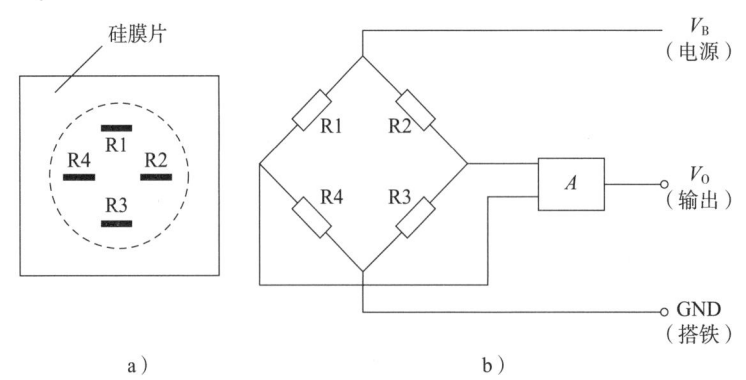

图 2-3-5　进气压力传感器工作原理

（4）**性能检测**：以桑塔纳2000GLi型轿车为例，具体参数见表 2-3-2。

1）电阻检查。关闭点火开关，拔下 ECU 线束连接器和歧管压力传感器线束连接器。用万用表的 R×1 挡检查 ECU 和传感器有关端子间电阻，其电阻应符合表 2-3-2 中的标准值。如果电阻过大或为无穷大，说明线束与端子接触不良或有断路，应进行检修。进行电阻检查时，参照图 2-3-6 进行。

2）电压检查。用万用表直流电压挡检查电压时，打开点火开关，检查歧管压力传感器连接器 3 与 1 端子间电源电压，标准值应为 5 V 左右；将点火开关置于 IG 挡，不启动发动机，检查歧管压力传感器信号输出端子 4 与搭铁 1 端子间电压，标准值应为 3.8~4.2 V；当发动机怠速运转时，信号电压应为 0.8~1.3 V；当加大节气门，信号电压应上升。如果信号电压经检查不符合上述参数，说明传感器已经损坏，应更换。

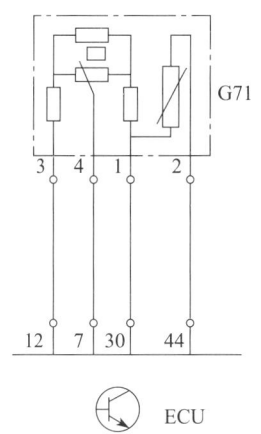

图 2-3-6　传感器检测

表 2-3-2　　　　　　　　桑塔纳 2000GLi 进气压力传感器检测参数

检测状态		检测项目	检测部位	标准值
点火开关 OFF		传感器正极导线	ECU 的 12 端子至传感器 3 端子	<0.5 Ω
		传感器信号线	ECU 的 7 端子至传感器 4 端子	<0.5 Ω
		传感器负极导线	ECU 的 30 端子至传感器 1 端子	<0.5 Ω
		温度传感器信号线	ECU 的 44 端子至传感器 2 端子	<0.5 Ω
点火开关 ON	熄火状态	传感器端子电源电压	传感器连接器 3 与 1 端子	4.5~5.5 V
		传感器信号输出电压	传感器信号输出 4 与搭铁 1 端子	3.8~4.2 V
	怠速状态	传感器信号输出电压	传感器信号输出 4 与搭铁 1 端子	0.8~1.3 V
	加大油门	传感器信号输出电压	传感器信号输出 4 与搭铁 1 端子	电压应上升

5. 水温传感器检测

（1）发动机水温传感器安装位置（见图 2-3-7）

图 2-3-7　水温传感器安装位置

（2）作用：检测发动机冷却液温度，将温度信号送至 ECU，为 ECU 提供在冷启动时加浓混合气，冷车时控制快怠速，控制冷却风扇，修正点火提前角的修正信号。

（3）水温传感器的结构原理（见图 2-3-8）

水温传感器由负温度系数的热敏电阻构成，其电阻值随着温度的升高而减小。

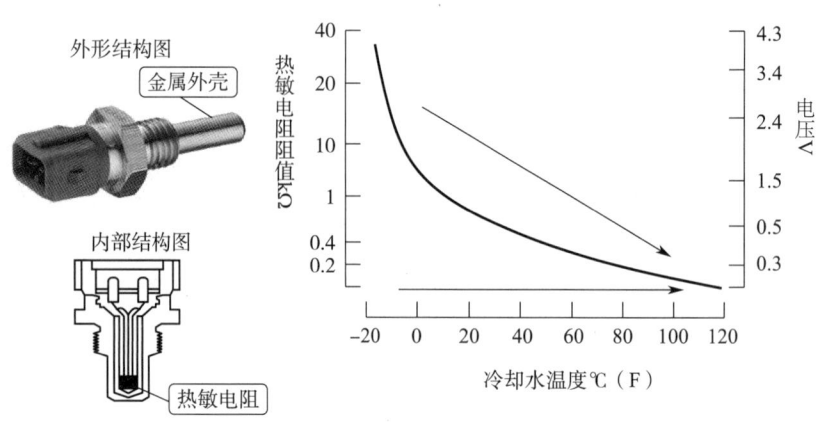

图 2-3-8 水温传感器结构原理

（4）水温传感器检测电路（见图 2-3-9）

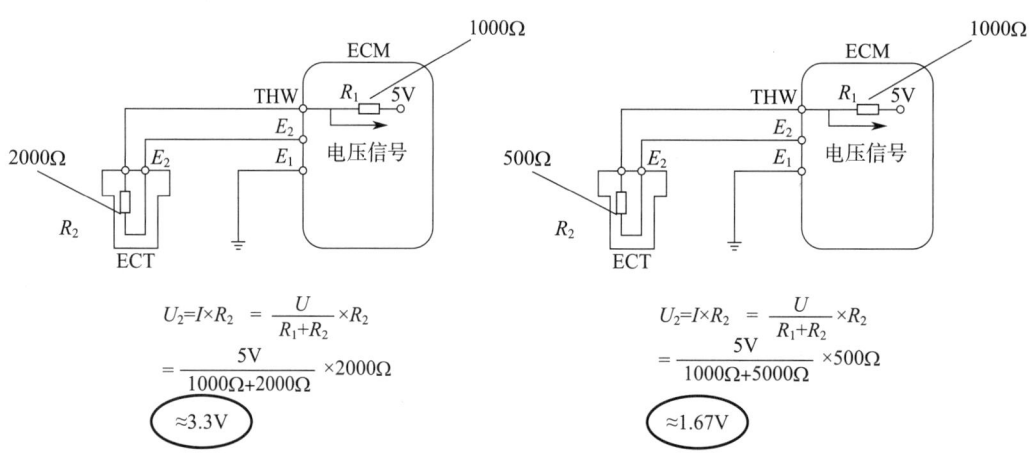

图 2-3-9 水温传感器检测电路

（5）性能检测（见表 2-3-3）

表 2-3-3　　　　　　　　　　　水温传感器检测参数

检测项目	性　能　检　测
传感器 电阻检测	20 ℃时标准电阻为 2.32 ~ 2.59 kΩ 80 ℃时标准电阻为 0.31 ~ 0.32 kΩ
传感器 线路检测	1. 断开冷却液温度传感器连接器 2. 断开 ECM 连接器 3. 测量冷却液温度传感器至 ECM 线路导通性，正常电阻应小于 1 Ω
传感器 信号电压 检测	1. 点火开关置于 ON 位置 2. 插上冷却液温度传感器连接器 3. 万用表选择直流 20 V 挡位，检测传感器信号线与搭铁线，常温下信号电压为 2 ~ 3 V，温度升高，信号电压降低

6. 进气温度传感器检测

（1）**安装位置**（见图 2-3-10）

（2）**作用**：检测进气温度将进气温度信号提供给 ECU，作为喷油量和点火提前角的修正信号。

（3）**结构原理**：工作原理同水温传感器，其外形结构如图 2-3-11 所示。

 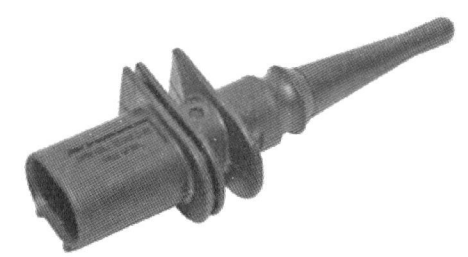

图 2-3-10　进气温度传感器安装位置　　　图 2-3-11　进气温度传感器外形

（4）**性能检测**（见表 2-3-4）

表 2-3-4　　　　　　　　　　　进气温度传感器检测参数

检测项目	性　能　检　测
传感器 电阻检测	20℃时标准电阻为 2.32～2.59 kΩ 80℃时标准电阻为 0.31～0.32 kΩ
传感器 线路检测	1. 断开进气温度传感器连接器 2. 断开 ECM 连接器 3. 测量冷却液温度传感器至 ECM 线路导通性，正常电阻应小于 1 Ω
传感器 信号电压 检测	1. 点火开关置于 ON 位置 2. 插上进气温度传感器连接器 3. 万用表选择直流 20 V 挡位，检测传感器信号线与搭铁线，常温下信号电压为 2～3 V，温度升高，信号电压降低

7. 曲轴位置传感器检测

（1）**安装位置**（见图 2-3-12）

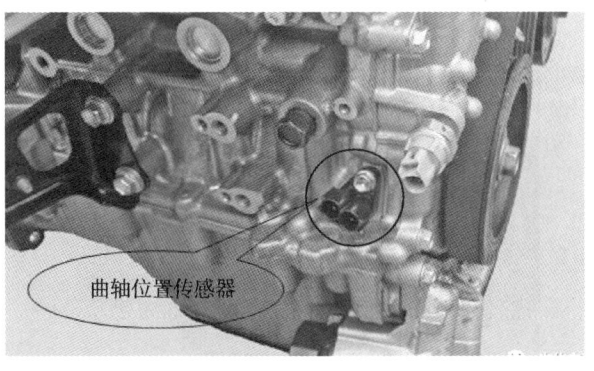

图 2-3-12　曲轴位置传感器安装位置

（2）**作用**：检测发动机转速，检测发动机曲轴转角和活塞上止点并将检测信号送至 ECU，作为确定喷油量及喷油提前角、确定点火提前角以及怠速控制、废气再循环控制、燃油蒸发控制的信号。

（3）**结构原理**：以电磁感应式为例，当转子信号盘旋转时，由于转子齿与线圈铁芯、拖架间的间隙不断发生变化，通过线圈的磁通量也不断变化，线圈两端便产生感应电压，并以交流信号输出，如图 2-3-13 所示。

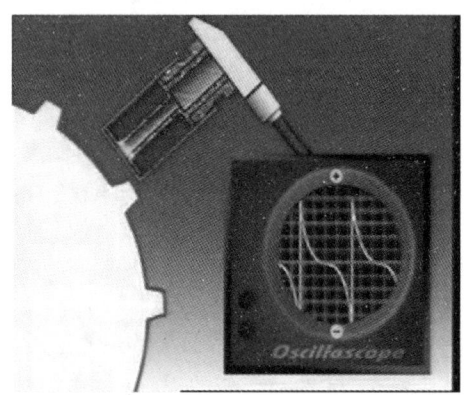
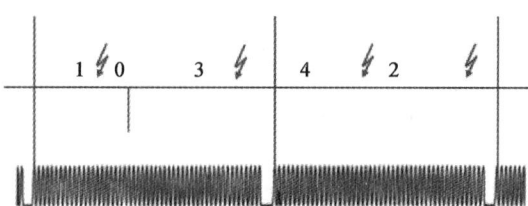

- 通过电磁感应产生交流信号电压。
- 信号转子上必须有一个与众不同的凸齿或缺齿，此处代表发动机1/4缸上止点。
- 电磁式曲轴位置传感器属于无源传感器，不需要工作电源。

图 2-3-13　曲轴位置传感器结构原理

（4）**性能检测**（见表 2-3-5）

表 2-3-5　　　　　　　　　　曲轴位置传感器检测参数

检测项目	性能检测
电阻检测	正常电阻为 1 850～2 450 Ω（丰田卡罗拉发动机）
线路检测	1. 断开曲轴位置传感器连接器 2. 断开 ECM 连接器 3. 测量曲轴位置传感器至 ECM 线路导通性，正常电阻应小于 1 Ω
信号电压检测	启动发动机检测，怠速时，信号电压为 0.7～1.2 V，随着转速升高，电压上升

8. 氧传感器检测

（1）**安装位置**（见图 2-3-14）

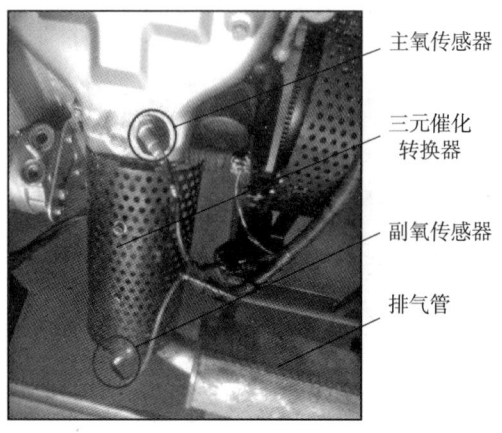

图 2-3-14　氧传感器安装位置

（2）作用：检测尾气中氧的含量，将信号送至ECU，作为喷油量的修正信号，使发动机喷油形成闭环控制，并检测三元催化器工作是否良好。

（3）结构原理：氧化锆型氧传感器结构如图2-3-15所示，当汽车套管废气一侧的氧浓度低时，在氧传感器电极之间产生一个高电压（0.6~1V），这个电压信号被送到汽车ECU放大处理，ECU把高电压信号看作浓混合气，而把低电压信号看作稀混合气。氧传感器只有在高温时（端部达到300℃以上）其特性才能充分体现，才能输出电压。在约800℃时，它对混合气的变化反应最快，而在低温时这种特性会发生很大变化。氧传感器信号波形如图2-3-16所示。

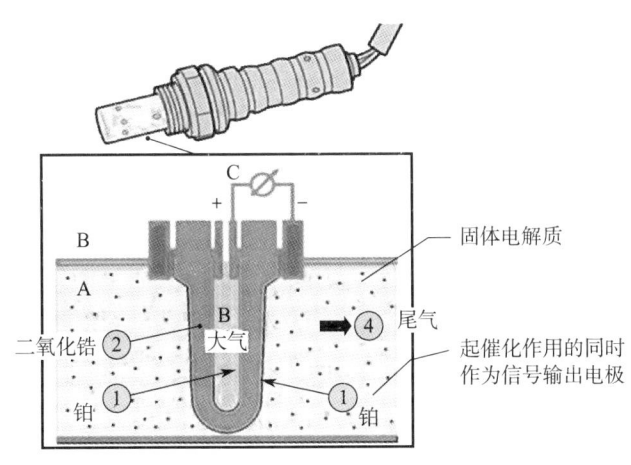

图 2-3-15 氧化锆型氧传感器结构

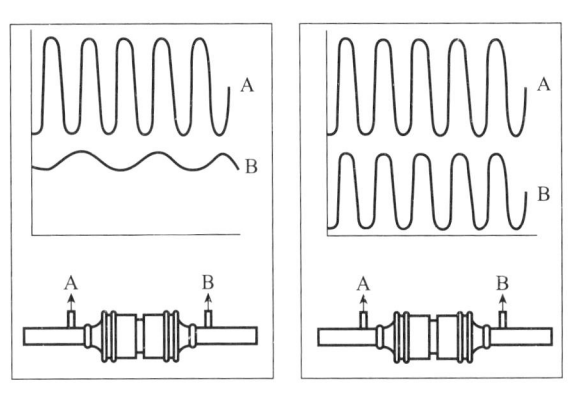

图 2-3-16 氧传感器信号波形

（4）性能检测（见表2-3-6）

表2-3-6　　　　　　　　　　氧传感器检测参数

检测项目	性　能　检　测
传感器 线路检测	1. 断开氧传感器连接器 2. 断开ECM连接器 3. 测量氧传感器至ECM线路导通性，正常电阻应小于1Ω
传感器信号 电压检测	信号电压为0~1V（发动机充分预热后，检测在0~1V之间变化，每10s变化次数不少于8次）

训练任务2　电子节气门的检测

1. 设备及设施准备

序号	名称	规格	单位	数量	备注
1	电子节气门（有怠速触点）		个	1	
2	万用表		个	1	
3	连接线		组	1	
4	工具箱		个	1	
5	蓄电池		个	1	

2. 考核项目明细

序号	作业项目	考核内容及要求	配分	评分标准
1	劳动用品穿戴	劳动用品穿戴齐全	5	穿戴不全不得分
2	选用工具、量具、材料	选用工具、量具、材料齐全、准确	5	缺一件扣1分，选错一件扣1分，扣完为止
3	检测并填表	检测并填表	74	检测参数超差 ±10%扣10分 ±20%扣20分 ±30%扣34分 性能判断不正确每空扣20分
4	使用工具、用具	工具、用具使用正确	5	一种工具、用具使用不正确扣2分，扣完为止 损坏、丢失任意一件工具、用具不得分
5	操作规程	操作规程执行情况	5	违反操作规程不得分
6	清理现场	清理、擦洗并回收工具、用具	6	少收一件工具、用具扣1分，扣完为止
	分数总计		100	

3. 安装位置（见图2-3-17）

图2-3-17 电子节气门安装位置

4. 结构原理

如图2-3-18所示，在电子节气门控制系统中，油门踏板位置传感器把驾驶员的驾驶意图转变为电压信号传递给发动机ECU，而发动机ECU再对电子节气门作出控制指令来控制节气门执行器，节气门执行器将节气门转动到相应的角度。

节气门的实际开启角由节气门位置传感器检测并反馈给发动机ECU。当没有电流流向马达时，节气门回位弹簧使节气门开启到一个固定位置（大约7°）。但是，在急速期间的节气门开度反而要关闭到小于这个固定位置。

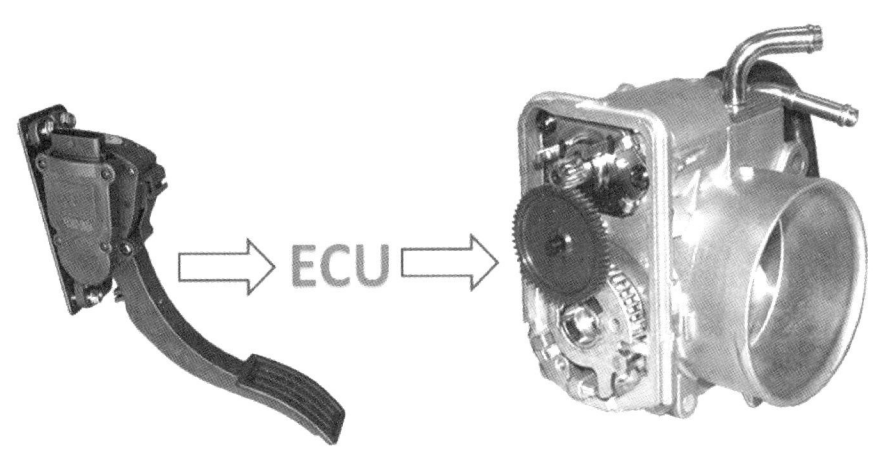

图 2-3-18 电子节气门系统结构

5. 电路图（以丰田卡罗拉轿车为例）

电子节气门执行器控制电路如图 2-3-19 所示，电子节气门位置传感器电路如图 2-3-20 所示。

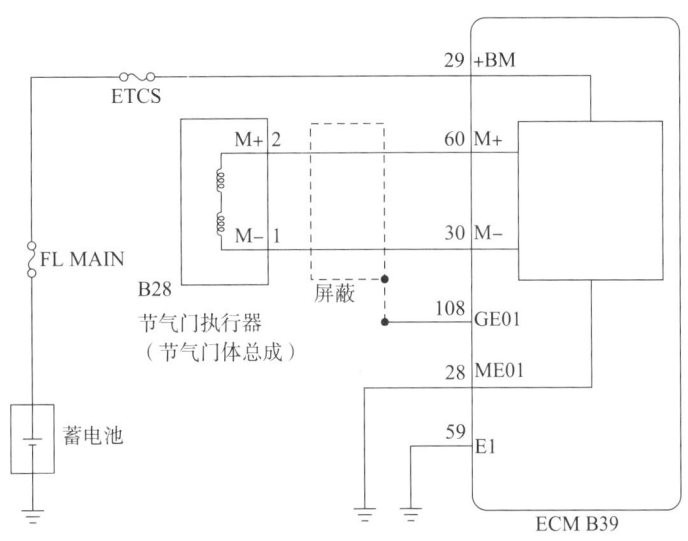

图 2-3-19 电子节气门执行器控制电路

（1）**节气门执行器电源电路**：蓄电池正极→FL MAIN 熔断器→ETCS 熔断器→ECM B39 连接器 29 号端子→ECM 内部电路（节气门控制单元）→ECM B39 连接器 28 号端子→搭铁。

（2）**节气门执行器控制电路**：ECM 内部电路（节气门控制单元）输出占空比信号→ECM B39 连接器 60 号端子→节气门执行器 B28 连接器 2 号端子→节气门执行器→节气门执行器 B28 连接器 1 号端子→ECM B39 连接器 30 号端子。

（3）**节气门位置传感器电路**：ECM B39 连接器 134 号端子→节气门位置传感器 B28 连接器 5 号端子→节气门位置传感器→节气门位置传感器 B28 连接器 3 号端子→ECM B39 连接器 133 号端子，由 ECM 向节气门位置传感器提供 5 V 基准电压。

节气门位置传感器通过 VTA 端子向 ECM 反馈节气门开度信号，VTA2 用于检测 VTA 信号是否出现故障。

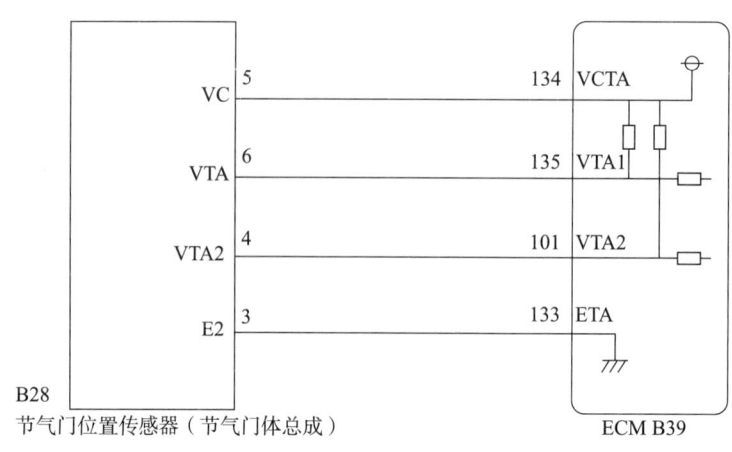

图 2-3-20　电子节气门位置传感器电路

6. 检测（见表 2-3-7）

表 2-3-7　　　　　　　　　　电子节气门检测参数

端子	用途	检测
M-	是节气门电机的控制端，发动机电脑通过这两个端子来控制电机的工作	关闭点火开关 电阻正常为 0.3 ~ 200 Ω
M+		
E2	是传感器的搭铁端	
VTA2	用于检测 VTA 的故障	点火开关置于 ON 位置 松开油门踏板：2.1 ~ 3.1 V 完全踩下油门踏板：4.6 ~ 5.0 V
VC	是发动机 ECU 向传感器输出的 5 V 基准电压	点火开关置于 ON 位置 电压正常为 4.5 ~ 5.5 V
VTA	用于检测节气门开度	点火开关置于 ON 位置 松开油门踏板：0.5 ~ 1.1 V 完全踩下油门踏板：3.2 ~ 4.8 V

训练任务 3　搭接前照灯电路

1. 设备及设施准备

序号	名称	规格	单位	数量	备注
1	灯光实训台架		台	1	
2	万用表		个	1	
3	继电器		个	1	
4	熔断器		盒	1	
5	测试笔		套	1	
6	连接线		组	1	

续表

序号	名称	规格	单位	数量	备注
7	工具箱		个	1	
8	灯泡		组	1	
9	蓄电池		个	1	

2. 考核项目明细

序号	作业项目	考核内容及要求	配分	评分标准
1	劳动用品穿戴	劳动用品穿戴齐全	5	穿戴不全不得分
2	选用工具、量具、材料	选用工具、量具、材料齐全、准确	5	缺一件扣1分，选错一件扣1分，扣完为止
3	根据提供的电路图搭接前照灯电路	按图搭接前照灯电路	40	不会搭接或不用继电器搭接扣40分
4	测量并填写	测量并填表	34	不会测量扣34分 测量值相差±2%，每项扣17分
5	使用工具、用具	工具、用具使用正确	5	一种工具、用具使用不正确扣2分，扣完为止
				损坏、丢失任意一件工具、用具不得分
6	操作规程	操作规程执行情况	5	违反操作规程不得分
7	清理现场	清理、擦洗并回收工具、用具	6	少收一件工具、用具扣1分，扣完为止
	分数总计		100	

3. 电路图（见图 2-3-21）

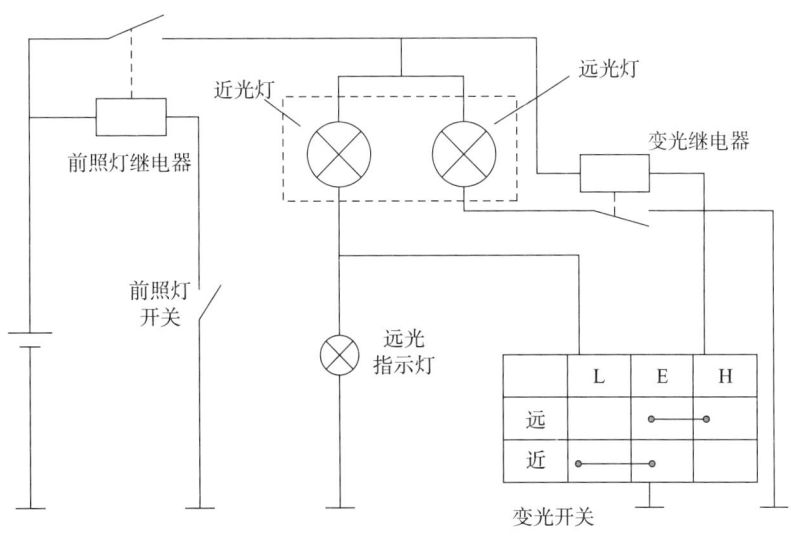

图 2-3-21 前照灯电路

4. 电路分析

（1）**前照灯开关继电器回路**：前照灯开关闭合时，前照灯继电器线圈负极经前照灯开关与搭铁导通，前照灯继电器线圈通电产生磁场，将继电器的常开触点吸合。

通电回路：蓄电池正极→前照灯继电器线圈→前照灯开关→搭铁（蓄电池负极）

（2）**近光灯控制回路**：在前照灯开关闭合情况下，若变光开关处于 L（近光）位置，L-E 导通，近光灯点亮，H-E 不导通，变光继电器不工作，远光灯不亮，远光指示灯被短路也不亮。

通电回路：蓄电池正极→前照灯继电器活动触点→近光灯→变光开关 L 端→E 端→搭铁（蓄电池负极）

（3）**远光灯控制回路**：在前照灯开关闭合情况下，若变光开关处于 H（远光）位置，H-E 导通，此时，变光继电器线圈正极经前照灯继电器与蓄电池正极导通，负极经变光开关与搭铁 E 端子导通，变光继电器线圈通电，将常开触点吸合，远光灯通电点亮。

通电回路：蓄电池正极→前照灯继电器活动触点→远光灯→变光继电器活动触点→搭铁
↓
变光继电器线圈→变光开关 H 端→E 端→搭铁

（4）**远光指示灯回路**：H-E 导通远光灯点亮时，则 L-E 不导通，此时近光灯与远光指示灯串联后与搭铁导通，远光指示灯点亮，但因串联电阻很大，电流很小，所以近光灯丝仅起导电作用，无法发光。

通电回路：蓄电池正极→前照灯继电器活动触点→近光灯（不亮）→远光指示灯（亮）→搭铁

5. 电路搭接难点：继电器

（1）**继电器结构原理**：继电器（英文名称：relay）是一种电控制器件，它实际上是用小电流去控制大电流运作的一种"自动开关"，一般由铁芯、线圈、衔铁、触点等组成，如图 2-3-22 所示。

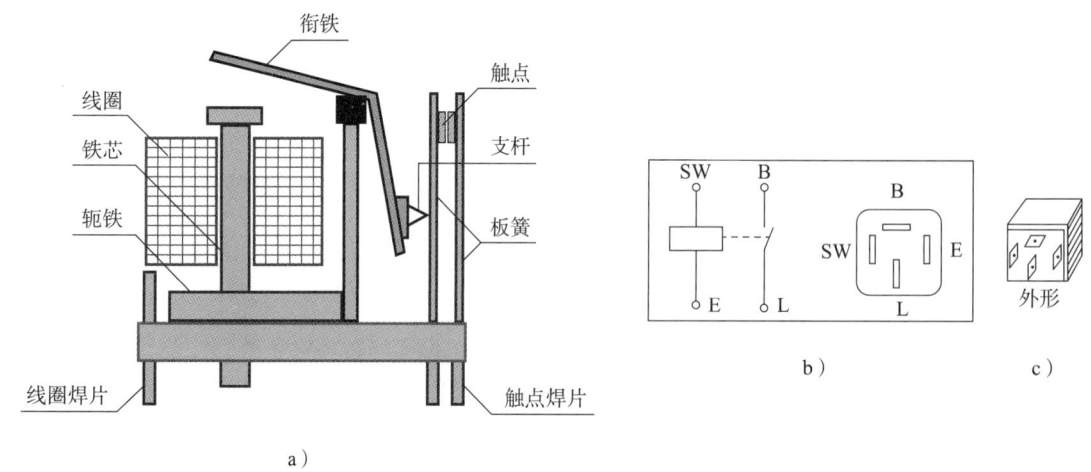

图 2-3-22 继电器结构原理
a）内部结构　b）原理电路　c）外形

线圈通电后，线圈中的电流产生磁场，当线圈电流达到动作电流值时，铁芯产生足够大的电磁吸力，克服弹簧的反作用力，使衔铁的动触点与静触点（常开触点）吸合。当线圈断电后，电磁吸力也随之消失，衔铁就会在弹簧的作用力下复位，使各触点恢复到原始状态。从而接通或分断较大电流的电路。

（2）**继电器插脚辨别**：在搭接前照灯电路实践操作时，关键要分清楚哪两个端子对应的是线圈、哪两个端子对应的是触点，有多种方法辨别：

1）看代号：插脚标明"85""86"为线圈端子，"30"为动触点，"87"为常开静触点，"87a"为常闭静触点。

2）用万用表测量：用电阻挡测量时，导通但有一定电阻（100 Ω 左右）为线圈，不导通为常开触点。

6. 线路检测

（1）变光继电器线圈电流检测

1）将万用表调至直流（500 mA）挡。2）断开变光继电器线圈与变光开关 H 端子的导线。3）万用表红表笔接变光继电器线圈、黑表笔接变光开关 H 端子。4）打开前照灯开关、变光开关使远光灯点亮。5）读取万用表的电流值并填入表 2-3-8 中（电流值一般为 100 mA 左右）。

（2）远光指示灯电压检测

1）将万用表调至直流（20 V）挡。2）万用表红表笔接变光开关 H 端子、黑表笔搭铁。3）打开前照灯开关、变光开关使远光灯点亮。4）读万用表的电压值并填入表 2-3-8 中（电压值一般为 12 V 左右）。

表 2-3-8　　　　　　　　　　　　　线路检测结果

测量项目	测量数值
变光继电器电流（A）	
远光时的指示灯电压（V）	

训练任务 4　搭接风机电路

1. 设备及设施准备

序号	名称	规格	单位	数量	备注
1	鼓风机		台	1	
2	万用表		个	1	
3	继电器		个	1	
4	熔断器		盒	1	
5	线路搭接板		套	1	
6	连接线		组	1	

续表

序号	名称	规格	单位	数量	备注
7	工具箱		个	1	
8	调速电阻		组	1	
9	蓄电池		个	1	

2. 考核项目明细

序号	作业项目	考核内容及要求	配分	评分标准
1	劳动用品穿戴	劳动用品穿戴齐全	5	穿戴不全不得分
2	选用工具、量具、材料	选用工具、量具、材料齐全、准确	5	缺一件扣1分，选错一件扣1分，扣完为止
3	搭接风机调速电路	按图搭接风机电路	40	不会搭接电路扣40分 风机不能调速扣30分 风机调速顺序不正确扣20分
4	测量并填写	测量并填表	34	不会测量扣34分 测量值相差±2%，每项扣17分
5	使用工具、用具	工具、用具使用正确	5	一种工具、用具使用不正确扣2分，扣完为止 损坏、丢失任意一件工具、用具不得分
6	操作规程	操作规程执行情况	5	违反操作规程不得分
7	清理现场	清理、擦洗并回收工具、用具	6	少收一件工具、用具扣1分，扣完为止
	分数总计		100	

3. 电路图（见图 2-3-23）

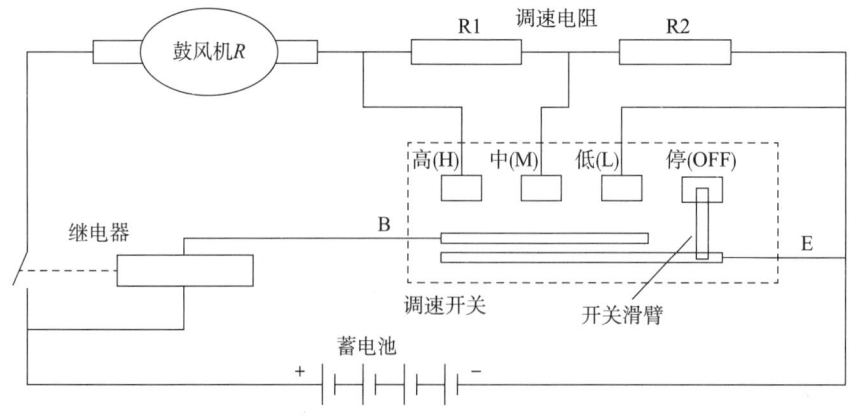

图 2-3-23　鼓风机调速电路

4. 电路元件组成

鼓风机调速电路主要由蓄电池、继电器、鼓风机、调速开关、调速电阻组成，如图2-3-24所示。

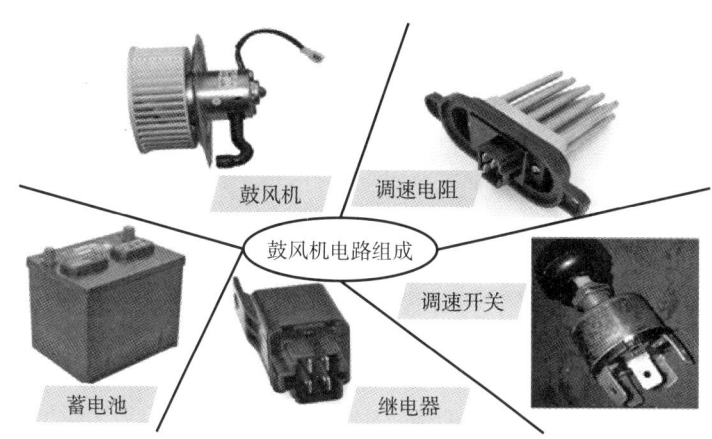

图 2-3-24 鼓风机调速电路元件

5. 电路分析

（1）**调速原理**：通过调速电阻串联不同的电阻来改变鼓风机电动机的电流，实现转速的变化。

（2）**关机**：如图 2-3-23 所示，调速开关滑臂在"停（OFF）"位置时，继电器线圈的 B 端与调速开关的搭铁 E 端断路，继电器触点不动作，鼓风机不转。

（3）**低速控制回路**：如图 2-3-25 所示，调速开关滑臂在"低（L）"位置时，继电器线圈的 B 端与调速开关的搭铁 E 端导通，继电器触点开关吸合，鼓风机与调整电阻 R1、R2 串联，经调速开关滑臂与搭铁导通形成回路，使鼓风机运转，转速与电流大小成正比，此时鼓风机的工作电流 $I_L=U/(R+R_1+R_2)$。

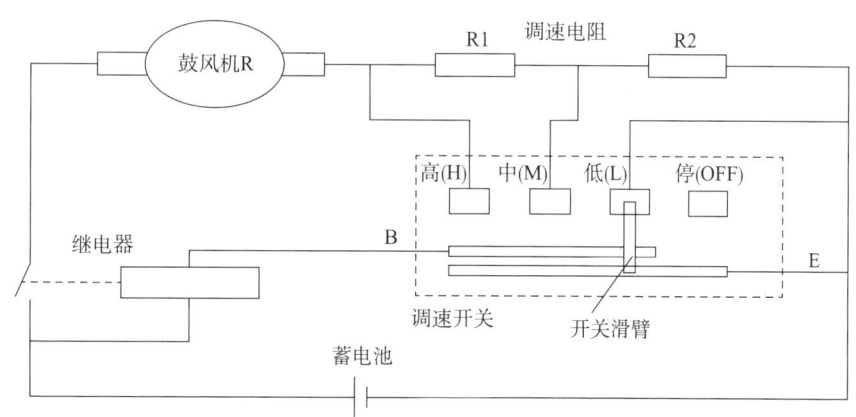

图 2-3-25 鼓风机"低（L）"挡调速电路

此时工作形成的两个回路是：

1）继电器线圈回路：蓄电池→鼓风机继电器线圈→调速开关→搭铁（鼓风机继电器触点闭合）。

2）鼓风机低速回路：蓄电池→继电器触点→鼓风机→调速电阻 R1→调速电阻 R2→调整开关"低（L）"端→开关滑臂→搭铁 E 端。

（4）**中速控制回路**：调速开关滑臂在"中（M）"位置时，继电器工作，鼓风机与调整电阻 R1 串联（R2 被短路），经调速开关滑臂与搭铁导通，形成回路，鼓风机运转，此时鼓风机的工作电流 $I_M=U/(R+R_1)$。

通电回路：蓄电池→继电器触点→鼓风机→调整开关"高（H）"端→开关滑臂→搭铁 E 端

(5) 高速控制回路：调速开关滑臂在"高（H）"位置时，继电器工作，鼓风机直接经调速开关滑臂与搭铁导通（调整电阻 R1、R2 被短路），形成回路，鼓风机运转，此时鼓风机的工作电流 $I_H=U/R$。

通电回路：蓄电池→继电器触点→鼓风机→调速电阻 R1→调整开关"中（M）"端→开关滑臂→搭铁 E 端

因 $I_H=U/R$、$I_M=U/(R+R_1)$、$I_L=U/(R+R_1+R_2)$，所以 $I_H>I_M>I_L$，鼓风机转速"高（H）"挡最高、"低（L）"挡最低。

6. 线路搭接难点

（1）**调速开关**：5 个端子，分别与电路图中的 B、E、H、M、L 对应。难点在于如何辨别调速开关实物上的 5 个插脚（如图 2-3-24 所示的调速开关）。辨别方法如下：

1）调速开关右拧至"停（OFF）"位置，用万用表蜂鸣挡测量，任意两个插脚都不通。

2）调速开关左拧一格至"低（L）"位置，用万用表蜂鸣挡测量，有三个插脚互相导通（B、E、L），有两个插脚都不通（H、M），做好标记。

3）调速开关再左拧一格至"中（M）"位置，用万用表蜂鸣挡测量，同样有三个插脚互相导通（B、E、M）和有两个插脚都不通（H、L），与"第2）步"的标记进行对比，即可分辨出 H、M、L 插脚，剩下的为 B、E 脚。

（2）**调速电阻**：3 个端子，分别与 H、M、L 对应，辨别方法：万用表电阻挡测量任意两个插脚，有三种情况，测得电阻值最大的两个插脚为 H、L 端，电阻较小的为 M 端子。

（3）**继电器**：详见训练任务 3 搭接前照灯电路。

7. 线路检测

（1）**风机中速电流检测**

1）将万用表调至直流 10 A 挡。

2）断开调速电阻与调速开关 M 端子的导线。

3）万用表红表笔接调速电阻、黑表笔接调速开关 M 端子。

4）打开调速开关，鼓风机旋转。

5）读取万用表的电流值并填入表 2-3-9 中。

（2）**风机低速电流检测**

1）将万用表调至直流（10 A）挡。

2）断开调速电阻与调速开关 L 端子的导线。

3）万用表红表笔接调速电阻、黑表笔接调速开关 L 端子。

4）打开调速开关，鼓风机旋转。

5）读取万用表的电流值并填入表 2-3-9 中。

表 2-3-9	线路检测结果
测量项目	测量数值
风机中速电流（A）	
风机低速电流（A）	

训练任务 5　汽车空调制冷系统压力的检查

1. 设备及设施准备

序号	名称	规格	单位	数量	备注
1	汽车空调实训台架或实车		台	1	
2	万用表		个	1	
3	空调歧管压力表		套	1	
4	检漏仪		盒	1	
5	制冷剂		罐	1	
6	工具箱		个	1	

2. 考核项目明细

序号	作业项目	考核内容及要求	配分	评分标准
1	劳动用品穿戴	劳动用品穿戴齐全	5	穿戴不全不得分
2	选用工具、量具、材料	选用工具、量具、材料齐全、准确	5	缺一件扣1分，选错一件扣1分，扣完为止
3	空调制冷系统压力检查	连接歧管压力表	30	歧管压力表连接不正确一处扣10分，扣完为止
		读取歧管压力表数据并填表	20	不会读数扣20分，读数不正确一处扣10分，扣完为止
4	补充制冷剂	若压力不符合规定，进行补充	24	不会补充扣24分
5	使用工具、用具	工具、用具使用正确	5	一种工具、用具使用不正确扣2分，扣完为止
				损坏、丢失任意一件工具、用具不得分
6	操作规程	操作规程执行情况	5	违反操作规程不得分
7	清理现场	清理、擦洗并回收工具、用具	6	少收一件工具、用具扣1分，扣完为止
	分数总计		100	

3. 汽车空调制冷系统组成

由压缩机及离合器、冷凝器、蒸发器及膨胀阀、储液干燥器等组成，如图 2-3-26 所示。

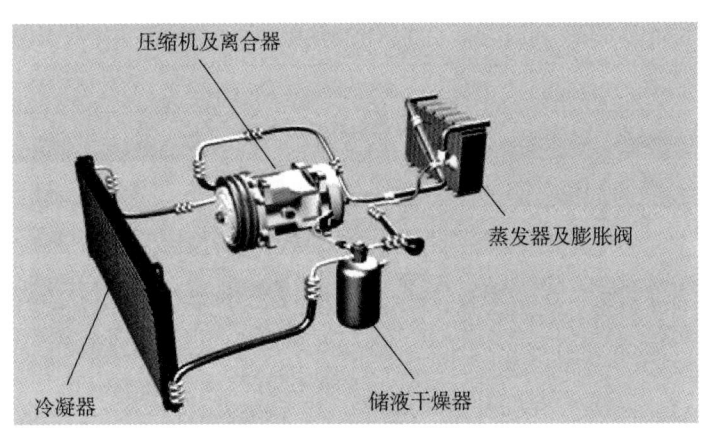

图 2-3-26　汽车空调制冷系统组成

4. 检测工具——空调歧管压力表

空调歧管压力表可用于测量系统内制冷剂余量并用于系统抽真空、加压检漏等操作，也可以用于制冷剂、冷冻油的加注工序，同时也可用于故障诊断。

空调歧管压力表由两表——高压表（红色）、低压表（蓝色），两阀——高压手动阀（红色）、低压手动阀（蓝色），三管——高压管（红色）、加注管（黄色）、低压管（蓝色）组成，如图 2-3-27 所示。

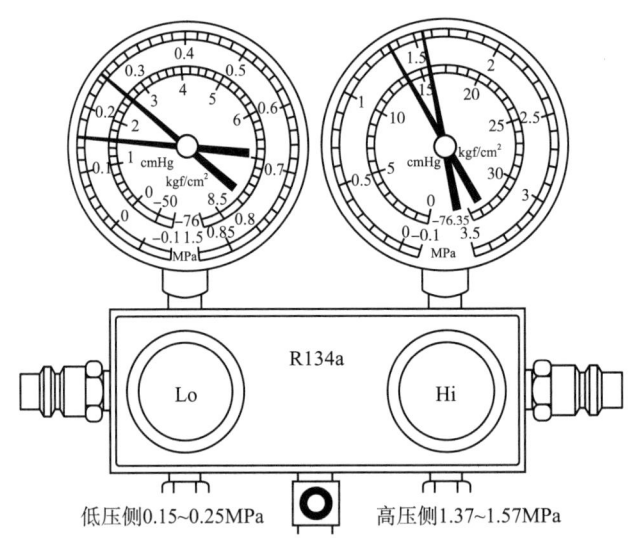

图 2-3-27　空调歧管压力表

5. 连接歧管压力表

将歧管压力计的高、低压表分别接在压缩机的排气、吸气口的维修阀上。

注意事项：

（1）不能将高、低压阀打开，否则制冷剂将会往外排。

（2）空调运转时，不能打开高压侧手动阀，否则会造成很大的危险。

（3）R12 系统使用的是螺纹接口，R134a 系统使用的是快速接口，如图 2-3-28 所示。

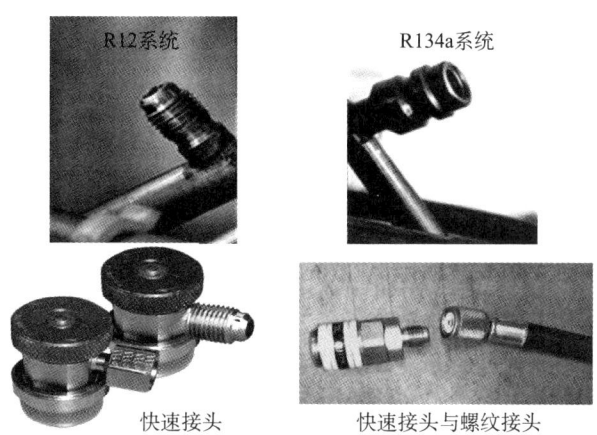

图 2-3-28 接头对比

6. 压力检查

（1）**静态压力检查**：在空气温度为 30~35℃，发动机不工作时，高低压压力相等，均应为 0.5~0.7 MPa。

（2）**动态压力检查**：如图 2-3-29 所示，发动机转速为 2 000 r/min，打开空调，风机风速调至高挡，温度调至最冷挡，其正常状况是：

高压端压力应为 1.37~1.57 MPa。

低压端压力应为 0.15~0.25 MPa。

若不在此范围，则说明系统有泄漏或制冷剂加注不足。

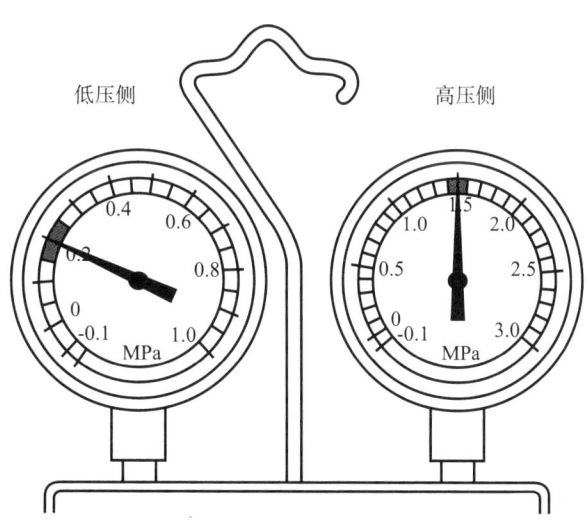

图 2-3-29 动态压力检测

7. 制冷剂的加注

（1）高压端加注制冷剂的步骤

1）系统抽真空后，关闭歧管压力表上的高低压手动阀。

2）将中间软管的一端与制冷剂罐注入阀的接头连接。

3）打开制冷剂罐的开启阀，再拧开歧管压力表软管一端的螺母，让气体溢出几秒钟，把管内的空气排走，然后拧紧螺母。

4）拧开高压侧手动阀至全开位置，将制冷剂罐倒立，放在磅秤上，以便从高压侧充注液态制冷剂，控制制冷剂量，卡罗拉轿车制冷剂充注量为 400~500 g。

5）从高压侧注入规定量的液态制冷剂后，关闭制冷剂罐上的开启阀及歧管压力表上的高压手动阀，然后将歧管压力表拆下。

注意：从高压侧向系统加注制冷剂时，发动机处于不启动状态（压缩机停转），不要拧开歧管压力表上的低压手动阀，以防产生液压冲击。

（2）低压端加注制冷剂的步骤

1）首先将歧管压力表与压缩机和制冷剂罐连接好。

2）将中间软管的一端与制冷剂罐注入阀的接头连接。

3）打开制冷剂罐的开启阀，再拧开歧管压力表软管一端的螺母，让气体溢出几分钟，把管内的空气排走，然后拧紧螺母。

4）打开低压手动阀，让制冷剂进入制冷系统 3~5 min，以防止压缩机第一次运转时，润滑油被抽走，使压缩机发生卡住或其他故障。

5）启动发动机，将空调 A/C 开关打开，并将鼓风机开关调到最高挡，温控开关调至最冷，将发动机转速保持在 1 250~1 500 r/min。

如果加注的速度较慢时，可将制冷剂罐放在热水中加热或摇动制冷剂罐，以提高加注速度。直至加注量达到规定值时（低压侧压力应为 0.15~0.25 MPa，高压侧压力应为 1.37~1.57 MPa），关闭制冷剂罐上的开启阀及歧管压力表上的低压手动阀，关闭空调和发动机，将歧管压力表从汽车上拆下。

项目4 汽车综合故障排除

训练任务1 发动机无法启动的油路故障诊断与排除

1. 设备及设施准备

序号	名称	规格	单位	数量	备注
1	汽车发动机台架或实车		台	1	
2	万用表		个	1	
3	继电器		个	1	
4	熔断器		盒	1	
5	测试笔		套	1	
6	连接线		组	1	
7	工具箱		个	1	
8	油压表		套	1	
9	解码仪		套	1	

2. 考核项目明细

序号	作业项目	考核内容及要求	配分	评分标准
1	劳动用品穿戴	劳动用品穿戴齐全	5	穿戴不全不得分
2	选用工具、量具、材料	选用工具、量具、材料齐全、准确	5	缺一件扣1分，选错一件扣1分，扣完为止
3	无法启动的故障原因（考生填写）	无法启动的故障原因	40	故障原因填写不全面扣20分 故障原因填写不正确扣40分
4	故障排除（实际操作）	故障排除	34	故障未排除扣34分
5	使用工具、用具	工具、用具使用正确	5	一种工具、用具使用不正确扣2分，扣完为止 损坏、丢失任意一件工具、用具不得分
6	操作规程	操作规程执行情况	5	违反操作规程不得分
7	清理现场	清理、擦洗并回收工具、用具	6	少收一件工具、用具扣1分，扣完为止
	分数总计		100	

3. 故障现象

发动机无法启动，无着车迹象。

4. 故障原因

（1）燃油压力过低。

（2）电动汽油泵不工作。

（3）喷油器不工作。

（4）喷油器漏油或堵塞。

（5）喷油器控制线路有故障。

（6）燃油管路堵塞或者泄漏。

5. 故障诊断流程

故障诊断流程如图 2-4-1 所示。

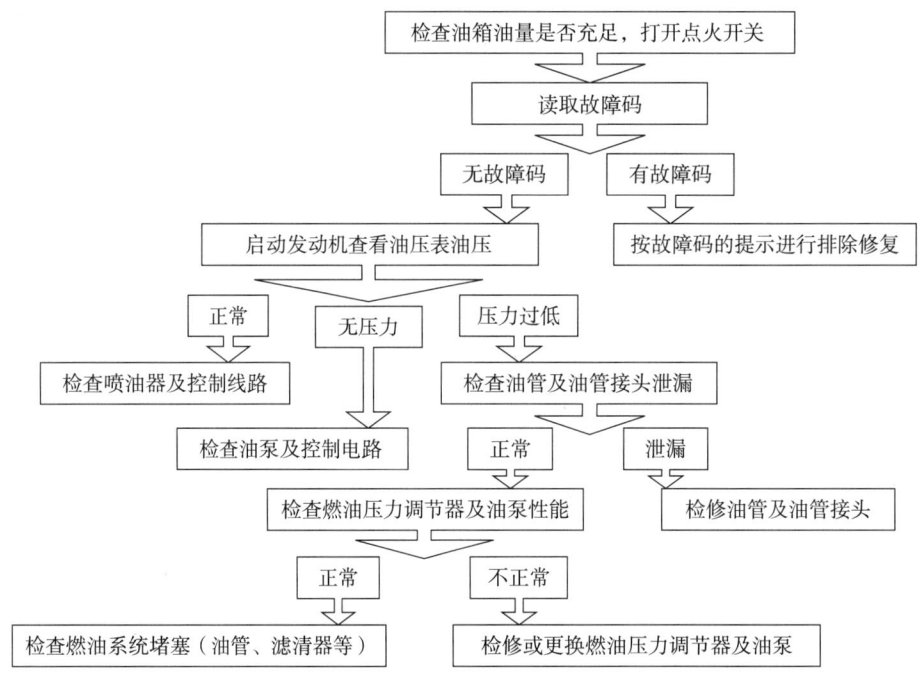

图 2-4-1　发动机无法启动的油路故障诊断与排除流程

训练任务 2　电控发动机点火系统故障诊断与排除

1. 设备及设施准备

序号	名称	规格	单位	数量	备注
1	汽车发动机台架或实车		台	1	
2	万用表		个	1	
3	继电器		个	1	
4	熔断器		盒	1	

续表

序号	名称	规格	单位	数量	备注
5	测试笔		套	1	
6	连接线		组	1	
7	工具箱		个	1	
8	解码仪		套	1	
9	火花塞		个	1	

2. 考核项目明细

序号	作业项目	考核内容及要求	配分	评分标准
1	劳动用品穿戴	劳动用品穿戴齐全	5	穿戴不全不得分
2	选用工具、量具、材料	选用工具、量具、材料齐全、准确	5	缺一件扣1分，选错一件扣1分，扣完为止
3	分析点火系统电路图	分析点火系统电路图 ①判断该点火系统的类型 ②判断凸轮轴位置传感器的形式	10	每错1题扣5分
4	读取故障码并填表	读取故障码并填表	20	未读出故障码扣10分 未写出故障原因扣10分 不会使用仪器扣20分
5	排除故障	排除故障	43	故障未排除扣43分
6	清除故障码	清除故障码	6	未清除故障码扣6分
7	操作规程	操作规程执行情况	5	违反操作规程不得分
8	清理现场	清理、擦洗并回收工具、用具	6	少收一件工具、用具扣1分，扣完为止
	分数总计		100	

3. 点火控制电路（以丰田卡罗拉2014款为例）

从图2-4-2所示的点火控制电路可以看出，丰田卡罗拉2014款车型的点火系统类型为"单缸独立点火"形式，不是分组点火或者有分电器点火的形式。

从图2-4-3所示的曲轴、凸轮轴传感器信号电路可以看出，该车型的凸轮轴位置传感器的类型为"霍尔式"，曲轴位置传感器的类型为"电磁感应式"。

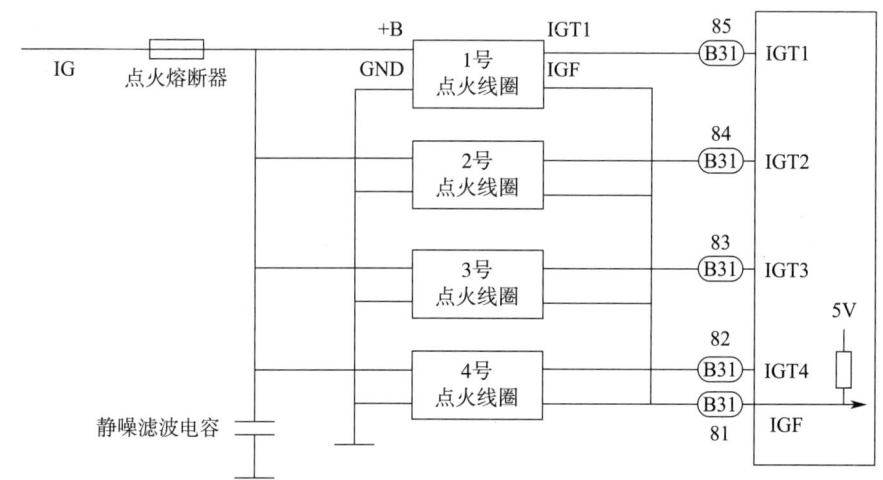

图 2-4-2 点火控制电路

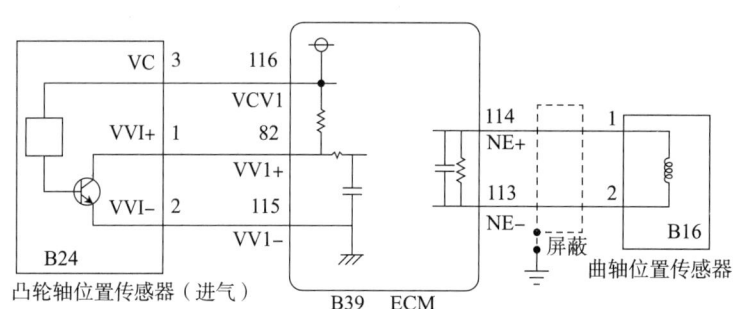

图 2-4-3 曲轴、凸轮轴传感器信号电路

4. 故障现象

打开点火开关，启动发动机，发动机无着车迹象，高压无火。

5. 故障原因

（1）火花塞故障。

（2）点火模块电源电路断路故障。

（3）曲轴、凸轮轴位置传感器故障。

（4）点火模块故障。

（5）IGT 点火信号断路。

（6）ECM 故障及搭铁电路故障。

6. 故障诊断与排除流程

故障诊断与排除流程如图 2-4-4 所示。

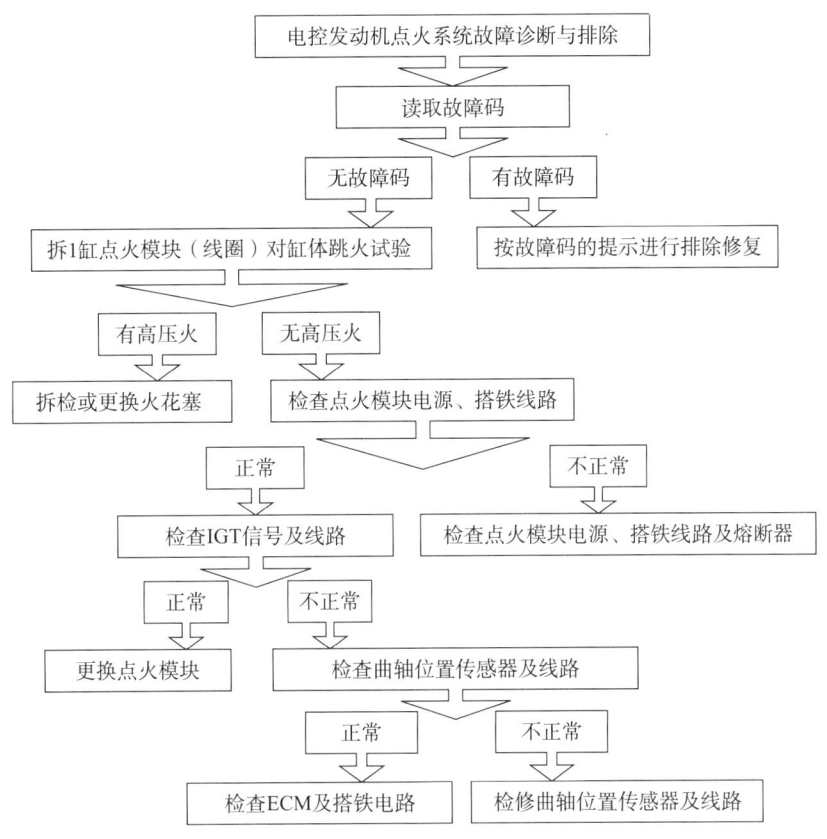

图 2-4-4 电控发动机点火系统故障诊断与排除流程

7. 故障码

DTC 编号	检测项目	DTC 检测条件	故障部位	MIL
P0340	凸轮轴位置传感器电路	满足下列任一条件： ·发动机转速为 600 r/min 或更高时，即使曲轴位置传感器输入正常，也会丢失凸轮轴位置传感器（进气凸轮轴）信号（单程检测逻辑） ·发动机转速为 600 r/min 或更高时，无凸轮轴位置传感器（进气凸轮轴）信号发送至 ECM（单程检测逻辑） ·启动时无凸轮轴位置传感器（进气凸轮轴）信号发送至 ECM（双程检测逻辑）	·凸轮轴位置传感器（进气凸轮轴）电路开路或短路 ·凸轮轴位置传感器（进气凸轮轴） ·进气凸轮轴 ·气门正时 ·ECM	点亮
P0342	凸轮轴位置传感器"A"电路低输入（B1 或单个传感器）	凸轮轴位置传感器（进气凸轮轴）的输出电压低于 0.3 V 持续 4 s（单程检测逻辑）	·凸轮轴位置传感器（进气凸轮轴）电路开路或短路 ·凸轮轴位置传感器（进气凸轮轴） ·ECM	点亮
P0343	凸轮轴位置传感器"A"电路高输入（B1 或单个传感器）	凸轮轴位置传感器（进气凸轮轴）的输出电压高于 4.7 V 持续 4 s（单程检测逻辑）	·凸轮轴位置传感器（进气凸轮轴）电路开路或短路 ·凸轮轴位置传感器（进气凸轮轴） ·ECM	点亮

续表

DTC 编号	检测项目	DTC 检测条件	故障部位	MIL
P0335	曲轴位置传感器"A"电路	满足以下任一条件（单程检测逻辑）： ·启动时无曲轴位置传感器信号发送至 ECM ·发动机运转时，无曲轴位置传感器信号发送至 ECM ·发动机运转后，曲轴位置传感器信号输入正常，但曲轴位置传感器信号丢失	·曲轴位置传感器电路开路或短路 ·曲轴位置传感器 ·1号曲轴位置信号盘 ·ECM	点亮
P0339	曲轴位置传感器"A"电路间歇性故障	在条件（a）、（b）和（c）下，无曲轴位置传感器信号发送至 ECM 持续 0.05 s 或更长时间（单程检测逻辑）： （a）发动机转速为 1 000 r/min 或更高 （b）起动机信号为 OFF （c）起动机信号从 ON 切换至 OFF 后经过 3 s 或更长时间	·曲轴位置传感器电路开路或短路 ·曲轴位置传感器 ·1号曲轴位置信号盘 ·ECM	点亮

训练任务 3　汽车启动系统线路故障诊断与排除

1. 设备及设施准备

序号	名称	规格	单位	数量	备注
1	汽车发动机台架或实车		台	1	
2	万用表		个	1	
3	继电器		个	1	
4	熔断器		盒	1	
5	测试笔		套	1	
6	连接线		组	1	
7	工具箱		个	1	
8	蓄电池		个	1	
9	解码仪		套	1	

2. 考核项目明细

序号	作业项目	考核内容及要求	配分	评分标准
1	劳动用品穿戴	劳动用品穿戴齐全	5	穿戴不全不得分
2	选用工具、量具、材料	选用工具、量具、材料齐全、准确	5	缺一件扣1分，选错一件扣1分，扣完为止
3	根据提供的启动系统电路图回答问题	根据提供的启动系统电路图回答涉及元件名称、作用、工作原理的问题	14	回答不正确扣14分

续表

序号	作业项目	考核内容及要求	配分	评分标准
4	诊断并排除启动系统故障	诊断并排除故障 用文字描述实际的故障原因	60	未排除故障扣60分 故障原因描述错误扣40分
5	使用工具、用具	工具、用具使用正确	5	工具使用不正确一种扣2分，扣完为止 损坏、丢失任意一件工具、用具不得分
6	操作规程	操作规程执行情况	5	违反操作规程不得分
7	清理现场	清理、擦洗并回收工具、用具	6	少收一件工具、用具扣1分，扣完为止
	分数总计		100	

3. 启动系统电路（见图 2-4-5）

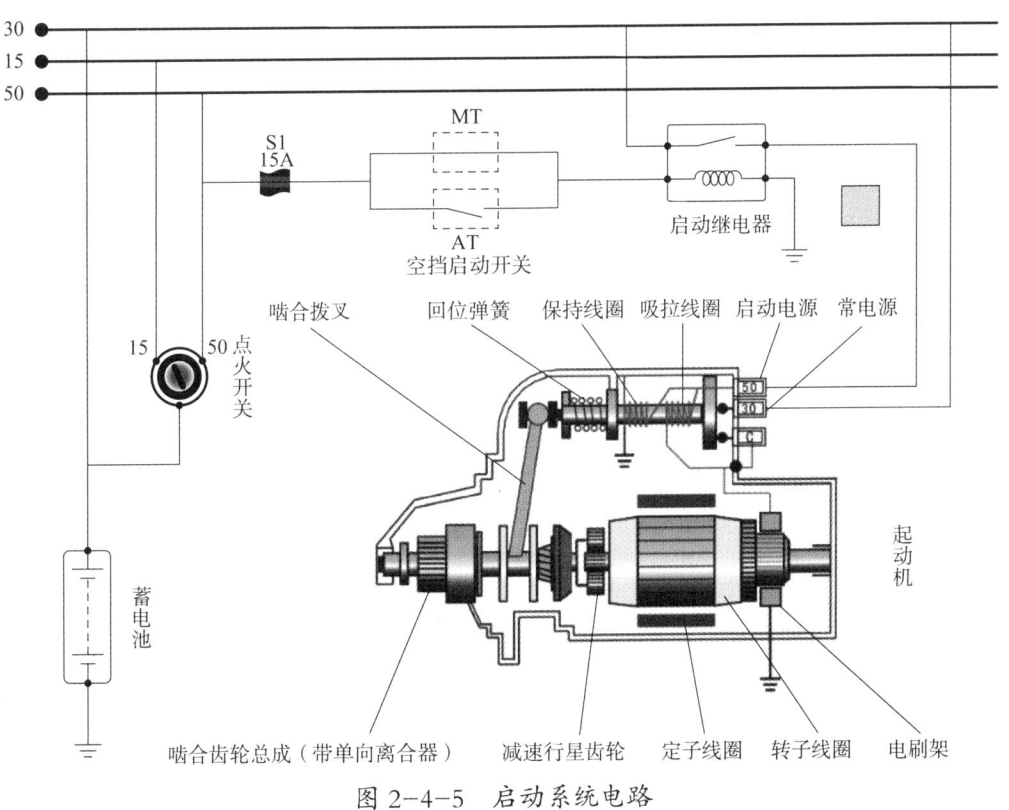

图 2-4-5　启动系统电路

4. 主要元件的作用及工作原理

（1）电磁开关

1）作用：控制起动机驱动齿轮与发动机飞轮啮合、控制起动机主电路（电流为 200~600 A）的导通。

2）组成：由吸拉线圈、保持线圈、接触盘、接线端子等组成。

3）工作原理：接通启动开关时，吸拉线圈电流经起动机励磁绕组和电枢绕组搭铁，保持线圈直接搭铁。此时两线圈并联，产生同向电磁力，吸引动铁芯左移，通过拨叉将驱动齿轮推向飞轮。同时通过电枢中的较小电流使电枢轴缓慢旋转，从而有利于啮合。

当驱动齿轮与飞轮齿圈完全啮合时，推杆上的接触盘将电动机开关的两个触点接通，吸拉线圈短路，保持线圈保持触点接通状态，强大的启动电流通过励磁绕组和电枢绕组使电动机快速转动。

发动机启动后（启动开关释放），启动开关到保持线圈的电路被切断，保持线圈电流经触点及吸拉线圈形成回路，这时两线圈串联，产生的电磁力方向相反，相互抵消。在回位弹簧作用下，铁芯返回原位，触点断开，起动机因断电而停转，同时驱动齿轮退回。

（2）直流电动机

1）作用：产生电磁转矩，一般为直流串励式。

2）组成：由电枢（转子）、磁极（定子）、换向器及电刷组件等组成。

3）工作原理：当直流电源通过电刷向电枢绕组供电时，电枢表面的 N 极下的导体可以流过相同方向的电流，根据左手定则，导体将受到逆时针方向的力矩作用；电枢表面 S 极下的导体也流过相同方向的电流，同样根据左手定则，导体也将受到逆时针方向的力矩作用。这样，整个电枢绕组即转子将按逆时针方向旋转，输入的直流电能就转换成转子轴上输出的机械能。

（3）传动装置

1）作用：启动时，啮合传动；启动后，打滑脱开。

2）组成：由拨叉、单向离合器、减速机构、驱动齿轮等组成。

3）工作原理：启动时，在电磁开关铁芯吸力的作用下，拨叉推动驱动齿轮与飞轮的起动齿圈啮合。当发动机启动后，飞轮齿圈转速高于驱动齿轮，单向离合器使驱动齿轮打滑空转，并与飞轮脱离。

5. 故障现象

将点火开关打到 ST 挡时，起动机不转。

6. 故障原因

（1）点火开关故障。

（2）熔断器损坏。

（3）起动机继电器故障。

（4）搭铁不良。

（5）空挡开关故障。

（6）线路断路或者松脱。

（7）电磁开关故障。

（8）直流电机故障。

7. 故障诊断与排除流程

故障诊断与排除流程如图 2-4-6 所示。

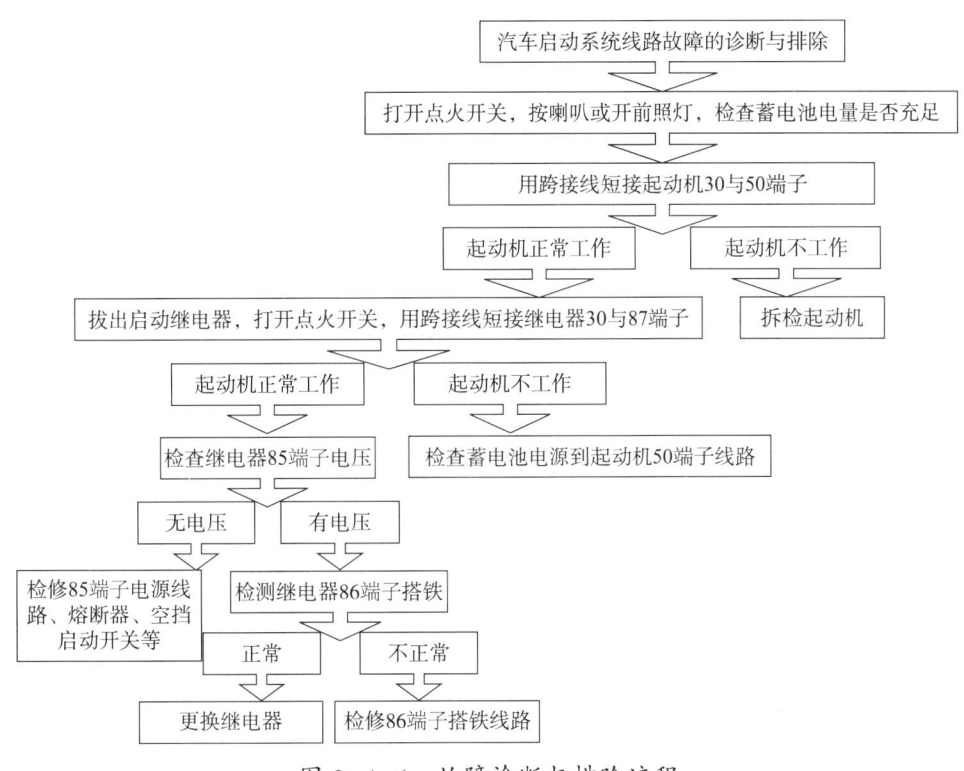

图 2-4-6　故障诊断与排除流程

训练任务 4　液压操纵式离合器分离不彻底故障诊断与排除

1. 设备及设施准备

序号	名称	规格	单位	数量	备注
1	液压操纵式离合器实训台架或实车		台	1	
2	工具箱		个	1	
3	套筒扳手		套	1	
4	梅花扳手		套	1	
5	开口扳手		套	1	
6	制动液		杯	1	

2. 考核项目明细

序号	作业项目	考核内容及要求	配分	评分标准
1	劳动用品穿戴	劳动用品穿戴齐全	5	穿戴不全不得分
2	选用工具、量具、材料	选用工具、量具、材料齐全、准确	5	缺一件扣 1 分，选错一件扣 1 分，扣完为止
3	分离不彻底的故障原因（考生填写）	分离不彻底的故障原因	40	故障原因填写不全面扣 20 分 故障原因填写不正确扣 40 分

续表

序号	作业项目	考核内容及要求	配分	评分标准
4	故障排除（实际操作）	故障排除	34	故障未排除扣34分
5	使用工具、用具	工具、用具使用正确	5	一种工具、用具使用不正确扣2分，扣完为止
				损坏、丢失任意一件工具、用具不得分
6	操作规程	操作规程执行情况	5	违反操作规程不得分
7	清理现场	清理、擦洗并回收工具、用具	6	少收一件工具、用具扣1分，扣完为止
	分数总计		100	

3. 结构

液压操纵式离合器的结构如图2-4-7所示。

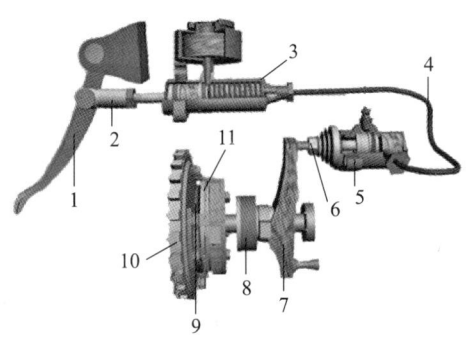

图2-4-7 液压操纵式离合器的结构

1—离合器踏板 2—总泵推杆 3—主缸（总泵） 4—油管 5—工作缸（分泵） 6—分泵推杆
7—分离叉 8—分离轴承 9—离合器 10—飞轮 11—压盘

4. 工作原理

踩下离合器踏板时，通过离合器总泵推杆使活塞向右移动，当皮碗将补偿孔关闭后，管路中油液受压，压力升高。在油压作用下，分泵活塞被推向右移，分泵推杆推动分离叉，从而带动分离轴承，使离合器分离。

松开离合器踏板时，踏板通过总泵推杆作用在总泵活塞的力消除，活塞较快左移，系统油压下降，分泵活塞复位，分离轴承复位，作用在离合器膜片弹簧的力消除，离合器处于接合状态（传动动力），如图2-4-8所示。

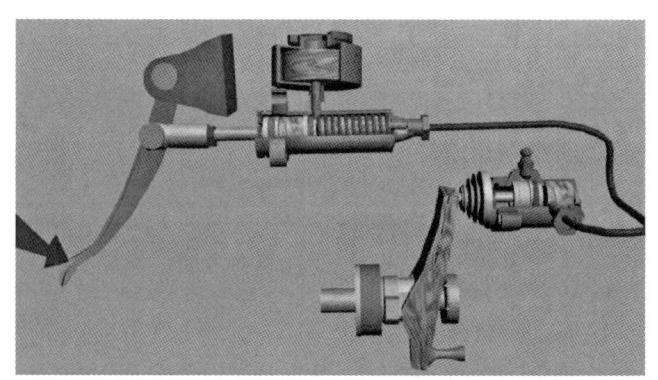

图2-4-8 液压操纵式离合器工作原理

5. 故障现象

（1）离合器踏板踏到底，从动盘与主动盘没有完全分离，离合器处于半接合半分离状态。

（2）汽车起步时，离合器踏板已踏到底，但挂挡困难，放松离合器踏板起步，发动机容易熄火。

6. 故障原因

（1）离合器踏板自由行程过大。

（2）分离杠杆（膜片弹簧）变形。

（3）从动盘翘曲，铆钉松脱或摩擦片开裂，减振弹簧脱落。

（4）压盘变形。

（5）从动盘移动不灵活。

（6）离合器操纵系统漏油、渗入空气、总泵或分泵工作不良。

（7）变速器固定螺钉松动。

7. 故障诊断流程（见图 2-4-9）

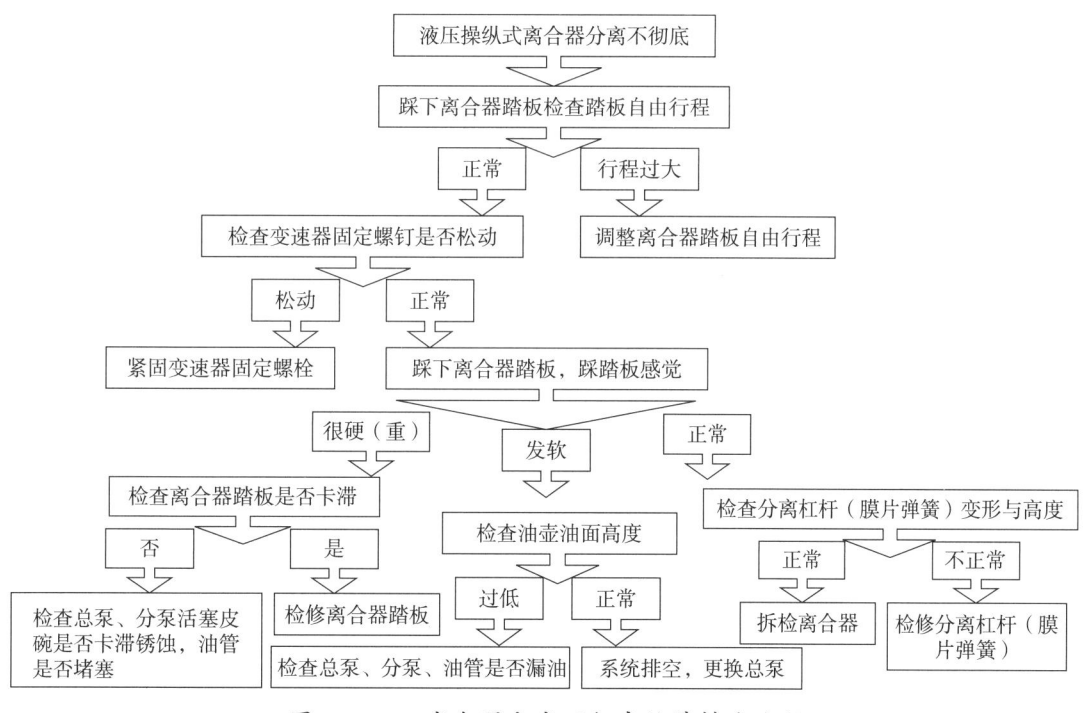

图 2-4-9　离合器分离不彻底故障排除流程

8. 离合器踏板高度与自由行程调整（以卡罗拉轿车为例）

（1）**测量离合器踏板高度：** 离合器踏板完全放松，用直尺测量踏板至驾驶室地板高度（卡罗拉轿车踏板高度为 143.6~153.6 mm），如图 2-4-10 所示。

（2）**调整离合器踏板高度**：拧松锁紧螺母 a，如图 2-4-10 所示，转动踏板高度调整螺钉，使踏板高度达到规定值，然后锁死锁紧螺母即可。

（3）**测量离合器踏板自由行程**：踏板处于自由状态时，踩下离合器踏板直至开始感觉到离合器阻力，此时离合器踏板所经过的行程为离合器踏板自由行程，如图 2-4-11 所示（卡罗拉轿车离合器踏板自由行程为 5～15 mm）。轻轻踩下离合器踏板直到阻力开始略微增加，此时离合器踏板所经过的行程为离合器踏板推杆行程，如图 2-4-11 所示（卡罗拉轿车离合器踏板推杆行程为 1～5 mm）。

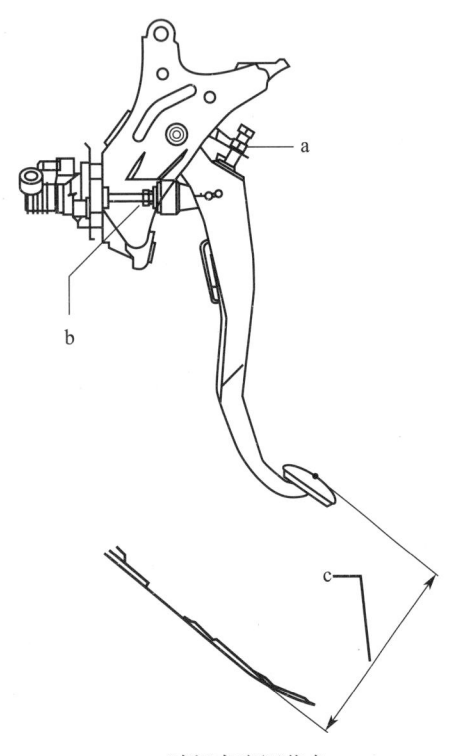

a—踏板高度调节点
b—推杆行程和自由行程调节点
c—踏板高度

图 2-4-10　离合器踏板高度检查

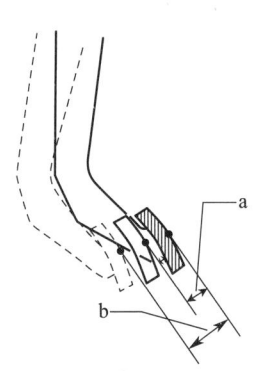

a—推杆行程
b—离合器踏板自由行程

图 2-4-11　离合器踏板自由行程

（4）**离合器踏板自由行程调整**：松开离合器主缸推杆 U 形夹锁紧螺母 b，如图 2-4-10 所示，转动推杆，直至获得正确的自由行程后，紧固离合器主缸推杆 U 形夹锁紧螺母。

9. 离合器液压系统中空气的排放

步骤 1：将塑料软管接在放气阀上，另一接口接到干净的容器内，以备制动液的回收。

步骤 2：将储液器中的制动液加到规定高度或稍高一些，在排除空气时要时常注意储液器液面高度。

步骤 3：排空气时需两人配合进行工作，一人慢慢踩动离合器踏板数次，当有阻力时踩住踏板不动，另一个人旋松排气阀让制动液流出，然后再拧紧，重复上述动作，直到排出的制动液中无气泡为止。

步骤 4：排气完毕后，拧紧放气阀，取下软管，然后再对离合器踏板自由行程进行调整。

项目 5　新能源汽车技术

训练任务 1　简述新能源汽车的类型

1. 设备及设施准备

名称	规格	单位	数量	备注
签字笔		支	1	

2. 考核项目明细

序号	作业项目	考核内容及要求	配分	评分标准
1	简述新能源汽车动力的分类	混合动力汽车（HEV）相关知识	20	未描述扣 20 分
2		纯电动汽车（BEV，包括太阳能汽车）相关知识	20	未描述扣 20 分
3		氢能源动力汽车相关知识	20	未描述扣 20 分
4		燃料电池电动汽车相关知识	20	未描述扣 20 分
5		其他新能源（如超级电容器、飞轮等）汽车相关知识	20	未描述扣 20 分
		分数总计	100	

3. 新能源汽车的类型简述（关键词——混动、电动、氢能源、燃料电池及其他）

答：新能源汽车的主要类型有：

（1）混合动力汽车（HEV）。
（2）纯电动汽车（BEV）。
（3）氢能源动力汽车。
（4）燃料电池电动汽车。
（5）其他新能源（如超级电容器、飞轮等）。

4. 详解

（1）**混合动力汽车（HEV）**：通常所说的混合动力汽车一般是指油电混合动力汽车（Hybrid Electric Vehicle，HEV），即采用传统的内燃机（柴油机或汽油机）和电动机作为动力源，也有的发动机经过改造使用其他替代燃料，如压缩天然气、丙烷和乙醇燃料等。

混合动力汽车采用内燃机和电动机作为混合动力源，它既有燃料发动机动力性好、反应快和工作时间长的优点，又有电动机无污染和低噪声的优点，达到了发动机和电动机的最佳匹配。

主要车型：丰田 CAMRY、LEVIN 的 Hybrid 系列、比亚迪秦等。

（2）**纯电动汽车（BEV）**：纯电动汽车（Battery Electric Vehicle，BEV）是完全由可充电池（如铅酸电池、镍镉电池、镍氢电池或锂离子电池）提供动力源的汽车。

纯电动汽车无内燃机汽车工作时产生的废气，不产生排气污染，对环境保护和空气的洁净是十分有益的，几乎是"零污染"。由于使用单一的电能，电控系统相比混合电动车大为简化，降低了成本。

（3）**氢能源动力汽车**：氢能源动力汽车是以氢发动机为动力源的汽车。一般发动机使用的燃料是柴油或汽油，氢发动机使用的燃料是气体氢。氢发动机汽车是一种真正实现零排放的交通工具，排放出的是纯净水，具有无污染、零排放、燃料储量丰富等优势。

（4）**燃料电池电动汽车**：燃料电池电动汽车（Fuel Cell Electric Vehicle，FCEV）是利用氢气和空气中的氧在催化剂的作用下，在燃料电池中经电化学反应产生的电能作为主要动力源的汽车。燃料电池电动汽车实质上是纯电动汽车的一种，主要区别在于动力电池的工作原理不同。一般来说，燃料电池是通过电化学反应将化学能转化为电能，电化学反应所需的还原剂一般采用氢气，氧化剂则采用氧气，因此，最早开发的燃料电池电动汽车多是直接采用氢燃料，氢气的储存可采用液化氢、压缩氢气或金属氢化物储氢等形式。

（5）**其他新能源（如超级电容器、飞轮等）汽车**：包括使用超级电容器、飞轮等高效储能器的汽车。超级电容器汽车具有充电时间短、功率密度大、容量大、使用寿命长、免维护、经济环保等优点，但又有能量密度低，很难满足整车需求，功率输出随着行驶里程加长而衰减等缺点。

训练任务 2 简述新能源汽车动力传递方式

1. 设备及设施准备

名称	规格	单位	数量	备注
签字笔		支	1	

2. 考核项目明细

序号	作业项目	考核内容及要求	配分	评分标准
1	简述新能源汽车动力传递方式	串联式混合动力传递	30	未描述扣 30 分
2		并联式混合动力传递	30	未描述扣 30 分
3		混联式混合动力传递	40	未描述扣 40 分
	分数总计		100	

3. 新能源汽车动力传递方式简述（关键词——串联、并联、混联）

新能源汽车的动力传递方式主要类型有：

（1）串联式混合动力传递。

（2）并联式混合动力传递。

（3）混联式混合动力传递。

4. 详解

（1）串联式混合动力汽车（SHEV）主要由发动机、发电机、驱动电机等三大动力总成用串联方式组成了 HEV 的动力系统，如图 2-5-1 所示。

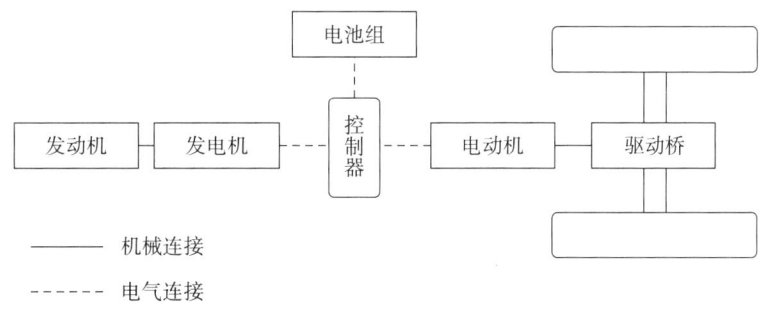

图 2-5-1　串联式混合动力汽车的动力传递系统结构

发动机驱动发电机发电，电能通过控制器输送到电池或电动机，由电动机通过变速机构驱动汽车。小负荷时由电池驱动电动机驱动车轮，大负荷时由发动机带动发电机发电驱动电动机。当车辆处于启动、加速、爬坡工况时，发动机、电动机组和电池组共同向电动机提供电能；当电动车处于低速、滑行、怠速的工况时，则由电池组驱动电动机，当电池组缺电时则由发动机—发电机组向电池组充电。串联式结构适用于城市内频繁起步和低速运行工况，可以将发动机调整在最佳工况点附近稳定运转，通过调整电池和电动机的输出来达到调整车速的目的。使发动机避免了怠速和低速运转的工况，从而提高了发动机的效率，减少了废气排放。但是它的缺点是能量几经转换，机械效率较低。

（2）并联式混合动力汽车（PHEV）的发动机和发电机都是动力总成，两大动力总成的功率可以互相叠加输出，也可以单独输出，如图 2-5-2 所示。

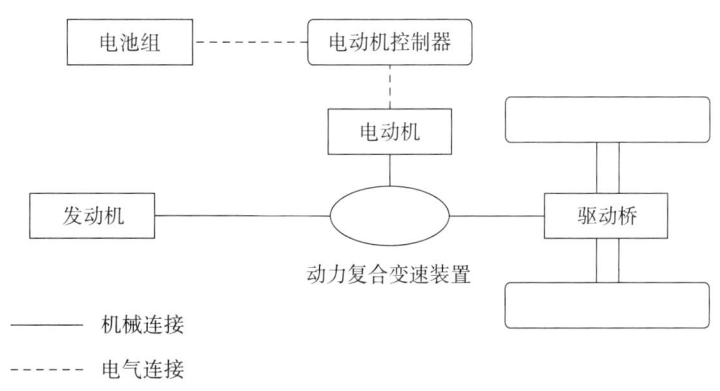

图 2-5-2　并联式混合动力汽车的动力传递系统结构

并联式装置的发动机和电动机共同驱动汽车，发动机与电动机分属两套系统，可以分别独立地向汽车传动系统提供扭矩，在不同的路面上既可以共同驱动又可以单独驱动。当汽车加速爬坡时，电动机和发动机能够同时向传动机构提供动力,一旦汽车车速达到巡航速度,汽车将仅仅依靠发动机维持该速度。电动机既可以作电动机又可以作发电机使用,故称为电动—发电机组。由于没有单独的发电机,发动机可以直接通过传动机构驱动车轮,这种装置更接近传统的汽车驱动系统,机械效率损耗与普通汽车差不多,得到了比较广泛的应用。

（3）混联式混合动力汽车（PSHEV）的动力系统综合了串联式和并联式的结构,主要由发动机、电动—发电机和驱动电机三大动力总成组成。如图 2-5-3 所示。

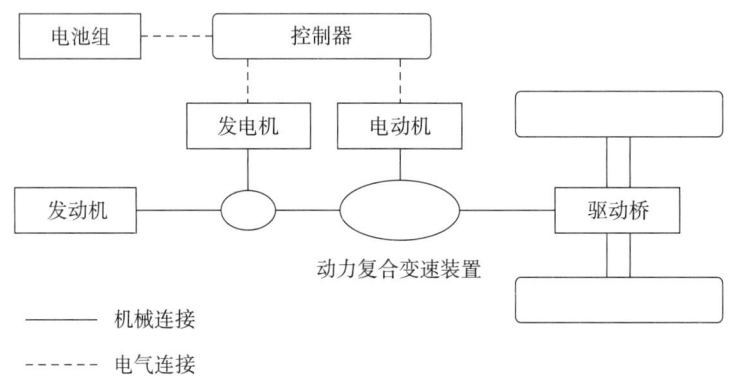

图 2-5-3　混联式混合动力汽车的动力传递系统结构

混联式装置同时具有串联式和并联式的特点。动力系统包括发动机、发电机和电动机,根据助力装置的不同,又可分为以发动机为主和以电机为主两种形式。以发动机为主的形式中,发动机作为主动力源,电机为辅助动力源;以电机为主的形式中,发动机作为辅助动力源,电机为主动力源。该结构的优点是控制方便,缺点是结构比较复杂。

训练任务 3　简述纯电动汽车的结构

1. 设备及设施准备

名称	规格	单位	数量	备注
签字笔		支	1	

2. 考核项目明细

序号	作业项目	考核内容及要求	配分	评分标准
1	电力驱动系统	控制单元	10	未描述扣 10 分
		驱动控制器	10	未描述扣 10 分
		电动机	10	未描述扣 10 分
		机械传动装置和车轮等	15	未描述扣 15 分
2	电源系统	蓄电池电源	10	未描述扣 10 分
		能量管理系统和充电控制器	15	未描述扣 15 分

续表

序号	作业项目	考核内容及要求	配分	评分标准
3	辅助系统	辅助电源（辅助电源和DC/DC功率转换器）	10	未描述扣10分
		动力转向系统	10	未描述扣10分
		驾驶室显示操作台和辅助装置	10	未描述扣10分
		分数总计	100	

3. 纯电动汽车的结构简述（见图2-5-4）

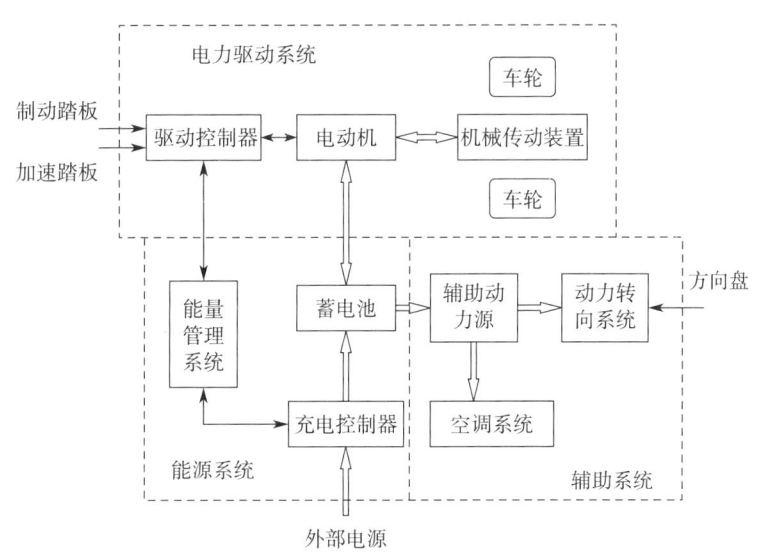

图2-5-4 纯电动汽车结构组成

4. 详解

电动汽车主要由电力驱动系统、电源系统和辅助系统等三部分组成。

（1）**电力驱动系统**：主要包括电子控制器、功率转换器、电动机、机械传动装置和车轮等。它的功用是将存储在蓄电池中的电能高效地转化为车轮的动能，并能够在汽车减速制动时，将车轮的动能转化为电能充入蓄电池。

电子控制器包括电动机驱动器、控制器及各种传感器，其中最关键的是电动机逆变器。

电动机的型号和规格不同，控制器也有所不同。控制器将蓄电池直流电逆变成交流电后驱动交流电动机，电动机输出的转矩经传动系统驱动车轮，使电动汽车行驶。

（2）**电源系统**：包括电源、能量管理系统和充电机等。它的功用是向电动机提供驱动电能、监测电源使用情况以及控制充电机向蓄电池充电。

纯电动汽车的常用电源有铅酸电池、镍镉电池、镍氢电池、锂离子电池等。

纯电动汽车电池管理系统的主要功用是对电动汽车用电池单体及整组进行实时监控、充放电、巡检、温度监测等。

（3）**辅助系统**：包括辅助电源和DC/DC功率转换器、动力转向系统、仪表显示及操控装置等。

辅助电源一般为12 V或24 V的低压直流电源，它主要给动力转向单元，制动力调节控制、照明、空调、电动窗门、导航系统、刮水器、收音机以及除霜装置等各种辅助装置提供所需的能源。

DC/DC 功率转换器指将动力电池的高压直流电转换为辅助电源 12 V 或 24 V 低压直流电的装置。

纯电动车各重要组成部分之间的结构关系如图 2-5-5 所示。

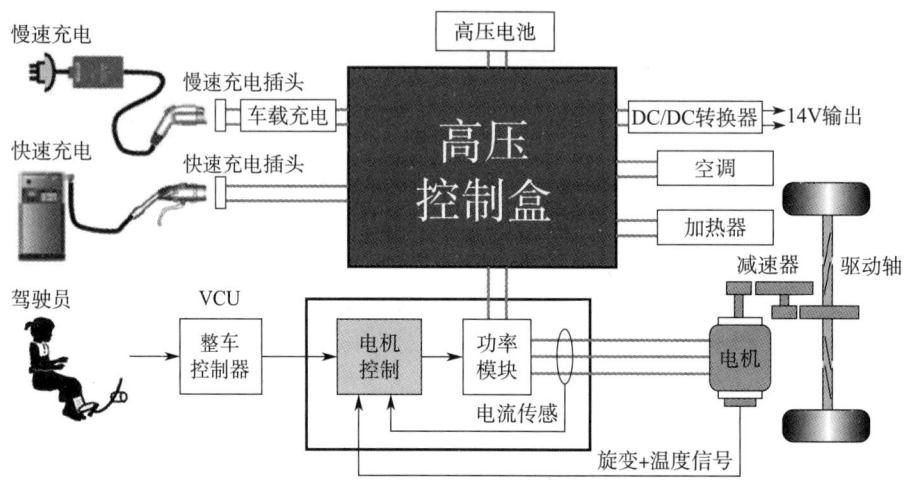

图 2-5-5　纯电动汽车结构关系

第三部分

理论知识模拟试题

汽车维修工中级理论知识模拟试题 1

一、单项选择题（第 1 题～第 160 题。选择一个正确的答案，将相应的字母填入题内的括号中。每题 0.5 分，满分 80 分。）

1. 汽车前照灯左右近光电路中，正确者为（　　）。
A. 左右近光灯泡的总电阻只有左侧的一半
B. 左右近光灯泡的总电阻是左侧和右侧之和
C. 左右近光灯泡的总电阻与右侧相等
D. 左右近光灯泡的总电阻只有左侧的 1/4 与右侧的 1/4 之和

2. 汽车左转时，由于差速器的作用，左右两侧驱动轮转速不同，那么转矩的分配是（　　）。
A. 左轮大于右轮　　B. 右轮大于左轮
C. 左、右轮相等　　D. 右轮为零

3. 使用指针式测量前束，要求将前束尺安装前轴后面两车轮（　　）的中心位置。
A. 左侧　　　　　　B. 右侧
C. 内侧　　　　　　D. 外侧

4. 转向盘（　　）转动量是指将转向盘从一极限位置转到另一极限位置，转向盘所转过的角度。
A. 最小　　　　　　B. 自由
C. 最大　　　　　　D. 极限

5. 转向盘（　　）转动量是指将转向盘转动而车轮不随之摆动这一过程转向盘所转过的角度。
A. 最小　　　　　　B. 自由
C. 最大　　　　　　D. 极限

6. 汽车上使用的三线圈电磁式燃油表，当点火钥匙被取下后，燃油表指针应停留在（　　）位置。
A. 最后一时刻位置　　B. E 位
C. H 位　　　　　　D. 任意

7. 废气涡轮与压气机通常装成一体，称为（　　）。
A. 组合式涡轮增压器
B. 复合式废气涡轮增压器
C. 机械式涡轮增压器
D. 废气涡轮增压器

8. 汽车点火开关未接通时，水温表指示停在左边刻度 100℃ 外面，点火开关接通后，指针立即从 100℃ 向 40℃ 移动，发动机启动后，随着水温增高，指针又慢慢从 40℃ 向接近 100℃ 的方向移动，表明（　　）。
A. 总火线有断路处
B. 感温塞故障
C. 水温表电路有断路处
D. 水温表状况良好

9. 汽车使用的电磁式水温表，其指针一直处于低温区，原因没有（　　）。
A. 总火线有断路处
B. 水温传感器损坏
C. 水温表至水温传感器的电路有断路
D. 水温表中有一线圈断路

10. （　　）不是液压制动系统卡死的原因。
A. 总泵皮碗、密封胶圈老化、发胀或翻转
B. 制动蹄摩擦片与制动鼓间隙过小
C. 总泵旁通孔或回油孔堵塞
D. 制动管路凹瘪或老化、堵塞

11. 发动机运转时，各运动零件的工作条件不同，所要求的润滑强度也不同，因而要采取不同的润滑方式，常用的润滑方式有（　　）、飞溅润滑、脂润滑。
A. 综合润滑　　　　B. 压力润滑
C. 局部润滑　　　　D. 喷射润滑

12. 与传统化油器发动机相比，装有电控燃油喷射系统的发动机（　　）性能得以提高。
A. 综合　　　　　　B. 有效
C. 调速　　　　　　D. 负荷

13. 曲轴箱通风的方式有（　　）和强制通风。
A. 自然通风　　　　B. 增压通风
C. 机械通风　　　　D. 辅助通风

14. 民事法律中，（　　）是合同的主体。
A. 自然人　　　　　B. 法人
C. 其他组织　　　　D. 以上选项均正确

15. 鼓式制动器可分为非平衡式、平衡式和（　　）。
A. 自动增力式　　　B. 单向助势
C. 双向助势　　　　D. 双向自动增力式

16.（　　）的作用是检测自动变速器油温度。
A. 自动变速器油温传感器
B. 空挡开关
C. 车速传感器
D. 输入轴转速传感器

17. 办事公道是指从业人员在进行职业活动时要做到（　　）。
A. 追求真理，坚持原则
B. 奉献社会，助人为乐
C. 公私分开，实事求是
D. 有求必应，服务热情

18. 电子控制安全气囊系统采用的碰撞传感器按功用可分为（　　）传感器和防护碰撞传感器两大类。
A. 撞击传感器
B. 碰撞烈度（激烈程度）
C. 重量
D. 距离

19. 更换动力电池箱散热风扇后，以下操作符合规范的是（　　）。
A. 装上蓄电池负极电缆，试车
B. 装上蓄电池负极电缆，清除故障码
C. 清除故障码、对模块进行设置、编程和试车
D. 清除故障码，用万用表进行性能测试

20. 属于曲轴轴承螺纹损伤的原因是（　　）。
A. 装配时螺栓没有拧正
B. 异物碰撞
C. 工具使用不当
D. 螺栓重复使用

21. 属于凸轮轴轴承螺纹损伤的原因是（　　）。
A. 装配时螺栓没有拧正
B. 异物碰撞
C. 工具使用不当
D. 螺栓重复使用

22. 液压制动系统在（　　）之前，一定要排气。
A. 装车　　　　　　B. 检修
C. 修理后　　　　　D. 装配

23. （　　）的作用是将定子绕组产生的三相交流电变为直流电。
A. 转子总成　　　　B. 硅二极管
C. 整流器　　　　　D. 电刷

24. （　　）可导致发电机异响。

A. 转子与定子之间碰擦
B. 碳刷过短
C. 定子短路
D. 转子短路

25. （　　）的作用是增大转向盘传到转向轮上的转向力矩，并改变力的传递方向。
A. 转向万向节　　　B. 转向传动轴
C. 转向横拉杆　　　D. 转向器

26. （　　）不是转向沉重的原因。
A. 转向梯形横、直拉杆球头配合间隙过小
B. 转向器转向轴弯曲或管柱凹瘪相互摩擦
C. 前轮前束过大或过小
D. 转向器摇臂与衬套间隙过小

27. 挂车上的车桥都是（　　）。
A. 转向桥　　　　　B. 驱动桥
C. 转向驱动桥　　　D. 支持桥

28. 转向操纵机构由转向盘、转向轴、（　　）、转向传动轴等组成。
A. 转向拉杆　　　　B. 转向节臂
C. 转向万向节　　　D. 梯形臂

29. 转向时通过转向操纵机构最终使装在左、右（　　）上的两车轮同时偏转，实现汽车转向。
A. 转向拉杆　　　　B. 转向器
C. 转向节　　　　　D. 梯形臂

30. 属于汽车底盘一级维护作业内容的是（　　）。
A. 转向角检查
B. 变速器滑润油质量
C. 检查备胎
D. 检查减振器性能

31. 汽车转向器一级维护的内容主要有检查转向器，转向传动机构的工作状态和（　　），并校紧各螺栓。
A. 转向横拉杆　　　B. 转向传动轴
C. 密封性　　　　　D. 转向盘

32. 汽车左右侧轮胎气压不一致不会导致（　　）。
A. 转向沉重　　　　B. 车身倾斜
C. 轮胎磨损　　　　D. 制动跑偏

33. 电控汽油喷射发动机怠速不稳是指发动机在怠速运转时（　　）。
A. 转速过高　　　　B. 转速过低
C. 忽高忽低　　　　D. 突然熄火

34. 配气相位是指用发动机曲轴的（　　）表示进、

排气门实际关闭的时刻和开启的持续时间。
A. 转速　　　　　　　B. 转角
C. 圈数　　　　　　　D. 位置

35. 起动机在做全制动试验时，除测试电流、电压外，还应测试（　　）。
A. 转速　　　　　　　B. 转矩
C. 功率　　　　　　　D. 电阻值

36. 采用分体顶置式空调装置的大客车，其空调压缩机由（　　）驱动。
A. 专门空调发动机
B. 液压马达
C. 专门空调发动机或行驶发动机
D. 电动机

37. 装备气压制动系统的汽车气压不足报警灯报警开关安装在（　　）上。
A. 贮气筒　　　　　　B. 制动踏板
C. 制动气室　　　　　D. 制动器

38. 空气液压制动传动装置分为（　　）两种。
A. 助力式和增力式　　B. 增压式和助力式
C. 增压式和增力式　　D. 助压式和助力式

39. 发动机机油压力低是由于（　　）。
A. 主油道调压阀内柱塞阀不能打开
B. 曲轴各轴承磨损超限
C. 机油黏度过大
D. 主油道调压阀内弹簧压紧力过大

40. （　　）用于控制油路，使自动变速器油只能朝一个方向流动。
A. 主调节阀　　　　　B. 手动阀
C. 换向阀　　　　　　D. 单向阀

41. 双回路液压制动系统中任一回路失效，此时（　　）。
A. 主腔不能工作　　　B. 踏板行程减小
C. 踏板行程不变　　　D. 制动效能降低

42. （　　）导致所有电动车窗都不能升降。
A. 主开关故障
B. 前乘客侧开关故障
C. 左后乘客侧开关故障
D. 右后乘客侧开关故障

43. 关于起动机不能与飞轮结合的故障，其原因主要在（　　）部分。
A. 主回路接触盘　　　B. 起动机的定子
C. 起动机的转子　　　D. 起动机的电刷

44. 液压制动的汽车连续踏几次制动踏板后，踏板能升高但踏制动踏板感觉有弹性，则是由于（　　）。
A. 主缸皮碗破坏、顶翻
B. 液压系统有空气或制动液汽化
C. 液压系统有渗漏
D. 制动液牌号不对

45. 制动时，液压制动系统中制动主缸与制动轮缸的油压是（　　）。
A. 主缸高于轮缸　　　B. 主缸低于轮缸
C. 轮缸主缸相同　　　D. 不确定

46. 单级主减速器（　　）齿轮安装在差速器壳上。
A. 主动锥　　　　　　B. 从动锥
C. 行星　　　　　　　D. 半轴

47. 凸轮轴的弯曲变形是以凸轮轴中间轴颈对两端轴颈的（　　）误差来衡量。
A. 轴向圆跳动　　　　B. 径向圆跳动
C. 端面圆跳动　　　　D. 以上选项均不正确

48. 汽车行驶时，变换车速，如出现"咔啦、咔啦"的撞击声，多半是（　　）。
A. 轴承磨损松旷
B. 传动轴排列破坏
C. 螺栓松动
D. 万向节轴承壳压得过紧

49. 进行连杆轴承间隙检查时，用手（　　）向推动连杆，应无间隙感觉。
A. 轴　　　　　　　　B. 径
C. 侧　　　　　　　　D. 前后

50. 检查连杆轴承间隙时，在轴承表面上涂以清洁的机油，将轴承装在连杆轴颈上，按规定拧紧螺母，将连杆放平，以杆身的重量徐徐下垂，用手握住连杆小端，沿（　　）向扳动时应无松旷感。
A. 轴　　　　　　　　B. 径
C. 前后　　　　　　　D. 水平

51. 用质量为 0.25 kg 的锤子沿曲轴（　　）向轻轻敲击连杆，连杆能沿轴向移动，且连杆大头两端与曲柄的间隙为 0.17～0.35 mm。
A. 轴　　　　　　　　B. 径
C. 侧　　　　　　　　D. 前后

52. 职业道德是事业成功的（　　）。
A. 重要保证　　　　　B. 最终结果
C. 必要条件　　　　　D. 显著标志

53. 职工对企业诚实守信应该做到的是（　　）。
A. 忠诚所属企业，无论何种情况都始终把企业利益放在第一位
B. 维护企业信誉，树立质量意识和服务意识
C. 保守企业秘密，不对外谈论企业之事
D. 完成本职工作即可，谋划企业发展由有见识的人来做

54. 汽油车检测排放时，发动机应处于（　　）状态。
A. 中速　　　　　　　B. 低速
C. 怠速　　　　　　　D. 加速

55. 汽车起步或行驶中，始终有明显的异响并伴有振抖，说明（　　）松旷。
A. 中间支架固定螺栓　　B. 万向节十字轴
C. 连接螺栓　　　　　　D. 万向节十字轴轴承

56. 造成汽车空调压缩机频繁动作的最主要原因是（　　）。
A. 制冷剂过少
B. 气温传感器安装位置蒸发器较远
C. 冷凝器风扇频繁运转
D. 温度设定值过高

57. 空调系统低压和高压侧压力均偏低，从储液干燥器到空调压缩机间的管路都结霜，可能的故障原因是（　　）。
A. 制冷剂过量　　　　B. 制冷剂不足
C. 制冷剂循环不良　　D. 系统泄漏

58. 汽车空调系统中，过热开关在系统处于（　　）的状态下闭合，使压缩机停止转动。
A. 制冷剂过量　　　　B. 制冷剂过少
C. 制冷剂中混有空气　D. 润滑机油过量

59. （　　）是气压制动跑偏的原因。
A. 制动总泵、制动踏板行程调整不当
B. 空气压缩机传动带打滑
C. 制动阀调整不当
D. 两前轮轮胎气压不一致

60. 车用液压制动系统中控制制动蹄的液压元件是（　　）。
A. 制动总泵　　　　　B. 制动分泵
C. 制动踏板　　　　　D. 推杆

61. 液压制动的汽车连续踏几次制动踏板，始终到底且无力是因为（　　）。
A. 制动主缸皮碗损坏、顶翻
B. 制动蹄片和制动鼓间隙过大
C. 制动系统渗入空气或制动液汽化
D. 制动液牌号不对

62. 导致汽车液压制动不良的是（　　）。
A. 制动主缸回油阀密封不良
B. 制动主缸出油阀弹簧过软
C. 制动主缸旁通孔堵塞
D. 制动踏板自由行程过小

63. 汽车上的安全系统有主动安全系统和被动安全系统，（　　）为主动安全系统。
A. 制动系统　　　　　B. 安全气囊系统
C. 巡航系统　　　　　D. 发动机系统

64. 制动踏板轴卡滞会导致汽车（　　）。
A. 制动拖滞　　　　　B. 制动甩尾
C. 制动失效　　　　　D. 制动过迟

65. （　　）不是制动拖滞的原因。
A. 制动踏板轴卡滞
B. 两轮制动间隙不一致
C. 制动阀排气阀间隙过小或排气阀门橡胶老化、变形而堵塞排气口
D. 制动蹄回位弹簧折断或弹力不够

66. （　　）是制动拖滞的原因。
A. 制动踏板轴卡滞
B. 两后轮制动间隙不一致
C. 两后轮制动气室之一制动管路或接头漏气
D. 后桥悬架弹簧弹力不一致

67. 若车轮制动器工作不正常导致制动距离过长，应调整（　　）。
A. 制动踏板高度
B. 制动气室压力
C. 储气筒压力
D. 制动底板上的偏心支承

68. 制动蹄和制动鼓之间间隙过大，应调整（　　）。
A. 制动踏板高度
B. 制动气室压力
C. 储气筒压力
D. 制动底板上的偏心支承

69. 两前轮车轮制动器间隙不一致会导致汽车（　　）。
A. 制动失效　　　　　B. 制动跑偏
C. 制动过热　　　　　D. 轮胎异常磨损

70. 汽车制动解除时，若排气缓慢或不排气而造成全车制动鼓发热，应检查（　　）。

A. 制动气室　　　　　B. 制动蹄回位弹簧
C. 制动操纵机构　　　D. 储气筒

71. 汽车车架变形会导致汽车（　　）。
A. 制动跑偏　　　　　B. 行驶跑偏
C. 制动甩尾　　　　　D. 轮胎变形

72. （　　）不是气压正常，但气压制动系统制动失效的原因。
A. 制动排气阀卡滞，关闭不严
B. 制动软管、制动器室膜片破裂
C. 制动阀进气阀打不开
D. 空气压缩机传动带打滑

73. （　　）不是气压制动跑偏的原因。
A. 制动阀调整不当
B. 两前轮车轮制动器间隙不一致
C. 车架变形，前轴位移
D. 两前轮直径、花纹不一致

74. （　　）不是制动甩尾的原因。
A. 制动阀调整不当
B. 两后轮制动间隙不一致
C. 两后轮制动气室之一制动管路或接头漏气
D. 后桥悬架弹簧弹力不一致

75. （　　）是制动甩尾的原因。
A. 制动阀调整不当
B. 两前轮车轮制动器间隙不一致
C. 车架变形，前轴位移
D. 后桥悬架弹簧力不一致

76. 造成汽车气压制动拖滞故障的原因是（　　）。
A. 制动阀排气间隙过大
B. 车轮制动器回位弹簧折断或过软
C. 制动凸轮轴或制动蹄轴配合间隙过大
D. 气压过高

77. 关于汽车组合式尾灯的描述，正确的结论是（　　）。
A. 制动灯的功率要比示宽灯的小
B. 制动灯的功率要比转向灯的大
C. 制动灯的功率要比示宽灯的小
D. 转向灯的颜色为黄色

78. 液压制动泵的安装程序是：安装真空助力器、制动主缸、（　　）和制动踏板。
A. 制动传动装置　　　B. 拉杆
C. 制动分泵　　　　　D. 制动软管

79. 检测汽车发动机电控系统时，应选用（　　）万用表。
A. 指针式　　　　　　B. 数字式
C. 低阻抗数字式　　　D. 高阻抗数字式

80. 职业道德与人的事业的关系是（　　）。
A. 职业道德是人成功的充分条件
B. 没有职业道德的人不会获得成功
C. 事业成功的人往往具有较高的职业道德
D. 缺乏职业道德的人往往也有可能获得成功

81. 现代汽车多采用的起动机是（　　）。
A. 直接操纵式　　　　B. 惯性啮合式
C. 移动电枢啮合式　　D. 强制啮合式

82. 对于电动汽车的电气线束，检查方法基本上有（　　）。
A. 直观检查法　　　　B. 仪器设备检测法
C. 包括A、B两项　　　D. 以上选项均不正确

83. 检查制动鼓时，用（　　）测量，制动鼓内圆面的圆度误差不得超过规定值。
A. 直尺　　　　　　　B. 角尺
C. 弓形内径规　　　　D. 深度尺

84. 我国对违反《中华人民共和国产品质量法》的行为规定（　　）。
A. 只要违法就予以惩罚
B. 未对消费者造成损失的违法行为，也要予以惩罚
C. 采取追究民事责任、行政责任和刑事责任相结合的制裁方式
D. 以上选项均正确

85. 汽车转弯时，差速器中的行星齿轮（　　）。
A. 只公转　　　　　　B. 只自转
C. 既公转又自转　　　D. 既不公转又不自转

86. 由基尔霍夫第一定律可知：对于任何节点，流入的净电流为（　　）。
A. 正数　　　　　　　B. 负数
C. 零　　　　　　　　D. 不确定的数

87. （　　）不是正时齿轮异响的原因。
A. 正时齿轮间隙过小　B. 正时齿轮间隙过大
C. 正时齿轮磨损　　　D. 正时齿轮断齿

88. 安装正时皮带或正时链条及导链板，调整（　　）张紧轮或正时链条导链板张紧器到规定的程度。
A. 正时齿轮　　　　　B. 发电机皮带
C. 正时带　　　　　　D. 水泵皮带

89. 汽车涡轮增压器的正确使用方法是（　　）和

保持正常的润滑油系统机油压力。

A. 正确使用发动机燃油

B. 正确使用发动机机油

C. 正确使用变速器油

D. 正确使用齿轮油

90. 汽车涡轮增压器的正确使用方法是（　　）和发动机的正确熄火。

A. 正确的驾驶方法　　B. 发动机的正确保养

C. 发动机的正确预热　　D. 正确使用齿轮油

91. 汽车硅整流器发电机外壳有字母"N"接线柱，应与发电机的（　　）连接。

A. 正极　　　　　　　B. 负极

C. 定子三相的中性点　　D. 励磁线圈

92. （　　）的作用是发电机转速变化时，自动改变励磁电流的大小，使发电机输出电压保持不变。

A. 整流器　　　　　　B. 调节器

C. 蓄电池　　　　　　D. 电容器

93. 属于企业文化功能的是（　　）。

A. 整合功能　　　　　B. 技术培训动能

C. 科学研究功能　　　D. 社交功能

94. 充电完成后 2 h，测量电解液相对密度，若不符合要求，可用（　　）（过高时）或相对密度为 1.4 的稀硫酸（过低时）调整。

A. 蒸馏水　　　　　　B. 井水

C. 河水　　　　　　　D. 自来水

95. 电气设备一级维护作业内容包括检查蓄电池液面高度，一般补充（　　）。

A. 蒸馏水　　　　　　B. 水

C. 硫酸　　　　　　　D. 盐酸

96. 重型汽车的制动传动装置多采用（　　）。

A. 真空助力式液压装置

B. 空气增压装置

C. 真空增压式液压装置

D. 助力式液压装置

97. （　　）的助力源是压缩空气与大气的压力差。

A. 真空助力器　　　　B. 真空增压器

C. 空气增压器　　　　D. 空气助力器

98. 真空助力式液压制动传动装置，加力气室和控制阀组成一个整体，叫作（　　）。

A. 真空助力器　　　　B. 真空增压器

C. 空气增压器　　　　D. 空气助力器

99. 中高档轿车上已经广泛使用巡航控制系统，下列说法中正确的是（　　）。

A. 真空阀控制真空式巡航系统的真空度

B. 电动式巡航系统有真空泄放阀和真空输送阀

C. 真空式巡航系统有电磁离合器控制

D. 发动机节气门与巡航执行器间有拉索进行同步控制

100. 企业员工在生产经营活动中，不符合平等尊重要求的是（　　）。

A. 真诚相待，一视同仁

B. 互相借鉴，取长补短

C. 长幼有序，尊卑有别

D. 男女平等，友爱亲善

101. 检查、更换动力电池的电气线束，需要测量线束的绝缘等级，这时使用的测量仪是（　　）。

A. 兆欧表　　　　　　B. 万用表

C. 电阻表　　　　　　D. 电压表

102. 按时更换发动机冷却液，（　　）应每 6 个月更换一次。

A. 长效防锈防冻液　　B. 水

C. 普通冷却液　　　　D. 甘油型冷却液

103. 根据《汽车驱动桥维修技术条件》技术要求，驱动桥钢板弹簧座（　　）减少量不大于 2.0 mm。

A. 长度　　　　　　　B. 宽度

C. 厚度　　　　　　　D. 粗糙度

104. 主减速器的主要功用是（　　），并改变力的传动方向。

A. 增速增扭　　　　　B. 增速降扭

C. 降速降扭　　　　　D. 降速增扭

105. 职业道德对企业起到（　　）的作用。

A. 增强员工独立意识

B. 调和企业上级与员工关系

C. 使员工能规矩做事情

D. 增强企业凝聚力

106. 主减速器主、从动锥齿轮啮合印痕可通过（　　）来调整。

A. 增减主动锥齿轮前端调整垫片

B. 增减主动锥齿轮后端调整垫片

C. 增减从动锥齿轮前端调整垫片

D. 增减从动锥齿轮后端调整垫片

107. 汽车双丝前照灯在近光灯丝下方有金属反光板罩，其目的是（　　）。

A. 增加亮度

B. 增加透雾性
C. 防止会车时对方驾驶员产生炫目现象
D. 节约电能

108. 由于进气门（　　）和排气门（　　），就会出现有一段时间进、排气门同时开启的气门叠开现象。
A. 早开　早关　　　　B. 早开　晚关
C. 晚开　早关　　　　D. 晚关　早开

109. 空调与暖风机系统延时继电器的作用是（　　）。
A. 在发动机冷却液达到预定温度之前防止加热循环
B. 在发动机启动后转速稳定之前，延迟空调系统的启动
C. 在发动机冷却液达到预定温度之前防止制冷循环
D. 在发动机冷却液达到预定温度之前防止冷却水循环

110. 企业生产经营活动中，要求员工遵纪守法是（　　）。
A. 约束人的体现　　　B. 由经济活动决定的
C. 人为的规定　　　　D. 追求利益的体现

111. 采用氙气灯作为普通前照灯的光源时，氙灯可作为（　　）的光源。
A. 远光　　　　　　　B. 近光
C. 四灯式远光　　　　D. 远近光灯均可

112. 汽车在行驶中后桥出现连续的"嗷嗷"声响，车速加快声响也加大，滑行时稍有减弱，说明（　　）。
A. 主从动锥齿啮合间隙过小
B. 主从动锥齿啮合间隙过大
C. 主从动锥齿啮合轮齿折断
D. 半轴花键损坏

113. 汽车主减速器（　　）折断时，会导致汽车行驶中突然出现强烈而有节奏的金属敲击声。
A. 锥齿轮轮齿　　　　B. 行星齿轮齿
C. 半轴齿轮轮齿　　　D. 半轴花键

114. 发动机气缸径向磨损呈不规则的（　　）。
A. 圆形　　　　　　　B. 圆柱形
C. 圆锥形　　　　　　D. 椭圆形

115. 混合动力汽车发动机中，下列关于阿特金森循环的描述正确的是（　　）。
A. 与常规型汽油发动机相比，压缩比低
B. 压缩行程长而膨胀行程短
C. 与常规型汽油机相比，其排气损失低
D. 仅仅控制排气门正时

116. 为了促进企业的规范化发展，需要发挥企业文化的（　　）功能。
A. 娱乐　　　　　　　B. 主导
C. 决策　　　　　　　D. 自律

117. 汽油发动机启动困难的现象之一是（　　）。
A. 有着火征兆　　　　B. 无着火征兆
C. 不能启动　　　　　D. 顺利启动

118. 有内胎充气轮胎由于帘布层的结构不同可分为（　　）。
A. 有内胎轮胎和无内胎轮胎
B. 高压轮胎和低压轮胎
C. 子午线轮胎和普通斜交轮胎
D. 普通花纹轮胎和混合花纹轮胎

119. 充气轮胎按其结构组成可分为（　　）。
A. 有内胎轮胎和无内胎轮胎
B. 高压轮胎和低压轮胎
C. 子午线轮胎和普通斜交轮胎
D. 普通花纹轮胎和混合花纹轮胎

120. 合同是由当事人在（　　）基础上意思表达一致而成立的。
A. 有领导关系　　　　B. 有亲属关系
C. 平等　　　　　　　D. 对立

121. 变速器竣工验收时，应进行（　　）试验。
A. 有负荷　　　　　　B. 无负荷
C. 热磨合　　　　　　D. 无负荷和有负荷

122. 将220 V交流试灯接在点火线圈一次绕组两端的接线柱上，灯亮则表示（　　）故障。
A. 有断路　　　　　　B. 有搭铁
C. 无断路　　　　　　D. 有断路或搭铁

123. 用（　　）检测发动机凸轮轴凸轮的轮廓变化，来判断凸轮的磨损情况。
A. 游标卡尺　　　　　B. 百分表
C. 外径千分尺　　　　D. 标准样板

124. 发动机曲轴各轴颈的圆度和圆柱度误差一般用（　　）来测量。
A. 游标卡尺　　　　　B. 百分表
C. 外径千分尺　　　　D. 内径千分尺

125. 用（　　）测量工件时，读完数后需倒转微分套筒后再取出工件。
A. 游标卡尺　　　　　B. 百分表

C. 千分尺　　　　　　D. 千分表

126. 属于正常使用汽油罐的选项是（　　）。

A. 油液一定要灌到顶

B. 将汽油最好放在车间内

C. 搬运时不得翻转油罐

D. 为了便于通风不用油时要打开加油口

127. 液压传动靠（　　）来传递动力。

A. 油液的容积　　　　B. 油液的黏度

C. 油液的压力　　　　D. 油液的压缩性

128. 电控发动机可用（　　）检查进气压力传感器或电路是否有故障。

A. 油压表

B. 数字式万用表

C. 模拟式万用表

D. 油压表或数字式万用表

129. 根据冷却方式不同气缸体可分为水冷式和（　　）。

A. 油冷式　　　　　　B. 风冷式

C. 隧道式　　　　　　D. 龙门式

130. 翼片式空气流量计翼片卡滞，会导致（　　）。

A. 油耗过高　　　　　B. 油耗过低

C. 发动机爆燃　　　　D. 发动机加速迟缓

131. （　　）不是动力转向液压助力系统引起的转向沉重的原因。

A. 油泵磨损

B. 缺液压油或滤清器堵塞

C. 油路中有气泡

D. 分配阀反作用弹簧过软或损坏

132. （　　）是装备动力转向系统的汽车方向跑偏的原因。

A. 油泵磨损

B. 缺液压油或滤油器堵塞

C. 油路中有气泡

D. 分配阀反作用弹簧过软或损坏

133. （　　）用于减小燃油压力波动。

A. 油泵　　　　　　　B. 喷油器

C. 油压调节器　　　　D. 油压缓冲器

134. （　　）用于建立燃油系统压力。

A. 油泵　　　　　　　B. 喷油器

C. 油压调节器　　　　D. 油压缓冲器

135. （　　）用于将燃油喷入进气道中。

A. 油泵　　　　　　　B. 喷油器

C. 油压调节器　　　　D. 油压缓冲器

136. （　　）用于调节燃油压力。

A. 油泵　　　　　　　B. 喷油器

C. 油压调节器　　　　D. 油压缓冲器

137. 半导体二极管按（　　）可分为硅二极管和锗二极管两类。

A. 用途　　　　　　　B. 结构

C. 尺寸　　　　　　　D. 极片材料

138. 为检查、清洁电气元件而拆蓄电池电缆时，（　　）。

A. 应先拆负极

B. 应先拆正极

C. 正、负极同时拆

D. 正、负极拆顺序没有要求

139. 关于灭火器的使用正确的是（　　）。

A. 应将灭火器放在离可能发生火灾最近的地方

B. 不要把灭火器放在靠近门口的地方

C. 拉开灭火器开关前应使自己尽可能远离火源

D. 灭火器要专物专用，定期保养

140. 水泵在泵轴处设有（　　），其作用是确定水封是否漏水和排出水泵漏出的水。

A. 溢水孔　　　　　　B. 传感器

C. 加油孔　　　　　　D. 检测孔

141. 手动变速器某常啮合齿轮副只更换一个齿轮，可导致（　　）。

A. 异响　　　　　　　B. 挂不上挡

C. 脱挡　　　　　　　D. 换挡困难

142. 装接汽车使用的电磁式水温表线路时，下列接线中正确的是（　　）。

A. 仪表上的两个接线柱可以随便接线

B. 仪表的上面接线柱一定要接点火开关

C. 仪表的上面接线柱应接蓄电池正极

D. 仪表的上面接线柱应接水温传感器

143. 不属于可撤销合同的是（　　）。

A. 依法订立的合同

B. 显失公平的合同

C. 乘人之危订立的合同

D. 因重大误解订立的合同

144. 转向节各部位螺纹的损伤不得超过（　　）。

A. 一牙　　　　　　　B. 二牙

C. 三牙　　　　　　　D. 四牙

145. 每个电动后视镜上有（　　）调整电动机和驱

动器。

A. 一套 B. 二套
C. 三套 D. 四套

146. 清除蓄电池电桩及夹头氧化物是电气设备的（　　）的作业内容。

A. 一级维护 B. 二级维护
C. 特殊维护 D. 大修

147. 电气设备在进行（　　）维护时，要求灯光、喇叭、仪表齐全有效。

A. 一级 B. 出车前
C. 特殊 D. 日常

148. 检查灯光、仪表、信号装置是电气设备（　　）维护的作业内容。

A. 一级 B. 二级
C. 三级 D. 日常

149. 按每缸气门数分，可分为（　　）、三个气门、四个气门、五个气门。

A. 一个气门 B. 两个气门
C. 单个气门 D. 多个气门

150. 单级主减速器由（　　）齿轮组成。

A. 一对锥 B. 二对锥
C. 一对圆柱 D. 一组行星

151. 用一段导体切割磁感线时，下列说法正确的是（　　）。

A. 一定有感应电流
B. 有感应磁场阻碍导线运动
C. 会产生感应电动势
D. 有感应磁场

152. 中高档轿车上广泛使用巡航控制系统，下列有关它的工作原理正确的是（　　）。

A. 一旦设定巡航，则车速不能改变
B. 应绝对保证发动机输出功率的恒定
C. 巡航执行器上有拉索控制输出功率
D. 可允许发动机节气门有较小的自动调整

153. 更换汽油发动机和柴油发动机机油时，润滑油（　　）。

A. 一般不能通用
B. 牌号相差不大时可以通用
C. 夏季可以通用
D. 冬季可以通用

154. （　　）是液压制动系统卡死的原因。

A. 液压制动系统中有空气

B. 总泵旁通孔或回油孔堵塞
C. 总泵皮碗、密封胶圈老化、发胀或翻转
D. 制动蹄片磨损过量

155. （　　）不是液压制动系统制动失效的原因。

A. 液压管路中有空气 B. 总泵回油孔堵塞
C. 总泵皮碗老化 D. 制动鼓磨损过量

156. （　　）不属于汽车普通变速器的组成。

A. 液力变矩器 B. 拨叉
C. 拨叉轴 D. 变速器盖

157. 发动机油泵通常用外啮合齿轮泵，其组成主要有齿轮、轴承、泵盖及（　　）。

A. 叶片 B. 柱塞
C. 油管 D. 传动轴

158. 台虎钳的丝杠、螺母及其他活动表面（　　），并保持清洁。

A. 要随用随加润滑油 B. 要经常加润滑油
C. 不用加润滑油 D. 不准加润滑油

159. 电气设备二级维护作业包括：检查电解液密度，根据情况加注（　　）。

A. 盐酸 B. 硫酸
C. 井水 D. 蒸馏水

160. 商业活动中，不符合待人热情要求的是（　　）。

A. 严肃待客，不卑不亢
B. 主动服务，细致周到
C. 微笑大方，不厌其烦
D. 亲切友好，宾至如归

二、判断题（第161题～第200题。将判断结果填入括号中，正确的填"√"，错误的填"×"。每题0.5分，满分20分。）

161. EGR 使混合气变稀，从而提升了燃烧速度，燃烧温度随之下降。（　　）

162. HV（混合动力汽车）蓄电池冷却鼓风机工作时，从车厢内部引入空气。（　　）

163. 爱岗敬业作为职业道德的内在要求，指的是员工要爱自己喜欢的工作岗位。（　　）

164. 安装正时带或正时链条及导链板，调整正时带张紧轮或正时链条张紧后标记有误，不用重新调整。（　　）

165. 按滤清方式不同，润滑系机油滤清器可分为过滤式和离心式两种。（　　）

166. 按喷油的持续性分类，电控燃油喷射系统分为连续喷射性和间歇喷射性两类。（　　）

167. 按喷油器和气缸数量来分，有单点燃油喷射和两点燃油喷射系统。（　　）

168. 按气缸体与油底壳安装平面位置不同分为龙门式、隧道式、一般式。（　　）

169. 按曲轴和凸轮轴的传动形式分类，可分为齿轮式、铰链式、正时带式。（　　）

170. 按压危险开关，所有危险灯不亮，且喇叭不响，说明从蓄电池到熔断器这段电路有断路或熔断器发生故障。（　　）

171. 白口铸铁属于有色金属。（　　）

172. 半轴花键与半轴齿轮及凸缘键槽的侧隙不大于原设计规定的 0.30 mm。（　　）

173. 半轴花键与半轴齿轮及凸缘键槽的侧隙不大于原设计规定的 0.15 mm。（　　）

174. 泵喷嘴组成包括动力部分、压力产生部分、控制部分、喷嘴。（　　）

175. 变速器的互锁装置作用是防止变速器同时挂上两个挡位。（　　）

176. 变速器第一轴的轴向间隙不大于 0.15 mm，其他各轴的轴向间隙不大于 0.20 mm。（　　）

177. 变速器盖应无残损，变速叉轴与盖承孔的配合间隙为 0.04～0.20 mm。（　　）

178. 变速器直接挡无异响，而在其他挡位均有异响，说明第一轴轴承损坏。（　　）

179. 采用液压挺柱的配气机构不需要预留气门间隙。（　　）

180. 采用液压挺柱的配气机构必须留气门间隙。（　　）

181. 踩住制动踏板时刹车灯不亮，应检修小灯电源熔断器至制动灯开关之间是否有线路搭铁。（　　）

182. 测量空调系统压力时，如果低压指示真空，高压侧指示压力过低，而且系统不制冷，或间歇制冷，说明制冷剂不足。（　　）

183. 拆下维修开关把手前，务必将电源开关位置于 ON 位置（打开 SMR），以确保安全。（　　）

184. 拆下维修开关把手前，务必将电源开关置于 OFF 位置（关闭 SMR），以确保安全。（　　）

185. 拆卸制动钳前，先从主缸储液室中放出全部制动液，以防止在维修时溢出。（　　）

186. 柴油发动机速燃期的气缸压力达最高，温度也最高。（　　）

187. 柴油机的燃烧过程经过着火落后期、速燃期、缓燃期、补燃期。（　　）

188. 柴油机电控泵喷嘴没有高压油管，每缸有两组泵喷嘴。（　　）

189. 柴油机电控系统的基本组成包括传感器、CPU 和执行元件。（　　）

190. 柴油机电控系统的类型分为开环控制和闭环控制。（　　）

191. 柴油机在压缩行程压缩的是可燃混合气。（　　）

192. 超低压轮胎的胎压是小于 0.5 MPa。（　　）

193. 车辆长时间停放时，应每周检查一次动力电池的状态，防止电池漏电。（　　）

194. 车速传感器和节气门位置传感器均可作为 EGR 系统的闭环反馈器件。（　　）

195. 车用压力传感器主要是排气管压力传感器。（　　）

196. 齿轮差速器主要由四个行星锥齿轮、十字轴、两个半轴锥齿轮和差速器壳组成。（　　）

197. 齿轮啮合间隙过大是造成异响的原因。（　　）

198. 充电过程中，应将蓄电池加液孔上的螺塞拧下，便于充电后期产生的气体顺利逸出。（　　）

199. 传动轴万向节叉等速排列不当，必然使万向传动装置异响。（　　）

200. 传动轴中间支承轴承散架必然造成万向传动装置异响。（　　）

汽车维修工中级理论知识模拟试题 2

一、单项选择题（第 1 题～第 160 题。选择一个正确的答案，将相应的字母填入题内的括号中。每题 0.5 分，满分 80 分。）

1. （　　）用于检测柴油车废气中有害气体的含量。
   A. 烟度计　　　　　　B. 废气分析仪
   C. 示波器　　　　　　D. 万用表

2. 汽车空调制冷循环顺序是（　　）。
   A. 压缩机－干燥过滤器－蒸发器－冷凝器－膨胀阀
   B. 蒸发器－膨胀阀－冷凝器－干燥过滤器－压缩机
   C. 膨胀阀－冷凝器－干燥过滤器－压缩机－蒸发器
   D. 冷凝器－干燥过滤器－膨胀阀－蒸发器－压缩机

3. 用肥皂泡沫法检查汽车空调系统泄漏时，应使空调处于（　　）。
   A. 压缩机低速运转
   B. 压缩机停机
   C. 压缩机中速运转
   D. 系统运作，但不制冷

4. 曲轴位置传感器在发动机工作时，提供活塞到达（　　）一定时产生的信号。
   A. 压缩行程上止点前　　B. 压缩行程上止点后
   C. 进气行程上止点前　　D. 进气行程上止点后

5. 曲轴位置传感器用于检测活塞上止点、（　　）及发动机转速。
   A. 压缩行程上止点　　B. 压缩行程下止点
   C. 曲轴转角　　　　　D. 凸轮轴转角

6. 直接检测型空气供给系统包括体积流量式和（　　）方式两种。
   A. 压力流量　　　　　B. 间接检测
   C. 直接检测　　　　　D. 质量流量

7. 按进入气缸空气量的检测方法分，有直接检测和（　　）。
   A. 压力检测型　　　　B. 间接检测型
   C. 流量检测型　　　　D. 质量检测型

8. （　　）转向器具有结构简单、操作灵敏、维修方便等特点，且被现代轿车广泛应用。
   A. 循环球式　　　　　B. 齿轮－齿条式
   C. 蜗杆指销式　　　　D. 单销式

9. （　　）转向器主要由壳体、转向螺杆、摇臂轴、转向螺母等组成。
   A. 循环球式　　　　　B. 齿轮－齿条式
   C. 蜗杆指销式　　　　D. 双指销式

10. 向不平行于零件任何基本投影面的平面投影所得到的视图称为（　　）。
    A. 旋转视图　　　　　B. 局部视图
    C. 斜视图　　　　　　D. 剖视图

11. 鼓风机被卡住不能运转，会导致（　　）。
    A. 蓄电池损坏　　　　B. 熔断器被熔断
    C. 风机开关损坏　　　D. 发电机损坏

12. 汽车硅整流发电机的励磁电流，由（　　）进行调节。
    A. 蓄电池电压　　　　B. 发电机转速
    C. 电压调节器　　　　D. 电流调节器

13. 诊断起动系电路短路、断路故障时，除检查起动机导线是否短路外，还应检查（　　）。
    A. 蓄电池电解液面高度
    B. 起动机电磁开关工作是否正常
    C. 断电器触点是否烧蚀
    D. 蓄电池的放电程度

14. 若汽车蓄电池为正极搭铁，装用交流发电机，则会产生（　　）现象。
    A. 蓄电池不能被充电
    B. 发电机线圈立即烧掉
    C. 蓄电池充电过大
    D. 发电机硅管立即烧掉

15. 汽车液压动力转向系统原动力来自（　　）。
    A. 蓄电池　　　　　　B. 马达
    C. 发动机　　　　　　D. 油泵

16. 汽车危险灯的电源来自（　　）。
    A. 蓄电池　　　　　　B. 闪光器
    C. 危险灯开关　　　　D. 点火钥匙

17. 关于动力电池插接件维修更换，以下说法正确的是（　　）。
    A. 需要经过电动车型专项培训人员进行维修作业

B. 车间机电师傅进行维修作业

C. 车间技术主管人员进行维修作业

D. 需要电动车制造厂家专门人员进行维修作业

18. 一级维护竣工检查技术要求中，发动机前后悬架、进排气歧管、散热器、轮胎、传动轴、车身、附件支架等外露件螺母（　　）。

A. 须齐全、紧固、无裂纹

B. 须齐全、紧固、有裂纹

C. 须大多数齐全、紧固、无裂纹即可

D. 无须检查

19. 待修件是指具有较好（　　）的零件。

A. 修理工艺　　　B. 修理价值

C. 使用价值　　　D. 几何形状

20. 全面质量管理的主要特点是突出"（　　）"字。

A. 新　　　　　　B. 全

C. 质　　　　　　D. 管

21. （　　）的作用是使储气筒的气压保持在规定范围内，以减小发动机的功率消耗。

A. 泄压阀　　　　B. 单向阀

C. 限压阀　　　　D. 调压器

22. 职业道德通过（　　）起到增强企业凝聚力的作用。

A. 协调员工之间的关系

B. 增加职工福利

C. 为员工创造发展空间

D. 调节企业与社会的关系

23. 发电机二级维护作业中要求电刷与滑环的接触面积（　　），且滑环表面光滑。

A. 小于75%　　　B. 大于75%

C. 小于70%　　　D. 大于70%

24. 未成年工是指（　　）的劳动者。

A. 小于16周岁

B. 已满16周岁未满18周岁

C. 小于18周岁

D. 等于18周岁

25. 座位在9座以上（包括驾驶员座位在内）的载客汽车称为（　　）。

A. 小型乘用车　　B. 普通乘用车

C. 高级乘用车　　D. 客车

26. 正确的主减速器主、从动锥齿轮啮合印痕应位于齿长方向偏向（　　）端，齿高方向偏向顶端。

A. 小

B. 大

C. 中

D. 以上选项均不正确

27. （　　）是国家对消费者进行保护的前提和基础。

A. 消费者的义务

B. 消费者的权利

C. 消费者的生产资料

D. 消费者的生活资料

28. 《中华人民共和国劳动法》中权利和义务的关系是（　　）。

A. 相辅相成的　　B. 互为条件的

C. 相互统一的　　D. 以上选项均正确

29. （　　）是指调整劳动关系及与劳动关系密切联系的其他社会关系的法律范围的总称。

A. 狭义的劳动法　B. 广义的劳动法

C. 职业道德　　　D. 道德规范

30. 绘图时，尺寸线与尺寸界线所用的线型是（　　）。

A. 细实线　　　　B. 粗实线

C. 细点画线　　　D. 虚线

31. 起动机电磁开关将起动机主电路接通后，活动铁芯靠（　　）线圈产生的电磁力保持在吸合位置上。

A. 吸拉

B. 保持

C. 吸拉和保持

D. 以上选项均不正确

32. 汽车轮胎尺寸规格标记在胎侧，如9.00R20，其中R表示（　　）。

A. 无内胎轮胎　　B. 普通斜交轮胎

C. 子午线轮胎　　D. 混合花纹轮胎

33. （　　）不是新能源纯电动汽车的特点。

A. 无废气污染　　B. 比功率大

C. 成本低　　　　D. 加速快

34. 蓄电池液面高度低于极限值时，传感器的铅棒（　　）正电位，报警灯（　　）。

A. 无　亮　　　　B. 有　不亮

C. 无　不亮　　　D. 有　亮

35. 排放控制系统包括曲轴箱强制通风系统、蒸发排放系统、（　　）以及废气再循环系统四个系统。

A. 涡轮增压系统　B. 二次喷射系统

C. 三元催化转换系统　D. 高压共轨系统

36. 各种职业道德往往采取简洁明快的形式，对本职业人员提出具体的道德要求，以保证职业活动的顺利开展，这体现了职业道德的（　　）。
A. 稳定性　　　　　　　B. 专业性
C. 具体性　　　　　　　D. 适用性

37. （　　）可用来检查发动机冷却液的温度，作为喷油和点火正时的修正信号。
A. 温度传感器　　　　　B. 空气流量传感器
C. 氧传感器　　　　　　D. 压力传感器

38. 机油压力开关用于检测发动机润滑系统内有无机油（　　）。
A. 温度　　　　　　　　B. 压力
C. 黏度　　　　　　　　D. 流动

39. （　　）于测试导线短路。
A. 万用表　　　　　　　B. 气压表
C. 真空表　　　　　　　D. 油压表

40. （　　）用于测试导线断路。
A. 万用表　　　　　　　B. 气压表
C. 真空表　　　　　　　D. 油压表

41. （　　）用于测试发电机端电压。
A. 万用表　　　　　　　B. 气压表
C. 真空表　　　　　　　D. 油压表

42. 电控发动机可用（　　）检查发动机 ECU 是否有故障。
A. 万用表　　　　　　　B. 数字式万用表
C. 模拟式万用表　　　　D. 试灯或万用表

43. 汽车起步，车身发抖并能听到"嚓咯"的撞击声是（　　）异响。
A. 万向传动装置　　　　B. 变速器
C. 离合器　　　　　　　D. 驱动桥

44. 将凸轮轴放置在 V 形铁上，V 形铁和百分表放置在平板上，使百分表触头与凸轮轴中间轴颈垂直接触，转动凸轮观察百分表表针的摆差即为凸轮轴的（　　）
A. 弯曲度　　　　　　　B. 扭曲度
C. 磨损　　　　　　　　D. 液压挺柱磨损

45. 发动机凸轮轴变形的主要形式是（　　）。
A. 弯曲　　　　　　　　B. 扭曲
C. 弯曲和扭曲　　　　　D. 圆度误差

46. （　　）夹在相邻正、负极板之间，防止两者短路。
A. 外壳　　　　　　　　B. 连接壳

C. 隔板　　　　　　　　D. 极桩

47. 气门杆磨损用（　　）测量。
A. 外径千分尺　　　　　B. 内径千分尺
C. 直尺　　　　　　　　D. 刀尺

48. 动力电池检测方法不包括（　　）。
A. 外部检查　　　　　　B. 液面高度检查
C. 普通仪器检查　　　　D. 放电程度检查

49. （　　）的作用是用来控制各气缸的进、排气门开闭时刻，使之符合发动机工作次序和配气相位的要求，同时控制气门开度的变化规律。
A. 推杆　　　　　　　　B. 凸轮轴
C. 正时齿轮　　　　　　D. 气门导管

50. （　　）的作用是将从凸轮轴经过挺柱传来的推力传给摇臂。
A. 推杆　　　　　　　　B. 凸轮轴
C. 正时齿轮　　　　　　D. 气门导管

51. 燃烧室的类型有：半球形、（　　）、球形。
A. 统一式　　　　　　　B. 楔形
C. 方形　　　　　　　　D. 锥形

52. （　　）燃烧室结构紧凑，热损失少，热效率较高。
A. 统一式　　　　　　　B. 分开式
C. 涡流室式　　　　　　D. 预燃室式

53. 汽车拖带挂车时，解除挂车制动时，要（　　）主车制动。
A. 同时或早于　　　　　B. 同时
C. 晚于　　　　　　　　D. 晚于或同时

54. （　　）的作用是将两个不同步的齿轮连接起来使之同步。
A. 同步器　　　　　　　B. 差速器
C. 离合器　　　　　　　D. 制动器

55. 装备手动变速器的汽车，可安装（　　）来减小换挡所引起的齿轮冲击。
A. 同步器　　　　　　　B. 差速器
C. 离合器　　　　　　　D. 制动器

56. 市场经济条件下，（　　），不违反职业道德规范中关于诚实守信的要求。
A. 通过诚实合法劳动，实现利益最大化
B. 打进对手内部，增强竞争优势
C. 根据服务对象来决定是否遵守承诺
D. 凡有利于增大企业利益的行为就做

57. 气门组主要包括：气门、气门导管、（　　）及气门弹簧。
A. 挺柱　　　　　　B. 气门传动组
C. 气门锁片　　　　D. 摇臂

58. 不属于单级主减速器的零件是（　　）。
A. 调整垫片　　　　B. 主动锥齿轮
C. 调整螺母　　　　D. 半轴齿轮

59. 柴油车废气检测时，发动机首先应（　　），以保证检测的准确性。
A. 调整怠速　　　　B. 调整点火正时
C. 预热　　　　　　D. 加热

60. 发电机集成电路调节器不具有（　　）特点。
A. 调压精度高　　　B. 工作可靠
C. 体积较小　　　　D. 交直流都可用

61. 每个工作人员的（　　）会直接或间接地影响产品质量。
A. 体质　　　　　　B. 能力
C. 精神　　　　　　D. 工作质量

62. 为了保证发动机气缸的进气充分、排气彻底，要求气门具有尽可能大的通过能力，因此发动机的进、排气门实际开启或关闭的时刻并不是恰好在活塞的上、下止点，而是适当地（　　）。
A. 提前　　　　　　B. 迟后
C. 增大　　　　　　D. 提前和迟后

63. LED 发光二极管作汽车制动灯光源，在车辆行驶时体现的突出优点是（　　）。
A. 特别光亮　　　　B. 发光极快
C. 造型醒目　　　　D. 能自动开启

64. LED 作汽车制动灯光源，在车辆使用过程中能体现的突出优点是（　　）。
A. 特别光亮　　　　B. 寿命极长
C. 造型醒目　　　　D. 能自动开启

65. 汽车万向传动装置的十字轴万向节主要由十字轴、万向节叉和（　　）组成。
A. 套筒　　　　　　B. 滚针
C. 套筒和滚针　　　D. 双联叉

66. 改善喷油器喷雾质量可降低柴油机排放污染物中（　　）的含量。
A. 碳烟　　　　　　B. 水
C. 二氧化硫　　　　D. 氮

67. 属于有色金属的是（　　）。
A. 碳素钢　　　　　B. 合金钢
C. 铸铁　　　　　　D. 轴承合金

68. 内胎充气轮胎是由外胎、内胎和（　　）组成。
A. 胎圈　　　　　　B. 胎面
C. 垫带　　　　　　D. 缓冲层

69. （　　）是外胎的骨架。
A. 胎面　　　　　　B. 帘布层
C. 缓冲层　　　　　D. 胎圈

70. 气门由头部和（　　）两部分组成。
A. 锁片　　　　　　B. 杆身
C. 导管　　　　　　D. 弹簧

71. 中央门锁出现机械故障的特点是（　　）。
A. 所有门锁工作不正常
B. 半边车门锁工作不正常
C. 个别门锁工作不正常
D. 所有门锁无法打开

72. 对于真空控制的中央门锁，当真空管出现故障时，将造成真空泄漏，它出现故障时的特点是（　　）门锁执行机构不能正常工作，甚至在门锁工作时能听到漏气的声响。
A. 所有　　　　　　B. 左前
C. 右前　　　　　　D. 左后

73. 汽车主减速器主动锥齿轮轴承（　　）会导致后桥异响，并伴随后桥壳温度升高。
A. 损坏　　　　　　B. 过紧
C. 过松　　　　　　D. 磨损

74. ROM 表示（　　）。
A. 随机存储器　　　B. 只读存储器
C. 中央处理器　　　D. 转换器

75. 不属于金属材料的力学性能的是（　　）。
A. 塑性　　　　　　B. 韧性
C. 渗透性　　　　　D. 强度

76. 球轴承的拆卸选用（　　）拉器。
A. 四爪　　　　　　B. 球轴承
C. 通用　　　　　　D. 半轴套筒

77. 更换水泵的水封总成后应进行（　　）试验，检查各处应无漏水。
A. 水压　　　　　　B. 水流速
C. 漏水　　　　　　D. 水质

78. 接通点火开关后水温表指针不动，用旋具将传感器接线柱与机体短接，水温表指针仍不动，表明（　　）。
A. 水温表状况良好
B. 水温表电路有断路处或表已损坏

C. 传感器触点氧化

D. 传感器加热线圈烧坏

79. ( )的作用是密封冷却液以免泄漏,同时将冷却液与水泵轴承隔离,以保护轴承。

A. 水封　　　　　　B. 叶轮

C. 泵轴　　　　　　D. 轴承

80. 发动机水温过高报警灯的报警开关安装在( )上。

A. 水道　　　　　　B. 发动机曲轴箱

C. 气门室罩盖　　　D. 节气门体

81. 装复水泵时,水封环要放正,放好水封总成后,将泵叶轮方孔对准( )装入水泵。

A. 水泵轴　　　　　B. 水泵盖衬垫

C. 水泵盖　　　　　D. 水泵壳

82. 水泵在更换水封总成时,将水泵风扇轮毂装在台钳上夹紧,拆下( ),拧下叶轮紧固螺栓,拆下叶轮后,取出水封总成,进行更换。

A. 水泵壳　　　　　B. 水泵轴

C. 水泵盖　　　　　D. 静环总成

83. 采用双向活塞式的斜盘空调压缩机,可获得的好处主要是( )。

A. 双向活塞形成的气压串联,可提升气压

B. 提高工效,增大排量

C. 减少工效

D. 减少驱动转矩

84. 循环球式转向器第二级传动副是( )传动副。

A. 双螺杆　　　　　B. 齿轮齿条

C. 齿条齿扇　　　　D. 螺母螺杆

85. 循环球式转向器第一级传动副是( )传动副。

A. 双螺杆　　　　　B. 齿轮齿条

C. 齿条齿扇　　　　D. 螺母螺杆

86. 气门间隙的调整方法分别为,逐缸调整法和( )。

A. 双缸调整法　　　B. 双排不进法

C. 二次调整法　　　D. 以上选项均不正确

87. 主要用于汽车零件清洗的清洗机是( )清洗机。

A. 刷子式　　　　　B. 转盘式

C. 门式　　　　　　D. 喷射式

88. 用( )检查电控燃油汽油机各缸是否工作。

A. 数字式万用表　　B. 单缸断火法

C. 模拟式万用表　　D. 双缸断火法

89. 对待职业和岗位,( )并不是爱岗敬业所要求的。

A. 树立职业理想

B. 干一行爱一行、专一行

C. 遵守企业的规章制度

D. 一职定终身,不改行

90. 市场经济条件下,不符合爱岗敬业要求的是( )的观念。

A. 树立职业理想　　B. 强化职业责任

C. 干一行爱一行　　D. 多转行多受锻炼

91. 柴油机的喷油过程包括:进油过程、( )、喷油过程、停油过程。

A. 输油过程　　　　B. 增压过程

C. 压油过程　　　　D. 保压过程

92. ECU 主要包括( )两部分。

A. 输入回路和输出回路

B. 转换器和执行器

C. 输入回路和微型计算机

D. 硬件和软件

93. ( )是车用电子控制系统的输出装置。

A. 输入回路　　　　B. A/D 转换器

C. 执行器　　　　　D. 微型计算机

94. 若发电机调节器带有蓄电池检测方式的"S",其发电系统( )。

A. 输出电流要大些　B. 充电电压较高

C. 输出功率较大　　D. 输出电压稍低

95. 开启汽车灯开关时,尾灯和前照灯均亮,唯有示宽灯不亮,其原因有( )。

A. 示宽灯线路有断路　B. 发电机调压器不良

C. 前照灯搭铁不良　　D. 前照灯灯丝损坏

96. 关于 HV(混合动力汽车)蓄电池冷却鼓风机的描述,( )是正确的。

A. 使用通过 HV 蓄电池的空气冷却车厢内部

B. 防止 HV 系统不工作时蓄电池温度升高

C. 从车厢内部引入空气

D. 也作为空调鼓风机

97. 维修质量指标一般用( )表示。

A. 生产率　　　　　B. 合格率

C. 返修率　　　　　D. 效率

98. 点火线圈的功用有两个,一是( ),二是

储能。
A. 升压 B. 降压
C. 接通电路 D. 切断电路

99. 轿车的轮辋一般是（　　）。
A. 深槽式 B. 平底式
C. 可拆式 D. 圆形式

100. 全支承式曲轴的主轴径总数比连杆轴径（　　）。
A. 少一个 B. 少两个
C. 多一个 D. 多两个

101. 电喇叭上共鸣片、膜片、衔铁及（　　）刚性连为一体。
A. 上铁芯 B. 下铁芯
C. 弹簧 D. 按钮

102. 汽车后桥某一部位的齿轮啮合间隙过大，会使汽车在（　　）时发出响声。
A. 上坡 B. 下坡
C. 上、下坡 D. 起步

103. 汽车后桥某一部位的齿轮啮合印痕不当，会使汽车在（　　）发出响声。
A. 上坡 B. 下坡
C. 上、下坡 D. 起步

104. 检查润滑油时，技术要求润滑油量应位于油标尺（　　）。
A. 上刻线与下刻线之间
B. 下刻线以下
C. 上刻线以上
D. 任何位置即可

105. 汽车双丝前照灯在近光灯丝（　　）装置有金属反光板罩。
A. 上方 B. 下方
C. 前方 D. 后方

106. 发动机气缸沿轴线方向磨损呈（　　）的特点。
A. 上大下小 B. 上小下大
C. 上下相同 D. 中间大

107. 某车上出现转向信号右方向工作正常，而左方向指示灯闪烁过快的故障，则该故障的部位应是：（　　）。
A. 闪光器 B. 转向开关
C. 灯泡 D. 熔断器

108. （　　）不装备真空助力式液压制动传动装置。
A. 桑塔纳2000型轿车
B. 奥迪100型轿车
C. 捷达轿车
D. 跃进1061汽车

109. 不是盘式制动器的优点的是（　　）。
A. 散热能力强
B. 抗水衰退能力强
C. 制动平顺性好
D. 管路液压低

110. 电气设备二级维护作业包括清除发电机滑环表面油污，清洗检查轴承，填充（　　）。
A. 润滑脂 B. 机油
C. 密封胶 D. 绝缘胶

111. 电气设备二级维护作业包括清洁蓄电池表面和极桩，并在接线头上涂（　　）。
A. 润滑脂 B. 不干胶
C. 密封胶 D. 绝缘胶

112. 机油压力报警灯开关装在（　　）。
A. 润滑油主油道上 B. 发动机曲轴箱
C. 气门室罩盖 D. 节气门体

113. （　　）用于发动机润滑油快速检测。
A. 润滑油质量分析仪 B. 油压表
C. 发动机分析仪 D. 尾气分析仪

114. （　　）的功用是使转动中的发动机保持在最适宜的工作温度范围。
A. 润滑系统 B. 冷却系统
C. 燃料供给系统 D. 传动系统

115. （　　）不能导致所有电动座椅都不能动。
A. 熔断器故障
B. 搭铁不良
C. 搭铁线断路
D. 右后乘客侧开关故障

116. （　　）导致驾驶员电动座椅不能动。
A. 熔断器故障
B. 主控开关搭铁不良
C. 主控开关搭铁线断路
D. 驾驶员侧开关故障

117. （　　）导致前排乘员侧电动车窗都不能升降。
A. 熔断器故障
B. 前乘客侧开关故障
C. 左后乘客侧开关故障
D. 右后乘客侧开关故障

118. （　　）导致前排乘员电动座椅不能动。

A. 熔断器故障

B. 主控开关搭铁不良

C. 主控开关搭铁线断路

D. 乘员侧开关故障

119. （　　）导致所有电动车窗都不能升降。

A. 熔断器故障

B. 前乘客侧开关故障

C. 左后乘客侧开关故障

D. 右后乘客侧开关故障

120. （　　）导致所有电动后视镜都不能动。

A. 熔断器故障

B. 左侧电动机电路断路

C. 右侧后视镜电动机故障

D. 左侧后视镜电动车故障

121. （　　）由维修企业进行，以检查、调整为中心内容。

A. 日常维护　　　　B. 一级维护

C. 二级维护　　　　D. 三级维护

122. （　　）由维修企业进行，以清洁、紧固、润滑为中心内容。

A. 日常维护　　　　B. 一级维护

C. 二级维护　　　　D. 三级维护

123. 属于预防性维护作业的是（　　）。

A. 日常维护　　　　B. 一级维护

C. 二级维护　　　　D. 三级维护

124. 属于职业道德范畴的是（　　）。

A. 人们的内心信念　B. 人们的文化水平

C. 人们的思维习惯　D. 员工的技术水平

125. 道德是（　　）。

A. 人和市场都具有的行为规范

B. 是规定人们的权利和义务的行为规范

C. 一定社会阶级向人们提出的处理人与人、人与社会、人与自然之间关系的行为规范

D. 是随阶级、国家的消亡的特殊行为规范

126. 电控汽油喷射发动机启动困难是指（　　）启动困难。

A. 热车　　　　　　B. 冷车

C. 常温　　　　　　D. 热车、冷车、常温

127. 电控点火装置（ESA）的控制主要包括点火提前角，通电时间及（　　）控制等方面。

A. 燃油停供　　　　B. 废气再循环

C. 爆燃防止　　　　D. 点火高压

128. 对电控发动机燃油泵工作电压进行检测时，蓄电池电压、燃油泵熔断器、燃油泵继电器和（　　）均应正常。（注意："蓄电池电压、燃油泵熔断器、燃油泵继电器和燃油滤清器"都是考点！）

A. 燃油滤清器　　　B. 点火线圈电压

C. 燃油泵　　　　　D. 发电机电压

129. 电控燃油喷射系统保持压力下降较快，应检查燃油泵上的（　　）和燃油系统的密封性。

A. 燃油滤清器　　　B. 止回阀

C. 喷油器　　　　　D. 真空管

130. 电控燃油喷射（EFI）主要包括喷油量、喷油正时，燃油停供和（　　）的控制。

A. 燃油泵　　　　　B. 点火时刻

C. 急速　　　　　　D. 废气再循环

131. 电控燃油喷射发动机燃油压力检测时，将油压表接在供油管和（　　）之间。

A. 燃油泵　　　　　B. 燃油滤清器

C. 分配油管　　　　D. 喷油器

132. 进气门提前开启的目的是：保证新鲜气体或可燃混合气能顺利、充分地进入（　　）。

A. 燃烧室　　　　　B. 配气机构

C. 气缸　　　　　　D. 进气管

133. （　　）不是汽车动力转向左右转向力不一致的原因。

A. 缺液压油或滤油器堵塞

B. 分配阀的滑阀偏离中间位置

C. 分配阀的滑阀虽在中间位置但与阀体台阶的间隙大小不一致

D. 滑阀内有脏物阻滞

134. 常温时，蜡式节温器石蜡呈固态，弹簧将主阀门推向上方，使之压在阀座上，主阀门（　　）。

A. 全开　　　　　　B. 开启 1/2

C. 开启 1/3　　　　D. 关闭

135. 曲柄连杆机构的（　　）由活塞、活塞环、活塞销、连杆等机件组成。

A. 曲轴箱组

B. 活塞连杆组

C. 曲轴飞轮组

D. 以上选项均不正确

136. （　　）的作用：防止曲轴箱内气压过高，机油渗漏，把渗入曲轴箱的蒸气引入气缸内燃烧，防止机油稀释。

A. 曲轴箱通风　　　B. 强制通风
C. 自然通风　　　　D. 活性碳罐

137. 不属于曲轴变形的主要原因的是（　　）。
A. 曲轴受到冲击
B. 按规定力矩拧紧螺栓力矩
C. 未按规定力矩拧紧螺栓
D. 材料缺陷

138. 不属于凸轮轴变形的主要原因的是（　　）。
A. 曲轴受到冲击
B. 按规定力矩拧紧螺栓力矩
C. 未按规定力矩拧紧螺栓
D. 材料缺陷

139. 磁脉冲式转速与曲轴位置传感器安装在（　　）。
A. 曲轴前　　　　B. 分电器内
C. 凸轮轴前　　　D. 飞轮上

140. 断电器触点闭合期间对应的分电器（　　）转角，称为触点闭合角。
A. 曲轴　　　　　B. 转子
C. 凸轮轴　　　　D. 驱动轴

141. 水泵的动力源自（　　）。
A. 曲轴　　　　　B. 凸轮轴
C. 平衡轴　　　　D. 传动轴

142. 发动机曲轴裂纹易发生在轴颈与曲柄的连接处及（　　）周围。
A. 曲拐　　　　　B. 配重
C. 润滑油眼　　　D. 主油道

143. （　　）转向器采用齿轮齿条传动原理传递动力。
A. 曲柄指销式　　B. 循环球式
C. 蜗轮蜗杆式　　D. 齿轮齿条式

144. 转向桥和（　　）属于从动桥。
A. 驱动桥　　　　B. 转向驱动桥
C. 支持桥　　　　D. 后桥

145. 转向桥主要的功用是承受地面和车架之间的垂直载荷、纵向力和（　　），并保证转向轮作正确的运动。
A. 驱动器力　　　B. 牵引力
C. 横向力　　　　D. 制动力

146. 转向桥主要的功用是承受地面和车架之间的垂直载荷、纵向力和横向力，并保证（　　）作正确的运动。
A. 驱动轮　　　　B. 带轮

C. 后轮　　　　　D. 转向轮

147. 柴油机燃烧室按结构形式可分为（　　）燃烧室和统一式燃烧室。
A. 球形式　　　　B. 分开式
C. U 形式　　　　D. W 形式

148. 柴油机喷油机（　　）试验，以 3 次 /s 的速度均匀地掀动手油泵柄，直到开始喷油。
A. 倾斜性　　　　B. 压力
C. 密封性　　　　D. 防漏

149. 职业道德是一种（　　）的约束机制。
A. 强制性　　　　B. 非强制性
C. 自愿的　　　　D. 随意的

150. 爱岗敬业作为职业道德的重要内容，是指员工（　　）。
A. 强化职业责任
B. 热爱有钱的岗位
C. 热爱自己喜欢的岗位
D. 不应多转行

151. 关于独立悬架，弹簧的（　　）对乘员的舒适性起了主要影响。
A. 强度　　　　　B. 刚度
C. 自由长度　　　D. 压缩长度

152. （　　）是制动跑偏的原因。
A. 前悬架弹簧弹力不足
B. 轮胎异常磨损
C. 减振器性能减弱
D. 单侧悬架弹簧弹力不足

153. （　　）是制动甩尾的原因。
A. 前悬架弹簧弹力不足
B. 轮胎异常磨损
C. 减振器性能减弱
D. 单侧悬架弹簧弹力不足

154. （　　）不是引起低速打摆现象的原因。
A. 前束过大，车轮外倾角，主销后倾角变小
B. 车架变形或铆钉松动
C. 转向器啮合间隙过大
D. 转向节主销与衬套过大

155. （　　）是转向沉重的原因。
A. 前桥变形
B. 前悬挂两侧弹簧挠度不一
C. 转向器转向轴弯曲与管柱凹瘪相互摩擦
D. 前轮前束过大或过小

156. 紧固，润滑（　　）球头销是汽车底盘一级维护作业内容。
A. 前桥　　　　　　　B. 后桥
C. 传动轴　　　　　　D. 支架

157. （　　）不是引起高速打摆现象的主要原因。
A. 前轮胎修补、前轮辋变形、前轮毂螺栓短缺引起动不平衡
B. 减振器失效，前钢板弹力不一致
C. 车架变形或铆钉松动
D. 前束过大、车轮外倾角、主销后倾角变小

158. 小型汽车的驻车制动器大多与（　　）行车制动器共用一个制动器。
A. 前轮　　　　　　　B. 后轮
C. 前轮或后轮　　　　D. 前轮和后轮

159. 手动变速器在进行维护检查时，首先应将变速器手柄置于（　　）挡位置。
A. 前进　　　　　　　B. 滑行
C. 倒车　　　　　　　D. 空

160. 对于曲轴前端装止推垫片的发动机，曲轴轴向间隙因磨损而增大时，应在保证前止推片为标准厚度的情况下，加厚（　　）止推垫片的厚度，以满足车辆曲轴轴向间隙的要求。
A. 前　　　　　　　　B. 后
C. 第一道　　　　　　D. 第二道

二、判断题（第161题～第200题。将判断结果填入括号中，正确的填"√"，错误的填"×"。每题0.5分，满分20分。）

161. 创新既不能墨守成规，也不能标新立异。（　　）

162. 纯电动汽车电机控制器接收主控单元的信息。控制驱动电机的电流，实现汽车的行驶。（　　）

163. 磁感应式车速里程表的结构中没有电路连接。（　　）

164. 磁感应式车速里程表由汽车差速器软轴驱动仪表。（　　）

165. 粗滤器并联于润滑系内，用以滤去润滑油中较大的杂质。（　　）

166. 打开点火开关后，机油指示灯不亮，当用旋具把油压传感器接线柱和机体短时连接时，机油灯指示正常，说明传感器导线有断路。（　　）

167. 大多数车辆的中央门锁系统在驾驶人侧车门上设有总开关。（　　）

168. 大修的离合器应在装车前与曲轴飞轮组一起进行平衡。（　　）

169. 带有检视窗的储液干燥器能发现制冷系统制冷剂量和系统工作是否正常。（　　）

170. 底盘二级维护作业中，要求轮胎螺栓规格一致。（　　）

171. 电磁继电器是发动机电控燃油喷射系统执行机构中的一个关键部件。（　　）

172. 电磁喷油器按电磁线圈阻值的大小可分为高阻抗型和低阻抗型两种。（　　）

173. 电动车窗的开关分为安全开关和升降开关，安全开关能控制所有车门上的车窗。（　　）

174. 电动后视镜熔断器故障能导致所有电动后视镜都不能动。（　　）

175. 电动燃油泵可以根据发动机转速的变化而改变泵油量。（　　）

176. 电动燃油泵只安装在油箱内。（　　）

177. 电动座椅故障主要包括电路和机械两方面故障。（　　）

178. 电控发动机采用氧传感器反馈控制能进一步精确控制点火时刻。（　　）

179. 电控燃油喷射（EFI）主要包括喷油量、喷油正时、燃油停供和燃油泵的控制。（　　）

180. 电流表可利用并联不同电阻扩大量程。（　　）

181. 电枢绕组或磁场绕组短路导致起动机运转无力。（　　）

182. 顶置式配气机构按凸轮轴的布置形式可分为凸轮轴下置式、凸轮轴中置式和凸轮轴上置式。（　　）

183. 订立劳动合同要经过要约和承诺两个阶段。（　　）

184. 动力电池只需要进行日常维护，不需要更换。（　　）

185. 对起动机换向器表面进行修复时，最小直径应不大于29.0 mm。（　　）

186. 对水温表的传感器进行检验时，应将传感器置于40 ℃或100 ℃标准水温中，若水温表出现偏差，可通过调整传感器触点螺钉进行调整。（　　）

187. 对于串联混合动力系统，发动机驱动发电机，电动机使用由此产生的电能驱动车轮。（　　）

188. 对于双级主减速器，一般第一级为斜齿圆齿轮，第二级为锥齿轮。（　　）

189. 对于所有轿车的中央门锁系统，驾驶人按遥控器开车门时，按一下，驾驶人侧车门锁开启，接着再按一下，其他车门锁开启，而锁门时，只需要按一下遥控器上的锁门键，就能完成所有车门的锁门动作。（　　）

190. 二级维护前，检查发动机的转速为 1 200 r/min 时，单缸发动机断火转速下降应不小于 90 r/min。（　　）

191. 二级维护前，检查发动机的转速为 1 200 r/min 时，点火提前角应为 13°±1°。（　　）

192. 二级维护前，检查发动机的转速为 800 r/min 时，点火提前角应为 7°。（　　）

193. 发电机内部转子或定子线圈某处有断路或短路导致充电电流不稳。（　　）

194. 发电机调节器是调节发电机电压的。（　　）

195. 发电机异响故障的原因主要在起动机的操纵和控制部分。（　　）

196. 发电机在发动机各种运转状态下都不能向蓄电池充电。（　　）

197. 发动机的进、排气门实际开启和关闭应恰好在活塞的上、下止点，无须提前和迟后。（　　）

198. 发动机的曲轴正时齿轮与凸轮轴正时齿轮的传动比是 2∶1。（　　）

199. 发动机工作时，活塞、活塞环都会发生热膨胀，所以不需要活塞环安装间隙。（　　）

200. 发动机活塞环安装间隙包括端隙、侧隙和边隙。（　　）

汽车维修工中级理论知识模拟试题 3

一、单项选择题（第 1 题～第 160 题。选择一个正确的答案，将相应的字母填入题内的括号中。每题 0.5 分，满分 80 分。）

1. 不是发动机回火的原因的是（　　）。
A. 汽油滤清器堵塞或汽油中有水，或发生气阻
B. 汽油泵滤网过脏或滤杯漏气
C. 汽油泵进、出油阀贴合不严
D. 汽油泵泵油量过大

2. 机油牌号 SL5W/40、10W/40、20W/40 为（　　）。
A. 汽油机油　　　　B. SF 汽油机油
C. 柴油机油　　　　D. SD 汽油机油

3. 不是发动机回火原因的是（　　）。
A. 汽油泵与气缸体间衬垫过厚
B. 汽油泵摇臂和凸轮轴凸轮靠得过近或过远
C. 进气歧管衬垫损坏
D. 排气歧管衬垫损坏

4. 发动机气缸排量是指（　　）。
A. 气缸总容积　　　B. 气缸工作容积
C. 气缸燃烧室容积　D. 气缸行程

5. 车速传感器安装在（　　）。
A. 气缸体上　　　　B. 油底壳上
C. 离合器上　　　　D. 变速器上

6. （　　）用于诊断发动机气缸及进排气门的密封状况。
A. 气缸漏气量检测仪　B. 真空表
C. 发动机分析仪　　　D. 尾气分析仪

7. （　　）不是导致汽车钢板弹簧损坏的主要原因。
A. 汽车长期超载
B. 材质不符合要求
C. 装配不符合要求
D. 未按要求对轮胎进行换位

8. （　　）用于测量发动机无负荷功率及转速。
A. 汽车无负荷测功表　B. 气缸压力表
C. 发动机转速　　　　D. 发动机分析仪

9. （　　）是指为维持汽车完好技术状况或工作能力而进行的作业，应贯彻"预防为主，强制维护"的原则。
A. 汽车维护
B. 汽车维护的目的
C. 延长汽车大修间隔里程
D. 保持车容整洁

10. 气压制动系统中的气压调节器上的螺钉旋入时，（　　）。
A. 气压会降低　　　B. 气压会升高
C. 气压会不变　　　D. 不可调

11. 对于安全气囊来说，正确的是（　　）。
A. 气囊被爆后，只要中央控制器未受损，则仍可继续使用
B. 内藏有大电容，可作为引爆的备用电源
C. 安全气囊的插件中，有绿色的金属熔断片
D. 车辆发生碰撞蓄电池如果断线，则气囊失去作用

12. 配气相位通常用环形来表示，我们把这种图称为（　　）。
A. 气门重叠角　　　B. 气门锥角
C. 配气相位　　　　D. 气门相位图

13. 用曲轴转角表示的进、排气门开闭时刻和开启持续时间，称为（　　）。
A. 气门重叠角　　　B. 气门锥角
C. 配气相位　　　　D. 气门迟闭角

14. （　　）的作用是保证气门做往复运动时，使气门与气门座正确闭合。
A. 气门弹簧　　　　B. 气门座
C. 气门导管　　　　D. 气门

15. （　　）是用来打开或封闭气道的。
A. 气门　　　　　　B. 气门导管
C. 气门座　　　　　D. 气门弹簧

16. 剪式举升机为（　　）。
A. 气动式举升器　　B. 电动式举升器
C. 液压式举升器　　D. 移动式举升器

17. 举升 2.5 t 以下的各种小轿车、小客车适宜选用（　　）举升。
A. 气动式举升器　　B. 电动式举升器
C. 液压式举升器　　D. 移动式举升器

18. 柱式举升机多为（　　）。
A. 气动式举升器　　　B. 电动式举升器
C. 电动液压式举升器　D. 移动式举升器

19. 汽车直线行驶时差速器（　　）。
A. 起减速作用　　　　B. 起加速作用
C. 起差速作用　　　　D. 不起差速作用

20. 对汽车起动机来讲，下列正确的是（　　）。
A. 起动机的搭铁回路电压降允许的最大值是 0.9 V
B. 起动机工作时的噪声大多来自电枢
C. 发动机刚启动时，起动机的工作电流为 180～350 A
D. 与驱动齿一体的是楔块式结构的单向离合器

21. 关于起动机不能与飞轮结合的故障，其原因主要在（　　）部分。
A. 起动机的操纵机构　B. 起动机的定子
C. 起动机的转子　　　D. 起动机的电刷

22. 更换发动机润滑油后，应该（　　），检查滤清器处应无润滑油泄漏。
A. 启动发动机　　　　B. 清洁发动机
C. 盖上引擎盖　　　　D. 检查冷却液

23. 汽车使用技术状况包括汽车的动力性、（　　）、燃料经济性、滑油消耗性。
A. 启动性能　　　　　B. 加速性能
C. 工作可靠性　　　　D. 爬坡性能

24. 发动机启动困难，故障大多发生在（　　）。
A. 启动系统　　　　　B. 点火系统
C. 燃料系统　　　　　D. 以上选项均正确

25. 关于勤劳节俭的论述中，不正确的选项是（　　）。
A. 企业可提倡勤劳，但不宜提倡节俭
B. 一分钟应看成是八分钟
C. 1997 年亚洲金融危机是"饱暖思淫欲"的结果
D. 节省一块钱，就等于净赚一块钱

26. 合同员工违反职业纪律，在给其处分时应把握的原则是（　　）。
A. 企业不能做罚款处罚
B. 严重不遵守企业纪律，即可解除合同
C. 视情节轻重，可以作出撤职处分
D. 警告往往效果不大

27. 汽车音响按照放音机芯的功能分为（　　）。
A. 普通换向机芯和自动换向机芯
B. 中频放大机芯和调频中频信号放大机芯
C. 调频高频信号放大电路机芯和混频机芯
D. 本振电路机芯、调频选频机芯和预中频放大电路机芯

28. 无轨电车属于（　　）。
A. 普通乘用车　　　　B. 货车
C. 客车　　　　　　　D. 乘用车

29. 前驱动轿车的半轴上均安装（　　）万向节。
A. 普通　　　　　　　B. 十字轴
C. 准等速　　　　　　D. 等速

30. （　　）制动器可以用于行车制动装置失效后应急制动。
A. 平衡式　　　　　　B. 非平衡式
C. 行车　　　　　　　D. 驻车

31. 发动机缸体变形将导致其与轴承孔轴线（　　）的变化。
A. 平行度　　　　　　B. 垂直度
C. 同轴度　　　　　　D. 对称度

32. 符号"∥"代表（　　）。
A. 平行度　　　　　　B. 垂直度
C. 倾斜度　　　　　　D. 位置度

33. 符号⊕代表（　　）。
A. 平行度　　　　　　B. 垂直度
C. 倾斜度　　　　　　D. 位置度

34. 《中华人民共和国合同法》规定：合同当事人应遵守的原则有（　　）。
A. 平等原则　　　　　B. 自愿原则
C. 公平原则　　　　　D. 以上选项均正确

35. 《中华人民共和国劳动法》规定劳动者可以享受的权利是（　　）。
A. 平等就业的权利
B. 选择就业的权利
C. 提出劳动争议处理的权利
D. 以上选项均正确

36. 调整喷油泵各缸供油时间，应以第一缸为基准，根据喷油泵的（　　）调整其余各缸。
A. 喷油顺序
B. 间隔角
C. 喷油顺序和间隔角
D. 点火顺序和间隔角

37. （　　）可导致柴油机排放污染物中碳烟浓度过大。
A. 喷油器喷雾质量过差
B. 高压油管压力过小

C. 喷油泵泵油压力过小
D. 低压油管压力过小

38. 柴油机电控泵喷嘴将喷油泵、喷油嘴和（　　）组合为一体，没有高压油管，每一缸一组泵喷嘴。
A. 喷油器　　　　　　B. 输油管
C. 电磁阀　　　　　　D. 输油泵

39. 电控喷油系统中，燃油压力通过（　　）调节。
A. 喷油器　　　　　　B. 燃油泵
C. 压力调节器　　　　D. 输油管

40. 喷油器未调试前，应做好（　　）使用准备工作。
A. 喷油泵试验台　　　B. 喷油器试验台
C. 喷油器清洗器　　　D. 压力表

41. 蓄电池安全操作正确的是（　　）。
A. 配置电解液时应将硫酸倒入水中
B. 配置电解液时应将水倒入硫酸中
C. 观看检查电解液用的仪器时应远离电解液注口
D. 蓄电池壳上可以放置较轻的物体

42. （　　）的作用是将活塞的直线往复运动转变为曲轴的旋转运动并输出动力。
A. 配气机构　　　　　B. 曲柄连杆机构
C. 启动系统　　　　　D. 点火系统

43. 汽油机分电器中的（　　）由分火头和分电器盖组成。
A. 配电器　　　　　　B. 断电器
C. 点火提前装置　　　D. 电容器

44. 更换动力电池箱散热风扇时需要确保以下事项：（　　）。
A. 佩戴绝缘手套，做好绝缘防护
B. 蓄电池负极电缆始终处于断开状态
C. 维修开关始终处于断开状态
D. 以上选项均正确

45. 半导体压力传感器的硅膜片，一面接触的是真空室压力，一面接触的是（　　）压力。
A. 排气管　　　　　　B. 进气歧管
C. 空气　　　　　　　D. 燃油

46. 变速器通过切换不同的传动比啮合副（换挡）达到改变转速和（　　）的目的，满足不同行驶条件对牵引力的需要。
A. 转矩　　　　　　　B. 力矩
C. 转速　　　　　　　D. 传动比

47. 汽车制动器的内张双蹄式鼓式制动器，以制动鼓的（　　）面为工作表面。

A. 内圆柱　　　　　　B. 外圆柱
C. 端面　　　　　　　D. 以上选项均正确

48. 拆装油底壳、变速器等的放油螺栓通常选用（　　）。
A. 内六角扳手　　　　B. 方扳手
C. 钩形扳手　　　　　D. 圆螺母扳手

49. 轮毂轴承螺栓、螺母拆装应选用（　　）。
A. 内六角扳手　　　　B. 方扳手
C. 钩形扳手　　　　　D. 专用套筒扳手

50. 同步器依靠（　　）来实现动力的传递。
A. 摩擦　　　　　　　B. 啮合
C. 链条　　　　　　　D. 齿带

51. 目前汽车电控系统中广泛应用的进气歧管压力传感器是（　　）。
A. 膜盒传动式可变电感式
B. 表面弹性波式
C. 电容式
D. 以上选项均不正确

52. 电控发动机可用（　　）检查油压调节器是否有故障。
A. 模拟式万用表　　　B. 万用表
C. 油压表　　　　　　D. 油压表或万用表

53. 国产柴油的牌号按（　　）分类。
A. 密度　　　　　　　B. 凝点
C. 熔点　　　　　　　D. 十六烷值

54. 汽油的牌号越高说明（　　）也越高。
A. 密度　　　　　　　B. 凝点
C. 熔点　　　　　　　D. 辛烷值

55. 用于高寒地区冬季使用的清洗机是（　　）。
A. 门式清洗机　　　　B. 盘式清洗机
C. 常温高压清洗机　　D. 热水清洗机

56. 正确阐述职业道德与人的事业的关系的选项是（　　）。
A. 没有职业道德的人不会获得成功
B. 要取得事业的成功，前提条件是要有职业道德
C. 事业成功的人往往并不需要较高的职业道德
D. 职业道德是人获得成功的重要条件

57. 最大爬坡度是车轮（　　）时的最大爬坡能力。
A. 满载　　　　　　　B. 空载
C. <5 t　　　　　　　D. >5 t

58. 进气温度传感器输出的是（　　）。
A. 脉冲信号　　　　　B. 数字信号

C. 模拟信号　　　　　　D. 固定信号

59. 冷却液温度传感器的输出信号是（　　）。
A. 脉冲信号　　　　　　B. 数字信号
C. 模拟信号　　　　　　D. 固定信号

60. 翼片式空气流量计的输出信号是（　　）。
A. 脉冲信号　　　　　　B. 数字信号
C. 模拟信号　　　　　　D. 固定信号

61. 机油滤清方法分为滤清器与主油道串联—全流式滤清和（　　）两种。
A. 滤清器与主油道串联—分流式滤清
B. 滤清器与主油道并联—全流式滤清
C. 滤清器与主油道串联—合流式滤清
D. 滤清器与主油道并联—分流式滤清

62. 三元催化转换器为一（　　）结构，在其排气管中央的栅格网表面涂有催化剂。
A. 组合式　　　　　　　B. 整体式
C. 分开式　　　　　　　D. 连体式

63. 下列因素造成变速器乱挡原因之一是（　　）。
A. 轮齿磨成锥形　　　　B. 自锁装置失效
C. 互锁装置失效　　　　D. 倒挡锁失效

64. 确定发动机曲轴修理尺寸时，除根据测量的圆柱度、圆度进行计算外，还应考虑（　　）对修理尺寸的影响。
A. 裂纹　　　　　　　　B. 弯曲
C. 连杆　　　　　　　　D. 轴瓦

65. 等速万向节的基本原理是从结构上保证需要万向节在工作过程中，其传力点永远位于（　　）上。
A. 两轴交点上
B. 两轴交点的平分面上
C. 两轴交点的平分线上
D. 两轴交点的 1/2 处

66. 点火开关拧到START挡，起动机电磁开关的吸拉线圈和保持线圈是（　　）。
A. 两只线圈一直通电
B. 吸拉线圈先通电，保持线圈再通电
C. 保持线圈先通电，吸拉线圈再通电
D. 开始时两线圈同时通电，后来只有保持线圈通电

67. （　　）不是行驶跑偏的原因。
A. 两前轮胎气压差过大或磨损程度不一致
B. 前桥变形
C. 前轮前束过大或过小
D. 车架变形或铆钉松动

68. （　　）是行驶跑偏的原因。
A. 两前轮胎气压差过大
B. 车架变形或铆钉松动
C. 转向节主销与衬套间隙过大
D. 减振器失效，前钢板弹力不一致

69. 自动变速器单向离合器的作用是（　　）。
A. 连接　　　　　　　　B. 固定
C. 锁止　　　　　　　　D. 制动

70. 自动变速器内的离合器的作用是（　　）。
A. 连接　　　　　　　　B. 固定
C. 锁止　　　　　　　　D. 制动

71. 自动变速器内制动器的作用是（　　）。
A. 连接　　　　　　　　B. 固定
C. 锁止　　　　　　　　D. 制动

72. 超声波式卡尔曼涡旋式空气流量计的输出信号是（　　）。
A. 连续信号　　　　　　B. 数字信号
C. 模拟信号　　　　　　D. 固定信号

73. （　　）会导致连杆轴承产生异响。
A. 连杆轴承间隙过小
B. 连杆材质不符合要求
C. 润滑系压力过大
D. 连杆轴承间隙过大

74. 电压调节器触点控制的电流是发电机的（　　）。
A. 励磁电流　　　　　　B. 电枢电流
C. 充电电流　　　　　　D. 点火电压

75. 形位公差是指零件的实际形状相对于零件的（　　）所允许的变动量。
A. 理想位置　　　　　　B. 理想形状
C. 极限形状　　　　　　D. 极限位置

76. 离合器发抖的故障原因是（　　）。
A. 离合器分离杠杆内端面不在同一平面内
B. 压紧弹簧弹力均匀
C. 摩擦片表面清洁
D. 从动盘表面平整

77. 离合器踏板自由行程过大，会造成离合器（　　）。
A. 打滑　　　　　　　　B. 分离不彻底
C. 起步发抖　　　　　　D. 半接合状态

78. 汽车离合器液压操纵系统漏油或有空气，会引起（　　）。
A. 离合器打滑
B. 离合器分离不彻底

C. 离合器异响
D. 离合器接合不柔和

79. 汽车悬架一般由弹性元件、（　　）、导向机构三部分组成。
A. 离合器　　　　　　B. 减速器
C. 减振器　　　　　　D. 差速器

80. （　　）可使发动机与传动系统逐渐接合，保证汽车平稳起步。
A. 离合器　　　　　　B. 变速器
C. 主减速器　　　　　D. 差速器

81. 通常汽车传动系统动力最后经过（　　）传递给驱动轮。
A. 离合器　　　　　　B. 变速器
C. 主减速器　　　　　D. 半轴

82. 驻车制动器多安装在（　　）或分动器之后。
A. 离合器　　　　　　B. 变速器
C. 差速器　　　　　　D. 主减速器

83. 属于气缸盖腐蚀的主要原因的是（　　）。
A. 冷却液加注过多
B. 使用了不符合要求的冷却液
C. 汽车工作条件恶劣
D. 汽车长期超负荷工作

84. 属于气缸体腐蚀的主要原因的是（　　）。
A. 冷却液加注过多
B. 使用了不符合要求的冷却液
C. 汽车工作条件恶劣
D. 汽车长期超负荷工作

85. 属于气缸盖损伤的原因的是（　　）。
A. 冷却液过多　　　　B. 异物碰撞
C. 机油压力过高　　　D. 机油达不到要求

86. A类火灾发生时可用（　　）灭火法。
A. 冷却　　　　　　　B. 二氧化碳
C. 绝缘灭火剂　　　　D. 特殊灭火剂盖熄

87. C类火灾发生时，可用（　　）灭火法。
A. 冷却　　　　　　　B. 二氧化碳
C. 绝缘灭火剂　　　　D. 特殊灭火剂盖熄

88. 空调系统工作时，若蒸发器内制冷剂不足，离开（　　）的制冷剂会是低于正常压力，温度较高的气体状态。
A. 冷凝器　　　　　　B. 压缩机
C. 储液干燥器　　　　D. 蒸发器

89. 更换变速器齿轮油时，应先使变速器齿轮升温，齿轮油处于（　　）状态下，拧下放油孔螺栓，放出齿轮油，再将放油孔螺栓拧牢固。
A. 冷　　　　　　　　B. 温热
C. 常温　　　　　　　D. 任意温度

90. （　　）或服务质量是企业生产经营活动的结果。
A. 劳动　　　　　　　B. 工作
C. 产品　　　　　　　D. 商品

91.《中华人民共和国消费者权益保护法》不包括保护消费者的（　　）权。
A. 劳动　　　　　　　B. 安全
C. 知情　　　　　　　D. 自主选择

92. 不属于混合动力汽车的动力部分的是（　　）。
A. 控制系统　　　　　B. 发电机
C. 驱动电机　　　　　D. 发动机

93. 检查转向盘自由转动量时，应使（　　）处于直线行驶位置。
A. 转向轮　　　　　　B. 后轮
C. 驱动轮　　　　　　D. 传动轴

94. 起动机电磁开关的作用是（　　）。
A. 控制起动机电流的通断
B. 推动小齿轮啮入飞轮齿圈
C. 通断起动机电流，并推动小齿轮啮入飞轮齿圈
D. 防止起动机电枢被发动机高速反拖

95. 汽车空调系统中，（　　）将系统的低压侧与高压侧分隔开。
A. 空调压缩机　　　　B. 干燥罐
C. 蒸发器　　　　　　D. 冷凝器

96. （　　）是燃料燃烧过程中实际供给的空气质量与理论上完全燃烧时所需的空气质量之比。
A. 空燃比　　　　　　B. 可燃混合气
C. 过量空气系数　　　D. 以上选项均不正确

97. 电控燃油喷射系统能实现（　　）的高精度控制。
A. 空燃比　　　　　　B. 点火高压
C. 负荷　　　　　　　D. 转速

98. （　　）不是无气压或气压低引起气压制动系制动失效的原因。
A. 空气压缩机损坏或供气量小
B. 制动器室膜片破裂
C. 空气压缩机传动带打滑
D. 单向阀卡带或制动管路堵塞

99. （　　）是气压正常，但气压制动系制动失效的

原因。

A. 空气压缩机损坏或供气量小

B. 空气压缩机传动带打滑

C. 制动器室膜片破裂

D. 单向阀卡滞或制动管路堵塞

100. （　　）是气压制动系统制动不良的原因。

A. 空气压缩机损坏　　B. 制动软管破裂

C. 制动器室膜片破裂　D. 制动阀调整不当

101. （　　）导致气压制动系统制动失效。

A. 空气压缩机润滑不良

B. 制动踏板系制动失效

C. 制动踏板行程过小

D. 空气压缩机传动带打滑

102. 关于发动机温度过高的主要原因，说法正确的是（　　）。

A. 空气滤清器滤芯堵塞，进气管道堵塞

B. 发动机气门间隙过大

C. 汽油滤芯堵塞，油管堵塞

D. 点火提前角过大或过小

103. 造成混合气过稀的原因是（　　）。

A. 空气滤清器堵塞　　B. 进气歧管堵塞

C. 油压过高　　　　　D. 汽油泵磨损

104. （　　）用于检测节气门的开启角度。

A. 空气流量计　　　B. 节气门位置传感器

C. 进气温度传感器　D. 发动机转速传感器

105. 四冲程柴油机在进气行程时进入到气缸内的是（　　）。

A. 空气　　　　　　B. 柴油

C. 汽油　　　　　　D. 可燃混合气

106. 一级维护竣工检查技术要求中，转向臂、转向拉杆、制动操纵机构工作可靠，锁销（　　），转向杆球头、转向传动十字轴承、传动轴十字轴承（　　）。

A. 可有可无　间隙可大些

B. 齐全有效　无松旷

C. 无须检查　坚固

D. 坚固　无裂纹

107. 汽车制造厂有特别说明或标明润滑油是汽油机和柴油机的通用油时，（　　）。

A. 可以任意通用

B. 可在标明的级别内通用

C. 也不能通用

D. 大货车可以通用

108. 关于现代汽车使用的氙灯具，下列说法不正确的是（　　）。

A. 可提高亮度二倍以上

B. 亮灯速度特别快

C. 特别省电达 50%

D. 使用寿命与车辆寿命相当

109. （　　）有利于转向结束后转向轮和方向盘自动回正，但也容易将坏路面对车轮的冲击力传到方向盘，出现"打手"现象。

A. 可逆式转向器　　B. 不可逆式转向器

C. 极限可逆式转向器　D. 齿轮条式转向器

110. 中型以上越野汽车和自卸汽车多用（　　）转向器。

A. 可逆式　　　　　B. 不可逆式

C. 极限可逆式　　　D. 齿轮齿条式

111. 不属于金属材料的工艺性能的是（　　）。

A. 可焊性　　　　　B. 可锻性

C. 耐磨性　　　　　D. 韧性

112. （　　）是指金属材料是否容易被切削工具进行加工的性能。

A. 可焊性　　　　　B. 延展性

C. 切削性　　　　　D. 渗透性

113. 一级维护竣工检验技术要求中，各润滑脂油嘴齐全有效，安装位置正确，所有润滑点（　　）。

A. 可不润滑　　　　B. 无须检查

C. 须清洁　　　　　D. 均已润滑，无遗漏

114. 变速器的组成部分中用于传递转矩并改变转矩方向的是（　　）。

A. 壳体　　　　　　B. 同步器

C. 齿轮传动机构　　D. 操纵机构

115. 爱岗敬业的具体要求是（　　）。

A. 看效益决定是否爱岗

B. 转变择业观念

C. 提高职业技能

D. 增强把握择业的机遇意识

116. 差速器内行星齿轮当左右两侧车轮阻力不同时，（　　）。

A. 开始公转　　　　B. 开始自转

C. 开始反转　　　　D. 开始滑动

117. 喷油器每循环喷出的燃油量基本上取决于（　　）时间。

A. 开启持续　　　　　　B. 开启开始
C. 关闭持续　　　　　　D. 关闭开始

118. 柴油机电控系统的类型分为（　　）和闭环控制。
A. 开路控制　　　　　　B. 开环控制
C. 闭路控制　　　　　　D. 循环控制

119. 职业道德的稳定性和连续性是（　　）。
A. 绝对的
B. 相对的
C. 不受当时社会经济关系的制约
D. 不受其他道德原则的影响

120. 职业道德对企业的作用包括（　　）。
A. 决定经济效益　　　　B. 促进决策科学化
C. 增强竞争力　　　　　D. 树立员工守业意识

121. 主要对汽车进行局部举升的装置是（　　）。
A. 举升器　　　　　　　B. 千斤顶
C. 木块　　　　　　　　D. 金属块

122. 冷却液是由（　　）、防冻防锈剂、添加剂三部分组成。
A. 酒精　　　　　　　　B. 乙二醇
C. 甘油　　　　　　　　D. 水

123. 制动主缸装配前，用（　　）清洗缸壁。
A. 酒精　　　　　　　　B. 汽油
C. 柴油　　　　　　　　D. 防冻液

124. 液压传动系统中的下列节流调速回路中溢流阀在正常工作时不抬起的是（　　）。
A. 进油路节流调速　　　B. 回油路节流调速
C. 旁油路节流调速　　　D. 容积调速回路

125. 不属于可燃混合气供给和排出的装置是（　　）。
A. 进气歧管　　　　　　B. 排气歧管
C. 排气消声器　　　　　D. 机油滤清器

126. 调整发动机气门间隙应在（　　）、气门挺杆落至最终位置的情况下进行。
A. 进气门完全关闭
B. 排气门完全关闭
C. 进、排气门完全关闭
D. 进、排气门不需关闭

127. （　　）是燃烧室的组成部分，是气体进、出燃烧室通道的开关。
A. 进气门　　　　　　　B. 排气门
C. 气门　　　　　　　　D. 缸盖

128. 安装在进气歧管上的喷油器在（　　）喷油。
A. 进气行程　　　　　　B. 压缩行程
C. 做功行程　　　　　　D. 排气行程

129. 四冲程柴油机工作时，柴油在（　　）时进入气缸。
A. 进气行程　　　　　　B. 接近压缩行程终了
C. 接近做功行程终了　　D. 排气行程

130. （　　）不是电控燃油喷射系统中空气供给系统的组成构件。
A. 进气管　　　　　　　B. 空气滤清器
C. 怠速旁通阀　　　　　D. 进气压力传感器

131. 柴油机的混合气形成与燃烧是在（　　）。
A. 进气管　　　　　　　B. 输油泵
C. 燃烧室　　　　　　　D. 喷油器

132. 进气温度传感器安装在（　　）。
A. 进气道上　　　　　　B. 排气管上
C. 水道上　　　　　　　D. 油底壳上

133. 冷却液温度传感器安装在（　　）。
A. 进气道上　　　　　　B. 排气管上
C. 水道上　　　　　　　D. 油底壳上

134. 发动机的四个工作行程中，只有（　　）行程是有效行程。
A. 进气　　　　　　　　B. 压缩
C. 做功　　　　　　　　D. 排气

135. 废气涡轮增压器利用发动机排出的具有一定能量的废气进涡轮并膨胀（　　）。
A. 进气　　　　　　　　B. 压缩
C. 做功　　　　　　　　D. 作气

136. 更换动力电池箱散热器风扇时需要（　　）。
A. 佩戴绝缘手套
B. 在拆下维修开关把手前，应关闭点火开关，并使车辆静止 5 min 以上，再拆下蓄电池负极电缆
C. 将拆下的维修开关把手放在口袋内携带，以确保安全
D. 以上选项均正确

137. 气门密封的检查方法有（　　）、拍击法、涂红丹油法、渗油法。
A. 进光法　　　　　　　B. 水压法
C. 划线法　　　　　　　D. 目测法

138. 若在火场时衣服着火了，下列不正确的选项是（　　）。
A. 尽快脱掉衣帽　　　　B. 就地倒下打滚
C. 迅速奔跑　　　　　　D. 将衣服撕碎扔掉

139. ( ) 用于汽车行驶时减速或停车。
A. 紧急制动　　　　　B. 行车制动
C. 安全制动　　　　　D. 驻车制动

140. ( ) 装置用于使停驶的汽车驻留在原位不动。
A. 紧急制动　　　　　B. 安全制动
C. 行车制动　　　　　D. 驻车制动

141. 游标卡尺上游标的刻线数越多则游标的( )。
A. 结构越小　　　　　B. 长度越短
C. 分度值越大　　　　D. 读数精准度越高

142. 发动机冷却系统组成中，能将冷却水携带的热量散入大气，以保证发动机的正常工作温度的是( )。
A. 节温器　　　　　　B. 散热器
C. 水泵　　　　　　　D. 水套

143. 发动机冷却系统的部件中能对冷却水加压使其循环流动的是( )。
A. 节温器　　　　　　B. 散热器
C. 水泵　　　　　　　D. 风扇

144. 发动机冷却系统的组成部件中用来改变冷却水的大、小循环路线及流量的是( )。
A. 节温器　　　　　　B. 散热器
C. 水泵　　　　　　　D. 风扇

145. ( ) 不是电控燃油系统的电子控制系统组成部分。
A. 节气门位置传感器　B. 曲轴位置传感器
C. 怠速旁通阀　　　　D. 进气压力传感器

146. ( ) 能够识别哪一气缸即将到达上止点，因此称为气缸识别传感器。
A. 节气门位置传感器　B. 曲轴位置传感器
C. 爆燃传感器　　　　D. 凸轮轴位置传感器

147. ( ) 不属于新能源汽车环保特点。
A. 节能　　　　　　　B. 高效
C. 无污染　　　　　　D. 低污染

148. ( ) 不属于混合动力汽车的环保特点。
A. 节能　　　　　　　B. 高效
C. 无污染　　　　　　D. 低污染

149. 间接测量型空气供给系统测量进气量的方式有( )方式和速度—密度方式两种。
A. 节流—速度　　　　B. 节流—密度
C. 压力—速度　　　　D. 压力—密度

150. 《中华人民共和国消费者权益保护法》规定的经营者的义务不包括( )的义务。
A. 接受监督
B. 接受教育
C. 提供商品和服务真实信息
D. 出具购货凭证

151. 在满足工件表面功能要求的情况下，应尽量选用( )表面粗糙度数值。
A. 较大的　　　　　　B. 较小的
C. 不同的　　　　　　D. 相同的

152. 膜片弹簧离合器的压盘( )，热容量大，不易产生过热。
A. 较大　　　　　　　B. 较小
C. 较薄　　　　　　　D. 较厚

153. ( ) 是连杆轴承异响的特征。
A. 较沉闷连续的"咣咣"金属敲击声
B. 发出较大清脆的"咣咣"金属敲击声
C. 尖脆的"嗒嗒"声
D. 发出散乱的撞击声

154. 变速器在换挡过程中，必须使即将啮合的一对齿轮的( )达到相同，才能顺利地挂上挡。
A. 角速度　　　　　　B. 线速度
C. 转速　　　　　　　D. 圆周速度

155. 职业纪律是从事这一职业的员工应该共同遵守的行为准则，它包括的内容有( )。
A. 交往规则　　　　　B. 操作程序
C. 群众观念　　　　　D. 外事纪律

156. 车辆的其他状况均可，但前照灯不亮，最易产生此故障的原因是( )。
A. 交流发电机输出电压过低
B. 发电机电压调节器不良
C. 蓄电池电压过低
D. 前照灯搭铁不良

157. 更换动力电池插接件时需要测量插接件上的电压，以确保安全，使用的数字万用表量程是( )。
A. 交流电压挡　量程大于 400 V
B. 交流电压挡　量程小于 400 V
C. 直流电压挡　量程大于 400 V
D. 直流电压挡　量程小于 400 V

158. 更换发动机机油时，应( )。
A. 将汽车停在平坦的场地，在前、后车轮外垫上止

滑块

B. 将汽车停放在坡道上

C. 在冷车的状态下

D. 润滑油的黏度越大越好

159. 离合器传动钢片的主要作用是（　　）。

A. 将离合器的动力传给压盘

B. 将压盘的动力传给离合器盖

C. 固定离合器盖和压盘

D. 减小振动

160. （　　）是轮胎异常磨损的原因。

A. 减振器性能减弱

B. 连振销松动

C. 减振器损坏

D. 单侧悬架弹簧弹力不足

二、判断题（第 161 题~第 200 题。将判断结果填入括号中，正确的填"√"，错误的填"×"。每题 0.5 分，满分 20 分。）

161. 发动机活塞在上止点时，第一道活塞环所对应的缸壁位置磨损量最大。（　　）

162. 发动机机油压力正常时，机油压力警告灯报警开关触点分开，报警灯亮。（　　）

163. 发动机机油黏度过低会引起机油压力过低。（　　）

164. 发动机启动时，蓄电池可向起动机提供 50 A 电流。（　　）

165. 发动机气缸套承孔内径修理尺寸的级差为 0.5 mm，共三个级别。（　　）

166. 发动机润滑压力过高是由于主油道调压阀内弹簧压紧力过大。（　　）

167. 发动机运转时，各运动零件的工作条件不同，所要求的润滑强度也不同，因而采取相同的润滑方式。（　　）

168. 发动机在使用中，任何水都可以直接作为冷却水加注。（　　）

169. 发动机在正常工作情况下，涡轮排气的温度可达 600~900 ℃。（　　）

170. 发动机在正常工作情况下，涡轮增压器的转速在 8 000~12 000 r/min。（　　）

171. 发动机纵向传出的转矩经驱动桥后，使其改变 60° 后横向传出。（　　）

172. 废气涡轮的全部功率用于驱动与涡轮机同轴旋转的压气机工作叶轮，在压气机中将废气压缩后再送入气缸。（　　）

173. 废气涡轮与压气机通常装成一体。（　　）

174. 分配阀的滑阀偏离中间位置是汽车动力转向左右转向力不一致的原因之一。（　　）

175. 干式气缸套的外表面可以与冷却水接触。（　　）

176. 高亮度弧光灯亮度是卤素灯泡的 2.5 倍，但多耗约 40% 的电能。（　　）

177. 高阻抗喷油器的阻值约为 $0.8~1.5~\Omega$。（　　）

178. 各行各业的职业道德具有相同的内容。（　　）

179. 更换动力电池箱散热风扇，在拆下维修开关把手时需要佩戴绝缘手套。（　　）

180. 更换发动机润滑油时汽油机润滑油和柴油机润滑油，牌号相差不大时可以通用。（　　）

181. 更换发动机润滑油越多越好。（　　）

182. 更换汽车空调压缩机时，空调压缩机皮带要同时进行更换。（　　）

183. 更换水泵的水封总成后不用进行漏水试验。（　　）

184. 更换水泵的水封总成时应进行漏水试验，要求堵住水泵进出水口，将水注满叶轮腔，转动泵轴，检查各处应无漏水。（　　）

185. 工件尺寸是游标卡尺尺身读出的整毫米数 + 游标刻度。（　　）

186. 鼓风机损坏，只影响采暖，不影响制冷。（　　）

187. 关于汽车上的制动信号灯，当踩下制动踏板时立即发亮。（　　）

188. 硅整流发电机上的磁场接线柱"E""F"，"E"表示磁场，"F"是搭铁。（　　）

189. 中华人民共和国国家市场监督管理总局负责全国产品监督管理工作。（　　）

190. 行车制动系的踏板自由行程越大越好。（　　）

191. 合同是一种刑事法律行为。（　　）

192. 弧光放电前照灯由弧光组件、电子控制器和升压器三大部件组成。（　　）

193. 混合动力电池箱散热风扇是由电池管理系统（BMS）控制。（　　）

194. 混联式混合传动机构中，用于实现能量分流和综合的动力分配装置是一个行星齿轮机构。（　　）

195. 机油滤清方法分为滤清器与主油道并联的全流式滤清和滤清器与主油道串联的分流式滤清两种。（ ）

196. 机油牌号中 10W/30 这种形式称为多级机油，可四季通用。（ ）

197. 机油压力开关用于检测发动机有无机油压力。（ ）

198. 检测发电机整流器的性能应选用万用表"二极管"挡。（ ）

199. 检查传动轴花键轴与滑动叉花键的配合间隙，最大不得超过 0.4 mm。（ ）

200. 检查电气线束时，操作人员需具有相应的操作资质，手机、钥匙等应放入工作服口袋里。（ ）

汽车维修工中级理论知识模拟试题 4

一、单项选择题（第1题～第160题。选择一个正确的答案，将相应的字母填入题内的括号中。每题0.5分，满分80分。）

1. （　　）不是轮胎异常磨损的原因。
A. 减振器性能减弱
B. 主销后倾角改变
C. 轮胎气压不平衡
D. 单侧悬架弹簧弹力不足

2. （　　）不是汽车行驶跑偏的原因。
A. 减振器性能减弱
B. 前悬架移位
C. 单侧悬架弹簧力不足
D. 车架变形

3. （　　）是行驶中有异响的原因。
A. 减振器性能减弱
B. 前悬架移位
C. 单侧悬架弹簧弹力不足
D. 弹簧折断

4. （　　）是汽车行驶中有撞击声的原因。
A. 减振器性能减弱
B. 前悬架移位
C. 单侧悬架弹簧弹力不足
D. 弹簧折断

5. 液压传动的基本回路中，平衡阀是由（　　）组成的复合阀。
A. 减压阀和溢流阀
B. 单向阀和溢流阀
C. 单向阀和顺序阀
D. 节流阀和顺序阀

6. 膜片弹簧离合器的从动盘磨损，压盘前移，膜片弹簧对压盘的压力将（　　）。
A. 减小
B. 增大
C. 不变
D. 消失

7. 变速器挂入传动比大于1的挡位时，变速器实现（　　）。
A. 减速增扭
B. 增扭升速
C. 增速增扭
D. 减速减扭

8. 发动机在启动前不应（　　）。
A. 检查油底壳
B. 检查冷却液
C. 换挡开关在空挡位置
D. 放开驻车制动器

9. 检查动力电池的电气线束，重点操作内容是（　　）。
A. 检查线束是否有老化破损
B. 检查波纹管是否存在破损、老化现象
C. 检查高压线束与运动件之间的位置关系，是否存在剐蹭
D. 以上选项均正确

10. 属于汽车底盘二级维护作业内容的是（　　）。
A. 检查曲轴磨损
B. 检查变速器齿轮
C. 检查离合器片厚度
D. 检查调整气门间隙

11. 汽车轮胎一级维护作业的技术要求为（　　）。
A. 气压应符合规定，胎面无石头
B. 轮胎气压应略高于规定值
C. 轮胎气压应略低于规定值
D. 轮胎的胎面磨损量需要检查

12. 为分析离合器打滑故障存在的原因，应最先进行检查的项目是（　　）。
A. 检查离合器踏板的自由行程
B. 检查离合器盖、飞轮连接螺钉是否松动
C. 检查离合器分离杠杆内端面高低
D. 检查离合器摩擦片

13. 不属于汽车底盘二级维护作业内容的是（　　）。
A. 检查离合器片
B. 检查转向器
C. 检查离合器自由行程
D. 检查补足轮胎气压

14. 关于更换电动汽车电气线束的说法，除了（　　）之外，都是正确的。
A. 检查高压线部件，需佩戴绝缘手套
B. 拆卸检修高压电气部件时应切断高压回路
C. 可以使用万用表测量电气线束的绝缘等级
D. 每次通高压电之前，操作人员应检查电器周边是否有杂物

15. 属于二级维护内容的是（　　）。
A. 检查、调整转向节　　B. 更换活塞环
C. 更换活塞销　　D. 检查曲轴轴向间隙

16. （　　）不是正时齿轮异响的特征。
A. 间隙小，发出"嗡嗡"声，间隙大，发出散乱撞击声
B. 发动机转速升高，声音随之升高
C. 声音与发动机温度无关
D. 发动机转速升高，声音随之变小

17. 气门头部的形状有（　　）、凸顶和凹顶三种结构形式。
A. 尖顶　　B. 圆顶
C. 平顶　　D. 以上选项均不正确

18. 纯电动汽车电机控制器接收（　　）的信息，控制驱动电机的电流，实现汽车的行驶。
A. 驾驶员　　B. 控制系统
C. 主控单元　　D. 电子控制单元（ECU）

19. 用汽车万用表测量空调出风口温度时，温度传感器应放在（　　）。
A. 驾驶室内　　B. 驾驶室外
C. 高压管路内　　D. 风道内

20. 关于车速里程表，甲说车速里程表的动力源来自变速器的输出轴，乙说车速里程表由汽车的变速器软轴驱动仪表的主动轴。以上观点（　　）。
A. 甲正确　　B. 乙正确
C. 甲乙都正确　　D. 甲乙都不正确

21. 关于充电电流不稳的故障症状，甲说症状是发动机中速运转时电流表指示充电电流忽大忽小，乙说症状是发动机中速运转时充电指示灯忽亮忽灭。以上观点（　　）。
A. 甲正确　　B. 乙正确
C. 甲乙都正确　　D. 甲乙都不正确

22. 关于充电电流不稳的原因，甲说原因是风扇传动带打滑，乙说是充电系统连接导线接触不良。以上观点（　　）。
A. 甲正确　　B. 乙正确
C. 甲乙都正确　　D. 甲乙都不正确

23. 关于发电机异响故障，甲说发电机异响故障的原因可能是传动带松紧度调整不当，乙说发电机异响故障的原因可能是发电机轴承润滑不良。以上观点（　　）。
A. 甲正确　　B. 乙正确
C. 甲乙都正确　　D. 甲乙都不正确

24. 关于发电机异响故障，甲说发电机异响故障的原因可能是转子与定子之间碰擦，乙说发电机异响故障的原因可能是电机风扇或传动带盘与壳体碰撞。以上观点（　　）。
A. 甲正确　　B. 乙正确
C. 甲乙都正确　　D. 甲乙都不正确

25. 关于空调压缩机不运转故障，甲说原因可能是电磁离合器皮带盘与压力接合面磨损严重打滑；乙说原因可能是电磁离合器与从动压力板连接半圆键松脱。以上观点（　　）。
A. 甲正确　　B. 乙正确
C. 甲乙都正确　　D. 甲乙都不正确

26. 关于起动机运转无力故障的原因，甲说起动机运转无力的原因可能是起动机电枢轴弯曲与磁极碰擦，乙说起动机运转无力的原因可能是电枢绕组或磁场绕组短路。以上观点（　　）。
A. 甲正确　　B. 乙正确
C. 甲乙都正确　　D. 甲乙都不正确

27. 关于起动机运转无力故障的原因，甲说起动机运转无力的原因可能是起动机轴承过松，乙说起动机运转无力的原因可能是起动机轴承过紧。以上观点（　　）。
A. 甲正确　　B. 乙正确
C. 甲乙都正确　　D. 甲乙都不正确

28. 关于起动机运转无力故障的原因，甲说起动机运转无力的原因可能是蓄电池亏电太多，乙说起动机运转无力的原因可能是启动电路接头松动。以上观点（　　）。
A. 甲正确　　B. 乙正确
C. 甲乙都正确　　D. 甲乙都不正确

29. 关于燃油表检修，甲说在安装传感器时与油箱搭铁必须良好，乙说传感器的电阻末端必须搭铁，这样可以避免因滑片与电阻接触不良时产生火花而引起火灾。以上观点（　　）。
A. 甲正确　　B. 乙正确
C. 甲乙都正确　　D. 甲乙都不正确

30. 关于燃油表指示，甲说如燃油表指示"F"表明油箱内的燃油为满箱，乙说如燃油表指示"E"表明油箱内的燃油为半箱。以上观点（　　）。
A. 甲正确　　B. 乙正确
C. 甲乙都正确　　D. 甲乙都不正确

31. （　　）是查找空调制冷剂微小泄漏最有效的方法之一。
A. 加压泄漏 B. 紫外线检漏法
C. 充注试漏 D. 真空试漏

32. 补冷却液时，一定要等待发动机（　　）后再打开加水盖，以防止缸体变形或爆裂。
A. 加速 B. 制动
C. 冷却 D. 润滑

33. 汽车（　　）时有异响，应检查后桥某一部位的齿轮的配合间隙与啮合间隙是否合适。
A. 加速 B. 减速
C. 起步 D. 上坡和下坡

34. （　　）是保证和提高维修质量的先决条件。
A. 加强教育 B. 抓技术管理
C. 应用新技术 D. 推行管理新经验

35. （　　）不是真空助力式液压制动传动装置的组成部分。
A. 加力气室 B. 轮缸
C. 控制阀 D. 主缸

36. 门锁电路的定时装置一般利用（　　）的充、放电特征。
A. 继电器 B. 电容器
C. 电阻 D. 三极管

37. 汽车进行二级维护时，依据检测结果及汽车实际技术情况进行故障诊断，从而确定（　　），附加作业项目确定后与基本作业项目一并进行二级维护作业。
A. 技术状况 B. 工时内容
C. 检验内容 D. 附加作业项目

38. 润滑系统中，一般装有几个不同滤清能力的滤清器，即（　　）、粗滤器和细滤器。
A. 集滤器 B. 粗滤器
C. 细滤器 D. 滤清器

39. 制动钳体缸筒与活塞的（　　）配合间隙应小于0.15 mm。
A. 极限 B. 理想
C. 最小 D. 理论

40. 企业文化的功能不包括（　　）。
A. 激励功能 B. 导向功能
C. 整合功能 D. 娱乐功能

41. 滚动轴承的代号由（　　）构成。
A. 基本代号、前置代号、后置代号
B. 内径代号、前置代号、后置代号
C. 基本代号、类型代号、内径代号
D. 类型代号、前置代号、后置代号

42. 属于曲轴变形的主要原因的是（　　）。
A. 机油压力过高
B. 按规定力矩拧紧螺栓力矩
C. 未按规定力矩拧紧螺栓
D. 曲轴轴承磨损

43. 属于凸轮轴变形的主要原因的是（　　）。
A. 机油压力过高
B. 按规定力矩拧紧螺栓力矩
C. 未按规定力矩拧紧螺栓
D. 凸轮轴轴承磨损

44. 发动机一级维护作业的内容主要有更换发动机机油和（　　）、补充冷却液、维护或更换空气滤清器滤芯、清洁火花塞、维护燃料系统、维护点火系统等。
A. 机油滤清器 B. 制动液
C. 冷却液 D. 高压线

45. （　　）时，机油警告灯不会发亮。
A. 机油警告灯开关接触不良
B. 机油滤清器上的油压警告开关短路
C. 润滑系油压过低
D. 警告灯至传感器开关间线路搭铁短路

46. （　　）安装在发动机机油泵进油口的前端。
A. 机油集滤器 B. 机油细滤器
C. 机油粗滤器 D. 机油散热器

47. （　　）的作用是将杂质从机油中清除。
A. 机油集滤器 B. 机油细滤器
C. 机油粗滤器 D. 机油散热器

48. 发动机润滑系中并联于润滑系内，并能滤出润滑油中微小杂质的装置是（　　）。
A. 机油集滤器 B. 机油细滤器
C. 机油粗滤器 D. 机油散热器

49. （　　）的作用是建立足够的机油压力。
A. 机油泵 B. 机油滤清器
C. 限压阀 D. 机油压力感应塞

50. 柴油发动机的（　　）开始压油到上止点为止的曲轴转角称为喷油提前角。
A. 机油泵 B. 汽油泵
C. 输油泵 D. 喷油泵

51. 涡轮增压器按增压方式分类，可分为废气涡轮增压器、（　　）和组合式涡轮增压器。
A. 机械式涡轮增压器　　B. 复合式涡轮增压器
C. 电涡轮增压器　　D. 以上选项均不正确

52. 中央门锁出现故障时可能有许多原因，首先要区分是（　　）、电气故障、线路故障还是气路故障。
A. 机械故障　　B. 油路故障
C. 气路故障　　D. 电机故障

53. 废气再循环 EGR 系统可分为：普通型电子 EGR，可变 EGR、带压力反馈电子 PFE 传感器的 EGR、（　　）和带 EGR 位置传感器的控制系统。
A. 机械 EGR
B. 真空式 EGR
C. 带压差反馈电子 DPFE 传感器的 EGR
D. 不带压差反馈式电子 DPFE 传感器的 EGR

54. 曲柄连杆机构由机体组、（　　）、曲轴飞轮组三部分组成。
A. 活塞组　　B. 活塞连杆组
C. 连杆组　　D. 活塞销组

55. （　　）导致活塞销产生异响。
A. 活塞销松旷　　B. 活塞磨损过大
C. 气缸磨损过大　　D. 发动机压缩比过大

56. 曲轴位置传感器是发动机电子控制系统中最重要的传感器之一，它提供点火时刻（点火提前角），确认（　　）的信号。
A. 活塞位置　　B. 曲轴位置
C. 凸轮轴位置　　D. 飞轮位置

57. 凸轮轴位置传感器是发动机电子控制系统中最主要的传感器之一，它的作用是提供点火时刻（点火提前角），确认（　　）。
A. 活塞位置　　B. 曲轴位置
C. 凸轮轴位置　　D. 飞轮位置

58. 当气缸拉缸后，确定了某级修理尺寸，以下相应的零件可不报废的是（　　）。
A. 活塞　　B. 连杆
C. 活塞销　　D. 活塞环

59. 四冲程汽油机和柴油机具有相同的（　　）。
A. 混合气形成方式　　B. 压缩比
C. 着火方式　　D. 工作行程

60. 启动发动机时无着火征兆，这种情况下可能存在的油路故障是（　　）。
A. 混合气浓　　B. 混合气稀
C. 不来油　　D. 来油不畅

61. （　　）导致发动机回火。
A. 混合气过稀　　B. 混合气过浓
C. 点火电压过高　　D. 点火电压过低

62. 不是发动机回火的原因的是（　　）。
A. 混合气过稀
B. 汽油滤清器滤网过脏
C. 进气门关闭不严
D. 节气门清洗次数过多

63. 汽油发动机启动困难的原因是（　　）。
A. 混合气过浓或过稀　　B. 点火不正时
C. 低压电路短路　　D. 低压电路断路

64. 电控汽油喷射发动机（　　）是指发动机进气歧管处有可燃混合气燃烧从而产生异响的现象。
A. 回火　　B. 放炮
C. 行驶无力　　D. 失速

65. 画线时放置工件的工具称为（　　）。
A. 画线工具　　B. 基准工具
C. 辅助工具　　D. 测量工具

66. 企业管理部门生产经营活动中，促进员工之间平等尊重的措施是（　　）。
A. 互利互惠，加强协作
B. 加强交流，平等对话
C. 只要合作，不要竞争
D. 人心叵测，谨慎行事

67. 开启灯光开关，只有尾部示宽灯不亮，测量线路有电，造成此故障现象的原因是（　　）。
A. 后示宽灯搭铁不良　　B. 发电机调压器损坏
C. 尾灯线束断　　D. 熔断器有故障

68. （　　）是车身倾斜的原因。
A. 后桥异响
B. 主销变形
C. 车架轻微变形
D. 单侧悬架弹簧弹力不足

69. 踩下汽车制动踏板时，双腔制动主缸中（　　）。
A. 后腔液压先升高　　B. 前腔液压先升高
C. 前后腔同时升高　　D. 以上选项均有可能

70. 为防止安全气囊在检修时误爆，在其电路的接插件中安装有（　　）装置。
A. 红色易熔片　　B. 金属短路片
C. 绿色塑料片　　D. 绿色锁止弹性片

71. 对合同的转让理解不正确的是（　　）。

A. 合同权利的转让
B. 合同义务的转让
C. 合同权利义务的一并转让
D. 只是对合同内容的变更

72. （　　）是合同内容的载体。
A. 合同的主体　　　B. 合同的形式
C. 合同的订立　　　D. 合同的解除

73. （　　）是确定合同双方当事人权利义务关系的根本依据，也是判断合同是否有效的客观依据。
A. 合同的形式　　　B. 合同的主体
C. 合同的内容　　　D. 合同订立

74. （　　）具有较高的强度和良好的韧性，在汽车上主要用于制造受热、受磨损和冲击载荷较强烈的零件。
A. 合金结构钢　　　B. 合金工具钢
C. 特殊性能钢　　　D. 碳素钢

75. 差速器壳上安装着行星齿轮、半轴齿轮、从动锥齿轮和行星齿轮轴，其中不属差速器的是（　　）。
A. 行星齿轮　　　　B. 半轴齿轮
C. 从动锥齿轮　　　D. 行星齿轮轴

76. 动力转向液压助力系统缺少液压油会导致（　　）。
A. 行驶跑偏　　　　B. 转向沉重
C. 制动跑偏　　　　D. 不能转向

77. 汽车正常行驶时，总是偏向行驶方向的左侧或右侧，这种现象称为（　　）。
A. 行驶跑偏　　　　B. 制动跑偏
C. 制动甩尾　　　　D. 车轮回正

78. 发动机气门座圈与座圈孔应为（　　）。
A. 过渡配合　　　　B. 过盈配合
C. 间隙配合　　　　D. 以上选项均正确

79. 不属于《中华人民共和国产品质量法》对产品质量管理标准的是（　　）。
A. 国家及行政标准
B. 作坊自定标准
C. 产品质量认证制度
D. 企业质量体系认证制度

80. 汽车发动机需要传递较大扭矩且起动机尺寸较大时，应使用（　　）式单向离合器。
A. 滚柱　　　　　　B. 摩擦片
C. 弹簧　　　　　　D. 带式

81. 小功率起动机广泛使用的是（　　）式单向离合器。
A. 滚柱　　　　　　B. 摩擦片
C. 弹簧　　　　　　D. 带式

82. 硅油风扇离合器以（　　）为介质来传递扭矩。
A. 硅油　　　　　　B. 汽油
C. 煤油　　　　　　D. 柴油

83. 更换动力电池正确的操作步骤，首先要做的是（　　）。
A. 关闭点火钥匙，车辆静置 5 min 以上
B. 取下点火钥匙
C. 拔掉维修开关
D. 关闭点火钥匙

84. 更换动力电池需要执行以下步骤（　　）。
A. 关闭点火钥匙，静置 5 min，断开蓄电池负极电缆，拆下维修开关
B. 关闭点火钥匙，静置 5 min，拆下维修开关
C. 关闭点火钥匙，断开蓄电池负极电缆，拆下维修开关，静置 5 min
D. 关闭点火钥匙，断开蓄电池负极电缆，拆下维修开关

85. 用诊断仪对发动机进行检测时，点火开关应（　　）。
A. 关闭　　　　　　B. 打开
C. 位于启动挡　　　D. 位于锁止挡

86. 属于办事公道的是（　　）。
A. 顾全大局，一切听从上级指挥
B. 大公无私，拒绝亲戚求助
C. 知人善任，努力培养知己
D. 原则至上，不计个人得失

87. 汽车驱动桥的主要组成不包括（　　）。
A. 主减速器　　　　B. 差速器
C. 离合器　　　　　D. 半轴

88. 用诊断仪读取故障码时，应选择（　　）模式。
A. 故障诊断　　　　B. 数据流
C. 执行元件测试　　D. 基本设定

89. 电控发动机燃油喷射系统中的怠速旁通阀是（　　）系统组成部分。
A. 供气　　　　　　B. 供油
C. 控制　　　　　　D. 空调

90. 新能源纯电动汽车的最大特点是（　　）。
A. 功率大无污染

B. 功率大加速快

C. 无废气污染且噪声小

D. 加速快且噪声小

91.废气涡轮全部（　　）用于驱动与涡轮机同轴旋转的压气机工作叶轮，叶轮在压气机中将新鲜空气压缩后再送入气缸。

A. 功率　　　　　　　B. 转矩

C. 动力　　　　　　　D. 能量

92.百分表是一种比较性测量仪器，主要用于测量工件的（　　）。

A. 公差值　　　　　　B. 偏差值

C. 实际值　　　　　　D. 极值

93.离心提前装置在分电器轴固定不动时，使凸轮轴向其（　　）转至极限，放松时应立即回原位。

A. 工作方向　　　　　B. 正向

C. 反向　　　　　　　D. 侧向

94.汽车在修理过程中，其维修质量取决于汽车修理的（　　）。

A. 工艺规程

B. 工艺设备

C. 工作人员的工作素质

D. 以上选项均正确

95.一级维护工艺流程包括进厂、（　　）、竣工检验、出厂等。

A. 更换机油　　　　　B. 更换冷却液

C. 作业　　　　　　　D. 做预算

96.汽车行驶 7 500～8 000 km 后应对空气滤清器进行（　　）。

A. 更换　　　　　　　B. 维护

C. 检查　　　　　　　D. 冲洗

97.发动机运转不稳定的原因是（　　）。

A. 个别火花塞工作不良

B. 分火头烧蚀

C. 发动机过冷

D. 点火线圈过热

98.细致检测汽车交流发电机，发电机存在周期性的哼叫噪声，在更换传动带和发电机的轴承后，这样的哼叫噪声仍然存在，这是由于（　　）造成的。

A. 个别硅管开路　　　B. 输出电流过大

C. 个别硅管短路　　　D. 输出电压过高

99.泵喷嘴组成包括驱动部分、压力产生部分、（　　）、喷嘴。

A. 高压油管　　　　　B. 控制部分

C. 输油泵　　　　　　D. 输油管

100.汽油机（　　）将高压电引入燃烧室，产生电火花，点燃混合气。

A. 高压线　　　　　　B. 火花塞

C. 分电器　　　　　　D. 电源

101.空调系统高压侧压力达到规定值后，空调压缩机离合器分离，原因可能为（　　）。

A. 高压开关致使空调压缩机离合器电路断开

B. 安全阀作用导致空调压缩机电磁离合器断路

C. 空调压缩机损坏

D. 空调压缩机控制线路断路

102.关于维修塞把手的描述，除了（　　）以外，都是正确的。

A. 高压电路的熔断器位于维修塞把手内

B. 维修塞把手解锁时，互锁开关关闭

C. 维修塞把手解锁时，高压电路切断，无须拆下维修塞把手

D. 佩戴绝缘手套以操作维修塞把手

103.汽车制冷循环系统中，经膨胀阀送往蒸发器管道中的制冷剂是（　　）状态。

A. 高温高压液体　　　B. 低温低压液体

C. 低温高压气体　　　D. 高温低压液体

104.涡轮增压器的工作原理是利用发动机排出的（　　）废气驱动废气涡轮旋转，废气涡轮带动同一轴上的压气机共同旋转。

A. 高温　　　　　　　B. 高温高压

C. 高压　　　　　　　D. 高温低压

105.汽车半轴套管折断的原因之一是（　　）。

A. 高速行驶　　　　　B. 传动系统过载

C. 严重超载　　　　　D. 轮毂轴承润滑不良

106.排量一定时，短行程发动机具有（　　）的结构特点。

A. 缸径较大

B. 缸径较小

C. 活塞较小

D. 以上选项均不正确

107.对于非独立悬架，（　　）是影响乘员舒适性的主要因素。

A. 钢板弹簧　　　　　B. 轴

C. 车轮　　　　　　　D. 轮胎

108. 对被撤销的合同理解正确的是（　　）。
A. 刚订立时有法律效力
B. 撤销前有法律效力
C. 从开始时就无法律效力
D. 撤销后不再有法律效力

109. 车辆的挡风玻璃刮水器，当刮水开关打到 OFF 挡时，刮水臂会影响视线（不能复位），这说明（　　）。
A. 复位开关铜片烧毁
B. 蜗杆变形过大
C. 机械连杆装置接头过于松动
D. 刮水器电机有故障

110. 汽车起动机的电机一般是（　　）。
A. 复励式　　　　B. 串励式
C. 并励式　　　　D. 脉冲式

111. 验收发电机时，检查其有无机械和电路故障，可采取（　　）试验。
A. 负载　　　　B. 启动
C. 空转　　　　D. 手动

112. 中心引线为负极，管壳为正极的二极管是（　　）。
A. 负极二极管　　　B. 励磁二极管
C. 正极二极管　　　D. 稳压二极管

113. 真空增压制动传动装置解除制动时，控制油压下降，（　　）互相沟通，又具有一定的真空度，膜片、推杆、辅助缸活塞都在回位弹簧作用下各自回位。
A. 辅助缸　　　　B. 控制阀
C. 加力气室　　　D. 主缸

114. 电容式进气压力传感器输出信号的（　　）与进气歧管内的绝对压力成正比。
A. 幅度　　　　B. 周期
C. 频率　　　　D. 电压

115. 动力电池的热平衡管理系统的功能是通过（　　）实现的。
A. 风扇等冷却系统　　B. 热电阻加热装置
C. 包括 A 和 B 两项　　D. 以上选项均不正确

116. 根据气缸体与油底壳安装平面位置不同可分为龙门式、（　　）和一般式。
A. 风冷式　　　　B. 水平对置式
C. 直列式　　　　D. 隧道式

117. （　　）不是动力转向系统方向发飘或跑偏的原因。
A. 分配阀反作用弹簧过软或损坏
B. 缺液压油或滤油器堵塞
C. 流量控制阀被卡住
D. 阀体与阀体台阶位置偏移使滑阀不在中间位置

118. （　　）是汽车动力转向左右转向力不一致的原因。
A. 分配阀反作用弹簧过软或损坏
B. 缺液压油或滤油器堵塞
C. 滑阀内有脏物阻滞
D. 油泵磨损

119. 离合器踏板的自由行程，是（　　）之间等处间隙的体现。
A. 分离轴承与分离杠杆
B. 踏板与地板高度
C. 压盘与从动盘
D. 变速器与离合器

120. 汽车气压制动系统贮气筒内的气压低于某一值时，气压不足报警灯报警开关触点（　　），报警灯（　　）。
A. 分开　不亮　　　B. 分开　亮
C. 闭合　不亮　　　D. 闭合　亮

121. 发动机机油压力正常时，机油压力过低报警灯报警开关触点（　　），报警灯（　　）。
A. 分开　不亮　　　B. 分开　亮
C. 闭合　不亮　　　D. 闭合　亮

122. 汽车气压制动系统贮气筒内的气压高于某一值时，气压不足报警灯报警开关触点（　　），报警灯（　　）。
A. 分开　不亮　　　B. 分开　亮
C. 闭合　不亮　　　D. 闭合　亮

123. 断电器触点闭合期间对应的分电器凸轮轴转角称为（　　）。
A. 分电器重叠角　　B. 触点闭合角
C. 触点提前角　　　D. 触点滞后角

124. 汽油发动机不能启动，检查电路，闭合开关，电流表指示 3～5 A 而不做间歇摆动，则可能（　　）。
A. 分电器各接头接触不实
B. 高压电路故障
C. 高压导线故障
D. 点火线圈断路

125. 发动机高速运转时由（　　）向蓄电池充电。
A. 分电器　　　　　　B. 交流发电机
C. 电动机　　　　　　D. 起动机

126. 交流发电机过载时，（　　）可协同发电机向用电设备供电。
A. 分电器　　　　　　B. 电动机
C. 蓄电池　　　　　　D. 起动机

127. 斜盘空调压缩机的润滑，主要靠（　　）润滑方式进行润滑。
A. 飞溅
B. 压力
C. 制冷剂中带有润滑油进行自然循环润滑
D. 重力

128. 将非电信号转换为可测电信号的电子器件是（　　）。
A. 放大器　　　　　　B. 整流器
C. 继电器　　　　　　D. 传感器

129. 气囊系统导线连接器上安装短路片的目的是（　　）。
A. 防止线路接触不良
B. 防止意外触发 SRS 故障指示灯
C. 防止造成意外点火
D. 防止气囊炸开

130. 对职业道德具体性理解正确的是（　　）。
A. 反映了较强的专业特点
B. 不能用以规范约束其他行业人员的职业行为
C. 对其他行业人员有较强的约束性
D. 反映了职业教育道德观念代代相传的特点

131. 为了防止夜间会车炫目，将前照灯远光灯切换为近光灯，近光灯丝位于（　　）。
A. 反射镜焦点处
B. 反射镜焦点上方或前方
C. 反射镜焦点下方
D. 反射镜焦点侧面

132. 一定的温度下，导体的电阻与导体的长度成（　　），与导体的截面积成（　　）。
A. 反比　正比　　　　B. 无关　反比
C. 正比　反比　　　　D. 正比　无关

133. （　　）是正时齿轮异响的特征。
A. 发动机转速升高，声音随之变小
B. 声音与发动机温度有关
C. 发动机转速升高，声音随之加大
D. 清脆的"嗒嗒"声

134. 发动机废气再循环系统的 EGR 率，可通过反馈装置进行精确控制，其反馈元件包括发动机进气腔装置传感器，（　　）、废气再循环阀的开度传感器。
A. 发动机转速传感器
B. EGR 废气温度传感器
C. 发动机排气温度传感器
D. 进气温度传感器

135. 汽车空调系统中，电磁离合器的作用是用来控制（　　）之间的动力传递。
A. 发动机与电磁离合器
B. 发动机与压缩机
C. 压缩机与电磁离合器
D. 压缩机与起动机

136. 属于混合气过浓引发的故障是（　　）。
A. 发动机油耗高　　　B. 发动机怠速不稳
C. 发动机加速不良　　D. 发动机减速不良

137. （　　）导致发动机温度过高。
A. 发动机散热风扇转速过高
B. 发动机散热风扇转速过低
C. 发动机冷却系统始终处于大循环
D. 发动机负荷过小

138. 关于串联式混合动力系统的描述正确的是（　　）。
A. 发动机驱动发电机，电动机使用由此产生的电能驱动车轮
B. 车轮驱动发电机（HV 蓄电池充电）及发动机
C. 发动机和电动机均驱动车轮
D. 也可在仅使用电动机的情况下驱动车辆

139. 汽车传动系统的传动形式中（　　）是一种最传统的布置形式，且主要用于大、中型载货汽车。
A. 发动机前置，后轮驱动
B. 发动机前置，前轮驱动
C. 发动机后置，后轮驱动
D. 四轮驱动

140. 运动型轿车和方程式赛车多采用的布置形式是（　　）。
A. 发动机后置后轮驱动
B. 发动机中置后轮驱动
C. 发动机前置前轮驱动
D. 发动机前置后轮驱动

141. 汽车运输业汽车技术管理规定将汽车维护分为日常维护、一级维护和（　　）三级。
A. 发动机二级维护　　B. 更换润滑油维护
C. 二级维护　　D. 轮胎维护

142. 属于混合气过浓引发的故障是（　　）。
A. 发动机不能启动　　B. 发动机怠速不稳
C. 发动机加速不良　　D. 发动机减速不良

143. 混合动力汽车的动力部分一般包括（　　）。
A. 发动机　　B. 发电机
C. 驱动电机　　D. 以上选项均正确

144. 压气机压缩经过空滤器过滤后的空气，使得空气被压缩后增压进入（　　）气缸内，提高了发动机的进气量，减少了废气中 CO、HC、NO 等有害物质的排放。
A. 发动机　　B. 发电机
C. 空压机　　D. 压气机

145. （　　）可导致发电机轴承异响。
A. 发电机轴承润滑不良
B. 碳刷过短
C. 定子短路
D. 转子短路

146. 汽车行驶时，充电指示灯由亮转灭，说明（　　）。
A. 发电机处于他励状态
B. 发电机处于自励状态
C. 充电系统有故障
D. 指示灯损坏

147. 开启灯开关远光指示灯亮，但前照灯有一只不亮，其原因是（　　）。
A. 发电机不发电
B. 近光灯损坏
C. 远光灯丝烧坏
D. 蓄电池至熔断器之间有断路

148. （　　）不是活塞销松旷造成异响的特征。
A. 发出尖脆的"嗒嗒"声
B. 温度升高，声音减弱或消失
C. 怠速或低速较明显
D. 单缸断（油）时，声音减弱或消失，恢复工作时，声音明显或发出连续两声清晰异响

149. 电子调节器根据发电机端电压的变化，使（　　）及时地导通或截止，进一步控制大功率三极管饱和和截止，使发电机端电压不变。
A. 二极管　　B. 稳压管
C. 电阻器　　D. 电容器

150. 职业道德的特征具有（　　）。
A. 多样性和具体性　　B. 专业性和实用性
C. 稳定性和连续性　　D. 以上选项均正确

151. 怠速工况下，为保证发动机稳定工作，应供给（　　）的混合气。
A. 多而浓　　B. 少而浓
C. 多而稀　　D. 少而稀

152. 检查所装配的正时配气机构的安装标记是否（　　），若正时皮带或正时链条张紧后标记有误，应重新调整。
A. 对正　　B. 对齐
C. 正确　　D. 对准

153. 液压传动过程中，换向阀的"位"是根据（　　）来划分的。
A. 对外按的油口数
B. 阀芯的控制方式
C. 阀芯的运动形式
D. 阀芯阀体内的工作位置

154. 铝合金发动机气缸盖的水道容易被腐蚀，轻者可（　　）修复。
A. 堆焊　　B. 镶补
C. 环氧树脂粘补　　D. 以上选项均正确

155. 打开鼓风机开关，鼓风机不运转，可能线路上存在（　　）。
A. 断路　　B. 短路
C. 搭铁　　D. 击穿

156. 无触点电子点火系统采用点火信号传感器取代传统点火系统中的（　　）。
A. 断电触点　　B. 配电器
C. 分电器　　D. 点火线圈

157. 轿车采用（　　）悬架的，车桥是断开式的。
A. 独立式　　B. 非独立式
C. 单级减振　　D. 双级减振

158. 若发动机运转不稳，消声器会发出有节奏的（　　）声。
A. 嘟嘟　　B. 咚咚
C. 嗒嗒　　D. 啦啦

159. 汽车起步时，在强行挂挡后未抬离合器踏板的情况下，汽车出现（　　）现象，说明离合器分离不彻底。

A. 抖动　　　　　　B. 后移
C. 前移　　　　　　D. 跑偏
160. 纯电动汽车动力系统由（　　），驱动电机，控制系统及安全保护系统等组成。
A. 动力电池组　　　B. 发动机
C. 电动机　　　　　D. 电机控制系统

二、判断题（第161题～第200题。将判断结果填入括号中，正确的填"√"，错误的填"×"。每题0.5分，满分20分。）

161. 检查空调鼓风机开关，当位于最大风挡时其电阻值应为零，如果电阻值变大或部分不通，应更换开关。（　　）
162. 将机油滤清器上的油压警告开关短路，机油警告灯会亮。说明机油压力开关损坏。（　　）
163. 交流发电机的电磁不需他励。（　　）
164. 轿车类别代号是7。（　　）
165. 节温器的开启与关闭形成了发动机冷却系统大小循环。（　　）
166. 节温器是润滑系的重要组成部件。（　　）
167. 紧固发动机缸盖螺栓时要求自中间向两端交叉均匀拧紧到规定的拧紧力矩。（　　）
168. 进行维修时，若不知道音响密码，不要轻易断开蓄电池的电源线。（　　）
169. 开启开关时远光灯指示灯亮，但前照灯有一只不亮，其原因是发电机不发电。（　　）
170. 空气流量计是一种间接的检测空气流量的传感器。（　　）
171. 空气流量计用于检测发动机运转时吸入的空气量。（　　）
172. 空气压力传感器是电控发动机空气供给系统中的重要部件。（　　）
173. 空调调节器故障会导致空调压缩机不运转故障。（　　）
174. 空调系统怠速继电器的主要功能是防止汽车怠速时由于空调压缩机负荷造成发动机工作不稳定。（　　）
175. 空调制冷系统中设有压力开关电路的目的是当系统内压力过高时停止空调压缩机的工作。（　　）
176. 空载状态下，驻车制动装置应能保证机动车在坡度为20%、轮胎与路面间的附着系数不小于0.7的坡道上保持固定不计。（　　）
177. 《中华人民共和国劳动法》中所说的权利和义务是相互统一，互为条件的。（　　）
178. 劳动合同只要一订立即具有法律约束力，当事人必须履行劳动合同规定的义务。（　　）
179. 冷凝器是汽车空调系统的动力源。（　　）
180. 冷却水温正常时，水温过高报警灯报警开关的双金属片几乎不变形，触点分开，报警灯不亮。（　　）
181. 冷却液温度传感器安装在水道上。（　　）
182. 冷却液温度传感器用来检查冷却液的温度，作为燃油喷射及点火正时的主控信号。（　　）
183. 离合器的功用之一是使发动机与传动系统逐渐接合，保证汽车平稳起步。（　　）
184. 离合器分离爪内端高低不一致会造成离合器发抖。（　　）
185. 离合器压紧弹簧过硬也是造成离合器打滑的原因。（　　）
186. 连杆轴颈与轴承的配合间隙应符合汽车修理厂规定。（　　）
187. 帘布层是内胎充气轮胎的骨架。（　　）
188. 两前轮胎气压差过大或磨损程度不一致是行驶跑偏的原因之一。（　　）
189. 逻辑电路可以利用半导体的开关特性来工作。（　　）
190. 铝铁电池单体工作电压为1.2～1.5 V。（　　）
191. 每次接通汽车起动机时间不得超过5 s。（　　）
192. 目前我国发动机所使用的冷却液几乎都是乙二醇型冷却液。（　　）
193. 能量管理系统是电动车的智能核心。（　　）
194. 排放控制系统用于减少废气中有害气体CO、HC和NO进入大气。（　　）
195. 盘式车轮制动器均装有间隙自调机构，不需要专门调整。（　　）
196. 盘式制动器外部尺寸小，防泥沙和防水性能好，因而得到广泛应用。（　　）
197. 配气机构的作用是将可燃混合气或空气及时充入气缸，并及时将气排出气缸。（　　）
198. 配制蓄电池的电解液应该使用金属容器。（　　）
199. 普锐斯动力系统是两台发电机－驱动电机组。（　　）
200. 起动过程中，电磁开关内的保持线圈被短路，由吸引线圈维持启动状态。（　　）

汽车维修工中级理论知识模拟试题 5

一、单项选择题（第 1 题～第 160 题。选择一个正确的答案，将相应的字母填入题内的括号中。每题 0.5 分，满分 80 分。）

1. 发动机相邻两高压分线插错，将会造成（   ）。
   A. 动力不足   B. 启动困难
   C. 不能启动   D. 运转不稳

2. 交流发电机的（   ）用于产生交流电动势。
   A. 定子   B. 转子
   C. 铁芯   D. 线圈

3. 喷油器按电磁线圈的控制方式不同，可分为（   ）式和电流驱动式两种。
   A. 电阻驱动   B. 电压驱动
   C. 电容驱动   D. 以上选项均不正确

4. 任何两个彼此绝缘而又相互靠近的导体，可以看成是（   ）。
   A. 电阻器   B. 电容器
   C. 继电器   D. 开关

5. 纯电动汽车动力系统由动力电池组、驱动电机、（   ）及安全保护系统等组成。
   A. 电子系统   B. 控制系统
   C. 机械系统   D. 电机控制系统

6. 汽车左转向时，前左转向灯不亮的原因有（   ）。
   A. 电源至闪光器有断路
   B. 闪光器至转向开关有断路
   C. 闪光器有故障
   D. 左灯丝烧坏

7. 用作电动车辆能量源的电池称为（   ）。
   A. 电源   B. 电池
   C. 动力电池   D. 电机

8. 柴油机电控系统基本组成包括：传感器、（   ）、ECU。
   A. 计算机   B. 执行元件
   C. 喷油器   D. 喷油泵

9. 若开启汽车的灯光总开关，却发现所有的灯都不亮，其原因是（   ）。
   A. 电流表有故障
   B. 灯系电路的总熔断器发生断路故障
   C. 所有灯丝烧坏
   D. 发电机不工作

10. 检查起动机电枢绕组换向器是否断路，应用（   ）检查。
    A. 电流表   B. 电压表
    C. 欧姆表   D. 伏安表

11. 交流电的有效值是根据（   ）来确定的。
    A. 电流   B. 电压
    C. 最大值   D. 热效应

12. 实际工作中，常采用模拟信号发生器的（   ）来断定模拟信号发生器的好坏。
    A. 电流   B. 电压
    C. 电阻   D. 动作

13. 喷油器开启持续时间由（   ）控制。
    A. 电控单元   B. 点火开关
    C. 曲轴位置传感器 D. 凸轮轴位置传感器

14. 不是"自行放电"而蓄电池没电的原因是（   ）。
    A. 电解液不纯   B. 蓄电池长期存放
    C. 正负极柱导通   D. 电解液不足

15. 造成永磁式汽车风窗刮水器电动机不能转动的原因没有（   ）。
    A. 电机转子卡死   B. 熔断器熔断
    C. 励磁线圈烧坏   D. 蜗轮蜗杆齿轮组损坏

16. 曲轴位置传感器所采用的结构随汽车型号的不同而不同，可分为磁脉冲式，（   ）和霍尔式三大类。
    A. 电磁式   B. 光电式
    C. 离心式   D. 电阻式

17. 汽车空调系统中，对压缩机电磁离合器的检查不包括（   ）。
    A. 电磁离合器运转有无异响噪声
    B. 轴承有无明显松旷
    C. 阀片运行情况
    D. 线路有无短路和断路现象

18. （   ）起动机由驾驶员旋动点火开关或按下启动按钮，直接参与控制或通过启动继电器，控制电磁开关接通或切断起动机电路。
A. 电磁操纵式　　　　B. 直接操纵式
C. 惯性啮合式　　　　D. 移动电枢啮合式

19. 用汽车万用表测量发动机转速，红表笔应连（　　），黑表笔搭铁。
A. 点火线圈负接线柱　B. 点火线圈正接线柱
C. 转速传感器　　　　D. 分电器中央高压线

20. 传统汽车的车速里程表的车速信号来自（　　）。
A. 点火线圈负极　　　B. 发动机转速传感器
C. 变速器输出轴　　　D. 变速器输入轴

21. 霍尔传感器的检测，应在（　　）电子点火控制器及连接导线检查都正常的情况下进行。
A. 点火线圈　　　　　B. 火花塞
C. 分电器　　　　　　D. 火花塞或分电器

22. 凸轮的尖顶转过挺杆向下运动时，气门在弹簧张力的作用下（　　），进气或排气过程即告结束。
A. 逐渐打开　　　　　B. 进气门打开
C. 排气门打开　　　　D. 逐渐关闭

23. 汽车起动机运转无力的原因主要是由（　　）引起的。
A. 点火开关没有接通
B. 整流器有污垢
C. 发动机飞轮安装过松
D. 蓄电池没电

24. 巡航控制系统主要是由（　　）、传感器、巡航控制系统和 ECU 以及节气门执行器四部分组成。
A. 点火开关　　　　　B. A/C 开关
C. 指令开关　　　　　D. 压力开关

25. 点火线圈中央高压线脱落，会造成（　　）。
A. 点火错乱　　　　　B. 点火过火
C. 高压无火　　　　　D. 高压火弱

26. 六缸发动机怠速运转不稳，拔下第二缸高压线后，运转状况无变化，故障在（　　）。
A. 第二缸　　　　　　B. 相邻缸
C. 中央高压线　　　　D. 化油器

27. （　　）负责全国产品监督管理工作。
A. 地方政府
B. 各省产品质量监督管理部门
C. 地方技术监督局
D. 国务院产品质量监督管理部门

28. 正确的主减速器主、从动锥齿轮啮合印痕应位于齿长方向偏向小端，齿高方向偏向（　　）端。
A. 底　　　　　　　　B. 顶
C. 中　　　　　　　　D. 以上选项均不正确

29. 在火场的浓烟区被围困时，正确的做法是（　　）。
A. 低姿势行走　　　　B. 短呼吸法
C. 用湿毛巾捂住嘴　　D. 以上选项均正确

30. 排气门迟关的目的是：由于活塞到达上止点时，气缸内的压力仍（　　）大气压，利用排气流的惯性可使废气继续排出。
A. 低于　　　　　　　B. 小于
C. 大于　　　　　　　D. 高于

31. 电气设备在进行一级维护时，要求蓄电池电解液液面（　　）极板 10～15 mm。
A. 低于　　　　　　　B. 高于
C. 等于　　　　　　　D. 有时低于

32. 轮胎的尺寸 34×7，其中"×"表示（　　）。
A. 低压胎　　　　　　B. 高压胎
C. 超低压胎　　　　　D. 超高压胎

33. 制冷剂离开压缩机时的状态为（　　）。
A. 低压过热气体　　　B. 低压过冷气体
C. 高压过热气体　　　D. 高压过冷气体

34. 制冷剂进入压缩机时的状态为（　　）。
A. 低压高温气体　　　B. 低压低温气体
C. 高压高温气体　　　D. 高压低温气体

35. 汽油发动机不能启动的原因是（　　）。
A. 低压电路断路　　　B. 供油不足
C. 混合气过稀　　　　D. 混合气过浓

36. 汽车空调管路上的低压开关的作用是（　　）。
A. 低压触点无压力常闭
B. 制冷剂过量泄漏后，防止压缩机继续运转
C. 低压触点有压力常开
D. 防止制冷系统管路破裂

37. 车轮转速传感器用来检查汽车行驶速度，向 ECU 输入车速信号，控制发动机转速，实现（　　）控制。
A. 低速断油　　　　　B. 常速断油
C. 超速断油　　　　　D. 怠速

38. 汽车油箱内燃油量够多时，负温度系统的热敏电阻元件温度（　　），电阻值（　　），报警灯不亮。
A. 低　大　　　　　　B. 低　小
C. 高　大　　　　　　D. 高　小

39. 发动机气缸体轴承座孔同轴度检验仪主要由定心轴套、定心轴、球形触头、百分表及（　　）组成。
A. 等臂杠杆　　　　　B. 千分表
C. 游标卡尺　　　　　D. 定心器

40. 前照灯不亮故障的处理方法是，首先检查（　　）的好坏，不好应更换。
A. 灯泡　　　　　　　B. 蓄电池
C. 起动机　　　　　　D. 发电机

41. 涡轮增压器由涡轮、（　　）、转子总成、轴承机构、中间体和密封装置等组成。
A. 导轮　　　　　　　B. 泵轮
C. 压气机　　　　　　D. 喷油泵

42. 风冷却系统为了更有效地利用空气流，加强冷却，一般都装有（　　）。
A. 导流罩　　　　　　B. 散热片
C. 分流板　　　　　　D. 鼓风机

43. 细刮比粗刮时（　　）。
A. 刀痕要窄，行程要长
B. 刀痕要宽，行程要长
C. 刀痕要窄，行程要短
D. 刀痕要宽，行程要短

44. （　　）不是行驶中有撞击声或异响的原因。
A. 弹簧折断
B. 单侧悬架弹簧弹力不足
C. 连接销松动
D. 减振器损坏

45. 检查制动器弹簧时，用（　　）测量，其弹力不得小于规定值。
A. 弹簧秤　　　　　　B. 地磅
C. 角尺　　　　　　　D. 张紧计

46. 机油压力开关由膜片、（　　）及触点组成。
A. 弹簧　　　　　　　B. 压敏元件
C. 电阻　　　　　　　D. 电容

47. 蜡式节温器中使阀门开闭的部件是（　　）。
A. 弹簧　　　　　　　B. 石蜡感应体
C. 支架　　　　　　　D. 壳体

48. 对全面质量管理方法的特点描述恰当的是（　　）。
A. 单一性　　　　　　B. 机械性
C. 多样性　　　　　　D. 专一性

49. （　　）是活塞销松旷造成异响的特征。
A. 单缸断（油）时，声音减弱或消失，恢复工作时，声音明显或发出连续两声清晰异响
B. 温度升高，声音减弱或消失
C. 较沉闷连续的"嗒嗒"金属敲击声
D. 随发动机转速增加，声音加大

50. 燃油喷射系统按喷油器控制方式又可以分为同时喷射、（　　）和顺序喷射。
A. 单点喷射　　　　　B. 多点喷射
C. 分组喷射　　　　　D. 连续喷射

51. 电控燃油系统空气供给系统中，检测进气压力的是（　　）。
A. 急速旁通阀　　　　B. 进气压力传感器
C. 空气滤清器　　　　D. 进气管

52. 汽车空调系统控制元件中，控制压缩机开启、停止的元件是（　　）。
A. 急速继电器　　　　B. 过热开关
C. 蒸发压力调节阀　　D. 电磁离合器

53. 电控汽油喷射发动机运转不稳是指发动机转速处于（　　）情况，发动机运转都不稳定，有抖动现象。
A. 急速　　　　　　　B. 任一转速
C. 中速　　　　　　　D. 加速

54. 检测排放前，应调整好汽油发动机的（　　）。
A. 急速　　　　　　　B. 点火正时
C. 供油量　　　　　　D. 急速和点火正时

55. 节气门位置传感器的作用是检测节气门的开度，如（　　）状态。
A. 急速　　　　　　　B. 全开
C. 部分打开　　　　　D. 以上选项均正确

56. 合同内容由（　　）约定。
A. 代理人　　　　　　B. 当事人
C. 合同建议的提出者　D. 旁观者

57. 并列双腔制动主缸中前活塞回位弹簧的弹力（　　）后活塞回位弹簧弹力。
A. 大于　　　　　　　B. 小于
C. 等于　　　　　　　D. 大于或等于

58. 汽车转向时，其内轮转向角（　　）外轮转向角。
A. 大于　　　　　　　B. 小于
C. 等于　　　　　　　D. 大于或等于

59. 重物应置于油压千斤顶（　　）。
A. 大液压缸上　　　　B. 小液压缸上

C. 单向阀的一侧　　　　D. 以上选项均不正确

60. 冷却液以水泵流出，经分水管→水套→出水口→上水管→散热器→下水管→水泵，进行的是（　　）。
A. 大循环　　　　　　　B. 微循环
C. 小循环　　　　　　　D. 中循环

61. 冷却液以水泵流出，经分水管→水套→出水口→水泵，进行的是（　　）。
A. 大循环　　　　　　　B. 微循环
C. 小循环　　　　　　　D. 中循环

62. 单片离合器多应用于（　　）上。
A. 大型货车　　　　　　B. 大型工程机械车
C. 中、小型汽车　　　　D. 摩托车

63. 真空增压制动传动装置解除制动时，控制油压下降，加力气室相互沟通并具有一定的（　　），膜片、推杆、辅助活塞都在回位弹簧作用下各自回位。
A. 大气压力　　　　　　B. 压力
C. 真空度　　　　　　　D. 推力

64. 汽车油箱内燃油量过少时，负温度系数的热敏电阻元件温度高，电阻值（　　），报警灯（　　）。
A. 大　亮　　　　　　　B. 小　亮
C. 大　不亮　　　　　　D. 小　不亮

65. 双腔制动主缸中，前活塞回位弹簧比后活塞回位弹簧的弹力（　　）。
A. 大　　　　　　　　　B. 小
C. 相等　　　　　　　　D. 以上选项均可能

66. 电控燃油喷射发动机电控系统进行检修时，应先将点火开关（　　），并将蓄电池搭铁线拆下。
A. 打开　　　　　　　　B. 关闭
C. 打开或关闭　　　　　D. 关闭再打开

67. 离合器间隙过大，离合器将出现（　　）故障。
A. 打滑　　　　　　　　B. 分离不开
C. 发抖　　　　　　　　D. 异响

68. 汽车离合器压盘及飞轮表面烧蚀的主要原因是离合器（　　）。
A. 打滑　　　　　　　　B. 分离不彻底
C. 动平衡破坏　　　　　D. 踏板自由行程过大

69. 点火模块用于控制点火线圈一次绕组的（　　）。
A. 搭铁　　　　　　　　B. 电源
C. 电阻　　　　　　　　D. 电感

70. 圆柱或圆锥外表面上所形成的螺纹是（　　）。
A. 粗牙螺纹　　　　　　B. 细牙螺纹
C. 外螺纹　　　　　　　D. 内螺纹

71. 离合器的从动部分不包括（　　）。
A. 从动盘　　　　　　　B. 变速器输入轴
C. 离合器输出轴　　　　D. 飞轮

72. 关于创新的论述，不正确的说法是（　　）。
A. 创新需要"标新立异"
B. 服务也需要创新
C. 创新是企业进步的灵魂
D. 引进别人的新技术不算创新

73. 关于废气再循环EGR，下列说法中不正确的是（　　）。
A. 传统机械式废气再循环的EGR率可达20%
B. 分为传统机械式废气再循环的EGR与内EGR两类
C. 利用发动机可变气门系统可实现无外部专用装置的EGR循环
D. 排气背压式EGR，只能对废气再循环阀门的运作起修正作用

74. 发动机微机控制系统主要由信号输入装置、（　　）、执行器等组成。
A. 传感器
B. 电子控制单元（ECU）
C. 中央处理器（CPU）
D. 存储器

75. 职业道德是一种（　　）。
A. 处事方法　　　　　　B. 行为规范
C. 思维习惯　　　　　　D. 办事态度

76. 汽车空调系统中，为制冷循环提供动力的部件是（　　）。
A. 储液干燥器　　　　　B. 空调压缩机
C. 蒸发器　　　　　　　D. 冷凝器

77. （　　）用来吸收汽车空调系统中制冷剂中的水分。
A. 储液干燥器　　　　　B. 冷凝器
C. 膨胀阀　　　　　　　D. 蒸发器

78. 判断汽车硅整流发电机磁场是否正常，最简单的方法是在其运转时（　　）。
A. 查看充电指示灯状况
B. 测量"+"端的电压值
C. 测量"F"端的电压值

D. 用旋具检测发电机外壳的磁性

79. 汽车使用的硅整流发电机上,"S"接线柱的作用是( )。

A. 充电引出线

B. 磁场控制线

C. 控制充电指示灯引出线

D. 电压检测线

80. 正确的主减速器主、从动锥齿轮啮合印痕应位于( )。

A. 齿长方向偏向大端,齿高方向偏向顶端

B. 齿长方向偏向小端,齿高方向偏向顶端

C. 齿长方向偏向大端,齿高方向偏向底端

D. 齿长方向偏向小端,齿高方向偏向底端

81. 曲轴通过( )使水泵的叶轮旋转。

A. 齿条 B. 齿轮

C. 链轮 D. 带轮

82. 某汽车起动机的输出端采用行星齿轮式减速机构,太阳齿轮接电机轴,那么应使( )。

A. 齿圈为固定不动的

B. 齿圈通过离合器锁止不动

C. 行星架为锁止不动的

D. 行星架与齿圈经离合器为一体

83. 电动燃油泵按安装形式可分为( )和油箱内置型两种。

A. 齿轮式 B. 转子式

C. 油箱外置型 D. 叶片式

84. 按照曲轴与凸轮轴的传动方式分类,可分为( )、链条式和正时带式。

A. 齿轮式 B. 齿条式

C. 绳索式 D. 铰链式

85. 电动燃油泵根据泵体结构的不同可分为滚柱泵、( )和涡轮泵。

A. 齿轮泵 B. 转子泵

C. 柱塞泵 D. 叶片泵

86. 曲轴飞轮组主要由曲轴、( )和附件等组成。

A. 齿轮 B. 链轮

C. 带轮 D. 飞轮

87. 直线度属于( )公差。

A. 尺寸 B. 形状

C. 位置 D. 形位

88. 使用汽车空调时,( )会影响制冷效果。

A. 乘客过多 B. 汽车快速行驶

C. 大负荷 D. 门窗关闭不严

89. ( )是悬架系统损坏引起的常见故障。

A. 车身抖动 B. 车身倾斜

C. 后桥异响 D. 前桥异响

90. 汽车维护是指为维持( )或工作能力而进行的作业,贯彻"预防为主,强制维护"的原则。

A. 车容整洁

B. 汽车大修间隔里程

C. 汽车完好技术状况

D. 机油量应位于机油尺上、下刻线之间

91. ( )是气压低引起气压制动系统制动失效的原因。

A. 车轮制动器失效

B. 制动阀进气阀打不开

C. 制动器室膜片破裂

D. 空气压缩机传动带打滑

92. ( )是无气压引起气压制动系统制动失效的原因。

A. 车轮制动器失效

B. 制动阀进气阀打不开

C. 制动器室膜片破裂

D. 空气压缩机传动带打滑

93. ( )不是悬架系统损坏引起的常见故障。

A. 车轮异常磨损 B. 后桥异响

C. 车身倾斜 D. 汽车行驶跑偏

94. 根据( )不同,车桥可分为整体式和断开式。

A. 车轮个数 B. 传动形式

C. 半轴 D. 悬架结构

95. ( )是车架和车桥之间的一切传力连接装置的总成。

A. 车轮 B. 车身

C. 悬架 D. 减振器

96. 汽车车桥通过( )与车架相连。

A. 车轮 B. 悬架

C. 传动轴 D. 半轴

97. 不属于气缸体裂纹的主要原因是( )。

A. 车辆在严寒季节,停车后没有及时放掉发动机和水箱的水

B. 发动机过热时,突然添加水

C. 气缸铸造时残余应力的影响及气缸盖在生产中壁厚过薄,强度不足

D. 气缸体螺栓拧紧力矩过大

98. 制动鼓失圆,不会导致(　　)。
A. 车辆行驶跑偏　　　　B. 无制动
C. 制动时间变长　　　　D. 制动距离变长

99. 制动蹄和制动鼓之间间隙过大,将会导致(　　)。
A. 车辆行驶跑偏　　　　B. 制动不良
C. 制动时间变长　　　　D. 制动距离变长

100. 某一制动蹄与制动鼓之间的间隙过小,将导致(　　)。
A. 车辆行驶跑偏　　　　B. 无制动
C. 制动时间变长　　　　D. 制动距离变长

101. (　　)不是制动跑偏、甩尾的原因。
A. 车架变形
B. 前悬架弹簧弹力不足
C. 单侧悬架弹簧弹力不足
D. 一侧车轮制动器制动性能减弱

102. 起动机换向器圆周上径向跳动量超过0.05 mm,应在(　　)上修复。
A. 车床　　　　　　B. 压力机
C. 磨床　　　　　　D. 铣床

103. 拆卸或搬运气囊组件时,气囊装饰盖的面应当(　　),不得将气囊组件重叠堆放或在气囊组件上放置任何物品,以防万一气囊被误引爆造成事故。
A. 朝下　　　　　　B. 朝上
C. 朝前　　　　　　D. 随意乱放

104. 安装锯条时,锯齿的齿尖要(　　)。
A. 朝前　　　　　　B. 朝后
C. 倾斜　　　　　　D. 无要求

105. 喇叭上的触点为(　　)式。
A. 常开　　　　　　B. 常闭
C. 半开半闭　　　　D. 处于任意状态

106. 全面的质量管理是把(　　)和效益统一起来的质量管理。
A. 产品质量　　　　B. 工作质量
C. 质量成本　　　　D. 使用成本

107. 为确保安全,更换点火模块前应采取的措施是(　　)。
A. 拆下蓄电池负极导线
B. 拆下蓄电池正极导线
C. 拆下蓄电池
D. 关闭点火开关

108. 关于HV蓄电池总成维修塞把手的描述,请选择正确的描述(　　)。
A. 拆下维修塞把手时无须佩戴绝缘手套
B. 拆下维修塞把手前,务必将电源开关置于OFF位置(关闭SMR)以保证安全
C. 拆下维修塞把手前,务必将电源开关置于ON位置(关闭SMR)以保证安全
D. 不要在口袋内携带拆下的维修塞把手,以防止维修车时将其丢失

109. 更换动力电源插接件时,应该注意(　　)。
A. 拆下维修开关时需要佩戴绝缘手套
B. 拆下维修开关把手前,务必将电源开关置于OFF位置(关闭SMR)以确保安全
C. 维修开关把手拆下后要放在口袋内携带,以确保安全
D. 以上选项均正确

110. 属于二级维护作业的内容是(　　)。
A. 拆检清洗机油盘、集滤器、检查曲轴轴承松紧度、校正曲轴轴承螺栓、螺母
B. 更换气门油封
C. 更换曲轴前后油封
D. 检查和更换节温器

111. 用千分尺测量工件时,先旋转微分套筒,当(　　)时改用旋转棘轮,直到棘轮发出2~3下"咔咔"声时,开始读数。
A. 测砧与工件测量表面接近
B. 测砧远离工件表面
C. 测砧与测微螺杆接近
D. 测砧远离测微螺杆

112. 按凸轮轴的布置形式分类,可分为上置凸轮轴式、(　　)式和下置凸轮轴式。
A. 侧置凸轮轴　　　B. 中置气门式
C. 中置凸轮轴　　　D. 顶置凸轮轴

113. 关于混合动力汽车冷却系统的描述,除哪一项外都是正确的(　　)。
A. 采用发动机冷却系统
B. 冷却MG和带转换器的逆变器总成
C. 采用电动水泵以循环冷却液
D. 电源开关置于ON(READY ON)位置时,持续循环冷却液

114. 汽车空调操纵面板上的A/C开关是用来控制(　　)系统的。

A. 采暖	B. 通风
C. 制冷	D. 转换

115. 汽车空调鼓风机的无级变速电路，是采用（　　）的调速控制原理。
A. 步进式	B. 开关式
C. 占空比	D. 电位器

116. 发动机与离合器处于完全接合时，变速器输入轴（　　）。
A. 不转动	B. 高于发动机转速
C. 低于发动机转速	D. 与发动机转速相同

117. 进气温度传感器失效会引起（　　）。
A. 不易起动	B. 怠速不稳
C. 进气温度过高	D. 进气温度过低

118. 节气门体过脏会导致（　　）。
A. 不易启动	B. 怠速不稳
C. 加速不良	D. 减速熄火

119. 节气门位置传感器断路会导致（　　）。
A. 不易启动	B. 加速不良
C. 减速熄火	D. 飞车

120. 节气门位置传感器失效会引起（　　）。
A. 不易启动	B. 怠速不稳
C. 进气量过大	D. 进气量过小

121. 热线式空气流量计的热线沾污，不会导致（　　）。
A. 不易启动	B. 加速不良
C. 怠速不稳	D. 飞车

122. 有关錾削叙述正确的是（　　）。
A. 不需任何眼镜
B. 不得錾削淬火的工件
C. 錾子头部需要淬火
D. 一般情况使用高速钢材做錾子

123. 动力转向液压助力系统转向助力泵损坏会导致（　　）。
A. 不能转向	B. 转向沉重
C. 制动跑偏	D. 行驶跑偏

124. 汽车动力转向系统转向器滑阀内有脏物阻滞会导致汽车（　　）。
A. 不能转向	B. 左右转向力不一致
C. 转向沉重	D. 转向发飘

125. 对于四缸发动机而言，有一个喷油器堵塞会导致发动机（　　）。
A. 不能启动	B. 不易启动
C. 怠速不稳	D. 减速不良

126. 怠速控制阀关闭不严会导致发动机（　　）。
A. 不能启动	B. 不易启动
C. 怠速不稳	D. 加速不良

127. 开关式怠速控制阀控制线路断路会导致（　　）。
A. 不能启动	B. 怠速过高
C. 怠速不稳	D. 减速不良

128. 喷油器滴漏会导致发动机（　　）。
A. 不能启动	B. 不易启动
C. 怠速不稳	D. 加速不良

129. 企业创新要求员工努力做到（　　）。
A. 不能墨守成规，但也不能标新立异
B. 大胆地破除现有的结论，自创理论体系
C. 大胆地试大胆地闯，敢于提出新问题
D. 激发人的灵感，遏制冲动和情感

130. 属于液压传动缺点的是（　　）。
A. 不便于过载保护	B. 传动效率低
C. 不易实现无级调速	D. 润滑条件差

131. 检查储液罐，如果冷却液变得污浊或充满水垢并低于最小线，应将冷却液（　　）并清洗冷却系统。
A. 补足	B. 全部放掉
C. 加水	D. 补充白酒

132. 机油牌号中，在数字后面带"W"字母，（　　），数字代表黏度等级。
A. 表示夏季使用机油
B. 表示柴油机油
C. 表示汽油机油
D. 表示低温系列，W 表示冬用

133. 高速发动机普遍采用（　　）火花塞。
A. 标准型	B. 突出型
C. 细电极型	D. 铜芯高热值型

134. 变速器自锁装置的主要作用是防止（　　）。
A. 变速器乱挡	B. 变速器跳挡
C. 变速器误挂倒挡	D. 挂挡困难

135. 变速器操纵机构由（　　）、拨叉、拨叉轴、锁止装置和变速器盖等组成。
A. 变速器操纵杆	B. 输入轴
C. 变速器壳体	D. 控制系统

136. （　　）在离合器接合状态时，可中断发动机与驱动轮之间的动力传递，以满足汽车短暂停车和润滑等情况的需要。

A. 变速器 B. 离合器
C. 差速器 D. 主减速器

137. 汽车万向传动装置一般由万向节、（　　）和中间支承组成。
A. 变矩器 B. 半轴
C. 传动轴 D. 拉杆

138. 发动机活塞环的安装间隙包括：端隙、侧隙和（　　）。
A. 边隙 B. 背隙
C. 间隙 D. 缝隙

139. 机油泵泵油压力过低会导致（　　）。
A. 泵油量过大
B. 曲轴轴承间隙过大
C. 凸轮轴轴承间隙过大
D. 曲轴轴承烧熔

140. 柴油机的燃烧过程包括（　　）、速燃期、缓燃期和后燃期。
A. 备燃期 B. 快燃期
C. 爆燃期 D. 着火落后期

141. 空调"急速继电器"的作用是（　　）。
A. 保护空调压缩机
B. 发动机转速低到某一转速时，使空调压缩机停止运转
C. 避免空调电路因大电流而烧坏
D. 控制发动机急速

142. 起动过程中，电磁开关内的（　　）。
A. 保持线圈被短路
B. 吸拉线圈被短路
C. 保持和吸拉两线圈都被短路
D. 保持和吸拉两线圈都不被短路

143. 当发动机转速低于急速时，汽车空调的"急速继电器"或控制，是指（　　）。
A. 保持空调低工效运行
B. 保持空调只运行在急速工况
C. 自动切断空调压缩机的电磁离合器电流，使空调停止工作
D. 提升发动机转速，使空调工作

144. 气缸体翘曲变形多用（　　）进行检测。
A. 百分表和塞尺 B. 塞尺和直尺
C. 游标卡尺和直尺 D. 千分尺和塞尺

145. 发动机活塞环侧隙检查可用（　　）。
A. 百分表 B. 卡尺

C. 塞尺 D. 千分尺

146. 不属于发动机二级维护内容的是（　　）。
A. 按规定次序和转矩校紧缸盖螺栓
B. 检查发动机支架连接及损坏情况
C. 更换气门油封
D. 检查、紧固、调整散热器及百叶窗

147. 采用双向活塞式的斜盘空调压缩机，其进、排气阀片（　　）。
A. 安装于前端
B. 安装于后端
C. 前后端分别都有
D. 进气阀片装在前端，排气阀片装在后端

148. 轴针式电磁喷油器所用的密封圈是（　　）形密封圈。
A. Y B. V
C. O D. 唇

149. 不能用来计算电功的是（　　）。
A. $W=UIt$ B. $W=I^2Rt$
C. $W=U^2t/R$ D. $W=UI$

150. 气缸的主要排列形式有直列和（　　）排列。
A. V 形 B. L 形
C. 双列式 D. 直列式

151. 根据气缸排列方式，缸体分为直列式、（　　）、水平对置形和 W 形。
A. V 形 B. X 形
C. Y 形 D. 龙门式

152. 真空荧光管的英文缩写是（　　）。
A. VCD B. VDD
C. VED D. VFD

153. HCFC 类制冷剂包括 R22、R123、（　　）等。
A. R133 B. R143
C. R153 D. R163

154. 自动变速器进行维护作业检查时，首先应将变速器手柄置于（　　）挡位置。
A. P B. S
C. R D. N

155. 霍尔元件产生的霍尔电压为（　　）级。
A. MV B. V
C. KV D. μV

156. 发光二极管的英文缩写是（　　）。
A. LBD B. LCD
C. LDD D. LED

157. 液晶显示器件的英文缩写是（　　）。
A. LBD   B. LCD
C. LDD   D. LED

158. 不含电源的部分电路欧姆定律的表达式是（　　）。
A. $I=U/R$ B. $I=E/(R+r)$
C. $I=U^2/R$ D. $I=E^2/(R+r)$

159. 关于混合动力车辆电源的描述，正确的是（　　）。
A. HV 蓄电池向电子部件（如前照灯、音响设备和各种 ECU 提供电能）
B. 一个正常工作的 HV 蓄电池足以控制车辆
C. 一个正常工作的辅助蓄电池足以控制车辆
D. 一个正常工作的 HV 蓄电池和正常的辅助蓄电池都是控制车辆所必需的

160. （　　）最大的特点是不含氯原子，ODP 值为 0，GWP 也很低，为 0.25～0.26。
A. HFC12   B. HFC13
C. HFC14   D. HFC134a

二、判断题（第 161 题～第 200 题。将判断结果填入括号中，正确的填"√"，错误的填"×"。每题 0.5 分，满分 20 分。）

161. 起动机的电刷在电刷架内应滑动自如。（　　）
162. 起动机的直流串励式电动机将蓄电池的电能转换为机械能，产生转矩，从而启动发动机。（　　）
163. 起动机电磁开关接触不良会造成起动机不能与飞轮结合。（　　）
164. 起动机电磁开关内的保持线圈断路，将无法启动发动机。（　　）
165. 起动机在启动时，不能与飞轮结合是由于起动机定子故障造成的。（　　）
166. 气门的密封性检查方法有划线法、拍击法、涂红丹油法、渗油法。（　　）
167. 气门叠开是指由于进气门早开和排气门晚关，就会出现一段时间进、排气门同时关闭的现象。（　　）
168. 气门是用来打开或封闭进、排气道的。（　　）
169. 气门头部的形状有圆顶、凸顶和凹顶三种结构形式。（　　）
170. 气门由头部和杆身两部分构成。（　　）

171. 气门与座圈的密封带宽度应符合原设计规定，一般为 1.2～2.0 mm。（　　）
172. 气囊控制模块在引爆气囊时，会同时引爆安全带拉紧机构。（　　）
173. 气体发生器的作用是，车辆发生碰撞时，将碰撞信号输送给气囊控制单元。（　　）
174. 汽车变速器自锁装置可防止自动脱挡和挂错挡。（　　）
175. 汽车采用独立悬架时，车桥是整体式的。（　　）
176. 汽车采用非独立悬架，车桥是断开式的。（　　）
177. 节气门位置传感器有线性输入和开关量输入两种形式。（　　）
178. 汽车传动系统的基本功用是将发动机输出的动力传递给各车轮。（　　）
179. 汽车硅整流发电机内装 IC 调节器的作用是调节电压。（　　）
180. 汽车行驶跑偏只是悬架系统损坏引起的常见故障。（　　）
181. 汽车后桥壳变形会使轮胎磨损加快。（　　）
182. 汽车后桥异响必须通过仪器来诊断。（　　）
183. 汽车空调系统在工作时，压缩机上的进、出气管应无明显温差。（　　）
184. 汽车空调系统中，热敏电阻或自动调温器一般安装在蒸发器进风外侧，以检查冷凝器的温度变化，从而控制压缩机电磁离合器工作。（　　）
185. 汽车空调压力开关也称压力继电器。（　　）
186. 汽车空调压缩机电磁离合器线圈两端并联的二极管是为了整流。（　　）
187. 汽车空调压缩机上装有转速传感器，其作用是判断空调压缩机的工作状况。（　　）
188. 汽车起动机在运转时将产生反电动势，它是起动机自己产生的电动势，此电动势能对蓄电池供电。（　　）
189. 汽车前照灯线路有一侧搭铁不良时，会出现一个前照灯亮，一个前照灯明显发暗的现象。（　　）
190. 汽车日常维护的行驶里程是 2 000～3 000 km。（　　）
191. 汽车拖带挂车时，解除挂车制动要晚于主车制动。（　　）
192. 汽车维护的目的是贯彻"预防为主、强制维护"。

193. 汽车音响内部出现故障,必须将其从车上拆下来才能进行维修,要求配备维修电源、音箱、天线等外部设施。（ ）

194. 汽车制动跑偏,说明汽车某一侧车轮制动间隙可能过大。（ ）

195. 汽车制动凸轮轴与底板支座承孔的配合间隙应不大于 0.05 mm。（ ）

196. 汽车制动系中,凸轮式制动器多用气体作为工作介质。（ ）

197. 汽车制冷系统由空调操纵面板上的 AC 开关控制。（ ）

198. 汽车制造厂有特别说明或标明润滑油是汽油机和柴油机的通用油时,可标明的级别内通用。（ ）

199. 汽车驻车制动器中,有少数汽车的驻车制动器装在主减速器主动轴的前面。（ ）

200. 汽车转向器一级维护的内容主要有检查转向器、驱动桥的工作状况和密封性并校紧各螺栓。（ ）

汽车维修工中级理论知识模拟试题6

一、单项选择题（第1题~第160题。选择一个正确的答案，将相应的字母填入题内的括号中。每题0.5分，满分80分。）

1. 个别车型在三元催化转换器前的排气管内还有一个预热三元催化转换器，其作用是降低发动机预热期间的（　　）、CO 和 NO_x 排放量。
   A. H_2O　　　　　　　B. HC
   C. NC　　　　　　　　D. NO

2. 装于汽车发电机内部的调节器是（　　）。
   A. FT61 型　　　　　　B. JFT106 型
   C. 集成电路调节器　　　D. 晶体管调节器

3. 汽车硅整流发电机，常用的接插线有（　　）等。
   A. F　　　　　　　　　B. ST
   C. C　　　　　　　　　D. P

4. 排放控制系统包括 PCV、（　　）、TWC 以及 EGR 四个系统。
   A. EVAP　　　　　　　B. TRC
   C. VVTI　　　　　　　D. VTEC

5. （　　）是发动机电控燃油喷射系统执行机构中的一个关键部件。
   A. ECU　　　　　　　B. 电磁喷油器
   C. 电磁继电器　　　　D. A/D 转换器

6. 排放控制系统用于减少废气中有害气体（　　）、HC 和 NO_x。
   A. CO_2　　　　　　　B. NO_x
   C. O_2　　　　　　　　D. CO

7. （　　）由臭氧和多种过氧化物及多种游离基组成。
   A. CO　　　　　　　　B. HC
   C. NO_x　　　　　　　D. 光化学烟雾

8. （　　）与血液中的血红蛋白结合，形成碳氧血红蛋白，从而使这部分血红蛋白失去送氧的能力，使人体缺氧。
   A. CO　　　　　　　　B. HC
   C. NO_x　　　　　　　D. 微粒

9. 柴油车废气排放检测的是（　　）。
   A. CO　　　　　　　　B. HC
   C. CO 和 HC　　　　　D. 烟度值

10. 检测汽油车废气时，应清除取样探头上残留的（　　），以保证检测的准确性。
    A. CO　　　　　　　　B. HC
    C. CO 和 HC　　　　　D. NO

11. 汽车排放物中的（　　）不仅使人的骨髓功能减弱，血小板减少，而且也是形成光化学烟雾的因素。
    A. CO　　　　　　　　B. HC
    C. NO_x　　　　　　　D. 微粒

12. 废气再循环系统（EGR）的作用是将一部分废气引入进气系统，与新鲜的燃油混合气混合，使混合气变稀，从而降低燃烧速度，燃烧温度下降，从而有效地减少（　　）生成。
    A. C　　　　　　　　　B. O_2
    C. CO_2　　　　　　　D. NO_x

13. 电池管理系统的英文缩写是（　　）控制。
    A. BMS　　　　　　　B. CAN
    C. BMA　　　　　　　D. CNP

14. 数字显示汽车音响的收音电路由（　　）及 AM 收音高放电路、中放电路、收音立体声解码集成电路为主构成。
    A. A/C　　　　　　　B. FM
    C. FC　　　　　　　　D. FP

15. 全面质量管理的基本工作方法中（　　）阶段指的是处理阶段。
    A. A　　　　　　　　　B. C
    C. D　　　　　　　　　D. P

16. 用排列图法所确定的影响因素中，（　　）表示主要因素。
    A. A　　　　　　　　　B. B
    C. C　　　　　　　　　D. 以上选项均不正确

17. 二级维护前，检查发动机的转速为 1 200 r/min 时，点火提前角应为（　　）±1°。
    A. 9°　　　　　　　　　B. 11°
    C. 13°　　　　　　　　D. 15°

18. 发动机正常工作时,涡轮增压器的转速在（　　）r/min。
A. 80 000～120 000　　　B. 8 000～12 000
C. 800～1 200　　　D. 600～900

19. 蓄电池液面高度正常时,传感器的铅棒上的电位为（　　）V,报警灯（　　）。
A. 8　亮　　　B. 8　不亮
C. 6　不亮　　　D. 6　亮

20. 阳光下检测空调的制冷性能时,可关闭门窗时让空调运行0.5 h,车厢内外应有（　　）℃温差,表示这个制冷系统良好。
A. 7～8　　　B. 10～12
C. 13～15　　　D. 15

21. 更换发动机冷却液时间要求是长效防锈防冻液每（　　）更换一次。
A. 6个月　　　B. 两年
C. 一年　　　D. 三年

22. 发动机在正常工作情况下,涡轮排气的温度可达（　　）℃。
A. 600～1 200　　　B. 600～1 000
C. 800～1 200　　　D. 600～900

23. 热状态检查。启动发动机,使发动机温度接近（　　）℃时。用手拨动风扇叶片,感觉较费力为正常。
A. 60～65　　　B. 70～75
C. 80～85　　　D. 90～95

24. 按蓄电池生产厂家的要求或气温条件,在蓄电池内加注规定密度的电解液,静置（　　）h后,再将液面高度调整到高出极板（或防护片）顶部10～15 mm。（**注意：两个数字都要记！**）
A. 6～8　　　B. 5～10
C. 15～20　　　D. 20～25

25. 维修轿车空调制冷系统后,给空调系统抽真空时间最少要达（　　）min。
A. 5　　　B. 10
C. 18　　　D. 30

26. A4图纸幅面的宽度和长度是（　　）。
A. 594 mm×841 mm　　　B. 420 mm×594 mm
C. 297 mm×420 mm　　　D. 210 mm×297 mm

27. （　　）轻柴油适合于高寒地区严冬使用。
A. −50号　　　B. −10号
C. 0号　　　D. 10号

28. 小排量汽油轿车上的起动机,在做全负荷试验时其电流一般为（　　）A。
A. 50～60　　　B. 70～100
C. 90～150　　　D. 大于240

29. 二级维护的行驶里程为（　　）km。
A. 5 000～10 000　　　B. 10 000～15 000
C. 20 000～30 000　　　D. 30 000～40 000

30. 一级维护的行驶里程为（　　）km。
A. 500～1 000　　　B. 1 000～2 000
C. 2 000～3 000　　　D. 3 000～4 000

31. 一般主销内倾角不大于（　　）。
A. 5°　　　B. 8°
C. 10°　　　D. 12°

32. 与传统化油器发动机相比,装有电控燃油喷射系统的发动机功率可提高（　　）。
A. 5%～10%　　　B. 10%～15%
C. 15%～20%　　　D. 20%

33. 铰削EQ6100-1气门座时,应选用（　　）铰刀铰削15°上斜面。
A. 45°　　　B. 75°
C. 15°　　　D. 25°

34. 燃油泵供油量在有汽油滤清器的情况下应为（　　）mL。
A. 400～700　　　B. 700～1 000
C. 1 000～1 300　　　D. 1 300～1 600

35. 国家检验标准规定最高车速小于100 km/h的汽车转向盘向左或向右的自由转角不得大于（　　）。
A. 30°　　　B. 40°
C. 15°　　　D. 35°

36. 二级维护前,检查分电器的触点闭合角应为（　　）。
A. 30°～36°　　　B. 36°～42°
C. 42°～48°　　　D. 48°～54°

37. 检验发动机气缸盖和气缸体裂纹,可用压缩空气。空气压力为（　　）kPa,保持5 min,若无泄漏则检验合格。
A. 294～392　　　B. 192～294
C. 392～490　　　D. 353～441

38. 冷却水温升高到（　　）℃以上时,水温过高报警灯报警开关的双金属片变形,触点闭合,报警灯亮。
A. 25～35　　　B. 45～55

C. 65～75　　　　　　D. 95～105

39. 机油指示灯亮，表示发动机润滑压力为危险界限，润滑油正常压力应为（　　）MPa。
A. 2～3　　　　　　B. 1～2
C. 0.16～0.40　　　　D. 5.4～7.4

40. 发动机工作时，火花塞绝缘体裙部的温度应保持在（　　）℃。
A. 200～300　　　　B. 300～400
C. 500～600　　　　D. 600～700

41. 为避免汽车转向沉重，主销后倾角一般不超过（　　）。
A. 2°　　　　　　　B. 4°
C. 5°　　　　　　　D. 3°

42. 二级维护前，检查发动机的转速为800 r/min时，点火电压应为（　　）kV。
A. 2～4　　　　　　B. 4～6
C. 6～8　　　　　　D. 8～10

43. 低阻抗喷油器的电阻值为（　　）Ω。
A. 2～3　　　　　　B. 5～10
C. 12～15　　　　　D. 50～100

44. 对储存期超过2年的干式铅蓄电池，使用前应补充充电，充电时间应在（　　）h。
A. 2～3　　　　　　B. 3～5
C. 5～10　　　　　　D. 10

45. 高阻抗喷油器的电阻值为（　　）Ω。
A. 2～3　　　　　　B. 5～10
C. 12～15　　　　　D. 50～100

46. 凸轮轴位置传感器的作用是采集配气凸轮轴的位置信号，并输入ECU，以使ECU识别（　　），从而进行顺序喷油控制、点火时刻和爆燃控制。
A. 1缸压缩上止点　　B. 2缸压缩上止点
C. 3缸压缩上止点　　D. 4缸压缩上止点

47. 全面质量管理这一概念最早在（　　）由美国质量管理专家提出。
A. 19世纪50年代　　B. 20世纪30年代
C. 20世纪40年代　　D. 20世纪50年代

48. 活塞环外围开口处之外部位每处的漏光弧长所对应的圆心角不得超过（　　）。
A. 15°　　　　　　　B. 25°
C. 45°　　　　　　　D. 60°

49. 同一活塞环上漏光弧长所对应的圆心角总和不超过（　　）。

A. 15°　　　　　　　B. 25°
C. 45°　　　　　　　D. 60°

50. 一级维护竣工检验技术要求中，转向器、变速器、驱动桥的润滑油面，应在检视口下沿（　　）mm处，通风孔应畅通，变速器、减速器螺母紧固可靠。
A. 15～25　　　　　B. 0～25
C. 0～15　　　　　　D. 20

51. 发电机定子绕组的阻值一般为（　　）mΩ。
A. 150～200　　　　B. 3 000～6 000
C. 15～35　　　　　D. 1 500～3 500

52. 直列四缸四冲程发动机曲拐布置形式按工作顺序分为1-3-4-2和（　　）两种。
A. 1-3-2-4　　　　　B. 1-2-4-3
C. 1-4-2-3　　　　　D. 1-2-3-4

53. 镍镉电池单体工作电压为（　　）V。
A. 12　　　　　　　B. 2
C. 1.2　　　　　　　D. 3

54. 镍氢电池单体工作电压为（　　）V。
A. 12　　　　　　　B. 2
C. 1.2　　　　　　　D. 0.5

55. 铅蓄电池单体工作电压为（　　）V。
A. 12　　　　　　　B. 2
C. 1.2　　　　　　　D. 3

56. 直列六缸四冲程发动机曲拐布置形式按工作顺序分为1-5-3-6-2-4和（　　）两种。
A. 1-2-3-4-5-6　　　B. 1-6-2-4-3-5
C. 1-4-2-6-3-5　　　D. 1-5-3-6-4-2

57. 精度为0.05 mm的游标卡尺其游标的刻线格数为（　　）格。
A. 10　　　　　　　B. 20
C. 30　　　　　　　D. 40

58. 发动机启动时，蓄电池可向起动机提供高达（　　）A的电流。
A. 100～200　　　　B. 100～300
C. 200～300　　　　D. 200～600

59. 十字轴式万向节允许相邻两轴的最大交角为（　　）。
A. 10°～15°　　　　B. 15°～20°
C. 20°～25°　　　　D. 25°～30°

60. 起动机驱动齿轮与止推垫之间的间隙应为（　　）mm。

A. 1~4　　　　　　　B. 1~2
C. 0.5~1　　　　　　D. 0.5~0.9

61. 汽车起动机电磁开关通电,将动铁芯完全吸入驱动齿轮时,驱动齿轮与止推环之间的间隙一般是(　　)mm。
A. 1.5~2.5　　　　　B. 5
C. 5~10　　　　　　D. 5~7

62. 起动机电磁开关吸拉线圈的电阻值为(　　)Ω。
A. 1.5~2.6　　　　　B. 1.6~2.6
C. 2.6~2.7　　　　　D. 2.7~2.9

63. 气门与座圈的密封带宽度应符合原设计规定,一般为(　　)。
A. 1.2~2.0　　　　　B. 1.5~2.0
C. 1.5~2.5　　　　　D. 1.2~2.5

64. 更换汽车上新里程表时,应将里程表的读数调到(　　)。
A. 0公里数　　　　　B. 车主要求的公里数
C. 原公里数　　　　　D. 随意公里数

65. 汽车维护中扭力扳手的规格是(　　)N·m。
A. 0~300　　　　　　B. 0~500
C. 0~1 000　　　　　D. 0~2 000

66. 汽车制动器制动蹄在不工作的原始位置时,摩擦片与制动鼓之间应保持合适的间隙,其间隙一般为(　　)mm。
A. 0~0.2　　　　　　B. 0~0.5
C. 0~0.8　　　　　　D. 0~1.0

67. 一般来说,高能点火系统采用的火花塞中心电极与侧电极之间的间隙为(　　)。
A. 0.35~0.45　　　　B. 0.45~0.55
C. 0.70~0.90　　　　D. 1.10~1.30

68. 一般来说,普通火花塞中心电极与侧电极之间的间隙为(　　)。
A. 0.35~0.45　　　　B. 0.45~0.55
C. 0.50~0.60　　　　D. 0.70~0.90

69. 燃油压力检测时,燃油压力表指示应在(　　)MPa。
A. 0.28~0.30　　　　B. 0.50~0.52
C. 0.88~0.90　　　　D. 0.98~1.00

70. 用质量为0.25 kg的锤子沿曲轴轴向轻轻敲击连杆,连杆能沿轴向移动,且连杆大头两端与曲柄的间隙为(　　)mm。
A. 0.17~0.35　　　　B. 0.35~0.52

C. 0.52~0.69　　　　D. 0.69~0.86

71. 端隙又称开口间隙,是指活塞环装入活塞后,该环在上止点时环的两端头的间隙,一般为(　　)mm。
A. 0.15~0.50　　　　B. 0.35~0.50
C. 0.25~0.50　　　　D. 0.05~0.50

72. 侧隙又称边隙,是指活塞环装入活塞后,其侧面与活塞环槽之间的间隙。第一环因工作温度高,间隙较大,一般为(　　)mm,其他环一般为0.03~0.07 mm。
A. 0.15~0.50　　　　B. 0.35~0.05
C. 0.25~0.50　　　　D. 0.04~0.10

73. 根据《汽车驱动桥修理技术条件》技术要求,圆锥主、从动齿轮啮合间隙为(　　)mm。
A. 0.15~0.25　　　　B. 0.15~0.35
C. 0.15~0.45　　　　D. 0.15~0.50

74. 游标卡尺常用的精度值是(　　)。
A. 0.10 mm、0.02 mm、0.05 mm
B. 0.01 mm、0.02 mm、0.05 mm
C. 0.10 mm、0.20 mm、0.50 mm
D. 0.10 mm、0.20 mm、0.05 mm

75. 通常进气门的气门间隙是(　　)mm。
A. 0.10~0.20　　　　B. 0.25~0.30
C. 0.30~0.35　　　　D. 0.40~0.45

76. 通常排气门的气门间隙是(　　)mm。
A. 0.10~0.20　　　　B. 0.25~0.30
C. 0.30~0.35　　　　D. 0.40~0.45

77. 机油压力低于(　　)MPa时,机油压力过低报警灯报警开关触点闭合,报警灯亮。
A. 0.03~0.15　　　　B. 0.15~0.30
C. 0.30~0.45　　　　D. 0.45~0.60

78. 根据《汽车发动机缸体与气缸盖修理技术条件》的技术要求,气门导管与承孔的配合过盈量一般为(　　)mm。
A. 0.01~0.04　　　　B. 0.01~0.06
C. 0.02~0.04　　　　D. 0.02~0.06

79. 检查分电器轴与衬套之间的间隙,分电器轴与衬套的正常配合间隙为(　　)mm,最大不得超过0.07 mm。
A. 0.01~0.02　　　　B. 0.02~0.04
C. 0.04~0.06　　　　D. 0.06~0.08

80. 银的相对磁导率是(　　)。

A. <0   B. <1
C. >1   D. ∞

81. 汽车上的转向信号闪光器，其上有三个端子，（　　）端子应接转向开关。

A. +B   B. L
C. E   D. ST

82. 真空荧光管的阳极接至电源（　　）极，阴极与电源（　　）极相接时，便获得了一定的电压，从而显示出所要看到的内容。

A. 正　负   B. 负　正
C. 正　正   D. 负　负

83. 2009年，我国启动了节能与新能源汽车示范推广的（　　）。

A. "十城千辆"工程   B. "十城万辆"工程
C. 新能源示范工程   D. "863"计划工程

84. 双速刮水器的控制开关在（　　）位置时电动机转速较低。

A. "0"挡   B. "Ⅰ"挡
C. "Ⅱ"挡   D. 任何挡位

85. 齿轮的工作面腐蚀斑点及剥落面积超过齿面约（　　），或齿轮出现裂纹，应予更换。

A. 1/8   B. 1/4
C. 3/8   D. 1/2

86. 液压行车制动系在达到规定的制动效能时，对于制动器装有自动调整间隙装置的车辆的踏板行程不得超过踏板全行程的（　　）。

A. 1/4   B. 1/2
C. 3/4   D. 4/5

87. 硅整流发电机的中性点电压等于发电机极柱直流输出电压的（　　）倍。

A. 1/2   B. 1
C. 1/3   D. 1/4

88. 交流发电机单相桥式硅整流器每个二极管在一个周期内的导通时间为（　　）周期。

A. 1/2   B. 1/3
C. 1/4   D. 1/6

89. 检查汽车空调压缩机性能时，应使发动机转速达到（　　）r/min。

A. 1 000   B. 1 500
C. 1 600   D. 2 000

90. 1995年7月10日后生产的在用轻型汽油车（四冲程）的HC排放应小于（　　）ppm。

A. 600   B. 700
C. 900   D. 1 200

91. 二级维护前，检查发动机的转速为（　　）r/min时，单缸发动机断火的转速下降应不低于90 r/min。

A. 600   B. 800
C. 1 000   D. 1 200

92. 二级维护前，检查发动机的转速为（　　）r/min时，点火提前角应为13°±1°。

A. 600   B. 800
C. 1 000   D. 1 200

93. 采用气压制动的机动车当气压升至（　　）kPa且不使用制动的情况下，停止空气压缩机3 min后，其气压的降低值应不大于10 kPa。（注意：3个数字都要记！）

A. 200   B. 400
C. 600   D. 800

94. 二级维护前，检查发动机的转速为（　　）r/min时，点火电压应为8~10 kV。

A. 200   B. 400
C. 600   D. 800

95. 二级维护前，检查发动机的转速为（　　）r/min时，点火提前角应为9°。

A. 200   B. 400
C. 600   D. 800

96. 检测排放时，取样探头插入排气管的深度不小于（　　）mm，否则排气管应加长。

A. 200   B. 250
C. 300   D. 350

97. 二级维护前检测轿车，轮胎气压应符合规定：前轮180 kPa，后轮（　　）kPa；车轮动不平衡量为零。

A. 190   B. 260
C. 300   D. 400

98. （　　）是液压制动系统制动不良的原因。

A. 总泵旁通孔或回油孔堵塞

B. 制动蹄回位弹簧过软、折断

C. 液压制动系统中有空气

D. 制动管路凹瘪堵塞

99. 二级维护前检测桑塔纳LX型轿车，轮胎气压应符合规定：前轮（　　）kPa，后轮190 kPa；车轮动不平衡量为零。

A. 180   B. 200

C. 300　　　　　　　　D. 400

100. 电器设备电阻为 55 Ω，使用时电流是 4 A，那么其供电电压是（　　）V。
A. 100　　　　　　　　B. 110
C. 200　　　　　　　　D. 220

101. 行车制动在产生最大制动作用时的踏板力，对于座位数大于 9 的载客汽车应不大于（　　）N。
A. 100　　　　　　　　B. 200
C. 500　　　　　　　　D. 700

102. （　　）是导致转向沉重的主要原因。
A. 转向轮轮胎气压过高
B. 转向轮轮胎气压过低
C. 汽车空气阻力过大
D. 汽车坡道阻力过大

103. （　　）是液压制动系统制动不良的原因。
A. 总泵旁通孔或回油孔堵塞
B. 制动蹄回位弹簧过软、折断
C. 液压制动系统中有空气
D. 制动管路凹槽堵塞

104. 汽车直线行驶中，个别车轮有异响可能是该车轮（　　）。
A. 轴承预紧度过大
B. 制动踏板的自由行程过小
C. 制动踏板的自由行程过大
D. 个别车轮轴承可能损坏

105. 目前应用的电磁喷油器主要是（　　）。
A. 轴针式
B. 球阀式
C. 片阀式
D. 以上选项均正确

106. 变速器验收时，各挡噪声一般均不得高于（　　）dB。
A. 83　　　　　　　　B. 85
C. 88　　　　　　　　D. 90

107. 液压行车制动系统在达到规定的制动效能时，对于座位数大于 9 的载客汽车踏板行程应不超过（　　）mm。
A. 80　　　　　　　　B. 100
C. 120　　　　　　　　D. 150

108. 液压行车制动系统在达到规定的制动效能时，对于座位数小于 9 的载客汽车踏板行程应不超过（　　）mm。
A. 80　　　　　　　　B. 100
C. 120　　　　　　　　D. 140

109. 冷却液温度达（　　）℃时，节温器全开，冷却液进行大循环。
A. 65　　　　　　　　B. 75
C. 85　　　　　　　　D. 95

110. 用手工刮削的轴承要求接触面积不小于轴承内部面积的（　　）。
A. 45%　　　　　　　B. 60%
C. 75%　　　　　　　D. 90%

111. 变速器验收时各密封部位不得漏油，润滑油温度不得越过室温（　　）℃。
A. 40　　　　　　　　B. 50
C. 80　　　　　　　　D. 90

112. 蜡式节温器的工作起始温度是（　　）℃。
A. 35　　　　　　　　B. 65
C. 85　　　　　　　　D. 105

113. 冷却水温高于（　　）℃时，节温器主阀门全开时，副阀门全关，冷却水在全部流经散热器进行水的大循环，使发动机保持正常温度。
A. 35　　　　　　　　B. 55
C. 65　　　　　　　　D. 85

114. 二级维护前，检查发动机的转速为 1 200 r/min 时，单缸发动机断火的转速下降应不低于（　　）r/min。
A. 30　　　　　　　　B. 50
C. 70　　　　　　　　D. 90

115. 装传动轴时，十字轴轴颈如有压痕，压痕不严重且不在传力面时，可将十字轴由原装配位置旋转（　　）装复。
A. 30°　　　　　　　　B. 60°
C. 80°　　　　　　　　D. 90°

116. 气流温度超过（　　）℃时，风扇离合器处于啮合状态。
A. 25　　　　　　　　B. 45
C. 65　　　　　　　　D. 85

117. 乘用车辆变速器齿轮齿长磨损不得超过原齿长的（　　）。
A. 20%　　　　　　　B. 25%
C. 30%　　　　　　　D. 35%

118. 前轴与转向节装配应适度，转动转向节的力一般不大于（　　）N。

A. 20 B. 15
C. 10 D. 5

119. 安装正时带或正时链条及导链板，调整正时带（　　）或正时链条导链板张紧器张紧到规定的程度。
A. 正时齿轮 B. 张紧轮
C. 惰轮 D. 带轮

120. 乘用车在50 km时速采用紧急制动，制动距离要求≤（　　）m。
A. 18 B. 28
C. 38 D. 48

121. 客车在30 km时速采用应急制动时，制动距离要求≤（　　）m。
A. 18 B. 28
C. 38 D. 48

122. 吹向感温器的气流温度低于（　　）℃时，风扇离合器又恢复到分离状态。
A. 15 B. 25
C. 35 D. 45

123. 锯条锯齿的大小以（　　）mm长度包含的锯齿数表示，此长度内包含的齿数越多锯齿越细。
A. 15 B. 15.4
C. 25 D. 25.4

124. 锂离子电池单体工作电压是（　　）V。
A. 12 B. 3.6
C. 1.2 D. 1.8

125. 数字调节汽车音响数控收音微处理器的供电多用（　　）V电压。
A. 12 B. 5
C. 24 D. 10

126. 为保证点火可靠，一般要求点火系统提供高压电为（　　）V。
A. 12 B. 5 000~8 000
C. 8 000~10 000 D. 15 000~20 000

127. 一般汽车音响的工作电流为（　　）A。
A. 12 B. 5
C. 0.5~1 D. 低于0.5

128. 因磁脉冲式转速传感器的转子有24个凸齿，故分电器轴转一圈产生（　　）个脉冲信号。
A. 12 B. 24
C. 36 D. 48

129. 安全气囊系统的检查工作务必在点火开关转到OFF位，并将蓄电池负极电缆拆下至少（　　）s后才能开始。
A. 10 B. 5
C. 3 D. 0

130. 乘用车在50 km/h的初速度下采用行车制动系统制动时，满载检验时制动距离要求≤（　　）m。
A. 10 B. 20
C. 40 D. 50

131. 货车在30 km/h的初速度下，采用应急制动，制动距离要求≤（　　）m。
A. 10 B. 20
C. 30 D. 40

132. 自动变速器试验后，应让发动机怠速运转（　　）s左右，以使自动变速器油温正常。
A. 10 B. 20
C. 30 D. 60

133. 乘用车在50 km/h的初速度下采用行车制动系统制动时，空载检验时制动距离要求≤（　　）m。
A. 9 B. 19
C. 29 D. 39

134. 工况良好的节温器阀门全开时，要求阀门升起的高度应不少于（　　）mm。
A. 9 B. 10
C. 11 D. 12

135. 总质量不大于3 500 kg的低速货车在30 km/h的初速度下，采用行车制动系统制动时，满载检验时制动距离要求≤（　　）m。
A. 9 B. 19
C. 29 D. 39

136. 汽车电动座椅能调节的方向比较多，许多车辆使用4个电动机，能够对座椅进行（　　）个方向的调节。
A. 8 B. 6
C. 4 D. 2

137. 总质量不大于3 500 kg的低速货车在30 km/h的初速度下，采用行车制动系统制动时，空载检验时制动距离要求≤（　　）m。
A. 8 B. 18
C. 28 D. 38

138. 为保证车辆顺利启动，启动前蓄电池电压不小于（　　）V。
A. 6 B. 8

C. 10　　　　　　　　D. 12

139. 1995 年 7 月 10 日后定型柴油汽车，烟度值排放应小于（　　）FSN。
A. 5　　　　　　　　B. 4.5
C. 4　　　　　　　　D. 3.5

140. 进行自动变速器失速试验时，时间不得超过（　　）s。
A. 5　　　　　　　　B. 10
C. 15　　　　　　　D. 20

141. 启动发动机时，每次接通起动机的时间不应超过（　　）s。
A. 5　　　　　　　　B. 10
C. 15　　　　　　　D. 20

142. 汽车的前束值一般都小于（　　）mm。
A. 5　　　　　　　　B. 8
C. 10　　　　　　　D. 12

143. 对传动轴总成进行动平衡，要求在传动轴两端的最大不平衡值不大于（　　）g·cm。
A. 4　　　　　　　　B. 6
C. 8　　　　　　　　D. 10

144. 1995 年 7 月 10 日后生产的在用重型汽油车，CO 的排放应小于（　　）。
A. 3%　　　　　　　B. 3.5%
C. 4%　　　　　　　D. 4.5%

145. 进行二级维护前，检测分电器重叠角，国家标准规定分电器重叠角应不大于（　　）。
A. 3°　　　　　　　B. 5°
C. 7°　　　　　　　D. 9°

146. 进行二级维护前，检查点火提前角，当发动机的转速为 800 r/min 时，点火提前角应为（　　）。
A. 3°　　　　　　　B. 5°
C. 7°　　　　　　　D. 9°

147. 为保证车辆顺利启动，启动电流稳定值应该为 100～150 A，蓄电池内阻不大于 20 mΩ，稳定电压不小于（　　）V。（**注意：3 个数字都要记！**）
A. 3　　　　　　　　B. 6
C. 9　　　　　　　　D. 12

148. 1988 年颁布的国家标准汽车型号由（　　）部分构成。
A. 2　　　　　　　　B. 3
C. 4　　　　　　　　D. 5

149. 测量发动机气缸磨损程度时，为准确起见，应在不同的位置和方向共测出至少（　　）个值。
A. 2　　　　　　　　B. 4
C. 6　　　　　　　　D. 8

150. 对于允许接挂车的汽车，其驻车制动装置，必须使汽车列车在满载的状态下，能停在坡度（　　）的坡道上。
A. 2%　　　　　　　B. 5%
C. 8%　　　　　　　D. 12%

151. 弧光放电前照灯的亮度是卤素前照灯的（　　）倍以上。
A. 2　　　　　　　　B. 5
C. 2.5　　　　　　　D. 10

152. 加工螺纹时为了便于断屑和排屑，板牙转动一圈左右要倒转（　　）圈。
A. 2　　　　　　　　B. 1
C. 0.5　　　　　　　D. 0.25

153. 空载情况下，驻车制动装置应能保证机动车在坡度 20%，轮胎与路面间附着系数不小于 0.7 的坡道上正、反两个方向保持不动，其时间不应少于（　　）min。（**注意：3 个数字都要记！**）
A. 2　　　　　　　　B. 3
C. 4　　　　　　　　D. 5

154. 各钢板弹簧的中心螺栓孔应该对正，且每片的横向位移不得超过主片的（　　）mm。
A. 1.5　　　　　　　B. 2
C. 2.5　　　　　　　D. 3

155. 技术状况良好的蓄电池，单格电压一般应在 1.5 V 以上，并在 5 s 内保持稳定。若 5 s 内下降至（　　）V，说明存电量足。（**注意：3 个数字都要记！**）
A. 1.3　　　　　　　B. 1.5
C. 1.7　　　　　　　D. 1.9

156. 气门座圈承孔的表面粗糙度应小于（　　）μm。
A. 1.25　　　　　　　B. 1.5
C. 1.75　　　　　　　D. 2

157. 二级维护检测轮胎，应无异常磨损，轮胎胎冠花纹深度应大于（　　）mm。
A. 1.2　　　　　　　B. 1.6
C. 1.8　　　　　　　D. 2

158. CFC12 对大气臭氧层破坏作用很大，臭氧层破坏系数（ODP）值为（　　），温室效应（GWP）值达 3 左右。

A. 1　　　　　　　B. 2
C. 3　　　　　　　D. 4

159. 采用气压制动系统的机动车，发动机在75%的标定功率转速下，（　　）min内气压表的指示气压应从零开始升至起步气压。

A. 1　　　　　　　B. 2
C. 3　　　　　　　D. 4

160. 柴油机喷油器密封性试验，以（　　）次/s的速度均匀地扳动手油泵柄，直到开始喷油。

A. 1　　　　　　　B. 2
C. 3　　　　　　　D. 4

二、判断题（第161题~第200题。将判断结果填入括号中，正确的填"√"，错误的填"×"。每题0.5分，满分20分。）

161. 汽车转向信号灯的闪光频率是固定不变的，不受灯泡及线路状况的影响。（　　）

162. 汽车最大总质量 = 整车装备质量 + 最大装载质量。（　　）

163. 气缸体螺纹孔螺纹损坏多于1牙时需修复。（　　）

164. 千分尺的读数机构由固定套筒和微分套筒组成。（　　）

165. 牵引汽车自身不装载货物。（　　）

166. 前后独立方式的双回路液压传动装置由双腔主缸通过两套独立回路分别控制车轮制动器。（　　）

167. 前悬架弹簧弹力不足就是制动跑偏、甩尾的原因。（　　）

168. 前照灯检测时，要避开外来光线的影响，对于四灯制的车辆，检测时应将同侧的两只前照灯遮住一只检测然后再检测另外一只。（　　）

169. 强制通风是指曲轴箱油蒸气与大气直接相通。（　　）

170. 清洁新能源汽车高压动力电池应使用吸尘器进行作业。（　　）

171. 球形燃烧室是柴油机统一燃烧室的一种。（　　）

172. 曲柄连杆机构在做功行程活塞承受燃烧气体产生的膨胀压力时，通过连杆使活塞的直线运动变为曲轴的旋转运动，向外输出动力。（　　）

173. 曲轴的修理尺寸共计分为13个级别，常用的是前8个级别。（　　）

174. 曲轴通风分为自然通风、强制通风。（　　）

175. 曲轴位置传感器检测曲轴转角信号输入ECU作为点火控制主控信号，而不作为喷射信号。（　　）

176. 曲轴位置传感器能够识别哪一个缸活塞即将到达上止点，被称为气缸识别传感器。（　　）

177. 曲轴位置传感器用于检测活塞上止点、曲轴转角和车速。（　　）

178. 取消正在使用的定速巡航系统，必须要重启发动机才能关闭。（　　）

179. 全面质量管理的基本工作方法就是PDCA循环法。（　　）

180. 全面质量管理的特点可归纳为三全一多。（　　）

181. 燃油压力调节器是电控发动机空气供给系统的组成部分。（　　）

182. 日常维护由维修企业进行，以检查、调整为中心内容。（　　）

183. 若在良好的路面上出现侧滑，应检查车轮定位。（　　）

184. 三相同步交流发电机的定子用来产生三相交流电，转子用来产生磁场。（　　）

185. 三元催化转换（TWC）系统与废气再循环系统（EGR）可统称为废气排放控制系统。（　　）

186. 三元催化转换器的作用是将废气中的CO、HC和NO转化为CO_2、N_2和水蒸气。（　　）

187. 三元催化转换器为一整体式结构，在其排气管中央的栅格网表面涂有催化剂。（　　）

188. 散热器的作用是使发动机冷却水强制循环。（　　）

189. 市场经济条件下，根据服务对象来决定是否遵守承诺并不违反职业道德规范中关于诚实守信的要求。（　　）

190. 事业成功的人往往具有较高的职业道德。（　　）

191. 属于气缸体腐蚀的主要原因是使用了不符合要求的冷却液。（　　）

192. 双级式刮水器的控制开关"I"时速度最低，"O"是停机挡。（　　）

193. 双速刮水器通过控制开关可以实现低速运转、高速运转及停机复位等功能。（　　）

194. 双柱式举升器主要用于举升 3 t 以下的轿车或小客货车。（ ）

195. 水泵的作用是对冷却水降压，促使冷却水在系统中运动，以加强冷却效果。（ ）

196. 水泵流出，经分水管→水套→出水口→叶水泵，进行的是大循环。（ ）

197. 水是天然灭火剂，适用于 B 类火灾。被围困浓烟区的人要短呼吸，匍匐穿过浓烟区。（ ）

198. 四灯制前照灯并排安装时，装于外侧的一对应为近光灯，装于内侧的一对应为远光单束灯。（ ）

199. 通常进气门的气门间隙为 0.30~0.35 mm。（ ）

200. 通过专用诊断设备检查可以判断动力电池故障。（ ）

汽车维修工中级理论知识模拟试题 7

一、单项选择题（第1题～第160题。选择一个正确的答案，将相应的字母填入题内的括号中。每题0.5分，满分80分。）

1. 职业纪律是企业的行为规范，职业纪律具有（　　）的特点。
A. 明确的规定性　　B. 高度的强制性
C. 普遍性　　D. 自愿性

2. 公私关系上，符合办事公道的具体要求是（　　）。
A. 公私分开　　B. 假公济私
C. 公平公正　　D. 先公后私

3. 职业交往活动中，符合仪表端庄具体要求的是（　　）。
A. 着装华贵　　B. 鞋袜等搭配合理
C. 饰品俏丽　　D. 发型要突出个性

4. 职业交往活动中，对客人做到（　　）是符合语言规范的具体要求。
A. 言语细致，反复介绍
B. 语速要快，不浪费客人时间
C. 用尊称，不用忌语
D. 语气严肃，维护自尊

5. 企业生产经营活动中，促进员工之间平等尊重的措施是（　　）。
A. 互利互惠，加强协作
B. 加强交流，平等对话
C. 只要合作，不要竞争
D. 人心叵测，谨慎行事

6. 对《中华人民共和国劳动法》规定理解正确的是（　　）。
A. 享有所有权力
B. 只享有平等就业的权利
C. 享有一定的权利，又要履行一定的义务
D. 不享有社会保险和福利的权利

7. 订立劳动合同的要约是由（　　）提出的。
A. 提出合同建议的一方
B. 承诺的一方
C. 旁观者
D. 参与者

8. 订立劳动合同在（　　）后即告成立。
A. 要约　　B. 承诺
C. 组织　　D. 提出

9. 对社会保障制度理解不恰当的是（　　）。
A. 一种物质帮助制度
B. 一种精神帮助制度
C. 一种物质补偿制度
D. 一种在较特殊情况下的物质帮助制度

10. 合同是一种（　　）行为。
A. 民事法律　　B. 刑事法律
C. 个人　　D. 社会

11. 对于汽油罐的使用，下列说法不正确的是（　　）。
A. 放在通风良好的地方
B. 小型汽油罐可以放在汽车的行李舱里
C. 容积在3.8 L以上的油罐出口，要有防火滤网
D. 严禁防火

12. （　　）将金属物放在蓄电池壳体上。
A. 禁止　　B. 可以
C. 必须　　D. 允许

13. 搬动（　　）时，不可歪斜，以免烧伤皮肤。
A. 蓄电池　　B. 发电机
C. 分电器　　D. 点火线圈

14. 杆上电工操作不正确的是（　　）。
A. 杆上物品必须吊取
B. 保持身体平衡
C. 腰带不能束得过高
D. 可以借助上层带电架空线以保持身体平衡

15. 汽车的顶起过程中，（　　）车下作业。
A. 可以　　B. 必须
C. 不必　　D. 禁止

16. 汽车突然熄火时，不正确的做法是（　　）。
A. 尝试再次启动　　B. 下车用力推行
C. 利用惯性靠边停车　　D. 检查电路系统

17. 试验发动机时，（　　）在车下工作。
A. 可以　　B. 必须

C. 不得　　　　　　　D. 不必

18. 液压千斤顶的液压开关处于（　　）状态时，方可升起汽车。
A. 拧紧　　　　　　　B. 放松
C. A、B项均可　　　　D. 以上选项均不正确

19. 操作砂轮机时，操作者应位于砂轮机的（　　）。
A. 前面　　　　　　　B. 后面
C. 正面　　　　　　　D. 侧面

20. 钻孔操作时（　　）戴手套。
A. 可以　　　　　　　B. 一定
C. 必须　　　　　　　D. 严禁

21. 全面质量管理的基本方法中（　　）阶段指的是计划阶段。
A. A　　　　　　　　B. C
C. D　　　　　　　　D. P

22. （　　）是汽车维修企业的生命线。
A. 维修计划　　　　　B. 维修方法
C. 维修质量　　　　　D. 维修管理

23. 维修合格的汽车在维修汽车总数中所占的比重指的是（　　）。
A. 生产率　　　　　　B. 返修率
C. 合格率　　　　　　D. 效率

24. 某零件经过修理后可完全恢复技术要求的标准，但修理成本非常高，该件应定为（　　）。
A. 报废件　　　　　　B. 待修件
C. 可用件　　　　　　D. 需修件

25. 通常所说的三视图不包括（　　）。
A. 主视图　　　　　　B. 俯视图
C. 右视图　　　　　　D. 左视图

26. 线型中用作可见轮廓线的是（　　）。
A. 细实线　　　　　　B. 粗实线
C. 双点画线　　　　　D. 虚线

27. （　　）是指允许尺寸的变动量。
A. 尺寸公差　　　　　B. 形状公差
C. 位置公差　　　　　D. 偏差

28. 表面粗糙度是一种（　　）。
A. 尺寸误差　　　　　B. 形状误差
C. 位置误差　　　　　D. 形状公差

29. 符号"◎"代表（　　）。
A. 平行度　　　　　　B. 垂直度
C. 倾斜度　　　　　　D. 同轴度

30. 符号"∠"代表（　　）。

A. 平行度　　　　　　B. 垂直度
C. 倾斜度　　　　　　D. 位置度

31. 黑色金属包括（　　）。
A. 铜和铜合金　　　　B. 铝和铝合金
C. 轴承合金　　　　　D. 合金钢

32. 用来制作铸件的铝合金称为（　　）。
A. 锻铝合金　　　　　B. 硬铝合金
C. 形变铝合金　　　　D. 铸造铝合金

33. 螺纹代号后加"LH"表示（　　）。
A. 粗牙螺纹　　　　　B. 细牙螺纹
C. 左旋螺纹　　　　　D. 右旋螺纹

34. 轴承按工作时的（　　），分为滚动轴承和滑动轴承两类。
A. 载荷方向　　　　　B. 载荷大小
C. 摩擦性质　　　　　D. 润滑形式

35. 轴承类型代号为6的轴承是（　　）轴承。
A. 调心球轴承　　　　B. 推力球轴承
C. 圆锥滚子轴承　　　D. 深沟球轴承

36. 游标卡尺是一种能直接测量工件（　　）的中等精度量具。
A. 长度、宽度、角度、直径
B. 长度、宽度、粗糙度、直径
C. 长度、宽度、深度、直径
D. 宽度、深度、角度、直径

37. 用游标卡尺测量工件外径时，将活动量爪向外移动，使两量爪间距（　　）工件外径，然后再慢慢移动游标使两量爪与工件接触。
A. 小于　　　　　　　B. 大于
C. 等于　　　　　　　D. 错开

38. 用游标卡尺测量工作时，工件尺寸＝尺身读出的整毫米数＋游标刻度×（　　）得出的小数值。
A. 精度值　　　　　　B. 尺身刻度值
C. 0.10 mm　　　　　 D. 0.01 mm

39. 由固定套筒和微分套筒组成千分尺的（　　）。
A. 测力装置　　　　　B. 锁紧装置
C. 读数机构　　　　　D. 微动机构

40. 百分表的表盘刻度为100格，大指针每偏转一格表示（　　）mm。
A. 0.1　　　　　　　 B. 0.2
C. 0.01　　　　　　　D. 0.02

41. 锯条的规格用其两端的安装孔距表示，常用的是（　　）mm的锯条。

A. 100　　　　　　　　B. 200
C. 300　　　　　　　　D. 400

42. 台虎钳（　　）牢固地固定在钳台上，工作时不允许有松动现象。
A. 必须　　　　　　　B. 不必
C. 避免　　　　　　　D. 不用

43. 锉削狭长且加工余量较小的平面适宜采用的锉削方法是（　　）。
A. 顺锉法　　　　　　B. 交叉锉法
C. 推锉法　　　　　　D. 平锉法

44. 常用的划线工具是（　　）。
A. 划针、划规、划卡、样冲
B. 划针、划规、方箱、样冲
C. 划针、划规、划线平板、样冲
D. 划针、划规、划卡、方箱

45. 用铰刀铰孔时必须对正中心位置，（　　）反向旋转铰刀。
A. 允许　　　　　　　B. 不允许
C. 有时可以　　　　　D. 无规定

46. 用铰刀铰活塞销孔和连杆铜套时，其铰削余量一般是（　　）mm。
A. 0.10～0.20　　　　B. 0.30～0.10
C. 0.20～0.30　　　　D. 0.20～0.35

47. 属于平面刮刀的是（　　）。
A. 三角刮刀　　　　　B. 钩头刮刀
C. 蛇头刮刀　　　　　D. 匙形刮刀

48. 液压传动可实现（　　）。
A. 精确的定比传动　　B. 无级调速
C. 远距离传动　　　　D. 高效率传动

49. 液压传动不易实现（　　）。
A. 过载保护　　　　　B. 无级调速
C. 精确的定比传动　　D. 良好的润滑

50. 进油路节流调速回路、回油路节流调速回路和旁油路节流调速回路属于（　　）。
A. 容积调速回路　　　B. 节流调速回路
C. 容积节流调速回路　D. 以上选项均不正确

51. 下列选项是液压系统的执行元件的是（　　）。
A. 换向阀　　　　　　B. 节流阀
C. 液压泵　　　　　　D. 液压马达

52. 下列选项为压力控制回路的是（　　）。
A. 调压回路　　　　　B. 调速回路
C. 换向回路　　　　　D. 同步回路

53. 液压传动是以（　　）作为工作介质进行能量传递和控制的传动形式。
A. 固体　　　　　　　B. 液体
C. 气体　　　　　　　D. 机械力

54. 测量电阻的方法中属于比较测量法的是（　　）。
A. 万用表测电阻　　　B. 电桥测电阻
C. 欧姆表测电阻　　　D. 伏安法测电阻

55. 由电阻器R1、R2组成的串联电路具有（　　）的特点。
A. $U_1=U_2$　　　　　B. $1/R_1+1/R_2=R$
C. $I=I_1+I_2$　　　　D. $I_1=I_2$

56. 电荷有规律的定向移动形成（　　）。
A. 电压　　　　　　　B. 电流
C. 导体　　　　　　　D. 半导体

57. 电容器充电时（　　）。
A. 两个极板都带正电
B. 两个极板都带负电
C. 两个极板带相反电荷
D. 两个极板都不带电

58. 测试汽车有关电阻及传感器必须用（　　）万用表进行。
A. 模拟式　　　　　　B. 高阻抗数字式
C. 低阻抗数字式　　　D. 模拟式或数字式

59. 电路中三个或三个以上元件的连接点叫（　　）。
A. 网孔　　　　　　　B. 节点
C. 原点　　　　　　　D. PN结

60. 检测线路是否断路应选择万用表（　　）挡。
A. 直流电压　　　　　B. 交流电压
C. 欧姆　　　　　　　D. 蜂鸣

61. 已知两个用电器分别为40 W和20 W的灯泡，所加的电压均为220 V，则下列叙述不正确的是（　　）。
A. 40 W的灯比20 W的灯亮
B. 40 W的灯比20 W的灯的电阻要小
C. 40 W的灯要比20 W的灯消耗的功率大
D. 40 W的灯要比20 W的灯消耗的功率小

62. 穿过线圈的磁通量发生变化时，线圈就会产生感应电动势，其大小与（　　）成正比。
A. 磁通量　　　　　　B. 磁通量变化量
C. 磁感应强度　　　　D. 磁通量变化率

63. 电磁继电器的线圈电流被切断时，衔铁在弹簧的作用下迅速回位，从而使活动触点与固定

（　　）触点断开。

A. 常开触点　　　　　B. 常闭触点
C. 铁芯　　　　　　　D. 以上选项均不正确

64. 电感量一定的线圈，如果产生感应电动势大，则说明该线圈中通过电流的（　　）。

A. 数值大　　　　　　B. 变化量大
C. 速度快　　　　　　D. 变化率大

65. 均匀磁场中，原来通电导体所受磁场力为F，如果电流强度增加到原来的2倍，而导线长度减少一半，则通电导体所受磁场力为（　　）。

A. 2F　　　　　　　　B. F
C. F/2　　　　　　　 D. 4F

66. 普通电磁继电器由（　　）和触点组成。

A. 铁芯　　　　　　　B. 衔铁
C. 永久磁铁　　　　　D. 电磁铁

67. 通电线圈插入铁芯后，其磁感应强度将（　　）。

A. 减弱　　　　　　　B. 增强
C. 不变　　　　　　　D. 不确定

68. 线圈中磁场减弱时，产生感应电流的磁通（　　）。

A. 与原磁通的方向相反
B. 与原磁通的方向相同
C. 与原磁通的方向无关
D. 方向不能确定

69. 线圈中通电时，电磁继电器上的衔铁带动活动触点与固定（　　）接通。

A. 常开触点　　　　　B. 常闭触点
C. 铁芯　　　　　　　D. 以上选项均正确

70. 用安培定则（即右手螺旋法则）来判断直流电的磁场方向，正确的说法是（　　）。

A. 大拇指的指向为磁场方向
B. 弯曲四指的指向为磁场方向
C. 与大拇指指向相反的方向为磁场方向
D. 与弯曲四指指向相反的方向为磁场方向

71. 匀强磁场中，当通过某一平面的磁通量为最大时，这个平面就与磁力线（　　）。

A. 平行　　　　　　　B. 垂直
C. 斜交　　　　　　　D. 任意位置

72. 在220 V、40 W的灯泡中，220 V表示交流电的（　　）。

A. 有效值　　　　　　B. 瞬间值
C. 最大值　　　　　　D. 平均值

73. 不属于正弦交流电三要素的是（　　）。

A. 周期　　　　　　　B. 最大值
C. 角频率　　　　　　D. 初相位

74. 若正弦波形与坐标原点重合则有（　　）。

A. $t=0$，$\varphi>0$　　　　B. $t=0$，$\varphi=0$
C. $t=0$，$\varphi<0$　　　　D. $t=0$，$\varphi=180°$

75. 我国低压配电系统中，相电压的有效值是（　　）V。

A. 55　　　　　　　　B. 110
C. 220　　　　　　　 D. 330

76. 不是半导体使用性能主要影响因素的是（　　）。

A. 温度
B. 杂质
C. 光照、电压及磁场
D. 导电性介于导体和绝缘体之间

77. 二极管的最高反向工作电压一般取其反向击穿电压的（　　）。

A. 2倍　　　　　　　 B. 1倍
C. 1/2左右　　　　　 D. 1/4左右

78. 二极管主要参数有最大整流电流和（　　）。

A. 最高反向工作电压　B. 最低反向工作电压
C. 最高反向工作电流　D. 最低反向工作电流

79. 晶闸管的特点是（　　）。

A. 通过大功率信号控制小功率系统
B. 通过小功率信号控制大功率系统
C. 通过大功率信号控制大功率系统
D. 通过小功率信号控制小功率系统

80. 具有单向导电性的是（　　）。

A. 二极管　　　　　　B. 三极管
C. 稳压器　　　　　　D. 电容器

81. 三极管的电流放大系数一般为（　　）。

A. 10～20　　　　　　B. 20～200
C. 200～400　　　　　D. 400～600

82. 稳压二极管PN结的个数是（　　）个。

A. 1　　　　　　　　 B. 2
C. 3　　　　　　　　 D. 4

83. 锗管PN结的导通电压为（　　）V左右。

A. 0.1　　　　　　　 B. 0.2
C. 0.3　　　　　　　 D. 0.4

84. （　　）的作用是将传感器输入的信号去除杂波，把正弦波转变为矩形波后再转换为输入电压。

A. A/D 转换器　　　　　　B. 输入回路
C. 微型计算机　　　　　　D. 执行器

85. 凡是向放大器提供输入信号的零件或设备称为（　　）。
A. 负载　　　　　　　　　B. 电源
C. 信号源　　　　　　　　D. 以上选项均不正确

86. 放大电路中放大器有（　　）个端子。
A. 2　　　　　　　　　　B. 3
C. 4　　　　　　　　　　D. 5

87. 逻辑电路是利用二极管和三极管的（　　）特性来工作的。
A. 放大　　　　　　　　　B. 稳压
C. 开关　　　　　　　　　D. 整流

88. 逻辑电路最基本的逻辑关系除了"与""非"，还有（　　）。
A. 是　　　　　　　　　　B. 否
C. 或　　　　　　　　　　D. 以上选项均不正确

89. 汽车的电子综合控制装置是（　　）。
A. 仪表　　　　　　　　　B. 发电机
C. ECU　　　　　　　　　D. 转换器

90. 微型计算机的组成不包括（　　）。
A. CPU　　　　　　　　　B. I/O
C. A/D 转换器　　　　　　D. 存储器

91. 拆卸螺栓时，最好选用（　　）。
A. 钳子　　　　　　　　　B. 活扳手
C. 梅花扳手　　　　　　　D. 管子扳手

92. 常用的呆扳手的适用范围是（　　）mm。
A. 5～10　　　　　　　　B. 10～20
C. 6～24　　　　　　　　D. 24～40

93. 大型运输企业集中使用的汽车外部清洗设备多采用（　　）。
A. 固定式　　　　　　　　B. 可移式
C. 手动式　　　　　　　　D. 其他形式

94. 客车类别代号是（　　）。
A. 4　　　　　　　　　　B. 5
C. 6　　　　　　　　　　D. 7

95. 小型客车的座位数不超过（　　）座。
A. 9　　　　　　　　　　B. 5
C. 16　　　　　　　　　　D. 20

96. 最小转弯半径是转向盘转至极限位置时（　　）中心平面移动轨迹的半径。
A. 车身　　　　　　　　　B. 外侧转向轮
C. 内侧转向轮　　　　　　D. 以上选项均不正确

97. （　　）是汽车装配与行驶的主体。
A. 发动机　　　　　　　　B. 底盘
C. 车身　　　　　　　　　D. 电气设备

98. 发动机纵向传出的转矩经驱动桥后，使其改变（　　）方向，横向传出。
A. 60°　　　　　　　　　B. 90°
C. 120°　　　　　　　　　D. 180°

99. 可以承担整车大部分载重的是（　　）。
A. 离合器　　　　　　　　B. 变速器
C. 万向传动装置　　　　　D. 驱动桥

100. 汽车基础件产生变形的主要原因是受到（　　）应力作用而导致的。
A. 内　　　　　　　　　　B. 外
C. 内、外　　　　　　　　D. 其他

101. 活塞行程 S 与曲柄半径 R 的关系是（　　）。
A. $S=R/2$　　　　　　　B. $S=R$
C. $S=2R$　　　　　　　　D. $S=4R$

102. （　　）的作用是将活塞承受的力传给曲轴，并使活塞的往复运动转变为曲轴的旋转运动。
A. 曲柄　　　　　　　　　B. 连杆
C. 活塞销　　　　　　　　D. 飞轮

103. 气缸的排量等于（　　）。
A. 气缸的总容积　　　　　B. 气缸的工作容积
C. 气缸燃烧室容积　　　　D. 气缸行程

104. 发动机气缸体上平面翘曲后，应采用（　　）修理。
A. 刨削　　　　　　　　　B. 磨削
C. 冷压校正　　　　　　　D. 加热校正

105. 发动机气缸轴线方向磨损量最大的部位是在活塞上止点时（　　）所对应的缸壁。
A. 活塞顶　　　　　　　　B. 第一道活塞环
C. 活塞销　　　　　　　　D. 第二道活塞环

106. 具有 6 个气缸的发动机，（　　）缸磨损最大。
A. 1　　　　　　　　　　B. 2
C. 3　　　　　　　　　　D. 5

107. 进行曲轴轴承松紧度的检查时，在轴承上涂一层机油后，应将轴承螺栓（　　）。
A. 按规定力矩拧紧
B. 轻轻拧上
C. 拧紧
D. 以上选项均不正确

108. 活塞销产生异响的原因有（　　）。
A. 活塞销装配过紧
B. 活塞销松旷
C. 活塞销润滑不良
D. 活塞销材质不符合要求

109. 根据《汽车发动机曲轴技术条件》(GB 3802—83)[①]的技术要求，曲轴修理尺寸共分（　　）个级别。
A. 6　　　　　　　　B. 8
C. 12　　　　　　　 D. 13

110. 不属于气缸盖裂纹的主要原因的是（　　）。
A. 车辆在严寒季节，停车后没有及时放净发动机水道和散热器内的冷却水
B. 发动机过热时，突然添加冷水
C. 气缸盖铸造时残余应力的影响及气缸盖在生产中壁厚过薄，强度不足
D. 气缸盖螺栓拧紧力矩过大

111. 不属于曲轴产生裂纹的主要原因的是（　　）。
A. 材料缺陷　　　　B. 应力集中
C. 制造缺陷　　　　D. 螺栓拧紧力矩过大

112. 属于气缸盖螺纹损伤的原因是（　　）。
A. 装配时螺栓没有拧正
B. 异物碰撞
C. 工具使用不当
D. 气缸盖过小

113. 属于气缸体螺纹损伤的原因的是（　　）。
A. 装配时螺栓没有拧正
B. 异物碰撞
C. 工具使用不当
D. 气缸盖过小

114. （　　）是一种专门用于拆装顶置式气门弹簧的工具。
A. 活塞环拆装钳　　B. 气缸套筒拉器
C. 气门弹簧拆装钳　D. 套筒

115. 气门弹簧自由长度用（　　）测量。
A. 外径千分尺　　　B. 内径千分尺
C. 直尺　　　　　　D. 刀口形直尺

116. 气门高度用（　　）测量。
A. 外径千分尺　　　B. 内径千分尺
C. 直尺　　　　　　D. 刀口形直尺

———
①该标准已作废，因在题库中作为知识点出现，故书中沿用。

117. 气门座圈工作面应低于气缸盖平面（　　）mm。
A. 0.5　　　　　　　B. 1
C. 1.5　　　　　　　D. 2

118. 不属于凸轮轴产生裂纹的主要原因的是（　　）。
A. 材料缺陷　　　　B. 应力集中
C. 制造缺陷　　　　D. 螺栓拧紧力矩过大

119. 汽车冷却系统中提高冷却液沸点的装置是（　　）。
A. 散热器盖　　　　B. 水泵
C. 水套　　　　　　D. 发动机

120. 硅油风扇离合器中的进油孔在常温下被控制阀片挡住，硅油不能进入工作室，风扇离合器处于（　　）状态。
A. 分离　　　　　　B. 接合
C. 啮合　　　　　　D. 连接

121. 冷却液温度升高到 95～105℃以上时，水温过高报警灯报警开关的双金属片变形，触点（　　），报警灯（　　）。
A. 分开　不亮　　　B. 分开　亮
C. 闭合　不亮　　　D. 闭合　亮

122. 冷却水温正常时，水温过高报警开关的双金属片几乎不变形，触点（　　），报警灯（　　）。
A. 分开　不亮　　　B. 分开　亮
C. 闭合　不亮　　　D. 闭合　亮

123. 润滑油的分类大多采用（　　）分类法和性能分类法两种。
A. 黏度　　　　　　B. 安定性
C. 清净分散性　　　D. 黏温性能

124. 利用机油的黏性，使机油附着在运动零件表面，以提高零件的密封效果，这是润滑油的（　　）作用。
A. 润滑　　　　　　B. 冷却
C. 密封　　　　　　D. 清洁

125. 根据《汽油机机油换油指标》(GB/T 8028—2010)规定，L-EQB指标的含铁量大于（　　）mg/kg。
A. 250　　　　　　　B. 300
C. 350　　　　　　　D. 400

126. 柴油机通过（　　）将柴油喷入燃烧室。
A. 喷油器　　　　　B. 输油管
C. 输油泵　　　　　D. 喷油泵

127. 属于柴油机低压油路供给装置的是（　　）。

A. 输油泵 B. 喷油泵
C. 喷油器 D. 高压油管

128. 喷油泵未调试前，应做好（　　）使用的准备工作。
A. 喷油泵试验台 B. 喷油器试验器
C. 喷油器清洗器 D. 压力表

129. 用溢流法检测柴油机喷油提前角须在（　　）上进行。
A. 喷油器试验器 B. 喷油泵试验台
C. 台架 D. 喷油泵试验台或台架

130. 喷油器试验器用油应为沉淀后的（　　）。
A. "0"号轻柴油 B. "0"号重柴油
C. 汽油 D. 机油

131. 汽车上所使用的离合器的主动部分不包括（　　）。
A. 飞轮 B. 压盘
C. 离合器 D. 离合器输出轴

132. 膜片弹簧离合器的膜片弹簧可兼起（　　）的作用。
A. 压紧机构 B. 分离机构
C. 分离杠杆 D. 分离套

133. 膜片弹簧离合器通过（　　）将离合器盖与压盘连接起来。
A. 传动销 B. 传动片
C. 传动螺栓 D. 传动块

134. 分离轴承缺少润滑油，造成（　　）异响。
A. 离合器 B. 变速器
C. 变速器壳 D. 驱动桥

135. 离合器从动盘钢片破裂造成（　　）异响。
A. 离合器 B. 变速器
C. 驱动桥 D. 万向传动轴

136. 不属于离合器摩擦片异响原因的是（　　）。
A. 摩擦片硬化 B. 从动盘歪斜
C. 摩擦片铆钉露出 D. 从动盘表面平整

137. （　　）具有扩大驱动轮转矩和转速的变化范围，以适应汽车经常变化的行驶条件。
A. 离合器 B. 变速器
C. 差速器 D. 主减速器

138. 变速器的输出轴线与驱动桥的输入轴线通常是（　　）的。
A. 在同一平面 B. 不在同一平面
C. 平行 D. 垂直

139. 变速器的直接挡的传动比为（　　）。
A. $n=0$ B. $n=1$
C. $n>0$ D. $n>1$

140. 变速器（　　）装置可防止同时挂上两个挡。
A. 互锁 B. 自锁
C. 倒挡锁 D. 锁止销

141. 变速器上的（　　）是用于防止自然脱挡。
A. 变速杆 B. 拨叉
C. 自锁装置 D. 拨叉轴

142. 根据《汽车变速器修理技术条件》（GB 5372—1985）技术要求，各齿轮的啮合印痕应在轮齿啮合面中部，且不小于啮合面的（　　）。
A. 55% B. 60%
C. 70% D. 75%

143. 用百分表测量变速器输入轴的径向跳动量要求不大于 0.025 mm，使用极限为（　　）mm。
A. 0.03 B. 0.04
C. 0.05 D. 0.06

144. 汽车变速器新更换的齿轮啮合相互不匹配会造成（　　）。
A. 跳挡 B. 乱挡
C. 发响 D. 过热

145. 手动变速器换挡锁止装置磨损，不会导致（　　）。
A. 异响 B. 挂不上挡
C. 脱挡 D. 变速器过热

146. 发动机不运转，空挡释放手制动，晃动第二轴凸缘，若其晃动量大，则说明（　　）。
A. 第二轴轴承松旷 B. 齿轮松动
C. 啮合间隙过大 D. 壳体变形

147. 输出轴变形的修复应采用（　　）。
A. 热压校正 B. 冷法校正
C. 高压校正 D. 高温后校正

148. 手动变速器中一同步器损坏，不会导致（　　）。
A. 异响 B. 挂不上挡
C. 脱挡 D. 变速器过热

149. 在任何挡位和车速条件下，变速器均有"咝咝"声，这说明（　　）。
A. 变速器缺油 B. 中间轴弯曲
C. 第一轴变形 D. 啮合齿轮间隙过大

150. 变速器无负荷试验时，（　　）轴的转速应在 1 000～1 400 r/min 范围内。

A. 第一　　　　　　　B. 第二
C. 中间　　　　　　　D. 倒挡

151. 汽车万向传动装置中，单个普通刚性万向节在有夹角的情况下，不能传递（　　）运动。
A. 等圆周　　　　　　B. 等转速
C. 等角速　　　　　　D. 等速

152. 汽车万向传动装置中间支架固定螺栓松旷，会导致（　　）。
A. "咔啦、咔啦"的撞击声
B. 金属撞击声
C. 明显的异响并伴有振抖
D. 明显的异响但无振抖

153. 汽车行驶中突然改变速度时，出现一种金属撞击声，一般是（　　）。
A. 十字轴处松旷
B. 连杆螺栓松动
C. 传动轴等速排列破坏
D. 中间支承轴承散架

154. 差速器具有转矩平均分配的特点，因此当左轮打滑时，右轮获得的转矩（　　）。
A. 大于左轮转矩　　　B. 小于左轮转矩
C. 等于左轮转矩　　　D. 等于零

155. 根据《汽车驱动桥修理技术条件》（GB 8825—88）[①]技术要求，圆锥主、从动齿轮接触痕迹的长不小于齿长的（　　）。
A. 50%　　　　　　　B. 60%
C. 70%　　　　　　　D. 75%

156. 循环球式转向器中，一般有（　　）级传动副。
A. 1　　　　　　　　B. 2
C. 3　　　　　　　　D. 4

157. （　　）的作用是使汽车直线行驶时保持方向稳定，汽车转弯时前轮自动回正。
A. 主销后倾　　　　　B. 主销内倾
C. 前轮外倾　　　　　D. 前轮前束

158. （　　）是连接汽车转向系统转向摇臂和转向节臂的杆件。
A. 转向直拉杆　　　　B. 转向横拉杆
C. 摇臂轴　　　　　　D. 转向节

159. （　　）是连接汽车左、右梯形臂的杆件，它与左、右梯形臂及前轴构成转向梯形机构。

A. 转向摇臂　　　　　B. 转向直拉杆
C. 转向横拉杆　　　　D. 转向盘

160. 转向传动机构由转向垂臂、转向拉杆、（　　）、转向节、左右梯形臂等组成。
A. 转向轴　　　　　　B. 转向盘
C. 转向万向节　　　　D. 转向节臂

二、判断题（第161题~第200题。将判断结果填入括号中，正确的填"√"，错误的填"×"。每题0.5分，满分20分。）

161. A/D 转换器中 A/D 的含义是将数字信号转换为模拟信号。（　　）

162. ECU 包括硬件和软件两部分。（　　）

163. ECU 是汽车上的一种电子综合控制装置。（　　）

164. ECU 由输入回路、A/D 转换器、微型计算机和输出回路四部分组成。（　　）

165. EQ1090 型汽车起动机空转试验时，转速不低于 5 000 r/min，电流不大于 90 A，电压为 12 V。（　　）

166. EQ1092F 型汽车前轮外倾角为 1°。（　　）

167. EQ1092F 型汽车转向盘自由转动量应为 15°~20°。（　　）

168. EQ1092F 型汽车发动机处于怠速运转转速为 500~600 r/min 时，真空度波动值应不大于 5 kPa。（　　）

169. EQ1092F 型汽车发动机处于中速时，机油压力应不小于 0.3 MPa。（　　）

170. EQ1092F 型汽车发动机转速为 2 000 r/min 时，曲轴箱窜气应不大于 70 L/min。（　　）

171. EQ1092F 型汽车发动机转速为 800 r/min、气门间隙为 0.25 mm 时，排气门提前角为 18.5°。（　　）

172. EQ1092F 型汽车发动机处于怠速运转，转速为 500~600 r/min 时，真空度应为 50~70 kPa。（　　）

173. EQ1092F 型汽车发动机转速为 800 r/min、气门间隙为 0.25 mm 时，排气门滞后角为 10.5°。（　　）

174. EQ1092 型汽车制动蹄鼓间隙值支承端比凸轮端大。（　　）

175. 《汽油机机油换油指标》（GB/T 8028—2010）规定，L-EQB 指标的水分含量大于 0.1%。（　　）

176. HFD 类制冷剂包括 R23、R32、R41、R125、

---
① 该标准已作废，因在题库中作为知识点出现，故书中沿用。

R134、R143、R152。 （ ）

177. 安装燃油表传感器时，与油箱搭铁必须良好。
（ ）

178. 按磁路的结构形式不同，点火线圈分为开磁路式和闭磁路式两种。 （ ）

179. 按点火方式不同发动机可分为点燃式和压燃式两种。 （ ）

180. 百分表不仅能用作比较测量，也能用作绝对测量。 （ ）

181. 办事公道是指从业人员在进行职业活动时要做到助人为乐，有求必应。 （ ）

182. 变速器常啮合齿轮齿厚磨损不得超过 0.25 mm。
（ ）

183. 变速器具有在发动机旋转方向不变的条件下，通过齿轮的组合满足汽车倒车行驶的需要。（ ）

184. 变速器壳体变形是变速器异响的一个重要原因。
（ ）

185. 变速器验收时不得有自行脱挡、跳挡和乱挡现象，但变速杆可有抖动现象。 （ ）

186. 变速器在验收时，各挡均不允许有噪声。
（ ）

187. 不同牌号的柴油可以掺兑使用，这样可以改变其凝点。 （ ）

188. 步进电动机定子爪极的极性是可以变换的。
（ ）

189. 测量误差可以通过改善测量方法消除。（ ）

190. 差速器壳承孔与半轴齿轮轴颈的配合间隙为 0.10～0.25 mm。 （ ）

191. 差速器可保证两侧驱动轮在任何道路条件下均能保持纯滚动和等角速转动。 （ ）

192. 柴油的十六烷值越高越好。 （ ）

193. 柴油机的空气供给装置用来提供可燃混合气。
（ ）

194. 柴油机可燃混合气是在燃烧室形成的。（ ）

195. 柴油机喷油器密封试验时，喷油器允许有微量的滴油现象。 （ ）

196. 柴油机喷油器试验器用油应为沉淀后的"0"号轻柴油。 （ ）

197. 柴油机油的选择，主要是根据柴油机的强化程度。 （ ）

198. 常流式液压动力转向装置因泄漏大、消耗功率高，故目前应用较少。 （ ）

199. 车架变形是轮胎异常磨损的原因。 （ ）

200. 车轮平衡机是用来检测和调校汽车车轮的动静平衡，保证车轮运转安全平稳。 （ ）

汽车维修工中级理论知识模拟试题 8

一、单项选择题（第 1 题～第 160 题。选择一个正确的答案，将相应的字母填入题内的括号中。每题 0.5 分，满分 80 分。）

1. 转向失控时，需要检查的项目是（　　）。
   A. 两前轮胎压　　　　B. 钢板弹簧是否折断
   C. 两侧轴矩是否相等　D. 以上选项均正确

2. 前轮定位包括（　　）、主销内倾、车轮外倾和前轮前束 4 个参数。
   A. 主销前倾　　　　B. 主销后倾
   C. 主销外倾　　　　D. 主销左倾

3. （　　）的结构特点是两侧车轮由一根整体式车桥相连，车轮连同车桥一起通过弹性悬架在车架下面。
   A. 独立悬架　　　　B. 非独立悬架
   C. 前桥　　　　　　D. 后桥

4. 轮胎应当定期做动平衡检查，在检查时应用（　　）检查。
   A. 静平衡检测仪　　B. 动平衡检测仪
   C. 扒胎机　　　　　D. 测功机

5. 就车式平衡机按（　　）原理工作。
   A. 静平衡　　　　　B. 动平衡
   C. 平衡块　　　　　D. 以上选项均不正确

6. 离车式平衡机按（　　）原理工作。
   A. 静平衡　　　　　B. 动平衡
   C. 平衡块　　　　　D. A 和 B 选项均正确

7. 符号 4×4 表示汽车共有（　　）个驱动轮。
   A. 1　　　　　　　 B. 2
   C. 3　　　　　　　 D. 4

8. 根据《汽车前桥及转向系修理技术条件》（GB 8823—1988）[①] 的技术要求，前轴主销孔端面修理后，厚度减少量不得大于（　　）mm。
   A. 1　　　　　　　 B. 1.5
   C. 2　　　　　　　 D. 2.5

9. 主、挂车因故脱挂时，挂车（　　）。
   A. 不制动　　　　　B. 自行制动
   C. 停车　　　　　　D. 制动力减小

10. （　　）中，空气助力气室制动时产生的推力，也同踏板力一样直接作用在制动主缸活塞推杆上。
    A. 真空助力器　　　B. 真空增压器
    C. 空气增压器　　　D. 空气助力器

11. 采用（　　）制动间隙的制动器可不需调整。
    A. 盘式　　　　　　B. 鼓式
    C. 带式　　　　　　D. 弹簧作用式

12. 汽车液压制动个别车轮制动拖滞是由于（　　）。
    A. 制动液太脏或黏度过大
    B. 制动踏板自由行程过小
    C. 制动蹄片与制动鼓间隙过小
    D. 制动主缸旁通孔堵塞

13. 真空增压制动传动装置比液压制动机构多装了一套真空增压系统，（　　）是真空增压系统的组成部分。
    A. 加力气室　　　　B. 进气总管
    C. 进气歧管　　　　D. 主缸

14. 真空助力式液压制动传动装置中，（　　）组成一个整体，叫作真空助力器。
    A. 加力气室和控制阀
    B. 加力气室和主缸
    C. 主缸和控制阀
    D. 真空单向阀和控制阀

15. 气压式制动传动装置的组成中（　　）具有将压缩空气的压力转变为转动制动凸轮的机械力，使车轮制动器产生制动力矩。
    A. 制动控制阀　　　B. 制动气室
    C. 推杆　　　　　　D. 平衡臂

16. 汽车气压制动排气缓慢或不排气，应检查（　　）。
    A. 制动凸轮轴的配合间隙
    B. 制动操纵机构
    C. 制动阀
    D. 制动操纵机构和制动阀

17. 汽车气压制动时有"哽哽"异响或车身发抖应（　　）。

[①] 该标准已作废，因在题库中作为知识点出现，故书中沿用。

A. 更换摩擦片，光磨制动鼓
B. 调整制动蹄片和制动鼓间隙
C. 检查制动气室
D. 检查制动阀

18. （   ）的功用是使汽车停放可靠，防止汽车滑溜，便于上坡起步。
A. 行车制动器   B. 驻车制动器
C. 制动蹄   D. 制动鼓

19. 驻车制动器可以配合（   ）进行紧急制动。
A. 行车制动装置   B. 气压制动装置
C. 液压制动装置   D. 手动拉杆

20. （   ）装置通常由驾驶员用手操纵。
A. 行车制动   B. 驻车制动
C. 发动机制动   D. 以上选项均不正确

21. 制动钳体缸筒圆柱度误差应不大于（   ）mm。
A. 1   B. 0.02
C. 0.03   D. 0.04

22. 允许挂接挂车的汽车，其驻车制动装置必须能使汽车列车在满载状态下时能停在坡度（   ）的坡道上。
A. 2%   B. 5%
C. 8%   D. 12%

23. 在车速不高的平原地区，除冬季外，可选（   ）级的制动液。
A. JG0   B. JG1
C. JG2   D. JG3

24. 制动液更换一般在汽车行驶（   ）km后。
A. 10 000～20 000   B. 20 000～30 000
C. 10 000～30 000   D. 20 000～40 000

25. 用手施加于驻车制动装置操纵装置上的力，对于座位数大于9的载客汽车应不大于（   ）N。
A. 100   B. 200
C. 400   D. 600

26. 自动变速器的组成中不包括（   ）。
A. 液力变矩器   B. 液压泵
C. 控制系统   D. 拨叉

27. 车速急剧变化，变速器响声加大，而车速相对稳定时，响声消失，说明（   ）。
A. 齿隙过大   B. 中间轴弯曲
C. 第二轴弯曲   D. 轴承损坏

28. （   ）不是车身倾斜的原因。
A. 车架轻微变形

B. 单侧悬挂弹簧弹力不足
C. 减振器损坏
D. 轮胎气压不平衡

29. （   ）是汽车轮胎中央磨损的原因。
A. 轮胎气压过高   B. 轮胎气压过低
C. 车轮转向角不正确   D. 车轮前束不正确

30. （   ）不是液压制动系制动不良的原因。
A. 液压管路中有空气   B. 总泵旁通孔堵塞
C. 总泵密封胶圈老化   D. 制动蹄片磨损过量

31. 制动甩尾的原因有（   ）。
A. 制动阀调整不当
B. 两后轮制动间隙过小
C. 两后轮制动器室之一制动管路漏气
D. 前桥悬架弹簧弹力不一致

32. 制动蹄与制动鼓之间的间隙过小，应调整（   ）。
A. 制动踏板高度
B. 制动气室压力
C. 储气筒压力
D. 制动底板上的偏心支承

33. 总泵旁通孔或回油孔堵塞会导致汽车（   ）。
A. 制动系统过热   B. 液压制动系统卡死
C. 制动跑偏   D. 制动甩尾

34. 蓄电池的负极板为（   ）。
A. 海绵状铅   B. 二氧化铅
C. 青灰色   D. 红色

35. （   ）夹在相邻正、负极板之间，防止两者短路。
A. 外壳   B. 连接壳
C. 隔板   D. 极桩

36. （   ）用于测试蓄电池端电压。
A. 万用表   B. 气压表
C. 真空表   D. 油压表

37. 从汽车上拆卸蓄电池时，应先拆（   ）。
A. 搭铁电缆   B. 起动机电缆
C. 正极电缆   D. B 或 C 选项均正确

38. 配制电解液时，应用（   ）容器。
A. 陶瓷   B. 玻璃
C. 陶瓷或玻璃   D. 金属

39. 蓄电池液面过低报警灯开关的传感器通常安装在由正极桩算起第（   ）个单格内。
A. 1   B. 2

C. 3　　　　　　　　D. 4

40. 一般汽车每行驶（　　）km 或冬季行驶 10～15 天，夏季行驶 5～6 天，应检查电解液的液面高度。（注意：3 个数字都要记！）

A. 200　　　　　　　B. 500

C. 1 000　　　　　　D. 1 500

41. 汽车蓄电池与发电机并联，同属于汽车的（　　）。

A. 高压电源　　　　B. 低压电源

C. 用电设备　　　　D. 以上选项均不正确

42. 汽车中除了蓄电池外另一个重要电源是（　　）。

A. 电动机　　　　　B. 起动机

C. 点火线圈　　　　D. 交流发电机

43. 现代汽车上广泛使用电子式调节器，根据其与发电机配套励磁绕组的接地形式不同，可分为（　　）。

A. 内搭铁式和外搭铁式

B. 晶体管式和集成电路式

C. 单级式和双级式

D. 触点式和多级式

44. 起动机的空转试验不得超过（　　）min。

A. 0.5　　　　　　　B. 1

C. 1.5　　　　　　　D. 2

45. 发动机机油压力低于某一值时，机油压力过低报警灯报警开关触点（　　），报警灯（　　）。

A. 分开　不亮　　　B. 分开　亮

C. 闭合　不亮　　　D. 闭合　亮

46.（　　）不能导致驾驶员侧电动车门锁不能锁定。

A. 熔断器故障　　　B. 开关故障

C. 搭铁不良　　　　D. 点火开关故障

47.（　　）不能导致前排乘客侧电动车门锁不能锁定。

A. 熔断器故障　　　B. 开关故障

C. 遥控器故障　　　D. 点火开关故障

48.（　　）不能导致所有电动车门锁都不工作。

A. 熔断器故障　　　B. 开关故障

C. 搭铁不良　　　　D. 左侧车门锁开关故障

49.（　　）不能导致所有电动后视镜都不能动。

A. 熔断器故障

B. 开关故障

C. 搭铁不良

D. 左侧后视镜电动机故障

50.（　　）不能导致左后侧电动车门锁不能锁定。

A. 熔断器故障　　　B. 开关故障

C. 遥控器故障　　　D. 点火开关故障

51.（　　）导致不能用驾驶员侧车门锁按钮锁定两扇车门。

A. 熔断器故障　　　B. 驾驶员侧开关故障

C. 乘客侧开关故障　D. 导线断路故障

52.（　　）导致不能用驾驶员侧车门锁按钮锁定两扇车门。

A. 熔断器故障　　　B. 驾驶员侧开关故障

C. 乘客侧开关故障　D. 搭铁不良

53.（　　）导致不能用驾驶员侧车门锁按钮锁定两扇车门。

A. 熔断器故障　　　B. 驾驶员侧开关故障

C. 乘客侧开关故障　D. 点火开关故障

54.（　　）导致不能用驾驶员侧车门锁按钮锁定一扇车门。

A. 熔断器故障　　　B. 驾驶员侧开关故障

C. 导线断路　　　　D. 车门锁启动器故障

55.（　　）导致所有电动座椅都不能动。

A. 熔断器故障

B. 驾驶员侧开关故障

C. 左后乘客侧开关故障

D. 右后乘客侧开关故障

56.（　　）能导致驾驶员侧电动车门锁不能开启。

A. 车门锁拉杆卡住　B. 车窗天线故障

C. 遥控器故障　　　D. 开关故障

57.（　　）能导致驾驶员侧电动车门锁不能锁定。

A. 车门锁拉杆卡住　B. 车窗天线故障

C. 遥控器故障　　　D. 搭铁线故障

58.（　　）能导致前排乘客侧电动车门锁不能锁定。

A. 车门锁拉杆卡住　B. 车窗天线故障

C. 遥控器故障　　　D. 搭铁线故障

59.（　　）能导致前排乘客侧电动车门锁不能锁定。

A. 车门锁拉杆卡住　B. 车窗天线故障

C. 遥控器故障　　　D. 开关故障

60.（　　）能导致左后侧电动车门锁不能锁定。

A. 车门锁拉杆卡住　B. 车窗天线故障

C. 遥控器故障　　　D. 搭铁线故障

61.（　　）能导致左后侧电动车门锁不能锁定。

A. 车门锁拉杆卡住　B. 车窗天线故障

C. 遥控器故障　　　D. 开关故障

62.（　　）在汽车制冷系统中冷却吸热、冷凝放热起着极其重要的作用。
A. 制冷剂　　　　　　B. 冷凝剂
C. 化学试剂　　　　　D. 冷却剂

63. 汽车空调的组成部件中，（　　）可以根据制冷负荷自动调节制冷剂的流量，达到控制车内温度的目的。
A. 压缩机　　　　　　B. 冷凝器
C. 膨胀阀　　　　　　D. 蒸发器

64. 氟利昂 R12 是（　　）气体。
A. 有颜色、无气味　　B. 有颜色、有气味
C. 有气味、无颜色　　D. 无颜色、无气味

65. 汽车空调的诊断参数中没有（　　）。
A. 风量　　　　　　　B. 温度
C. 湿度　　　　　　　D. 压力

66. 每年应在对空调压缩机添加制冷剂的同时补加（　　）g 同类冷冻机油。
A. 10～20　　　　　　B. 20～30
C. 30～40　　　　　　D. 40～50

67. 压缩机驱动带断裂，会造成（　　）。
A. 冷气不足　　　　　B. 系统太冷
C. 间断制冷　　　　　D. 不制冷

68. 光耦合型车轮转速传感器装在（　　）。
A. 分电器内　　　　　B. 凸轮轴前
C. 飞轮上　　　　　　D. 组合仪表内

69. 空气流量传感器是用来测量（　　）的装置。
A. 空气量　　　　　　B. 燃油量
C. 进气量　　　　　　D. 排气量

70. 热膜式空气流量传感器的发热体是（　　）。
A. 热线　　　　　　　B. 冷线
C. 热膜　　　　　　　D. 卷簧

71. 热线式空气流量计的输出信号是（　　）。
A. 脉冲信号　　　　　B. 数字信号
C. 模拟信号　　　　　D. 固定信号

72. 光电式卡尔曼涡旋式空气流量计的输出信号是（　　）。
A. 连续信号　　　　　B. 数字信号
C. 模拟信号　　　　　D. 固定信号

73. 与传统化油器发动机相比，装有电控燃油喷射系统的发动机燃料消耗可降低（　　）。
A. 5%～10%　　　　　B. 10%～15%
C. 15%～20%　　　　 D. 20%

74. 温度传感器中，用作进气温度传感器的是

（　　）温度传感器。
A. 绕线电阻式　　　　B. 热敏电阻式
C. 扩散电阻式　　　　D. 半导体管式

75. 热敏电阻式传感器的组成中（　　）在环境温度降低时，其阻值升高；反之，其阻值降低。
A. 负温度系数热敏电阻
B. 正温度系数热敏电阻
C. 填料
D. 壳体

76. 空气流量计失效不会引起（　　）。
A. 不易启动　　　　　B. 加速不良
C. 急速不稳　　　　　D. 飞车

77. 汽油燃料供给系统的作用是根据发动机各种不同工况要求，将洁净的（　　）按一定时间和数量供入气缸。
A. 空气
B. 柴油
C. 汽油或汽油和空气配制出的适当浓度的混合气
D. 天然气

78. 电控发动机控制系统中，（　　）存放了发动机各种工况的最佳喷油持续时间。
A. 电控单元　　　　　B. 执行器
C. 温度传感器　　　　D. 压力调节器

79. 一般来说，电动燃油泵的工作电压是（　　）V。
A. 5　　　　　　　　　B. 12
C. 24　　　　　　　　 D. 42

80. 对乙基汽油有关说法不正确的是（　　）。
A. 有毒　　　　　　　B. 无毒
C. 在修理车间要通风　D. 避免人体接触

81. 目前应用的电磁喷油器主要是（　　）。
A. 轴针式　　　　　　B. 球阀式
C. 片阀式　　　　　　D. 以上选项均正确

82. 用数字式万用表的（　　）挡检查点火线圈的电阻。
A. 欧姆　　　　　　　B. 电压
C. 千欧　　　　　　　D. 兆欧

83. （　　）的作用是按发动机的工作顺序依次分配高压电至各缸火花塞上。
A. 分火头　　　　　　B. 断电器
C. 点火线圈　　　　　D. 点火器

84. （　　）的作用是把高压导线送来的高压电放电，击穿火花塞两电极间空气，产生电火花以此引燃气

缸内的混合气体。
A. 分电器　　　　　B. 点火线圈
C. 电容器　　　　　D. 火花塞

85.（　　）的作用是减小启动后点火线圈电流。
A. 分火头　　　　　B. 断电器
C. 点火线圈　　　　D. 附加电阻

86.（　　）的作用是将高压电分配给各分缸线。
A. 分电器　　　　　B. 点火线圈
C. 电容器　　　　　D. 火花塞

87.（　　）的作用是控制点火线圈一次侧电路的通断，配合点火线圈完成升压任务。
A. 配电器　　　　　B. 电容器
C. 断电器　　　　　D. 电阻器

88.（　　）的作用是用于产生高压电。
A. 分电器　　　　　B. 点火线圈
C. 电容器　　　　　D. 火花塞

89.（　　）附装在分电器外壳上，与断电器触点并联。且其作用是减小断电器断开的电火花，防止触点烧蚀，提高二次电压。
A. 配电器　　　　　B. 电容器
C. 断电器　　　　　D. 电阻器

90.（　　）控制点火线圈的二次绕组。
A. 点火器　　　　　B. 分电器
C. 电容器　　　　　D. 断电器

91.（　　）是导致发动机缺火的原因。
A. 火花塞损坏　　　B. 点火器失效
C. 点火线圈失效　　D. 点火开关失效

92.（　　）用于控制点火线圈一次绕组的搭铁。
A. 点火模块　　　　B. 高压线
C. 分电器　　　　　D. 火花塞

93. 爆燃传感器安装在（　　）。
A. 气缸体上　　　　B. 油底壳上
C. 离合器上　　　　D. 变速器上

94. 爆燃传感器的拧紧力矩为（　　）N·m。
A. 5　　　　　　　　B. 10
C. 15　　　　　　　D. 20

95. 拆下火花塞，观察绝缘体裙部颜色，若为（　　），说明选用火花塞为冷型。
A. 浅褐色　　　　　B. 黑色
C. 灰白色　　　　　D. 棕色

96. 拆下火花塞，观察绝缘体裙部颜色，若为（　　）并且干净，说明选型正确。

A. 浅褐色　　　　　B. 黑色
C. 灰白色　　　　　D. 棕色

97. 拆下火花塞，观察绝缘体裙部颜色，若为（　　）且电极有被烧蚀痕迹，则选用的火花塞为热型。
A. 浅褐色　　　　　B. 黑色
C. 灰白色　　　　　D. 棕色

98. 拆装发动机火花塞应用（　　）。
A. 火花塞套筒　　　B. 套筒
C. 开口扳手　　　　D. 梅花扳手

99. 传统点火系统中，分电器的电容器的容量一般为（　　）。
A. $0.15 \sim 0.25$ pF　　B. $0.15 \sim 0.25$ μF
C. $0.15 \sim 0.25$ F　　　D. $0.15 \sim 0.25$ mF

100. 曲轴箱通风的方式分为自然通风和（　　）。
A. 增压通风　　　　B. 强制通风
C. 机械通风　　　　D. 辅助通风

101. 热车启动困难主要的原因是（　　）。
A. 供油不足　　　　B. 火花塞有故障
C. 点火过早　　　　D. 混合气过浓

102. 三元催化器的工作条件是当理论空燃比为（　　），废气温度在 $400 \sim 800$ ℃时，三元催化器能最有效地减少废气中的 CO、HC 和 NO_x 的含量。
A. $15\% \pm 1\%$　　　　B. $15\% \pm 2\%$
C. $14.7\% \pm 1\%$　　　D. $14.7\% \pm 2\%$

103. 三元催化转换器的作用是将废气中的 HC、CO 和（　　）等有害气体转换成 CO_2、N_2 和水蒸气。
A. C　　　　　　　　B. O_2
C. CO_2　　　　　　D. NO_x

104. 三元催化转换器为（　　）结构，在其排气管中央的栅格网表面涂有催化剂。
A. 组合式　　　　　B. 整体式
C. 分开式　　　　　D. 连体式

105. 水温传感器失效，会导致（　　）。
A. 不易起动　　　　B. 怠速不稳
C. 进气温度过高　　D. 进气温度过低

106. 水温传感器线路断路，会导致（　　）。
A. 不易启动　　　　B. 加速不良
C. 怠速不稳　　　　D. 飞车

107. 下列排放物中危害眼、呼吸道和肺的是（　　）。
A. CO　　　　　　　B. HC
C. NO　　　　　　　D. NO_2

108. 烟度计活塞式吸气泵开关由（　　）控制。
A. 电动　　　　　　B. 手
C. 脚　　　　　　　D. 脚或手

109. 烟度计在使用前要按规定项目进行检查、校准，还要预热（　　）min 以上。
A. 5　　　　　　　B. 10
C. 15　　　　　　　D. 25

110. 氧传感器的作用是检测燃烧废气中的氧分子浓度并转换为电信号输送给发动机（　　）。
A. CPU　　　　　　B. RAM
C. ROM　　　　　　D. ECU

111. 氧传感器检测发动机排气中氧的含量，向 ECU 输入空燃比反馈信号，进行喷油量的（　　）。
A. 开环控制　　　　B. 闭环控制
C. 控制　　　　　　D. 开环或闭环控制

112. 氧化锆型氧传感器的输出特性与（　　）有关。
A. 排气压力　　　　B. 排气温度
C. 气体中氧含量　　D. 废气中氧含量

113. 氧化锆型氧传感器应安装在（　　）的位置。
A. 排气管内部　　　B. 排气管外部
C. 排气温度高　　　D. 排气温度低

114. 氧化钛型氧传感器的半导体材料二氧化钛的阻值大小取决于（　　）。
A. 周围环境的氧浓度
B. 周围环境的二氧化碳浓度
C. 周围环境温度的高低
D. 周围环境气压的高低

115. 氧化钛型氧传感器通常具有（　　）个二氧化钛元件。
A. 1　　　　　　　B. 2
C. 3　　　　　　　D. 4

116. 以下诊断仪中属于大众公司专用诊断仪的是（　　）。
A. Tech-1　　　　　B. V.A.G1551
C. 电眼睛　　　　　D. 修车王

117. 步进电动机的转子用（　　）制成。
A. 钢　　　　　　　B. 铁
C. 电磁铁　　　　　D. 永久磁铁

118. 步进电动机每个定子各有（　　）对磁极。
A. 4　　　　　　　B. 6
C. 8　　　　　　　D. 10

119. 关于轮胎异常磨损的原因，甲认为：轮胎气压不平衡是轮胎异常磨损的原因之一。乙认为：单侧悬挂弹簧弹力不足是原因之一。丙认为：主销后倾角改变是原因之一。看法正确的是（　　）。
A. 甲和乙　　　　　B. 乙和丙
C. 丙和甲　　　　　D. 以上选项均不正确

120. 关于膨胀阀，甲说膨胀阀安装于驾驶室内，乙说膨胀阀安装于蒸发器旁。以上观点（　　）。
A. 甲正确　　　　　B. 乙正确
C. 甲乙都正确　　　D. 甲乙都不正确

121. 关于膨胀阀，甲说膨胀阀位于蒸发器入口侧，乙说膨胀阀可将系统的高压侧与低压侧隔离开来，以上观点（　　）。
A. 甲正确　　　　　B. 乙正确
C. 甲乙都正确　　　D. 甲乙都不正确

122. 关于起动机不能与飞轮结合的故障，甲说故障的原因可能是起动机的电磁开关接触不良，乙说故障的原因可能是起动机的电流过小。以上观点（　　）。
A. 甲正确　　　　　B. 乙正确
C. 甲乙都正确　　　D. 甲乙都不正确

123. 关于起动机不能与飞轮结合的故障，甲说故障可能出现在起动机的控制部分，乙说故障可能出现起动机的操纵部分。以上观点（　　）。
A. 甲正确　　　　　B. 乙正确
C. 甲乙都正确　　　D. 甲乙都不正确

124. 关于起动机不能与飞轮结合的故障，甲说故障可能出现在起动机的控制部分，乙说故障原因可能是主回路接触盘的行程过小。以上观点（　　）。
A. 甲正确　　　　　B. 乙正确
C. 甲乙都正确　　　D. 甲乙都不正确

125. 游标卡尺是一种能直接测量工作（　　）的中等精度量具。
A. 长度、宽度、角度、直径
B. 长度、宽度、粗糙度、直径
C. 长度、宽度、深度、直径
D. 宽度、深度、角度、直径

126. 关于汽车电流表，甲说电流表指示"-"时为蓄电池放电，乙说电流表指示"+"时为发电机向蓄电池充电。以上观点（　　）。
A. 甲正确　　　　　B. 乙正确
C. 甲乙都正确　　　D. 甲乙都不正确

127. 关于汽车电流表，甲说电流表指示值可表明发电机是否正常工作，乙说电流表指示值可表明蓄电池充电状况。以上观点（　　）。

A. 甲正确　　　　　　　B. 乙正确
C. 甲乙都正确　　　　　D. 甲乙都不正确

128. 关于汽车电流表检修，甲说电流表只允许通过较小电流，乙说电喇叭的电流不通过电流表。以上观点（　　）。

A. 甲正确　　　　　　　B. 乙正确
C. 甲乙都正确　　　　　D. 甲乙都不正确

129. 关于汽车动力转向左右转向力不一致的原因。甲认为：分配阀的滑阀偏离中间位置是转向左右转向力不一致的根本原因。乙认为：分配阀的滑阀虽在中间位置但与阀体台阶的间隙大小不一致是转向力不一致的原因之一。丙认为：滑阀内有脏物阻滞是转向力不一致的原因之一。看法正确的是（　　）。

A. 甲和乙　　　　　　　B. 乙和丙
C. 丙和甲　　　　　　　D. 以上选项均不正确

130. 关于燃油表指示，甲说如燃油表指示"F"表明油箱内的燃油为满箱，乙说如燃油表指针位于红色区域表明油箱内的燃油为空箱。以上观点（　　）。

A. 甲正确　　　　　　　B. 乙正确
C. 甲乙都正确　　　　　D. 甲乙都不正确

131. 关于液压制动系统制动不良、失效的原因。甲认为：总泵皮碗、密封胶圈老化、发胀或翻转就是引起上述故障的根本原因。乙认为：制动蹄片磨损过量是引起上述故障的原因之一。丙认为：液压制动系统中有空气是引起上述故障的原因之一。看法正确的是（　　）。

A. 甲和乙　　　　　　　B. 乙和丙
C. 丙和甲　　　　　　　D. 以上选项均不正确

132. 关于引起低速打摆现象的主要原因。甲认为：前束过大，车轮外倾角，主销后倾角变小就是引起打摆现象的主要原因。乙认为：转向器啮合间隙过大是引起打摆现象的原因之一。丙认为：转向节主销与衬套间隙过大是引起打摆现象的原因之一。看法正确的是（　　）。

A. 甲和乙　　　　　　　B. 乙和丙
C. 丙和甲　　　　　　　D. 以上选项均不正确

133. 关于引起高速打摆现象的主要原因。甲认为：车架变形是引起打摆现象的主要原因。乙认为：前减振器失效是引起打摆现象的原因之一。丙认为：前束过大是引起打摆现象的原因之一。看法正确的是（　　）。

A. 甲和乙　　　　　　　B. 乙和丙
C. 丙和甲　　　　　　　D. 以上选项均不正确

134. 关于蒸发器，甲说蒸发器安装在车辆驾驶室内用于冷却室内空气，乙说蒸发器安装在车辆驾驶室内用于除去空气中湿气。以上观点（　　）。

A. 甲正确　　　　　　　B. 乙正确
C. 甲乙都正确　　　　　D. 甲乙都不正确

135. 关于蒸发器，甲说蒸发器管件间如严重脏污会导致制冷效果不良，乙说蒸发器管件间如严重脏污会导致空气中水分在蒸发器处冷却后流入驾驶室内。以上观点（　　）。

A. 甲正确　　　　　　　B. 乙正确
C. 甲乙都正确　　　　　D. 甲乙都不正确

136. 关于职业道德与人的事业成功的关系的正确论述是（　　）。

A. 职业道德是人事业成功的重要条件
B. 职业道德水平高的人肯定能够取得事业的成功
C. 缺乏职业道德的人也会获得事业的成功
D. 人的事业成功与否与职业道德无关

137. 关于制动甩尾的原因。甲认为：后桥悬架弹簧弹力不一致就是引起上述故障的原因。乙认为：两后轮制动气室之一制动管路或接头漏气是引起上述故障的原因之一。丙认为：两后轮制动间隙不一致是引起上述故障的原因之一。看法正确的是（　　）。

A. 甲和乙　　　　　　　B. 乙和丙
C. 丙和甲　　　　　　　D. 以上选项均不正确

138. 关于重型车采用的制动增压装置，甲说重型汽车多采用空气增压装置，乙说重型汽车多采用液压式助力装置。以上观点（　　）。

A. 甲正确　　　　　　　B. 乙正确
C. 甲乙都正确　　　　　D. 甲乙都不正确

139. 关于装备动力转向系统的汽车方向发飘或跑偏的原因。甲认为：分配阀反作用弹簧过软或损坏就是方向发飘或跑偏的根本原因。乙认为：流量控制阀被卡住是引起上述故障的原因之一。丙认为：阀体与阀体台阶位置偏移使滑阀不在中间位置是引起上述故障的原因之一。看法正确的是（　　）。

A. 甲和乙　　　　　　　B. 乙和丙

C. 丙和甲　　　　　　　　D. 以上选项均不正确

140. （　　）总成，在FIAT650型汽车制动传动装置中装备有此装置。
A. 真空助力器　　　　　　B. 真空增压器
C. 空气增压器　　　　　　D. 空气助力器

141. EQ1090E型汽车装用的附加电阻线电阻值约为（　　）Ω。
A. 1　　　　　　　　　　B. 1.25
C. 1.5　　　　　　　　　D. 1.7

142. EQ1090型汽车发电机空转时，在转速不大于1 150 r/min的条件下，电压为（　　）V。
A. 11　　　　　　　　　　B. 12
C. 13　　　　　　　　　　D. 14

143. EQ1090型汽车起动机全制动试验时，电流不大于（　　）A。
A. 120　　　　　　　　　B. 240
C. 360　　　　　　　　　D. 650

144. EQ1092F型汽车的普通轮胎前束值应为（　　）mm，子午线轮胎的前束值应为1～3 mm。
A. 1～5　　　　　　　　　B. 6～10
C. 11～15　　　　　　　　D. 16～20

145. EQ1092F型汽车的前轮外倾角为（　　），主销内倾角为6°。
A. 1°　　　　　　　　　　B. 2°
C. 3°　　　　　　　　　　D. 4°

146. EQ1092F型汽车的前轮外倾角为1°，主销内倾角为（　　）。
A. 3°　　　　　　　　　　B. 4°
C. 5°　　　　　　　　　　D. 6°

147. EQ1092F型汽车的转向盘（　　）转动量应为15°～30°。
A. 最小　　　　　　　　　B. 自由
C. 最大　　　　　　　　　D. 极限

148. EQ1092F型汽车在发动机处于（　　）时，机油压力应不小于0.1 MPa。
A. 急速　　　　　　　　　B. 中速
C. 加速　　　　　　　　　D. 减速

149. EQ1092F型汽车在发动机处于（　　）时，机油压力应不小于0.3 MPa。
A. 急速　　　　　　　　　B. 中速
C. 加速　　　　　　　　　D. 减速

150. 关于转向沉重的原因。甲认为：转向器转向轴弯曲或管柱凹瘪相互摩擦就是造成转向沉重的根本原因。乙认为：转向器摇臂与衬套间隙过小是造成转向沉重的原因之一。丙认为：转向梯形横、直拉杆球头配合间隙过小是造成转向沉重的原因之一。看法正确的是（　　）。
A. 甲和乙　　　　　　　　B. 乙和丙
C. 丙和甲　　　　　　　　D. 以上选项均不正确

151. EQ1092F型汽车在发动机转速为800 r/min、气门间隙为0.25 mm时，排气门提前角为（　　）。
A. 18.5°　　　　　　　　 B. 28.5°
C. 38.5°　　　　　　　　 D. 48.5°

152. 在对EQ1092F型汽车进行检测时，所测得的发动机各缸压力差应不大于（　　）。
A. 10%　　　　　　　　　B. 20%
C. 30%　　　　　　　　　D. 40%

153. 在对EQ1092F型汽车进行检测时，所测得的发动机气缸压力应不小于规定值的（　　）。
A. 65%　　　　　　　　　B. 75%
C. 85%　　　　　　　　　D. 95%

154. EQ1092型汽车的变速器共有（　　）个挡位。
A. 3　　　　　　　　　　B. 4
C. 5　　　　　　　　　　D. 6

155. EQ1092型汽车变速器使用的是（　　）同步器。
A. 惯性锁销式　　　　　　B. 惯性锁环式
C. 自动增力式　　　　　　D. 强制锁止式

156. EQ1092型汽车采用蜗杆指销式转向器时，内轮最大转向角应为（　　）。
A. 37°30′　　　　　　　 B. 30°30′
C. 34°　　　　　　　　　 D. 38°

157. EQ1092型汽车采用的是（　　）制动控制阀。
A. 单腔式　　　　　　　　B. 串联双腔活塞式
C. 并联双腔活塞式　　　　D. 往复式

158. EQ1092型汽车的车架类型属于（　　）。
A. 边梁式　　　　　　　　B. 中梁式
C. 综合式　　　　　　　　D. 无梁式

159. EQ1092型汽车的前束值为（　　）mm。
A. 3～5　　　　　　　　　B. 1～5
C. 5～6　　　　　　　　　D. 4～6

160. EQ1092型汽车的制动气压为（　　）kPa。
A. 700～740　　　　　　　B. 700
C. 750　　　　　　　　　 D. 800

二、判断题（第161题~第200题。将判断结果填入括号中，正确的填"√"，错误的填"×"。每题0.5分，满分20分。）

161. 车轮平衡有静平衡和动平衡之分。（　　）
162. 车门锁启动器故障会导致不能用驾驶员侧车门锁按钮锁定一扇车门。（　　）
163. 车身倾斜是悬架系统损坏引起的常见故障之一。（　　）
164. 尺寸公差是指允许尺寸的变动量，等于最大极限尺寸与最小极限尺寸代数差的绝对值。（　　）
165. 初充电第一阶段的充电电流为额定容量的1/15。（　　）
166. 创新既不能墨守成规，也不能标新立异。（　　）
167. 纯铜主要用于制造导电器材。（　　）
168. 磁感应式点火系统点火信号传感器转子与定子磁极间隙应为0.4 mm。（　　）
169. 代号M24×1.5表示公称直径为24 mm、螺距为1.5 mm的细牙普通螺纹。（　　）
170. 怠速或低速时异响声较明显是活塞销松旷造成异响的特征之一。（　　）
171. 怠速控制阀不受发动机电控单元的控制。（　　）
172. 单侧悬挂弹簧弹力不足是车身倾斜的原因之一。（　　）
173. 单侧悬挂弹簧弹力不足是制动跑偏、甩尾的原因之一。（　　）
174. 单级主减速器的常啮合锥齿轮不使用直齿齿轮。（　　）
175. 弹簧折断是行驶中有撞击声或异响的原因之一。（　　）
176. 等速万向节只能用于转向驱动桥的半轴上。（　　）
177. 低速断火故障的原因可能是电容器工作不良。（　　）
178. 点火模块用于控制点火线圈的二次绕组。（　　）
179. 电磁离合器从动压力板连接半圆键松脱会导致空调压缩机不运转故障。（　　）
180. 电磁离合器带盘与压力板接合面磨损严重而打滑会导致空调压缩机不运转故障。（　　）
181. 电控单元不能控制燃油泵的输油量。（　　）
182. 电控单元是电控发动机电子控制系统的重要组成部分。（　　）
183. 检测电控发动机燃油泵工作电压时，接通点火开关，应能听到燃油泵启动的声音。（　　）
184. 电控发动机燃油泵工作电压应该用模拟式万用表进行检测。（　　）
185. 电控发动机在怠速运转时，油压表指示的系统压力应为（500±20）kPa。（　　）
186. 电控汽油喷射发动机回火是指汽车运行中，排气消声器有放炮声，动力不足。（　　）
187. 进行电控燃油喷射发动机的燃油压力检测时，应关闭点火开关，将油压表接在供油管和分配管之间。（　　）
188. 电控式动力转向系是在原有机械式转向系组成基础上增设一套液压助力装置。（　　）
189. 电喇叭的触点为常开式，喇叭继电器的触点为常闭式。（　　）
190. 电流表可以利用并联不同的电阻扩大其量程。（　　）
191. 电流所做的功与它加在负载两端的电压、通过负载的电流及负载通电时间成正比。（　　）
192. 电容器的作用是吸收触点打开时点火线圈一次绕组产生的自感电动势，减少触点火花，保护触点。（　　）
193. 冬季采暖时，必须打开汽车A/C开关。（　　）
194. 断电器触点闭合时，高压电路接通。（　　）
195. 断电器由一对触点和凸轮组成。其作用是周期性接通和切断低压电路。（　　）
196. 二级维护的行驶里程为2 000~3 000 km。（　　）
197. 二级维护前，检测分电器重叠角，国家标准规定分电器重叠角应不大于9°。（　　）
198. 二级维护前，检查发动机的转速为800 r/min时，点火电压应为8~10 kV。（　　）
199. 二级维护前，检查分电器的触点闭合角应为36°~42°。（　　）
200. 二级维护前检测桑塔纳LX型轿车，轮胎车轮动不平衡量为0。（　　）

理论知识模拟试题答案

第1套：

1. A	2. C	3. C	4. C	5. B	6. A	7. D	8. D	9. A	10. A	11. B
12. A	13. A	14. D	15. A	16. A	17. C	18. B	19. B	20. A	21. A	22. A
23. C	24. A	25. D	26. C	27. D	28. C	29. C	30. D	31. C	32. D	33. C
34. B	35. B	36. C	37. A	38. B	39. B	40. D	41. D	42. A	43. A	44. B
45. C	46. B	47. B	48. A	49. B	50. A	51. A	52. C	53. B	54. C	55. A
56. D	57. C	58. B	59. D	60. B	61. A	62. C	63. A	64. A	65. B	66. A
67. D	68. D	69. B	70. C	71. B	72. D	73. A	74. A	75. D	76. B	77. D
78. B	79. D	80. C	81. D	82. C	83. C	84. D	85. C	86. C	87. C	88. C
89. B	90. C	91. C	92. B	93. A	94. A	95. A	96. B	97. C	98. A	99. D
100. C	101. A	102. C	103. C	104. D	105. D	106. B	107. C	108. B	109. B	110. B
111. B	112. A	113. A	114. D	115. A	116. D	117. A	118. C	119. A	120. C	121. D
122. C	123. D	124. C	125. C	126. C	127. C	128. B	129. B	130. A	131. D	132. D
133. D	134. A	135. B	136. C	137. D	138. A	139. D	140. A	141. A	142. D	143. A
144. B	145. B	146. A	147. A	148. A	149. B	150. A	151. C	152. D	153. A	154. B
155. B	156. A	157. D	158. B	159. D	160. A	161. ×	162. √	163. ×	164. ×	165. √
166. √	167. ×	168. √	169. ×	170. √	171. ×	172. ×	173. √	174. √	175. √	176. ×
177. √	178. ×	179. √	180. ×	181. ×	182. ×	183. ×	184. √	185. ×	186. ×	187. ×
188. ×	189. ×	190. √	191. ×	192. ×	193. √	194. ×	195. ×	196. √	197. ×	198. √
199. √	200. √									

第2套：

1. A	2. D	3. A	4. A	5. C	6. D	7. B	8. B	9. A	10. C	11. B
12. C	13. B	14. D	15. C	16. A	17. A	18. A	19. B	20. B	21. D	22. A
23. B	24. B	25. D	26. A	27. B	28. D	29. B	30. A	31. B	32. C	33. C
34. A	35. C	36. D	37. A	38. B	39. A	40. A	41. A	42. B	43. A	44. A
45. A	46. C	47. A	48. B	49. B	50. A	51. B	52. A	53. A	54. A	55. A
56. A	57. C	58. D	59. C	60. D	61. D	62. D	63. B	64. B	65. C	66. A
67. D	68. C	69. B	70. B	71. C	72. A	73. B	74. B	75. C	76. B	77. C
78. B	79. A	80. A	81. A	82. B	83. B	84. C	85. D	86. B	87. B	88. B
89. D	90. D	91. C	92. D	93. C	94. B	95. A	96. B	97. B	98. A	99. A
100. C	101. A	102. B	103. C	104. A	105. B	106. A	107. C	108. D	109. D	110. A

111. D	112. A	113. A	114. B	115. D	116. D	117. B	118. D	119. A	120. A	121. C
122. B	123. A	124. A	125. C	126. B	127. C	128. A	129. B	130. A	131. C	132. C
133. A	134. D	135. B	136. A	137. B	138. B	139. B	140. C	141. A	142. C	143. D
144. C	145. C	146. D	147. B	148. C	149. B	150. A	151. B	152. D	153. D	154. B
155. C	156. A	157. D	158. B	159. D	160. B	161. ×	162. √	163. √	164. ×	165. ×
166. ×	167. √	168. √	169. √	170. √	171. ×	172. √	173. ×	174. √	175. ×	176. ×
177. √	178. ×	179. √	180. √	181. √	182. √	183. √	184. ×	185. ×	186. ×	187. ×
188. ×	189. ×	190. √	191. √	192. ×	193. ×	194. √	195. √	196. ×	197. ×	198. √
199. ×	200. ×									

第3套：

1. D	2. A	3. D	4. B	5. D	6. A	7. B	8. A	9. A	10. B	11. B
12. D	13. C	14. C	15. A	16. B	17. C	18. C	19. D	20. C	21. A	22. A
23. C	24. D	25. A	26. C	27. A	28. C	29. D	30. D	31. B	32. A	33. D
34. D	35. D	36. A	37. A	38. C	39. C	40. B	41. A	42. B	43. A	44. D
45. B	46. A	47. A	48. A	49. D	50. A	51. C	52. C	53. B	54. D	55. D
56. D	57. A	58. C	59. C	60. C	61. D	62. B	63. C	64. B	65. B	66. D
67. D	68. A	69. C	70. A	71. D	72. B	73. D	74. A	75. B	76. A	77. B
78. B	79. C	80. A	81. D	82. B	83. B	84. B	85. C	86. A	87. D	88. D
89. B	90. C	91. A	92. A	93. A	94. C	95. A	96. C	97. A	98. B	99. C
100. D	101. D	102. D	103. D	104. B	105. A	106. B	107. B	108. B	109. A	110. C
111. D	112. C	113. D	114. C	115. C	116. B	117. A	118. B	119. B	120. C	121. B
122. D	123. A	124. C	125. D	126. C	127. C	128. A	129. B	130. D	131. C	132. A
133. C	134. C	135. C	136. D	137. D	138. C	139. B	140. D	141. D	142. B	143. C
144. A	145. C	146. D	147. D	148. C	149. A	150. B	151. A	152. D	153. B	154. D
155. B	156. D	157. C	158. A	159. A	160. D	161. √	162. ×	163. √	164. ×	165. ×
166. ×	167. ×	168. ×	169. √	170. ×	171. ×	172. ×	173. √	174. √	175. ×	176. ×
177. ×	178. ×	179. √	180. ×	181. ×	182. ×	183. ×	184. √	185. ×	186. ×	187. √
188. ×	189. √	190. ×	191. ×	192. √	193. √	194. √	195. ×	196. √	197. √	198. √
199. √	200. ×									

第4套：

1. A	2. A	3. D	4. D	5. C	6. B	7. A	8. D	9. D	10. C	11. A
12. A	13. D	14. C	15. A	16. D	17. C	18. C	19. D	20. C	21. C	22. C
23. C	24. C	25. C	26. C	27. C	28. C	29. C	30. A	31. B	32. C	33. D
34. A	35. B	36. B	37. D	38. A	39. A	40. D	41. A	42. C	43. C	44. A
45. A	46. A	47. D	48. B	49. A	50. D	51. B	52. A	53. C	54. B	55. A

56. B	57. C	58. B	59. D	60. C	61. A	62. D	63. A	64. A	65. B	66. B
67. A	68. D	69. A	70. B	71. D	72. B	73. C	74. A	75. C	76. B	77. A
78. B	79. B	80. B	81. A	82. A	83. A	84. A	85. B	86. D	87. C	88. B
89. A	90. C	91. A	92. B	93. A	94. D	95. C	96. B	97. A	98. C	99. B
100. B	101. A	102. C	103. B	104. B	105. C	106. A	107. A	108. C	109. A	110. B
111. C	112. A	113. C	114. D	115. C	116. D	117. B	118. C	119. A	120. D	121. A
122. A	123. B	124. A	125. B	126. C	127. B	128. D	129. C	130. B	131. B	132. C
133. C	134. B	135. B	136. A	137. B	138. A	139. A	140. B	141. C	142. A	143. D
144. A	145. A	146. B	147. C	148. B	149. B	150. D	151. B	152. D	153. D	154. C
155. A	156. A	157. A	158. A	159. C	160. A	161. √	162. √	163. ×	164. √	165. √
166. ×	167. √	168. √	169. ×	170. ×	171. √	172. ×	173. √	174. √	175. √	176. √
177. √	178. √	179. ×	180. √	181. √	182. ×	183. √	184. √	185. ×	186. ×	187. √
188. √	189. √	190. √	191. √	192. √	193. √	194. √	195. √	196. ×	197. √	198. ×
199. √	200. ×									

第5套：

1. D	2. A	3. B	4. B	5. B	6. D	7. C	8. B	9. B	10. C	11. D
12. D	13. A	14. D	15. C	16. B	17. C	18. A	19. A	20. C	21. A	22. D
23. D	24. C	25. C	26. A	27. D	28. B	29. D	30. C	31. B	32. B	33. C
34. B	35. A	36. B	37. C	38. A	39. A	40. A	41. B	42. C	43. C	44. B
45. A	46. A	47. B	48. C	49. A	50. C	51. B	52. D	53. B	54. D	55. D
56. B	57. A	58. A	59. A	60. A	61. C	62. C	63. C	64. B	65. A	66. B
67. B	68. A	69. A	70. C	71. D	72. D	73. A	74. B	75. B	76. B	77. A
78. D	79. D	80. B	81. D	82. B	83. C	84. A	85. D	86. D	87. B	88. D
89. B	90. C	91. D	92. D	93. B	94. D	95. C	96. B	97. D	98. B	99. B
100. A	101. B	102. A	103. B	104. A	105. B	106. C	107. D	108. B	109. D	110. A
111. A	112. C	113. A	114. C	115. C	116. D	117. B	118. B	119. B	120. B	121. D
122. B	123. B	124. B	125. C	126. C	127. A	128. C	129. C	130. B	131. B	132. D
133. D	134. B	135. A	136. A	137. C	138. B	139. D	140. A	141. B	142. B	143. C
144. B	145. C	146. C	147. C	148. C	149. D	150. A	151. A	152. D	153. A	154. D
155. A	156. D	157. B	158. A	159. D	160. D	161. √	162. √	163. √	164. √	165. ×
166. √	167. ×	168. √	169. ×	170. √	171. ×	172. √	173. ×	174. ×	175. ×	176. ×
177. √	178. ×	179. √	180. ×	181. √	182. ×	183. ×	184. ×	185. √	186. ×	187. √
188. ×	189. √	190. ×	191. ×	192. ×	193. √	194. √	195. ×	196. √	197. √	198. √
199. √	200. ×									

第6套：

1. B	2. C	3. A	4. A	5. B	6. D	7. D	8. A	9. D	10. B	11. B
12. D	13. A	14. B	15. A	16. A	17. C	18. A	19. B	20. A	21. B	22. D
23. D	24. A	25. D	26. D	27. A	28. D	29. B	30. C	31. B	32. A	33. B
34. B	35. C	36. A	37. A	38. D	39. C	40. C	41. D	42. D	43. A	44. C
45. C	46. A	47. D	48. B	49. C	50. C	51. A	52. B	53. C	54. C	55. B
56. C	57. B	58. D	59. B	60. A	61. B	62. C	63. D	64. C	65. A	66. B
67. D	68. D	69. A	70. A	71. C	72. D	73. D	74. A	75. B	76. C	77. A
78. D	79. B	80. B	81. B	82. A	83. A	84. B	85. B	86. D	87. A	88. A
89. B	90. C	91. D	92. D	93. C	94. D	95. D	96. C	97. A	98. C	99. A
100. D	101. D	102. B	103. C	104. D	105. D	106. C	107. D	108. C	109. C	110. C
111. A	112. B	113. D	114. D	115. D	116. C	117. C	118. C	119. B	120. C	121. A
122. C	123. D	124. B	125. B	126. D	127. C	128. B	129. C	130. A	131. B	132. D
133. A	134. A	135. A	136. A	137. A	138. D	139. D	140. A	141. A	142. C	143. D
144. D	145. D	146. D	147. C	148. B	149. C	150. D	151. C	152. C	153. D	154. C
155. C	156. A	157. B	158. A	159. D	160. C	161. ×	162. √	163. ×	164. √	165. √
166. √	167. ×	168. √	169. ×	170. √	171. √	172. √	173. √	174. √	175. ×	176. ×
177. ×	178. ×	179. √	180. √	181. ×	182. ×	183. √	184. √	185. √	186. ×	187. √
188. ×	189. ×	190. √	191. √	192. √	193. √	194. √	195. ×	196. ×	197. ×	198. ×
199. ×	200. √									

第7套：

1. A	2. C	3. B	4. C	5. B	6. C	7. A	8. B	9. B	10. A	11. B
12. A	13. A	14. D	15. D	16. B	17. C	18. A	19. D	20. D	21. D	22. C
23. C	24. A	25. C	26. B	27. A	28. B	29. D	30. C	31. D	32. D	33. C
34. C	35. D	36. C	37. B	38. A	39. C	40. C	41. C	42. A	43. C	44. C
45. B	46. A	47. C	48. B	49. C	50. B	51. A	52. A	53. C	54. B	55. D
56. B	57. C	58. B	59. B	60. D	61. D	62. D	63. A	64. C	65. B	66. D
67. B	68. B	69. A	70. A	71. B	72. A	73. A	74. B	75. C	76. D	77. C
78. A	79. B	80. A	81. B	82. A	83. C	84. A	85. C	86. B	87. C	88. C
89. C	90. C	91. C	92. C	93. A	94. C	95. A	96. B	97. B	98. B	99. D
100. A	101. C	102. B	103. B	104. B	105. B	106. A	107. A	108. B	109. D	110. D
111. D	112. A	113. A	114. C	115. C	116. C	117. C	118. A	119. A	120. A	121. D
122. A	123. A	124. C	125. A	126. A	127. A	128. A	129. B	130. A	131. D	132. C
133. B	134. A	135. A	136. D	137. B	138. C	139. B	140. A	141. C	142. B	143. D
144. C	145. B	146. A	147. B	148. D	149. A	150. A	151. C	152. A	153. A	154. C

155. A 156. B 157. A 158. A 159. C 160. D 161. √ 162. √ 163. √ 164. √ 165. √
166. √ 167. × 168. √ 169. √ 170. √ 171. × 172. √ 173. × 174. × 175. × 176. ×
177. √ 178. √ 179. √ 180. √ 181. × 182. √ 183. √ 184. √ 185. √ 186. × 187. √
188. √ 189. × 190. × 191. × 192. × 193. × 194. √ 195. √ 196. √ 197. √ 198. ×
199. √ 200. √

第8套：

1. D 2. B 3. B 4. B 5. A 6. B 7. D 8. C 9. B 10. D 11. A
12. C 13. A 14. B 15. B 16. D 17. A 18. B 19. A 20. B 21. B 22. D
23. B 24. D 25. D 26. D 27. A 28. A 29. A 30. B 31. C 32. D 33. B
34. A 35. C 36. A 37. A 38. C 39. C 40. C 41. B 42. D 43. A 44. B
45. D 46. D 47. D 48. D 49. D 50. D 51. D 52. D 53. D 54. D 55. A
56. D 57. D 58. D 59. D 60. D 61. D 62. A 63. C 64. D 65. C 66. B
67. D 68. D 69. C 70. C 71. C 72. B 73. A 74. B 75. A 76. D 77. C
78. A 79. B 80. B 81. D 82. A 83. A 84. D 85. D 86. A 87. C 88. B
89. B 90. B 91. A 92. A 93. A 94. D 95. B 96. A 97. C 98. A 99. B
100. B 101. D 102. C 103. D 104. B 105. B 106. C 107. D 108. D 109. A 110. D
111. B 112. D 113. C 114. A 115. B 116. B 117. D 118. C 119. A 120. C 121. C
122. C 123. C 124. C 125. C 126. C 127. C 128. C 129. B 130. C 131. B 132. C
133. A 134. A 135. C 136. A 137. B 138. A 139. B 140. D 141. D 142. C 143. D
144. A 145. A 146. D 147. B 148. A 149. B 150. B 151. C 152. A 153. C 154. D
155. A 156. A 157. C 158. A 159. B 160. A 161. √ 162. √ 163. √ 164. √ 165. ×
166. × 167. √ 168. √ 169. √ 170. √ 171. × 172. √ 173. √ 174. √ 175. √ 176. ×
177. √ 178. × 179. √ 180. √ 181. √ 182. √ 183. × 184. × 185. × 186. × 187. √
188. × 189. × 190. √ 191. √ 192. √ 193. × 194. × 195. √ 196. × 197. √ 198. √
199. × 200. √

第四部分

实操技能模拟试卷

项目 1
汽车维修工（中级）操作技能考核准备通知单

一、考场准备

1. 操作场地应光线充足，整洁无干扰，具有安全防火措施。
2. 操作场地应备有地沟和车辆举升机。
3. 考评员与考生比例为 1∶5。

二、车辆、设备、工量具、辅助准备

试题 1：简述纯电动汽车的结构

考核形式	考位号	试题名称	考试时间	本题分值
笔答		简述纯电动汽车的结构	15 min	5
鉴定点		新能源汽车动力系统的结构		

设备及设施准备：

序号	名称	规格	单位	数量	备注
1	签字笔		支	1	

说明：考场在实施考核时，还应准备本道试题考核所需的若干辅料，以及其他类型的操作工具等，由考生根据需求选择辅料及用具进行操作。

试题 2：汽车常用传感器的检测

考核形式	考位号	试题名称	考试时间	本题分值
实操		汽车常用传感器的检测	20 min	30
鉴定点		汽车常用传感器的检测		

设备及设施准备：

序号	名称	规格	单位	数量	备注
1	汽车常用传感器		盒	1	
2	万用表		个	1	
3	电吹风		把	1	
4	一字旋具		把	1	
5	导线		组	1	

说明：考场在实施考核时，还应准备本道试题考核所需的若干辅料，以及其他类型的操作工具等，由考生根据需求选择辅料及用具进行操作。

试题3：球笼式万向传动装置的装配

考核形式	考位号	试题名称	考试时间	本题分值
实操		球笼式万向传动装置装配	15 min	30
鉴定点	万向传动装置的检修			

设备及设施准备：

序号	名称	规格	单位	数量	备注
1	球笼式万向节		个	1	
2	工具箱		个	1	
3	套筒扳手		把	1	
4	卡簧钳		把	1	
5	铜棒		根	1	
6	润滑脂		杯	1	

说明：考场在实施考核时，还应准备本道试题考核所需的若干辅料，以及其他类型的操作工具等，由考生根据需求选择辅料及用具进行操作。

试题4：电控发动机点火系统故障的诊断与排除

考核形式	考位号	试题名称	考试时间	本题分值
实操		电控发动机点火系统故障的诊断与排除	30 min	35
鉴定点	电控发动机点火系统故障的诊断排除			

设备及设施准备：

序号	名称	规格	单位	数量	备注
1	汽车发动机台架或实车		台	1	
2	万用表		个	1	
3	继电器		个	1	
4	熔断器		盒	1	
5	测试笔		套	1	
6	连接线		组	1	
7	工具箱		个	1	
8	解码仪		套	1	
9	火花塞		个	1	

说明：考场在实施考核时，还应准备本道试题考核所需的若干辅料，以及其他类型的操作工具等，由考生根据需求选择辅料及用具进行操作。

本考题在发动机点火系统设置1~2个故障点，故障形式为线路断路、连接器虚接或元器件故障。

项目2　汽车维修工（中级）操作技能试卷

考生姓名_____　准考证号_____　工作单位_____

一、说明

1. 本试卷的编制命题从实际出发，以可行性、技术性和通用性为原则。
2. 本试卷依据《中华人民共和国职业技能鉴定规范》编制。
3. 本试卷适用于考核中级汽车维修工。
4. 本试卷无地域限制。
5. 本试卷含检测、修理、故障诊断与排除试题各一道。
6. 检测试题配分30分，修理试题配分为40分，故障诊断与排除试题配分为30分，试卷满分为100分。

二、试题

1. 简述纯电动汽车的结构
（1）正确简述纯电动汽车的结构。
（2）考核时间：15 min。
（3）本题分值：5分。

2. 汽车常用传感器的检测
（1）正确使用工具设备。
（2）能对汽车常用传感器进行检测。
（3）考核时间：20 min。
（4）本题分值：30分。

3. 球笼式万向传动装置的装配
（1）正确使用工具设备。
（2）能对球笼式万向传动装置进行装配和检修。
（3）考核时间：15 min。
（4）本题分值：30分。

4. 电控发动机点火系统故障的诊断与排除
（1）能根据电控发动机点火系统的故障现象找出故障原因。
（2）能排除电控发动机点火系统的故障。
（3）考核时间：30 min。
（4）本题分值：35分。

项目 3
汽车维修工（中级）操作技能考核评分记录表

考生姓名_____ 准考证号_____ 工作单位_____

一、总成绩表

序号	试题名称	配分	得分	权重	最后得分	备注
1	简述纯电动汽车的结构	5				
2	汽车常用传感器的检测	30				
3	球笼式万向传动装置的装配	30				
4	电控发动机点火系统故障的诊断与排除	35				
	合计	100				

统分人： 年 月 日

二、试题考核明细表

试题 1：简述纯电动汽车的结构

序号	作业项目	考核内容	配分	评分标准	扣分	得分
1	电力驱动系统	控制单元	10	未描述扣 10 分		
		驱动控制器	10	未描述扣 10 分		
		电动机	10	未描述扣 10 分		
		机械传动装置和车轮等	15	未描述扣 15 分		
2	电源系统	蓄电池电源	10	未描述扣 10 分		
		能量管理系统和充电控制器	15	未描述扣 15 分		
3	辅助系统	辅助电源（辅助电源和 DC/DC 功率转换器）	10	未描述扣 10 分		
		动力转向系统	10	未描述扣 10 分		
		驾驶室显示操作台和辅助装置	10	未描述扣 10 分		
	分数总计		100			

试题 2：汽车常用传感器的检测

序号	作业项目	考核内容	配分	评分标准	扣分	得分
1	劳动用品穿戴	劳动用品穿戴齐全	5	穿戴不全不得分		
2	选用工具、量具、材料	选用工具、量具、材料齐全、准确	5	缺一件扣 1 分，选错一件扣 1 分，扣完为止		

续表

序号	作业项目	考核内容	配分	评分标准	扣分	得分
3	装配行星齿轮口述动力传动途径	在以下各种传感器中,由考评员指定其中任意四个进行考核:节气门位置传感器、进气压力传感器、进气温度传感器、水温传感器、氧传感器、曲轴位置传感器	70	元件编号与名称对应不正确,每空扣10分,扣完为止		
				性能判断不正确每空扣10分,扣完为止		
4	使用工具、用具	工具、用具使用正确	5	一种工具、用具使用不正确扣2分,扣完为止		
				损坏、丢失任意一件工具、用具不得分		
5	操作规程	操作规程执行情况	5	违反操作规程不得分		
6	清理现场	清理、擦洗并回收工具、用具	10	少收一件工具、用具扣1分,扣完为止		
	分数总计		100			

试题3:球笼式万向传动装置的装配

序号	作业项目	考核内容	配分	评分标准	扣分	得分
1	劳动用品穿戴	劳动用品穿戴齐全	5	穿戴不全不得分		
2	选用工具、量具、材料	选用工具、量具、材料齐全、准确	5	缺一件扣1分,选错一件扣1分,扣完为止		
3	装配	安装钢球及球笼组装内外滚道	60	未装上扣60分 错装漏装一处扣20分,扣完为止		
4	口述	说出球笼式万向传动装置损坏的故障现象	14	描述不全面扣7分,不正确扣14分		
5	使用工具、用具	工具、用具使用正确	5	一种工具、用具使用不正确扣2分,扣完为止		
				损坏、丢失任意一件工具、用具不得分		
6	操作规程	操作规程执行情况	5	违反操作规程不得分		
7	清理现场	清理、擦洗并回收工具、用具	6	少收一件工具、用具扣1分,扣完为止		
	分数总计		100			

试题4:电控发动机点火系统故障的诊断与排除

序号	作业项目	考核内容	配分	评分标准	扣分	得分
1	劳动用品穿戴	劳动用品穿戴齐全	5	穿戴不全不得分		
2	选用工具、量具、材料	选用工具、量具、材料齐全、准确	5	缺一件扣1分,选错一件扣1分,扣完为止		

续表

序号	作业项目	考核内容	配分	评分标准	扣分	得分
3	分析点火系统电路图	分析点火系统电路图 ①判断该点火系统的类型 ②判断凸轮轴位置传感器的形式	10	每错1题扣5分		
4	读取故障码并填表	读取故障码并填表	20	未读出故障码扣10分 未写出故障原因扣10分 不会使用仪器扣20分		
5	排除故障	排除故障	43	故障未排除扣43分		
6	清除故障码	清除故障码	6	未清除故障码扣6分		
7	操作规程	操作规程执行情况	5	违反操作规程不得分		
8	清理现场	清理、擦洗并回收工具、用具	6	少收一件工具、用具扣1分，扣完为止		
	分数总计		100			

附录：《汽车维修工国家职业标准》考核大纲（中级部分摘录）

一、职业概况

1. **职业名称**：汽车修理工。
2. **职业定义**：使用工、夹、量具和仪器仪表、检修设备，维护、修理和调试汽车及特种车辆的人员。
3. **职业技能等级**：本职业共设五个等级，分别为：初级工（国家职业资格五级）、中级工（国家职业资格四级）、高级工（国家职业资格三级）、技师（国家职业资格二级）、高级技师（国家职业资格一级）。
4. **普通受教育程度**：初中毕业（或相当文化程度）。
5. **鉴定方式**：分为理论知识考试、技能考核以及综合评审。理论知识考试以笔试、机考等方式为主，主要考核从业人员从事本职业应掌握的基本要求和相关知识要求；技能考核主要采用现场操作、模拟操作等方式进行，主要考核从业人员从事本职业应具备的技能水平；综合评审主要针对技师和高级技师，通常采用审阅申报材料、答辩等方式进行全面评议和审查。

理论知识考试、技能考核和综合评审均实行百分制，成绩皆达60分（含）以上者为合格。

6. **鉴定时间**：理论知识考试时间不少于90 min；技能考核时间：五级/初级工不少于60 min，四级/中级工不少于80 min，三级/高级工不少于100 min，二级/技师不少于120 min，一级/高级技师不少于100 min；综合评审时间不少于30 min。
7. **监考人员、考评人员与考生配比**：理论知识考试中的监考人员与考生配比不低于1∶15，且每个考场不少于2名监考人员；技能考核中的考评人员与考生配比为1∶3，且考评人员为3人（含）以上单数；综合评审委员为3人（含）以上单数。

二、理论知识基本要求

1. 职业道德

1.1 职业道德基本知识

1.2 职业守则

（1）遵守相关法律、法规和规定。

（2）爱岗敬业，忠于职守，诚实守信。

（3）认真负责，严于律己。

（4）刻苦学习，钻研业务，奉献社会。

（5）谦虚谨慎，团结协作。

（6）严格执行工艺文件，质量意识强。

（7）重视安全生产，环保意识强。

2. 基础知识

2.1 汽车常用材料

（1）汽车常用金属和非金属材料的种类、性能及应用。

（2）燃料的标号、性能及应用。

（3）润滑油、润滑脂的规格、性能及应用。

（4）汽车常用工作液的规格、性能及应用。

（5）汽车轮胎的分类、规格及应用。

（6）轴承的类型、结构。

（7）紧固件的种类与代号。

2.2 电工与电子基本知识

（1）电路基础知识（直流电路、交流电路）。

（2）电路基本元件的名称和代号。

（3）电子电路基础知识。

（4）常见电子元件的名称和代号。

2.3 液压传动

（1）液压传动基本知识。

（2）液压传动在汽车上的应用。

2.4 汽车维修常用工量具、仪器仪表和维修设备

（1）汽车维修常用工量具、仪器仪表和维修设备的种类和功能。

（2）汽车维修常用工量具、仪器仪表和维修设备的选择和使用。

2.5 汽车构造

（1）发动机构造、工作原理。

（2）底盘构造、工作原理。

（3）汽车电子设备构造、工作原理。

（4）汽车车身结构和用材。

2.6 安全生产与环境保护知识

（1）安全防火知识。

（2）安全用电知识。

（3）现场急救知识。

（4）汽车维修作业安全知识。

（5）汽车维修设备、检测仪器和专用工具的安全操作规范。

（6）新能源汽车安全知识。

（7）危险化学品知识。

（8）车用油、液的储存和管理。

（9）废弃物及废弃油、液的处置。

（10）环保法规及相关知识。

2.7 质量管理知识

(1) 质量管理的基本知识。

(2) 汽车维修质量检验基础知识。

2.8 相关法律、法规及标准知识

《中华人民共和国产品质量法》相关知识。

《中华人民共和国计量法》相关知识。

《中华人民共和国标准化法》相关知识。

《中华人民共和国合同法》相关知识。

《中华人民共和国消费者权益保护法》相关知识。

《中华人民共和国劳动法》相关知识。

《大气污染防治法》相关知识。

《特种设备安全监察条例》相关知识。

《机动车维修管理规定》相关知识。

《道路运输从业人员管理规定》相关知识。

《道路运输车辆技术管理规定》相关知识。

《家用汽车产品修理、更换、退货责任规定》相关知识。

《液化天然气汽车专用装置安装要求》相关知识。

GB/T 5624《汽车维修术语》。

GB 7258《机动车运行安全技术条件》。

GB 18565《道路运输车辆综合性能要求和检验方法》。

GB/T 3798《汽车大修竣工出厂技术条件》。

GB/T 3799《商用汽车发动机大修竣工出厂技术条件》。

GB/T 18344《汽车维护、检测、诊断技术规范》。

GB/T 15746《汽车修理质量检查评定标准》。

GB/T 19910《汽车发动机电子控制系统修理技术要求》。

GB 18285《点燃式发动机汽车排气污染物排放限值及测量方法(双怠速法及简易工况法)》。

GB 17691《车用压燃式、气体燃料点燃式发动机与汽车排气污染物排放限值及测量方法》。

JT/T 1045《道路运输企业车辆技术管理规范》。

JT/T 511《液化石油气汽车维护、检测技术规范》。

JT/T 512《压缩天然气汽车维护、检测技术规范》。

QC/T 984《汽车玻璃零配安装要求》。

三、鉴定内容

理论知识鉴定内容:

附录：《汽车维修工国家职业标准》考核大纲（中级部分摘录）

项目	鉴定范围	鉴定内容	鉴定比重	备注
基本要求（20%）	职业道德	1. 职业道德基本知识 2. 职业守则	5%	
	基础知识	1. 汽车常用材料 2. 电工与电子基本知识 3. 液压传动 4. 汽车维修常用工量具、仪器仪表和维修设备 5. 汽车构造 6. 安全生产与环境保护知识 7. 质量管理知识 8. 相关法律、法规及标准知识	15%	
相关知识（80%）	汽车维护	1. 汽车一级维护 2. 汽车二级维护	10%	
	检修汽车发动机	1. 检修曲柄连杆机构 2. 检修配气机构 3. 检修燃油、点火系统 4. 检修进、排气和排放控制系统 5. 检修润滑系统 6. 检修冷却系统	25%	
	检修汽车底盘	1. 检修传动系统 2. 检修行驶系统 3. 检修转向系统 4. 检修制动系统	20%	
	检修汽车电器	1. 检修启动系统 2. 检修充电系统 3. 检修照明、信号及仪表系统 4. 检修辅助电器系统 5. 检修空调系统	20%	
	检修新能源汽车动力系统	1. 检查新能源汽车动力系统 2. 维护新能源汽车动力系统	5%	

操作技能鉴定内容：

项目	鉴定范围	鉴定内容	鉴定比重	备注
能力要求（100%）	检修汽车发动机	1. 用量具检测、判断曲轴工作状况 2. 用量缸表检测、判断气缸工作状况 3. 气门间隙检测与调整 4. 正时带检查与更换 5. 发动机无法启动的油路故障诊断 6. 发动机无法启动的电路故障诊断	35%	指定1项

续表

项目	鉴定范围	鉴定内容	鉴定比重	备注
能力要求（100%）	检修汽车底盘	1. 手动变速器的检修 2. 自动变速器的检查 3. 转向器的检修 4. 制动器的检修 5. 万向传动装置的检修 6. 离合器分离不彻底故障检修	30%	指定1项
	检修汽车电器	1. 汽车常用传感器的检测 2. 前照灯电路搭接 3. 鼓风机线路搭接 4. 制冷剂压力检测 5. 电子节气门检测 6. 起动机无法启动故障诊断	30%	指定1项
	检修新能源汽车动力系统	1. 新能源汽车动力系统的分类 2. 新能源汽车动力传递方式 3. 新能源汽车动力系统的结构	5%	指定1项